युवा अरविंद

श्री अरविंद के जीवन पर आधारित उपन्यास का पूर्वार्द्ध भाग है 'युवा अरविन्द'। एक ऐसे पुरुष की महागाथा, जो एक साथ महान, विलक्षण प्रतिभा के धनी, शिक्षक, क्रांतिकारी, योगी, महर्षि सब कुछ थे। श्री अरविंद को सामने रखकर हम अपने वर्तमान और भविष्य दोनों पर दृष्टि डाल सकते हैं और अपने जीवन को उनकी प्रेरणा से सार्थक बना सकते हैं।

वह इंग्लैंड के स्कूल में पढ़ने गए, उन्हें ईसाई बनाने का प्रयत्न हुआ, आई. सी. एस. बने, पर स्वाधीनता के जुनून ने पद स्वीकारने नहीं दिया। भारत के शासन में आए, पर उसे भी त्यागकर थोड़े वेतन में शिक्षक हो गए। नई सोच की सीखों से लोग चौंक गए। 'वन्देमातरम' निकाला और क्रांतिकारियों और देश-भक्तों का साथ दिया। अंग्रेज़ सरकार ने उन्हें जेल में डालने की ठान ली, पर वह दृढ़ रहे। यह सब पढ़िए, पहले भाग में।

परन्तु इस जीवन-यात्रा का उत्तरार्द्ध भाग 'योगी अरविन्द' पढ़ना न भूलिए, ताकि आनंद के इस अनंत स्रोत से जुड़कर जीवन के सच्चे लक्ष्य को पाने का मन बना सकें।

प्रकाशक : डायमंड पॉकेट बुक्स (प्रा.) लि.
X-30, ओखला इंडस्ट्रियल एरिया, फेज-II
नई दिल्ली-110020
फोन : 011-40712200
ई-मेल : sales@dpb.in
वेबसाइट : www.diamondbook.in
संस्करण : 2023
मुद्रक : रेप्रो (इंडिया)

Yuva Arvind
by : Dr. Rajendra Mohan Bhatnagar

युवा अरविंद

श्री अरविंद के जीवन पर आधारित उपन्यास

डॉ. राजेन्द्र मोहन भटनागर

डायमंड बुक्स

www.diamondbook.in

स्व-कथन

श्री अरविंद ने पूरे दमखम से 'सावित्री' महाकाव्य पर काम किया। सावित्री महाकाल से अपने पति सत्यवान को लौटा लाना चाहती थी। मैं उन्हीं श्री अरविंद पर उपन्यास के द्वारा उसे एक संपूर्ण आकार देना चाहता था। ऐसा आकार-प्रकार जिसमें श्री अरविंद सांस लेते हुए पुनर्जीवित हो उठें। हालांकि यह काम केवल कठिन ही नहीं था, बल्कि सच तो यह था कि यह काम दुष्कर था। आनंद का प्रवाह किसी काम को कठिन या दुष्कर नहीं रहने देता। यह मेरा अपना अनुभव था। चुनौती भरे काम को करना ही मेरी हॉबी रहा है।

मुझे लगा कि पढ़ने वालों के लिए भी यह काम कम चुनौती भरा नहीं होगा। उन्हें श्री अरविंद के साथ-साथ चलना होगा। उस अरविंद के साथ जो एक साथ महान्, प्रतिभाशाली, विलक्षण, प्रोफेसर, क्रांतिकारी, योगी, महर्षि और न जाने क्या-क्या था! यह काम कम जोखिम का नहीं है।

कृति समाज की अनुकृति है। उसी की संपदा है। उसी का मन-चित्त है। इस अर्थ में श्री अरविंद को सामने रखकर हम अपने वर्तमान और भविष्य दोनों पर विहंगम दृष्टिपात कर सकते हैं। वर्तमान के ऊहापोह, मिथ, रूढ़, असंगति, अचेतन आदि को समझना और अनागत के प्रति विश्वासी बनने की दिशा में कदम बढ़ाना किसी कृतित्व की अस्मिता का स्थायी स्वर है। श्री अरविंद हमारे वर्तमान से किस तरह संबद्ध हैं और हमारे भविष्य के लिए उनके पास क्या है, यही कृतित्व की सार्थक भूमिका है।

योगीराज, योगेश्वर, दिव्य पुरुष श्री अरविंद का जीवन आपको यह प्रेरणा दे सकता है कि आनंदमय जीवन के लिए क्या करना होता है। उनकी नकल नहीं, बल्कि अपनी शक्ति को पहचान कर अपने को ही उस नवल रूप में लाना है, जिससे दूसरों के लिए आप आकर्षण केंद्र बनकर उभरते हुए सामने आ सकें।

श्री अरविंद को जानकर समझने के स्तर पर ले जाकर जब आप अपनी भूमिका पर ध्यान देने के लिए आगे आएंगे, तब आपको हर पल लगेगा, आप नहीं, एक वही है जो आप में आ विराजा है। वह था तो पहले भी, परंतु उधर आपका ध्यान नहीं गया था। या कहें कि ध्यान देने का समय ही

नहीं मिला था, परंतु सच तो यह है कि किसी ने उधर ध्यान देना आवश्यक नहीं समझा। खैर, यहां आपके सामने श्री अरविंद आ रहे हैं, आपका ध्यान अखंडित आनंद की ओर ले जाने के लिए। जाना या ना जाना आप पर है।

मेरा यह कहना है कि यदि आप अपने को जानना चाहते हैं तो श्री अरविंद को जानो। उन्हें जानने के लिए यह कहानी तो आप पढ़ ही रहे हैं, परंतु इससे काम नहीं चलने वाला। आपको हर पल अपने को इस तरह ढालना भी होगा, जिस तरह श्री अरविंद ने अपने को ढाला था। श्री अरविंद एक रास्ता हैं, मंजिल नहीं। एक ही रास्ते पर चलकर व्यक्ति अपनी-अपनी मंजिल तक पहुंच जाते हैं।

यही कारण है कि यह उपन्यास हर आयु वर्ग के लिए जरूरी है, क्योंकि हर एक व्यक्ति रास्ता चाहता है। ऐसा रास्ता जो उसे विश्वास, शांति, सुख और आनंद की अनुभूति हर पल कराता रहे। मैं समझता हूं कि यह उपन्यास उस रास्ते की ओर आपका ध्यान ले जा सकता है, जिस पर चलकर आप एक भरपूर आनंदमय अनुभव से गुज़र सकें।

यह कृति आपके लिए!

-राजेंद्र मोहन भटनागर

युवा अरविंद

पूर्वार्द्ध

आज समुद्र की लहरें पहले की अपेक्षा कुछ शांत थीं, कुछ गंभीर थीं और कुछ उन्मन-उदास थीं। दक्षिणीय पवन समुद्र की तरल आर्द्रता में नहाकर दूर-दूर तक, धरती के दिग-दिगन्त तक, धरती से आकाश तक हलका-सा बल खाकर, लहराकर और महककर गुनगुना रहा था। मां सुन रही थी और ब्रह्मांड में अनगूंज रहा था एक ही अलिखा वेद मंत्र-हे हिरण्यमय देवपुरुष ...नीलचंद्र...नीलचंद्र...तुम धन्य हो। तुमसे मां प्रसन्न है, तुमने मां के दूध की लाज रखी है और अपने को समस्त ऋणों से उऋण किया है, तुमने नवल जीवन का शंख घोष किया है, तुमने बंधनमयी मां के बंधन खोलने का धर्म निभाया है, स्वतंत्रता को मूल के त्राण करने का आचार्य मंत्र दिया है...तुमने इस धराभूमि को स्वर्ग-स्वप्न के योग्य बनाया है! हे ऋषि, योगी, तपधर्मी, यशस्वी चेतना के युगपुरुष नीलचंद्र, दिव्यालोक के भास्कर, तुमने गंध, स्पर्श, पवन, जल और अग्नि को दैदीप्यमान किया है...तुम धन्य हो, पवित्र पूत हो, तुम्ही आकाश हो, तुम्हीं धरा हो...तुम्हीं सर्वेश्वर की सुवास अन्तस्तल हो... जीवन हो, जगत् हो, उसके मर्म के शृंगार हो। श्रीकृष्ण हो...श्रीकृष्ण हो...नीलचंद्र...तुम्हीं दिक्काल हो, महाकाल हो।

1

उस दिन कृष्ण जन्माष्टमी का पर्व था। 15 अगस्त, 1872 की तिथि। तब भारत में अंग्रेजों का शासन था।

देर रात तक ज़ोरों से वर्षा होती रही। सुबह होने से थमी, थकी हारी। अब हवा वर्षा धुली बह रही थी। आकाश से बादलों की टोलियां कूच कर चुकी थीं। आकाश का मैदान खुला-खुला था।

आज का कोलकाता तब कलकत्ता था। वहां की एक कोठी। कोठी के गेट की दीवार पर एक तख्ती टंगी हुई थी, जिस पर अंग्रेजी में लिखा हुआ था- मनमोहन घोष, बैरिस्टर।

दालान में एक व्यक्ति अकेला टहल रहा था। सूटेड-बूटेड। टाई की नॉट ढीली थी। उसकी निगाहें बार-बार सामने के दरवाज़े पर जा टिकती थीं। वह शायद रात भर सोया नहीं था।

तभी शिशु के रोने की आवाज सुनाई पड़ी। वह व्यक्ति जहां का तहां ठहर गया। अब उसकी निगाहें सामने के दरवाजे पर स्थिर थीं।

हलकी रोशनी अलसा रही थी। वह भी रात भर नहीं सोयी थी। सन्नाटा लगातार अंधकार से जा टकराता था।

इसी समय अंदर से एक नर्स आई और आते ही बोली, "बधाई डॉक्टर साहब, लड़का हुआ है।"

"और स्वर्णलता।"

"वे स्वस्थ हैं।"

सुबह के पाँच बजकर सात मिनट हुए थे। मनमोहन घोष ने भी उन्हें बधाई दी। कृष्णधन ने उनका शुक्रिया अदा किया। छत की ओर शांत भाव से देखा। शायद वह अपनी इस खुशी में किसी और को जोड़ लेना चाहते थे। वह इस सबका श्रेय किसी और को देना चाहते थे। माना कि वह ईश्वर को नहीं मानते थे। ईश्वर की कल्पना वह आकार के साथ कभी नहीं कर सकते थे। फिर भी, उन्हें कोई ऐसा चाहिए था जो न होते हुए भी हो और सब रिश्तों से अधिक अपना हो। पर क्यों? इसका उत्तर उनके पास नहीं था। दिन टहलने लगा था। पेड़ की टहनियां, पत्तियां और फूल-फल सब झूम उठे थे। पक्षी कलरव कर रहे थे। कृष्णधन की आंखों में नींद थी, उसके शरीर में शिथिलता थी और उसके होंठों पर हलकी सी मुस्कान।

स्वर्णलता ने कहा था, "कृष्णधन, यह सब क्या है?"

"क्या प्रिये?" पलंग पर उसके साथ लेटे हुए अनमने होकर कृष्णधन ने पूछा था।

"अब मुझसे नहीं होता है?"

"पर क्या?"

"मैं फिर मां बन रही हूं।"

"तो?"

"नहीं, कृष्णधन, मैं नहीं चाहती।"

"क्या नहीं चाहती...? यही कि तुम मां नहीं बनो।"

"हां, कृष्णधन। देखो ना, कितना कुछ सहना पड़ता है। मुझसे प्राणलेवा उल्टियां बर्दाश्त नहीं होती, न ये बेडौल शरीर!"

"समझ सकता हूं, प्रिये, पर...।" कृष्णधन मच्छरदानी की छत की ओर देखते रह जाते। वह बहुत सचेत रहते थे, अपने बीच कठिन-से-कठिन परिस्थितियों में भी ईश्वर को नहीं आने देते थे। उनका मन डूबने लगा था।

"हम कितने विवश हैं न, कृष्णधन।"

"क्यों?"

"हमारे हाथ में कुछ भी नहीं है।"

"क्या कुछ नहीं है, लता।...यही न कि संतान का होना हमारे वश में नहीं है।"

"शायद यही, कृष्णधन।"

"तुम उसे एक बार आ तो जाने दो।"

"फिर?"

"फिर तुम्हारा यह कृष्णधन रद्दी की टोकरी में पड़ा-पड़ा मुंह उठाए तुम्हारी ओर देख रहा होगा और तुम, लता, अपने नवजात लाड़ले को गोद में लिए लाड़ जता रही होगी। न रात देखोगी और न दिन, न दोपहर, न शाम, हर क्षण अपने लाड़ले को लिए अपने में मस्त बनी रहोगी।"

"यह भी सच है, कृष्णधन।" कहते हुए वह संभलकर कृष्णधन की ओर करवट लेती। उसे लगता कि कहीं उसके पेट का शिशु टेढ़ा-तिरछा न हो जाए। वह संभल जाती।

"हम तुम इसी सच के साथ, उसकी इसी अंदरूनी मिठास के साथ चुपचाप, सबसे नजर बचाकर जी लेना चाहते हैं...यह सब एक जैविक प्रक्रिया का जीवन धर्म है, लता।"

स्वर्णलता चुप रह जाती। कृष्णधन को उसकी चुप्पी पर सहानुभूति होने लगती। सारा दु:ख तो स्त्री के हिस्से आया है। फिर भी, वह आगे होकर सबके दुख में सम्मिलित होती है। उनके दु:ख हरने का प्रयास करती है। वह उसका हाथ अपने हाथ में लेकर सहलाने लगते। सहलाते-सहलाते अपने होंठ से लगाने लगते। अब उसकी हथेलियां उसके होंठ सहला रही थीं।

अंधेरा में टिमटिमाता हुआ दीया जल रहा था। अंधेरा कितना भी सघन हो, घटाटोप से घिरा हो, फिर भी, दीया अपनी प्राण ज्योति का अस्तित्व तिरोहित नहीं होने देता। जीवन के आखिरी क्षण तक अंधेरे की ललकार और चुनौती का उत्तर देता है। यह सोचते हुए कृष्णधन स्वर्णलता के और करीब आ जाते। मद्धिम स्वर में कहते, "लता, क्या तुम इसका कोई उपाय सोचती हो?"

"कृष्णधन, हमारे सोचने-समझने से नहीं होता है।"

"मैं ऊपर वाले को इसका श्रेय नहीं लेने दूंगा।" कृष्णधन तपाक से कह जाते।

"यहां श्रेय कौन-किसको दे रहा है, कृष्णधन? सब अपने में सिमटे बैठे हैं। कोई खुलना नहीं चाहता।"

"खुलने सिमटने का मतलब, लता?"

"अपनी चहारदीवारी से बाहर आना।"

"कैसे?"

"यह मैं नहीं जानती, कृष्णधन।"

"फिर भी, उसके अस्तित्व को मानती हो, लता।"

"ना मानूं तो, कृष्णधन।"

"एक बार ऐसा करके देखो, लता।"

"काश, एक बार तुम मां बन पाते, कृष्णधन, सिर्फ एक बार।"

"जो नहीं हो सकता, तुम उसके पीछे क्यों पड़ी हो?"

"लीजिए नहीं पड़ते, अब खुश।"

"तुम इतनी जल्दी हथियार क्यों डाल बैठती हो, लता?"

"समर्पण, कृष्णधन। समर्पण तभी संभव है, कृष्णधन, जब कोई अपने से ज्यादा दूसरे को प्यार करने लगता है। फिर वहां कोई दूसरा कहां होता है।" कोई नहीं होता।" स्वर्णलता कृष्णधाम की खुली हथेली पर अपने अधर रख देती। उसे चूमते नहीं। कृष्णधन शांत बना रहा। वह आगे कह रही होती,

"प्यार उत्तेजना से पागल नहीं होता। वह ऊंची-ऊंची पर्वत मालाओं से घिरा शांत झील है, जिसे देखते रहने का मन करता है। वह अपनी परछाँइयों से भी उसे तनिक सा मैला नहीं होने देता।"

"यह अचानक तुम्हें क्या हो जाता है, लता?"

"मैं नहीं जानती, कृष्णधन। ऐसा क्यों होता है, पर होता तो है।" स्वर्णलता तुनककर बोलती, "चलो, हम कोई और बात करें।"

"क्या?"

"आज तुम्हारा परोपकारी मन किस-किस पर फिदा हुआ?"

"सच बताऊं।"

"एकदम सच।"

"तो जरा कान इधर लाओ।"

"यहां तीसरा कौन है?"

"हां, यहां तीसरा है।"

"कौन भला?"

स्वर्णलता कृष्णधन का हाथ अपने हाथ में लेकर कह उठती, "है न तीसरा यहां!"

कृष्णधन उसे बांहों में भरने को होता कि स्वर्णलता कह उठती, "एक डॉक्टर से ऐसी गलती नहीं होनी चाहिए, कृष्णधन।" और कृष्णधन बाहें फैलाए रह जाता। शिकायत भरे लहजे में कहता, "तुम अभी से इस तीसरे को बीच में लाने लगी हो, लता।"

"वही तो हमारा-तुम्हारा स्वप्न है।"

"हमारी आंखों का बटन।" कृष्णधन जान-बूझकर तारे को बटन बोलते थे। "ईर्ष्या नहीं, कृष्णधन।...जरा उसे आ जाने तो दो..." "फिर क्या होगा?"

"वही जो तुमने विनय-मनमोहन के लिए कहा। रात-रात भर लिए, बैठे रहे।...ममता का बुखार एक बार चढ़ गया तो चढ़ गया, फिर वह उतरने का नाम नहीं लेता।"

"हां, लता। यह तो है। शायद मोह के कारण...या फिर...?" "कृपया अब उसे सो जाने दो। वरना बाहर आकर वह तुम्हें नहीं सोने देगा।"

इसी समय मिसेज डॉ. आशुतोष मुखर्जी आ गई और आते ही बोलीं, "आप नींद निकाल रहे हैं, डॉक्टर?"

"तो?"

"नहीं...कोई खास बात नहीं है।" कुछ रुककर उसने कहा, "डॉक्टर घोष, मिसेज घोष भी स्वस्थ है।" मिसेज घोष यानी स्वर्णलता घोष। डॉ. कृष्णधन घोष, एम.डी. की पत्नी। डॉ. कृष्णधन घोष रात को खुलना से आये थे। उनकी खुलना में पोस्टिंग थी।

सूर्योदय हुआ। चारों ओर से बधाइयों का सिलसिला शुरू हो चुका था। खुशी की लहरें झूम रही थीं। कृष्णधन घोष का शांत चित्त बधाइयों के आनंद से मंत्र मुग्ध होता जा रहा था।

2

सवा माह बाद।

स्वर्णलता अपने नवजात शिशु के साथ खुलना आ चुकी थी। पंडित उस नवजात की जन्म कुंडलिनी पर विचार कर रहे थे।

एक योगी आया। आते ही बोला, "शिशु को दिखाओ।" डॉ. कृष्णधन पाश्चात्य दृष्टि के थे। रूढ़ियों के विरुद्ध थे। उनका भारतीय विचारधारा से भी कुछ लेना-देना नहीं था। वे बंगाली परंपराओं के भी विरुद्ध थे। वे ईश्वर को भी नहीं मानते थे। वे अंग्रेजी पसंद करने वाले डॉक्टर थे। अर्थात् उनकी सभ्यता-संस्कृति को मानने वाले डॉक्टर थे।

डॉक्टर भी एकदम ईमानदार, कर्मठ, निःस्वार्थी, परसेवी और नेक थे। घर बेच तमाशा देखने वालों में से वे एक थे। मरीजों की दिल खोलकर मदद करते थे। लालच उनमें नाम मात्र का नहीं था। उनके पास जो था, वह सबका था। कभी-कभी स्वर्णलता कहती, "कुछ सुना-गुना भी करो, मैं बांटने से नहीं रोकती, स्वामी। हमारे सामने विनय है, मनमोहन है...और, और...क्या नाम निकाला है पंडितों ने, जी?"

"पंडितों की पोपलीला में मेरा विश्वास नहीं है, लता।" "तो फिर नामकरण कौन करेगा?" "बस इतनी सी चिंता है तुम्हें, लता।" "यह क्या इतनी-सी चिंता है।"

"नहीं सागर जितनी है...या पहाड़ जितनी मानती हो...तो लो।" कहकर कृष्णधन घोष ने चुटकी बजायी और तनिक सोचकर कुछ देर चुप बने रहे। फिर अचानक वह बोले, मुंह को गोलकर, हृदय से बोले, "अपना यह नन्हा सा प्रदीप अब से कहलाएगा अरविंद...।" छाती फुलाकर पुनः बोले, "श्रीमान्

अरविंद घोष। क्यों कैसा रहा नामकरण, लता?"

स्वर्णलता का लालिमा लिए श्यामल तन हर्ष की नन्हीं मादकता से भर उठा और उसने अपनी गोद के नवशृंगार की ओर ध्यान से देखा।

"क्या हुआ, लता! वह देखो हमारे राजकुमार ने सिर हिलाकर अपना समर्थन भी प्रकट कर दिया। अब वे मुस्करा कर हमारा आभार व्यक्त कर रहे हैं।" कृष्णधन का शिशुवत् मन सागर की तरंगों सा लहरा उठा।

"नाम अच्छा है।"

"मात्र नाम ही नहीं, नाम के गुण-भाव भी श्रेष्ठ हैं। अरविंद अर्थात् कमल!...कभी सुना है ऐसा सुंदर नाम। एकदम सरल नाम, जिह्वा के अनुकूल नाम और लेने तथा सुनने वाले को प्रसन्नता से खिला देने वाला नाम। क्यों, लता, अब क्या कहती हो? क्या अब भी पंडित को बुलाना आवश्यक मानती हो तो बुला सकती हो, मुझे कोई आपत्ति नहीं है।... कृष्णधन की दृष्टि नवजात अरविंद की सांवली देह पर टिकी हुई थी।"

"पर मुझे है, कृष्णधन।" "तो वह भी कह डालो और मिटा डालो आपत्ति। तुम्हें रोका किसने है!"

"तो सुनो, मुझे तुम पर गर्व है, वास्तव में तुमने बहुत सुंदर नाम रखा है-अरविंद।" स्वर्णलता की पियानो जैसी आवाज ने वातावरण को मोह लिया।

"नहीं लता, ऐसा नहीं है। यह तो उन मरीजों की दुआओं का असर है, जो हमारे द्वार से निराश नहीं लौटते। अगर इस धरती पर भगवान् कहीं हैं तो उनमें हैं। वे भगवान् हैं। उनके अलावा मैं किसी को अपना भगवान् नहीं मानता।" कृष्णधन ने स्वर्णलता की आंखों में झांकते हुए कुछ-कुछ उत्साह से कहा।

"तो ना बाबा, अब से कुछ टोकना-रोकना एकदम बंद।...वैसे तो द्वारका नरेश तुम्हारे नाम राशि श्रीकृष्ण को भी उनकी पत्नी ने रोक दिया था।"

"सच, लता।"

"हां, सच, कृष्णधन।"

"पर कब?"

"जब श्रीकृष्ण सुदामा के मुट्ठी भर चावलों का अत्यंत प्रेम से सेवन कर रहे थे, तब उन्होंने कहा था तीसरी बार चुटकी भर चावल नहीं, स्वामी, अन्यथा हम कहां रहेंगे।"

"और श्रीकृष्ण मान गए।"

"हां...हां मान गए पर तुम तो उनसे भी बढ़कर हो, क्योंकि वे तो श्रीकृष्ण थे। तुम तो उनसे एक कदम आगे उनके भी धन हो। फिर किसी की बात क्यों मानो?" स्वर्णलता का मन खुल रहा था।

"मैं तुम्हारी बात से असहमत नहीं हूं लता, परंतु क्या करूं, मुझसे गरीब, लाचार, पीड़ित उन मरीजों को नहीं देखा जाता, जो पैसे के अभाव में सिर झुकाए, चुपचाप सामने खड़े हैं। फिर मेरा, देश से बाहर जाकर एवरडीन से एम.डी. करने से क्या लाभ? वह तो मैं कुछ और करके भी खूब कमा लेता। डॉक्टर की निगाहें कभी पैसे पर नहीं ठहरतीं। जैसे किसान की खुशी उसकी लहराती फसल है। वह उस फसल के लिए न दिन देखता है, न रात। न तेज धूप देखता है, न मूसलाधार बरसात। पांव में जूती नहीं, सिर पर पगा नहीं, आंखें अंदर को धंसी-धंसी और थेगली लगे आधे-पौने कपड़ों से तन ढके वह कटता मरता है तो किसके लिए, लता? ...उन सबके लिए जो हम जैसे हैं, जिन्हें भूख तो लगती है पर जो दूसरों की भूख नहीं मिटा सकते।...अन्नदाता के सामने से जोर-जबरदस्ती या तिगड़म से अन्न उठा ले जाते हैं और उसे कंगाल बनाकर हर चौखट पर माथा टेकने, गुहार लगाने के लिए मजबूर कर देते हैं। ऐसे चंद लोगों के नियम-धर्म से बंधे समाज को मैं नहीं मानता, लता। अब तुम बताओ, लता क्या इतनी बड़ी डिग्री मैंने इसलिए हासिल की कि चंद अमीरों की सेवा करूं, धन कमाऊं। ...नहीं लता, नहीं तुम्हारा यह कृष्णधन, अपनी आत्मा की पुकार सुनना कभी बंद नहीं कर सकता ...और जिस दिन ऐसा हो गया तो यह कृष्णधन नहीं रहेगा।" कृष्णधन का हृदय सब कुछ उलट बैठा जो कुछ उसके मन में था-एकदम मूसलाधार बरसात की तरह।

अब कृष्णधन को वहां रुकना उचित नहीं लगा और वह उठकर चलने ही लगा था कि स्वर्णलता के गीले स्वर गूंज उठे, "तुम सचमुच मेरे धन हो, कृष्ण। जिसके पास तुम जैसा धन हो, उसके लिए कुबेर का भी कोई अर्थ नहीं। लो, ये पकड़े कान और छोड़ दिए खूटे से बंधे मन की दुश्चिंताओं के सारे व्यर्थ के सवाल।"

अब क्या कृष्णधन जा सकता था। प्यार यहीं आकर स्वेच्छा से खूटे से बंधने के लिए लालायित हो उठता था। उसने आगे बढ़कर स्वर्णलता का माथा चूम लिया और मात्र इतना ही कहा, "इसीलिए स्त्री शक्तिरूपा है।"

तभी बाई पुकार उठी, "साहब, बाहर योगी बैठा हुआ है।"

"अच्छा, आते हैं।" स्वर्णलता की ओर देखकर कहते, "ले चलो अपने कृष्ण कन्हैया को योगी के पास। देखो, वह कैसे अपना उल्लू सीधा करता है?"

वे दोनों बैठक में आए। स्वर्णलता ने योगी को नमन किया।

योगी नवयुवक था। कद काठी से सुदृढ़ था। आंखें उसकी बड़ी-बड़ी थीं और उन आंखों में गजब की चमक थी। उसने ध्यान से शिशु पर दृष्टि डाली। उसका शांत चेहरा सहज खिल उठा। वह पूछने लगा, "क्या नाम रखा है, माई?"

"अरविंद, योगीराज।" स्वर्णलता ने कृष्णधन की ओर देखकर कहा। कृष्णधन के मन में था कि वह ढोंग छोड़, जो चाहिए मांग ले, समय से खिलवाड़ नहीं करे, परंतु प्रत्यक्ष में वे शांत रहे, क्योंकि उन्हें स्वर्णलता की आस्था का भी ध्यान रखना था।

तुम धन्य हो। अरविंद का अर्थ हुआ नील कमल। सांवला कमल। इसकी श्यामल देह, सुंदर मन, संत स्वभाव और सुदृढ़ विचार के लिए सर्वोत्तम नाम है। इसका एक अध्यापिका अर्थ भी होता है। कहकर योगी रुक गया।

"क्या, योगीराज?" "भागवत चेतना, माते।" "क्या अर्थ हुआ?" इस बार कृष्णधन पूछ बैठे।

"बस, वह अठारह पुराणों में से एक पुराण है। उसमें श्रीकृष्ण की कथा वर्णित है, परंतु यहां मेरा अभिप्राय भगवान् की भक्ति से है।"

"तो क्या वह भक्त बनेगा?" "इसमें आश्चर्य क्यों, वत्स। भक्त तो तुम भी हो, वत्स।"

"नहीं, योगी, नहीं। मैं ईश्वर को नहीं मानता।" कृष्णधन घोष ने कुछ तेज स्वर में कहा। उसके चेहरे पर घृणा मिश्रित उपेक्षा भाव झलकने लगा।

"तो किसको मानते हो, वत्स?"

कृष्णधन घोष का मन चकराया। उसने इस तरह से कभी सोचा ही नहीं था। फिर भी, उसने दोहराया, "योगी, मैं नास्तिक हूं।"

"नास्तिक होना कोई बुरी बात नहीं है, वत्स। गहरा विश्वास, श्रद्धा-भक्ति के बिना कोई नास्तिक नहीं हो सकता, वत्स।"

"मैं भगवान् को नहीं मानता।" अरविंद की ओर देखते हुए कृष्णधन घोष ने कुछ-कुछ गर्व से होकर कहा। "भगवान् भी यही चाहता है, वत्स कि कोई उसे नहीं माने, अपना काम निष्ठा और ईमानदारी से करे। यही तो भगवान् की भक्ति है।" योगी ने कृष्णधन घोष के मन में उठ रहे तूफान को

पढ़ा और आगे कहा, "वत्स, तू असहायों, गरीबों, अनाथों, रोगियों की सेवा निःस्वार्थ भाव से कर रहा है कि नहीं?"

कृष्णधन घोष निरुत्तर। क्या उत्तर दे। वह तो सच है।

"वत्स, भगवान् व्यक्ति नहीं, कृतित्व है। मात्र मूर्ति में ही नहीं, उससे बाहर भी है। उस ओर देख तो जरा। योगी ने शिशु अरविंद की ओर संकेत किया। वह मुस्कान बिखेर रहा था। उसके घने और लंबे केश चमक रहे थे। उसकी आंखों में विश्वास की उषा की किरण तैर रही थी। उसका भोला, मासूम और प्यारा-प्यारा मुखमंडल कांतिमय हो उठा था।"

"देखो, वत्स, तेरे सामने तेरा भगवान् मुस्करा रहा है। तू शब्दों की दुनिया से बाहर निकलकर एक बार तो देख। जल्दी नहीं है। इत्मीनान से, धैर्य से और अकेले में जरा सोचना कि तू जिनकी सेवा कर रहा है और गहरी, लगन तथा तत्परता से कर रहा है, उनमें तुझे क्या नजर आता है? उनसे तुझे क्या अनुभूति होती है? क्या तू वहां नास्तिक बना रह पाता है? तू क्यों अपना सर्वस्व निछावर करने के लिए तत्पर रहता है? क्या मिलता है तुझे उस सबसे, जिसके लिए न तुझे अपनी चिंता है और न अपने घर-संसार की–किसी की नहीं। तू उनके लिए पागल हो उठा है। यही भागवत् भक्ति है, वत्स। यही धर्म की अन्तर्दृष्टि है और यहीं सत्य की साकारता है।"

कृष्णधन घोष पहली बार अपने सोच के घेरे को तोड़कर बाहर आ खड़े हुए थे। उनके अंदर उजाला था, उनके बाहर उजाला था, उनके चारों ओर उजाला था। वह पहली बार उजाले की संगीतमय बरसात में नहा रहे थे आत्म मुग्ध हुए। न सोच था, न असोच। न आकार था, न निराकार कोई नहीं था, फिर भी किसी के होने की अनुभूति की अंतरंग अनुभूति उनमें मिश्री में मिली मिठास सी चहक रही थी। तोड़ो, जितना तोड़ सको। चाहे उसको चकनाचूर कर डालो पर वह अपनी मिठास से विमुख नहीं होती। मिठास ही तो उसकी अस्ति है, उसकी भागवत शक्ति है। अचानक उसे यह क्या हुआ? वह कहां जा खोया! क्या यह इस योगी की सम्मोहन शक्ति का प्रभाव है?

"अलख निरंजन! अलख निरंजन।" उस योगी की आंखों से अद्भुत तेज की किरणें निसत हो उठी थीं। वह कह रहा था "वत्स, हमारे-तम्हारे हाथ में कछ भी नहीं है। सब कुछ करने-कराने वाला कोई और है। मुझे उस कौन ने ही घर-संसार के घेरे से बाहर ला पटका है और लगातार वही तो मुझसे परिक्रमा लगवा रहा है। अचरज तो यह है कि उसने मुझसे जिस

घर-संसार को छुड़वाया था, अब उसी ने मुझे घर-संसार की चौखट पर ला खड़ा किया है और वही मुझे आत्मीय संबंधों की सुवास को हुलास की तरह महकाने का मंत्र दे रहा है, मुझमें उत्साह भर रहा है, उल्लास उठा रहा है और मन-ही-मन गुनगुनाते हुए कीर्तन करवा रहा है। ...मैं न तब जान सका था जब घर-संसार छोड़ा था और न अब जान पा रहा हूं जब मैं घर-संसार के द्वार-द्वार जाकर खड़ा हो रहा हूं। वत्स, उसकी लीला अपरंपार है, हमारे सोच से परे है, अलख है। ...अलख निरंजन अलख निरंजन।"

कृष्णधन घोष सम्मोहित हो चले थे। वह जब एम.डी. एवरडीन, स्काटलैंड से लेकर भारत लौटे थे तब उनके सामने विषम परिस्थितियां आईं। चूंकि उन्होंने काले पानी यानी समुद्र यात्रा की थी, अतः उनका समाज उन्हें जाति से बाहर करने की धमकी दे रहा था। तब जाति से बाहर होने का अर्थ बहुत भयावह था। आपकी जाति का कोई व्यक्ति आपसे संबंध नहीं रखेगा, न आपके घर आएगा-जाएगा। न जाति में शादी-विवाह हो सकेगा। वे चाहते थे कि कृष्णधन उसके लिए जाति के सामने पश्चात्ताप करे अर्थात् वे अपना सिर मुंडवाएं, गोबर खाएं और हाथ जोड़कर अपनी गलती स्वीकारते हुए ब्राह्मण भोज करवाएं।

तब कृष्णधन घोष में अपनी जाति-धर्म के विरुद्ध बगावत का भाव जोर मारने लगा था। दूसरी ओर उन पर यूरोपीय आचार-व्यवहार, जीवन शैली और पहनावे का प्रभाव गहरी आसक्ति पैदा कर चुका था। वह ऐसे टोटके, अंधविश्वास और रूढ़ परंपराओं की क्यों परवाह करते? वह सर्जन बन चुके थे।

रही शादी-विवाह की बात तो उसके लिए वह चिंतित क्यों होते? उनका विवाह तभी हो गया था, जब वह मेडिकल कॉलेज में पढ़ रहे थे। स्वर्णलता न केवल सुशील, शिक्षित और मनीषा चरित्र वाली युवती थी, बल्कि वह अत्यंत सुंदर, कला-संगीत में रुचि रखने वाली मेधावी षोड्शी थी। वह रंगपुर का गुलाब नाम से सुविख्यात थी। इसके साथ ही उनके पिता राजनारायण बसु का ऋषि तुल्य चरित्र संकीर्णताओं से ऊपर था और प्रगतिशील हिंदू समाज की नव स्थापना करने की ओर रुझान रखता था। फिर वह किसकी सुनते-मानते। उन्होंने तय कर लिया था कि वह अपने बच्चे-बच्चियों की परवरिश देश से बाहर करवाएंगे। उनके दिलों-दिमाग पर देश की कूप मंडूकी परंपराओं और बददिमागी चाल चलन का रत्ती भर भी प्रभाव नहीं पड़ने देंगे और उन्होंने ऐसा किया भी, लेकिन इस समय वह योगी के

सामने नत हुए जा रहे थे। उसका गरिमामंडित चेहरा-मोहरा, तेज-तप और संगीतमयी आवाज का जादू उनके सिर चढ़ चुका था। उस नवयुवक योगी के चिंतन-मनन का उन पर प्रभाव पड़ रहा था।

कृष्णधन घोष जल्दी से चेत में आए। बटुए निकाला। योगी उठ खड़ा हुआ था। जैसे ही वह बाहर को मुड़ने को हुआ, वैसे ही वह पुकार उठे, "ठहरो, योगी। आप अपना काम कर चुके हैं, अब मुझे अपना काम करने दो।" अब तक वह बटुए से नोट निकाल चुके थे। उन नोटों को योगी की तरफ बढ़ाने ही लगे थे कि योगी ने सहज भाव से कहा, "वत्स, योगी इस माया से दूर हो चुका है। धन-दौलत उसके लिए मिट्टी है। सूरज धूप लुटाता है, नदी जल बहाती है, पवन सुगंध बांटता है ...वत्स, ये सब इन नोटों के लिए नहीं। इन नोटों से आगे भी एक दुनिया है, उस दुनिया का जीवन-व्यवहार है, उसका स्वप्न-संसार है, उसका आचार-विचार है। वहां नोटों का व्यवहार नहीं है। वत्स, इन नोटों को अपने बटुए में रखो और अपने सुपुत्र अरविंद की सुगंध लेने की चेष्टा करो। ...अलख निरंजन अलख निरंजन!"

योगी जा चुका था। स्वर्णलता भी अरविंद को गोदी में संभाले अंदर जा चुकी थी। वह अकेले बैठे रह गए थे। सोचने की मुद्रा अवश्य थी, परंतु वहां से सोच विलुप्त था।

चाहते हुए वह कुछ नहीं सोच पा रहे थे। खिड़की खुली थी, परदा भी कुछ-कुछ हटा हुआ था और दरवाजे के दोनों पट एकदम खुले थे। उन्हें स्वर्णलता बंद करना भूल गई थी और उनमें इतनी ताकत नहीं रही थी कि वे उठे और दोनों पट मिलाकर बंद करें, चटकनी चढ़ाएं। ऐसा उन्हें पहली बार हुआ था कि वे जय-पराजय से परे, कहीं दूर अपने को एकदम अकेला खड़ा पा रहे थे।

3

डॉ. कृष्णधन घोष के परिवार में अंग्रेजी बोली जाती थी। उनके बच्चे भी अंग्रेजी बोलते थे। घर के नौकर-चाकर को भी टूटी-फूटी अंग्रेजी और हिंदी बोलने का अभ्यास करना पड़ा था। स्वर्णलता का बंगला पर अच्छा अधिकार था। वह बंगला में भजन गाती थीं। अंग्रेजी भी वह साधिकार बोलती थीं। कभी-कभी वह आत्मलीन होकर अत्यंत सुरीले स्वर में भज

उठती थी–

हरि हरये नमः कृष्ण यादवाय नमः
यादवाय माधवाय केशववाय नमः

यों तो अरविंद रोते कम ही थे, परंतु जब बिगड़ जाते थे, तब रो-रो कर सारा घर सिर पर उठा लेते थे। वह अपने चूचुक उनके मुंह के पास ले जातीं, लेकिन वे अपना मुंह हटा लेते, चूचुक को मुंह में नहीं लेते। वह परेशान हो उठतीं। उन्हें कुछ नहीं सूझता। फिर वह धीरे-धीरे हरि हरये नमः भजने लगती। भजती जातीं। अपनी आंखें बंद कर लेतीं।

"लता...ओ लता, क्या अरविंद को लिए ही सो गई?" कृष्णधन घोष स्वर्णलता को आंखें बंद किए और अरविंद को चुपचाप लेटा पाकर कह रहे होते।

स्वर्णलता का चेत होता। वह साश्चर्य अरविंद की ओर देखती। अरविंद अपने मुंह में उनका एक चूचुक दबाए सो रहा था। ब्लाउज के बटन खुले हुए थे। कृष्णधन घोष बड़े ध्यान से देख रहे थे कि स्वर्णलता के उन्नत और भरे हुए उरोजों का उभार कितना तनाव लिए गदराया हुआ है। वह समझा चुके थे, तब से जब विनय हुआ, फिर जब मनमोहन हुआ, कि उनके मुंह चूचुक मत दो।

स्वर्णलता कृष्णधन की ओर कनखियों से देखती और लजा जाती। सास का स्वर उसके कानों में गूंज उठता, "बहू, बच्चे को अपना दूध आंचल से ढककर पिलाया कर। वरना उसको नजर लग जाएगी। पता नहीं उसे क्या होता कि अपने शिशु के मुंह में चूचुक देकर कहीं जा खोती थी और आंचल ढकना भूल जाती थी अथवा आंचल ढकती तो थी पर वह खिसक कर नीचे झूलने लगता था।

स्वर्णलता तुरंत अपने सुडौल उरोजों को ढक लेती और इशारों से, मुंह पर उंगली धर कर समझाना चाहती कि कृष्णधन आगे नहीं बढ़ो। आगे बढ़कर सहज अपनी बांहों में नहीं भरना। कपोलों को मत चूमना। पर उसकी एक नहीं चलती। वह न उठ सकती थी और न बोल सकती थी। जरा भी हिली डुली या बोली कि अरविंद जग सकता था और कहीं फिर से वह सारा घर सिर पर उठाने लगा तो ...ना बाबा, ना। उसका रोना तो कभी-कभी महाभारत हो जाता है।

स्वर्णलता हलकी नाराज होकर कहती, "चूचुक, क्यों नहीं दूं? उसका

क्या हक नहीं है?"

"प्लीज बोतल का प्रयोग करो।"

"नहीं, कृष्णधन ...मैं ऐसा नहीं कर सकती। कभी-कभी तो मेरी छाती से दूध छलक-छलक पड़ता है। वह मुझसे संभाले नहीं संभलता और मैं जबरदस्ती उसके मुंह में चूचुक डाल देती हूं और मेरा कृष्ण कन्हैया, नींद में होते हुए भी उन्हें चिंचोड़ने लगता है।"

"यह पागलपन है, लता।"

"क्यों कृष्णधन, यह पागलपन क्यों है?"

"तुम सब समझती हो, फिर भी..."

"फिर भी क्या, कृष्णधन!" "मैंने कितनी बार समझाया कि..."

"सौंदर्य के देवी, इस रसवंती रूप की मादकता को तनिक भी शिथिल मत पड़ने दो। देह की कसावट, उठाव और भराव के बीच का संतुलन और उसका गणित नहीं बिगड़ने पाए। यही ना, कृष्णधन। तुम पुरुष नारी के भूगोल से आगे समझने का प्रयास क्यों नहीं करते? तुम एक कामयाब सर्जन हो। तुमने स्त्री-पुरुष के अंग-प्रत्यंगों को गहराई से जाना-समझा है...उनकी शल्य चिकित्सा करते हो तो भी, तुम...प्रिय कृष्णधन। तुम नहीं जान सकते कि एक मां को अपने शिशु के मुंह में चूचुक जाने से कितनी तृप्ति होती है, कितना संतोष मिलता है...ईश्वर को पाकर भी शायद भक्त को उतना नहीं होता।"

कृष्णधन आश्चर्य से स्वर्णलता की ओर देखते रह जाते। उसका गुलाबी और रक्ताभ मुख मंडल देदीप्यमान होने लगता। उसका सौंदर्य महक उठता और कृष्णधन का रंध्र-रंध्र रस विभोर होने लगता। तब उनका ध्यान उन पाश्चात्य युवतियों की ओर जाता जो मां बनकर अपने सौंदर्य को खोना नहीं चाहती थीं। वह कह उठता, "सॉरी लता, वेरी सॉरी। यू आर राइट। आई शेयर योर फीलिंग्स। मैं जानता हूं...वूमैन डज नॉट वांट टू शेयर हर सीक्रेट लेकिन तुम उनमें से नहीं हो, स्वर्णलता।"

स्वर्णलता कुछ नहीं कहती। वह अरविंद की ओर देखती रहती। ऐसा क्या था अरविंद में जो उसे अपनी ओर खींचता रहता था। वह हर पल, सोते-जागते ऐसा अनुभव करती रहती थी, जैसे कोई उससे उसके अरविंद को खींचे ले जा रहा है। कौन है वह? वह चारों ओर दृष्टि घूमा फिरा कर अरविंद पर टिका देती थी।

मां की ममता कैसे फूटती है, कौन जानता है। जानने की किसे चिंता

है! हर पुरुष मां का स्तनपान करके बड़ा बनता है। फिर भी वह मां के दूध को भुलाने में जरा सा भी संकोच नहीं करता। काश, पुरुष में भी ममता की धूप-छांह फैल पाती!

अरविंद तनिक बड़ा हुआ। लेटे-लेटे लुढ़कने-पलटने लगा। पलटने के कुछ देर बाद रो पड़ता। स्वर्णलता उसे सीधा कर देती। वह हंस पड़ता। उसकी आंखें चमक उठतीं। वह पुनः उलट जाता, स्वर्णलता कुछ दूरी पर कोई खिलौना या अखबार का कागज रख देती। वह ध्यान से उस ओर देखता, परंतु उस ओर आगे नहीं बढ़ता।

स्वर्णलता अखबार को इधर-उधर व ऊंचा-नीचा कर बजा उठती। फर्र-फर्र की आवाज पर उसका ध्यान टिका रह जाता, लेकिन वह जरा सा भी, घुटनों के बल पर नहीं खिसकता। आखिर वह उसके हाथ में अखबार थमा देती। फिर क्या था, वह दोनों हाथों से अखबार को कसकर पकड़ लेता और फिर पूरी शक्ति से उसे ऊपर-नीचे खींचता। आवाज तेज होती जाती। वह आवाज के पीछे पागल हो उठता। खूब हाथ-पांव चलाता, पर वह अखबार का कुछ नहीं बिगाड़ पाता, सिर्फ मरोड़ने-मोड़ने के। अंततः थक जाता। चिड़चिड़ा उठता। अखबार एक ओर पटक देता और उस मुड़े-घुड़े अखबार की ओर खामोश नाराजगी से देखता।

जाने कब और कैसे, कृष्णधन की उपस्थिति में अरविंद पहली बार थोड़ा-सा खिसका। खिसककर उसने हाथ बढ़ाया ठीक तैराक की तरह, गन्तव्य की ओर। उसके हाथ में रबड़ की गुड़िया आ गई। उसने तेजी से उस पर झपट्टा मारा कि वह गुड़िया आगे खिसक गई। कुछ पल के लिए वह रुका। उसने ध्यान से गुड़िया की ओर देखा। फिर उसमें स्फूर्ति आई। उसने सिर उठाया। धीरे-धीरे घुटनों पर जोर देकर वह कुछ आगे बढ़ा। बढ़ता रहा। इस बार उसने कोई गलती नहीं की, न गुड़िया के स्पर्श हो जाने पर झपट्टा मारा, बल्कि धीरे से वह और आगे खिसका और गुड़िया को टांग पकड़ कर उसे अपनी ओर खींच लिया। अब गुड़िया उसके हाथ में थी। उसने सावधानी से गुड़िया को अपने दोनों हाथों में थामे पलटा खाया। वह सीधा हो गया। गुड़िया उसके हाथ में रही।

उसे अपनी ओर लाया। दबोचा। मुंह के पास तक ले गया, लेकिन उसे चाटा चूमा नहीं, सिर्फ ध्यान से देखता रहा और आ-आ करता रहा। यही उसकी अपनी यात्रा थी और यही उसकी अपनी मौलिक अभिव्यक्ति। कुछ

देर तक आ-आ करता रहा। फिर गुड़िया को हाथ से छोड़कर मौन हो गया। उसके शरीर का अंग-प्रत्यंग शांत, सहज और शिथिल अवस्था में बना रहा।

स्वर्णलता और कृष्णधन दोनों ध्यान से उसकी ओर देखते रह गए। स्वर्णलता चमकी और बोली, "कृष्णधन, शायद अरविंद सो गया है।"

कृष्णधन ने अरविंद को छूकर देखा। वह ज्यों-का-त्यों आंखें खोले लेटा रहा। उसने कहा, "हां, लता, वह सो गया है।"

"ऐसा क्यों होता है?"

"कैसा, प्रिये?"

"वह मेरा दूध पीते हुए, कुछ चीज हाथ में लिए-लिए अचानक चपड़-चपड़ चूसना बंद कर देता और खिलौने को धीरे से हाथ से छोड़कर सो जाता है गहरी नींद में।"

"ठीक किसी योगी के ध्यान की तरह।"

"हां, कृष्णधन। सविता भी यही कहती है कि अरविंद अपनी उम्र से बड़ा है। खेलते-खेलते अचानक आ-आ करना बंद कर देता है और आंख खोले हुए कहीं देखता रह जाता है। क्यों...तुमने कभी यह सब नोट किया क्या, कृष्णधन।" स्वर्णलता उसके लंबे-लंबे गहरे काले-मुलायम बालों पर हाथ फेरती हुई कहती जाती और सोचती जाती कि विनय और मनमोहन ने तो कभी ऐसा नहीं किया।

"हां, लता, यह मैंने भी नोट किया है। उसे अपना पांव का अंगूठा चूसना बहुत अच्छा लगता है। वह हर चीज को मुंह में नहीं लेता है। उसकी जीभ लंबी है और एकदम साफ रहती है। उसे तुम्हारा गुनगुनाते हुए हरि नाम लेना, उसकी आंखों में आंखें डालकर बातें करना बहुत पसंद है। तुम तो उससे बातें करते हुए अपने आपको भूल जाती हो। कहती होती हो...ओ मेरे नीलचंद्र, गोपाल-कृष्ण, क्या तू मुझे सचमुच यशोदा के रूप में पाता है। मेरी आंखों के तारे, बड़े प्यारे, तू कब माखन चुराएगा? कब तझे हाथ-मुंह में माखन लिपटाए गोपियां मेरे पास शिकायत लेकर आएंगी-कहेंगी, संभालो अपने सीधे सादे गऊ से लाडले सुपुत्र को और पहचानो उसकी काली करतूतों को। क्यों रे नटखट, तू कब अपनी लीलाओं से मुझे रस मग्न करेगा।"

"...तुम उसके होंठ को दबाकर छोड़ देती। वह किलकारी मार कर हाथ नचाता हुआ आ-आ कर राग अलापने लगता। तब मुझे जाने क्या होता कि मैं तुम में साक्षात् यशोदा को देखने लगता। छिपा-छिपा चुपचाप तुम्हें रसवंती

बना, उसमें डूबता और लाड़-प्यार की बौछार करता पाता। तुम उसे अपने में भींच लेती। प्यार से गद्गद होकर उसे चूमती जाती। कभी अचानक उसे अपने सिर पर लिटाए झूमने लगती और वह खिलखिलाकर खिल-खिल कर उठता। तब मुझे लगता, लता, पुरुष क्या खोता है और स्त्री क्या पाती है! तुम कैसी अबोध बालिका बन जाती हो और तुतला-तुतला कर बोलती हो। तब मन करता है कि मैं भी तुम्हें गोद में भर लूं और तुम्हें अपने चुम्बनों की रिमझिम में नहला दूं।" इतना कहते-कहते कृष्णधन आगे बढ़कर उसे अपनी बाहों में भरकर चूम लेता।

"तुम्हें जरा सी भी लज्जा नहीं आती।"

"तुम्हें आती है क्या?"

"क्यों, मैंने ऐसा क्या किया है?"

"तुमने मेरी उपस्थिति में, सारी लोक-लाज ताक में रखकर, परपुरुष को बांहों में दबोचा है और जी भर कर अपने अरुण अधरों से उसे चूमा है। तुम उसे चूमती रही हो, जबकि हम पर तुमने कभी ऐसी मेहरबानी नहीं की है, लता। क्या कोई पति अपनी पत्नी के इन लक्षणों को देखकर उसे क्षमा कर सकता है।" ऐसा कहते-कहते कृष्णधन उसके गाल और होंठों को जोर से चूम उठते।

"थोड़ी-सी शर्म करो, कृष्णधन। छी...छी...वह देखकर क्या सोच रहा होगा?"

"यही ना कि जिस यशोदा की बाहों में उसका कृष्ण है, वह यशोदा अपने नंद की बांहों में सिमटती हुई उसकी सांसों में उतरती जा रही है... और क्या सोचेगा-कहेगा। फिर ये कृष्ण तो आ-आ की बारह खड़ी से आगे पढ़ा-गुना भी नहीं हैं।"

"तो?"

"उसके कहने के डर-भय की चिंता किसे और क्यों हो?...मैं डरा होता तो तुम्हें बगीचे में अकेला पाकर यह न कह बैठता, "लता जी, हमें तुम सिर से पांव तक पसंद हो, पर तुम्हें क्या हम जैसा काला-कलूटा वनमानुष पसंद है?"

"तुम बड़े वो हो जी।"

"तुम दुम दबाकर भागना चाह रही थी कि हमने तुम्हारी साड़ी का पल्लू कसकर पकड़ लिया। तुम भयभीत हिरनी-सी घबराकर बोल रही थी विनय

के स्वर में, "प्लीज छोड़ दो।"

"अभी तो साड़ी का छोर ही पकड़ा है जी, क्योंकि अभी अपनी सगाई ही तो हुई। फिर तो..."

"प्लीज।"

"क्या शादी के बाद भी प्लीज का बैरियर नहीं हटेगा?"

"प्लीज।"

"हमें आप आवारा, बददिमाग, बदमिजाज...वगैरह-वगैरह तो नहीं समझ बैठेंगी, लता जी वो तो...स्वर्ण लता जी।"

"प्लीज कोई देख लेगा?"

"कौन जी?"

"वो, उधर देखो, माली?...हमने जैसे घूमकर देखा क्या कि तुम तेजी से पल्ला खींच कर सिर पर पांव रखकर ऐसी भागी कि ना आगा-सोचा ना पीछा और पानी भरे खड्डे में धमाके से पांव दे बैठी और मिट्टी से सन गई, ऊपर तक। हम सॉरी-सॉरी करते रह गए। काश, हम भी तुम्हारे पीछे भाग खड़े होते तो..."

"चुप भी करो।"

"यकीन मानना, यदि हम भी तुम्हारे साथ उस मिट्टी में सने होते तो अपने गुलाब की मध चांदनी सांसों को छू लेते। परंत नहीं, लता हमने ऐसा नहीं किया और जब तक उस प्रसंग को याद कर हम पगला जाते हैं। मुझे आम्र मंजरी जितना सम्मोहित करती हैं, उतना आम्र की मिठास नहीं। तुम्हें याद है न, जब तुम्हारी सहेलियां हमें तरह-तरह से छेड़े जा रही थीं, तब हमने कहा था- क्या आप लोगों ने अपनी सहेली को कभी कीचड़ में छलांग लगाते देखा है। क्या बताएं हमें तो तब वे हिरनी को मात देने का अभ्यास करती लगी थीं।...यकीन न हो तो आप अपनी दीदी से पूछ लें। और सबने एक साथ पूछा क्यों, यह क्या माजरा है..."

"बेचारी सारी की सारी कीचड़ से सन गई थी। वो तो हमने..." "क्या किया आपने?" सब सहेलियों ने मानों आह भर पूछा था। "तो हम जाते हैं?" स्वर्णलता ने अरविंद को गोद में लिए कहा।

"प्यार की यही यादें...हमारे पास तो शादी पूर्व की तुम्हारी यही एक निशानी है, लता, जो हमें एकांत लम्हों की गहरी खामोशी में सहला जाती है और प्यार की मंजरी मादक गंध से नहला जाती है। तुम क्यों जाती हो

लता। जाना तो हमें पड़ेगा। वो देखो घड़ी की ओर। जैसे ही स्वर्णलता ने घूमकर घड़ी की ओर देखा, वैसे कृष्णधन ने आगे बढ़कर उसके रक्ताभ गुलाब का चुंबन ले लिया और फिर पीछे मुड़कर बाहर जाते हुए कहा, "शेष फिर ...टाटा...टाटा..."

स्वर्णलता कृष्णधन की इन हरकतों से परेशान हो उठती थी। वह सीख परोसती हुई कहती, "तीन-तीन बच्चों का बाप होकर भी आप बचकानी हरकतें करने से बाज नहीं आते। कुछ तो लाज-शर्म करो, बाबा।"

कृष्णधन छेड़ते हुए कहते, "तुम्हारी ये ही अदाएं और गुनगुनाते गीत तो हमें सारी मर्यादा भंग करने के लिए विवश करते हैं, लता। हमने लॉ तो नहीं पढ़ा है, परंतु सुना अवश्य है कि उत्तेजित करने वाला भी प्रमुख अभियुक्त के साथ बराबरी का ना सही पर दोषी तो वह भी होता है।"

स्वर्णलता खिसिया कर रह जाती। कृष्णधन बड़ी विनम्रता से कहते, "पगली, वे ही भाग्यशाली हैं जिन्हें जिंदगी के हर दौर में प्यार की आम्र मंजरी की मादक सुगंध अपने पल्लू से बांधे रहती है। प्यार की कोई उम्र नहीं होती। वह तो सदा वसंत मन खिला रहता है, नूपुर बन गुनगुनाता रहता है, चूड़ियों की खनखनाहट में कहकहे लगाता रहता है, सावन के मेघों की रिमझिम में नहाकर चपला बन चमक उठता है, वह तेज होती धड़कनों के साथ आसमान को छू लेना चाहता है।"

"बस...बस...कृष्णधन, बस।" "क्यों बस?" "तुम्हें तो साहित्य पढ़ना चाहिए था। मेडिकल साइंस में क्यों सिर खपा बैठे?"

"वो इसलिए कि हम से दिल के ज्योतिषी ने कहा था- बेटे, तुम्हें साहित्य पढ़ने की कोई जरूरत नहीं है- स्वयं साहित्य तुम्हारी जिंदगी के मधुवन में आसमान से उतरने वाला है। क्यों लता, कितना सच कहा था उसने?"

"मुझे घर के और भी कई काम हैं, डॉ. कृष्णधन घोष एम.डी. विख्यात सर्जन। महाशय, मैं तुम्हारी तरह निखट्टू नहीं हूं।" कहकर स्वर्णलता चलने को होती कि कृष्णधन सामने आकर रास्ता रोककर कहने लगते, "क्या सचमुच, तुम हमारी इन हरकतों से नाराज हो उठी हो?...तुम्हें हमारी कसम लता, झूठ मत बोलना।"

"मैं आपसे झूठ क्यों बोलूंगी, कृष्णधन?" "तो क्या यही सच है!"

स्वर्णलता गंभीर बनी रहने की लाख कोशिश करती, परंतु वह अपने

को छिपाये नहीं रख पाती। कैसे रखती, कृष्णधन का चेहरा लटकने लगता। उसके चेहरे पर मादकता कौंध उठती और उसके अरुण अधरों पर स्मित की बारीक रेखा विलुलित हो उठती। कृष्णधन उसकी कमर में बांहें डालकर उसे अपनी ओर खींच लेते। फिर धीरे से कहते, "लता, सचमुच प्यार अंधा होता है। मैं क्या करूं तुम्हें अकेला पाकर मैं अपने को रोक नहीं पाता। तुम हो ही इतनी सुंदर, इतनी मेधावी की और इतनी प्यारी कि तुम्हारे लिए मेरा प्यार भी कम पड़ता है!"

स्वर्णलता का हृदय छलछला आता। वह यादों के सागर में हिलोरे लेने लगती। वह कितनी सौभाग्यशालिनी है, गरिमावाली है और कितनी प्राण प्यारी है जो उसे ऐसा चाहने वाला पति मिला। अब कृष्णधन उसे टाटा कहकर जा चुका था और वह उसकी यादों की वसंत में डूबती हुई फूलों की पंखड़ियों पर पड़ी ओस की बूंद-सी छुईमुई हो रही थी। क्या प्यार का इन चंचलताओं में महक उठी मादक मंजरी से तब उसके जीवन की शस्य श्यामला नहीं लहरा उठती थी! वह उठ खड़ी होती और दरवाजे के ओट में खड़ी कृष्णधन के आने का मन-ही-मन इंतजार करने लगती अपनी धड़कनों के ज्वारभाटे को संभालते हुए।

4

दिनों के कैसे पंख लगते! पता ही नहीं चलता। दिन कब सप्ताह में, सप्ताह कब माह में और माह कब सालों में बदल जाते।

अरविंद पाँच बरस का हो रहा था। स्वर्णलता किसी भी तरह से यह मानने के लिए तैयार नहीं थी कि अरविंद इतना समझदार हो गया है कि वह अपनी मां के बिना अपने को संभाल सकेगा। वह कहती, "क्या हम दार्जिलिंग के प्रोग्राम को एक वर्ष के लिए पोस्टपोंड नहीं कर सकते, कृष्णधन?"

"नहीं, माई डियर स्वर्णलता जी, नाऊ इट इज नोट पोसिबल। वह बड़ा हो गया है।"

"पर इतना बड़ा भी नहीं हो गया है कि वह अकेला दार्जिलिंग के लॉरेटो स्कूल में रह सके।"

"वहां वह अकेला कहां है, लता। वहां उसके दो बड़े भाई भी हैं, विनय

भूषण और मनमोहन भी। और फिर, इतने सारे उसकी हम उम्र बच्चे भी हैं।"

"तो क्या हुआ, कृष्णधन। वह तो एकदम गूंगा है। भूखा रह सकता है, परंतु भोजन के लिए अपनी ओर से किसी से नहीं कहेगा।"

"क्योंकि यहां हम-तुम हैं, लता।"

"तो इसमें क्या बुरा है?"

"इसमें बुरा तो कुछ नहीं है, लता, परंतु इससे अरविंद का विकास रुकता है।"

"वो कैसे? क्या मां की छाया, पिता का संरक्षण पुत्र का विकास रोकता है, कृष्णधन?" स्वर्णलता ने तनिक तत्परता से कहा और साड़ी के छोर पर बंधी गांठ को खोलने का उपक्रम किया।

"देखो लता, न केवल हमारा ही सुपुत्र वहां पढ़ेगा, बल्कि बड़े-बड़े अंग्रेज प्रशासकों, कलक्टर, सेक्रेटरी और रईसों के सुपुत्र वहां शिक्षा पा रहे हैं और वह भी अपने अरविंद की अवस्था के। वहां उसे वातावरण मिलेगा, उच्च कल्वर-सोसाइटी को अपनाने का अवसर मिलेगा, पाश्चात्य शैली को आत्मसात करने की सुविधा मिलेगी और अंग्रेजी को मातृभाषा की तरह अपना सकेगा।" कृष्णधन घोष का पाश्चात्य रंग-ढंग में पूर्णतया आसक्त मन होटल एवरेस्ट की खुली खिड़की से बाहर के खूबसूरत नजारे पर मुग्ध हो उठा।

"लेकिन अरविंद अभी बहुत छोटा है।"

"पाँच वर्ष का बच्चा छोटा नहीं होता और फिर छोटा ही बड़ा होता है। वह अभी से स्वावलंबी होने की दिशा में आगे बढ़ेगा। उसके आचार-विचार, जीने का ढंग, आदत आदि एकदम उन्नत पाश्चात्य सभ्यता में ढले बच्चों की तरह बनने लगेंगे। आगे चलकर वह भी महान् कलेक्टर या उसके समकक्ष पदों पर आसीन हो सकेगा।" कृष्णधन घोष में आकांक्षाओं के-शरबती मेघ सतरंगी साज-सज्जा के साथ उमड़-घुमड़ उठे थे। वह आगे कह रहे थे, "लता, अपना बेटा आई.सी.एस. में टॉप करेगा। तब एक शानदार स्वर्णिम इतिहास का पहला पृष्ठ खुलेगा और उस पर लिखा जाएगा-श्रीअरविंद घोष, आई.सी.एस.।"

"परंतु, कृष्णधन, एक-दो बरस और उसे घर रह लेने दो।"

"देखो, लता, हम लोग घर पर कई सप्ताह इसी विषय पर बात करते रहे हैं। घर हमने इस निर्णय के साथ छोड़ा था कि अरविंद दार्जिलिंग के

शानदार लॉरेटो स्कूल में अध्ययन करेगा। वहां उसके दो भाई भी होंगे।"

"वे बड़े हैं और फिर हॉस्टल में अरविंद उनके साथ नहीं रह पाएगा, क्योंकि उम्र और अध्ययन के स्तर के साथ उसे दूसरे छात्रों के साथ रहना होगा।"

"लता, प्लीज, अपनी ममता को इतना कमजोर मत होने दो। वह जहां रहेगा हमारी तुम्हारी छत्रछाया में ही रहेगा। कृष्णधन घोष ने नजदीक आकर स्वर्णलता के कंधों पर दवाब बनाते हुए कहा, "वो सामने देखो...पर्वत श्रेणियों पर महकती सफेद चादर...उसके आस-पास आसमान छूते वृक्षों की कतार, चहुं ओर शांति-ही-शांति, ऋषि-मुनियों जैसा पावन निर्मल और मनमुग्ध करता आश्रम। इस धरती के स्वर्ग पर हमारी तुम्हारी संतान अध्ययन करेगी, तो क्या न पा सकेगी वह! उनके शानदार भविष्य के लिए हमें अपने मन को स्थिर बनाए रखना होगा, लता। आओ, स्कूल में पहुंचने का समय होने वाला है।"

"एक बार अरविंद से तो पूछ लेते।"

"पहले उसे इस योग्य तैयार तो हो जाने दो, लता।" कृष्णधन ने स्वर्णलता को मुस्कराते हुए अपनी ओर खींच कर उसके कान में गुनगुनाया, "तुम्हारा मन बच्चों के माया-मोह से हटने का नाम नहीं लेता है, तो हमारा वादा रहा, तुम फिर एक नया अरविंद पाओगी।"

"कृष्णधन...तुम सुधरोगे नहीं।"

"और वह भी तुम्हारी संगत में बने रहकर, कभी नहीं, माई डियर स्वीट हार्ट, कदापि नहीं।" कृष्णधन उसका हाथ पकड़कर आगे बढ़ने लगा। स्वर्णलता वहां के वातावरण पर अंदर-ही-अंदर मुग्ध हो रही थी। न वहां था खुलना जैसा चिपचिपापन, न सूर्य देवता का लाल-पीला गुस्से भरा चेहरा, न हवाओं का ताबड़तोड़ आक्रमण। एकदम नीरव मनमोहक, हरा-भरा, रंगों भरा, निर्झरों को उछालता, गाता-गुनगुनाता पर्यावरण और स्कूल भी उससे कम आकर्षक नहीं। हर चेहरे पर वसंत, हर उमंग में इंद्रधनुष और हर इरादे में हिमालय के उतुंग!

अब वे दोनों प्रिंसिपल टी.एच. आर्थर के सामने थे। उनके सामने प्रिंसिपल के अलावा ट्रॉफिया, कप आदि की स्वर्णिम चमक थी। ठीक प्रिंसिपल की कुर्सी के पीछे महान् क्राइस्ट का शानदार चित्र था, गोल्डन फ्रेम में।

"हमें, लॉरेटो बहुत भाया, आर्थर।" "आपके पुत्रों को भी भाना चाहिए,

डॉक्टर घोष।" "व्हाई नॉट, प्रिंसिपल आर्थर, अवश्य भाएगा।" "यहां अंग्रेज ऑफिसर्स के बच्चे हैं, इंडियन बच्चे बहुत कम हैं।"

"कोई बात नहीं, प्रिंसिपल, हमारे साथ इंडियन पेशेंट भी आते हैं, ज्यादा आते हैं और अंग्रेज भी। डॉक्टर के लिए- ऑल पेशेंट आर ईक्वल!"

"यह सब तुम्हारे बच्चों पर निर्भर है, डॉक्टर घोष।"

"अब से आप पर, प्रिंसिपल आर्थर। आप कितने भाग्यशाली हैं कि हर मौसम में, हर समय फूलों से घिरे रहते हैं। एक बादशाह बादशाहत खोकर भी यही चाहता है... औरंगजेब से शाहजहां ने ताजोतख्त खोकर यही तो ख्वाहिश जाहिर की थी।"

प्रिंसिपल आर्थर ने कहा, "बट वी ऑर नॉट शाहजहां। वह बादशाह था।"

"तो क्या हुआ, प्रिंसिपल आर्थर, हर इंसान को पोडियम (मंच) पर आने से पहले यहीं से गुजरना होता है। इसी चौखट पर माथा टेकना होता है। मैं जब एवरडीन से एम. डी. का अध्ययन पूरा कर लौट रहा था, तब समापन उत्सव में प्रोफेसर ग्रे ने अपने उद्घाटन व्याख्यान में कहा था, "मैं अपने दीर्घकालीन अनुभव के आधार पर कह सकता हूं कि मानव-जाति का उत्थान, उत्कृष्टता और कल्याण यदि किसी से संभव है तो समर्पित शिक्षक के बाद आप से, अर्थात् निर्लोभी, निःस्वार्थी, त्यागी और अपने कर्त्तव्य को निभाने में आलस्य, चूक और विलगाव न करने वाले डॉक्टर्स से। मुझे डॉक्टर के इस पायदान पर पहुंचाने वाला वह एक महान शिक्षक ही था, जिसने मुझे समझाया था- ग्रे अपनी ताकत का इस्तेमाल दूसरों को हानि पहुंचाने में मत करो, क्योंकि उससे तुम अंदर-ही-अंदर न केवल खोखले होते जाओगे, बल्कि जीवन के वास्तविक आनंद, सुख-शांति से भी वंचित रह जाओगे। ...प्रिंसिपल आर्थर, यू ऑर सो ग्रेट!"

"गॉड ब्लेस यू डॉक्टर घोष। आप पहले इंडियन हैं जो अपने बच्चों की शाखा-प्रशाखा को भरपूर फलने-फूलने और बढ़ने की दिशा में इतने गंभीर और सजग हैं।" टी. एच. आर्थर ने इतना कहकर आगे कहा, "अब हमें अरविंद से बात करनी होगी।"

"इसका मतलब है कि हम लोग बाहर जाएं।"

"गेस्ट हाउस में प्रतीक्षा कीजिए।"

वे दोनों चल पड़े। कुछ देर बाद अरविंद निकर, कमीज और टाई लगाए

हुए प्रिंसिपल के कमरे में आया। उसने सिर झुकाकर 'विश' किया।

"प्लीज सिट डाउन।"

अरविंद बैठ गया। उसकी निगाहों में प्रिंसिपल का भव्य कक्ष घूम रहा था। नाटे कद का प्रिंसिपल, थुलथुल शरीर का, गोरा चिट्टा व्यक्ति था। उसकी आंखें बड़ी-बड़ी और गहरी थीं। पेंट गेटिश से बंधी थी। उसके होंठ मोटे तथा फैले हुए थे। सामान्य जानकारी के बाद प्रिंसिपल आर्थर ने पूछा था, "तुम्हें यहां अकेले रहना होगा... रह लोगे क्या?"

"जो भी यहां पहली बार आया होगा, वह भी मेरी तरह रहा होगा, सर।"

"तुम्हें अपनी मम्मी-पापा की याद नहीं आएगी क्या?"

"ऐसा इससे पूर्व मैंने कभी अनुभव नहीं किया, सर?"

"कहीं बीच में..."

"बीच में ऐसा कुछ नहीं होगा सर, जिससे आपको मुझसे कोई परेशानी हो।"

"श्योर अरविंद, माई स्वीट सन।"

"श्योर, माई रिस्पेक्टेड फॉदर।"

"यहां मां नहीं होगी।"

"यस सर।"

"पिताजी भी नहीं होंगे।"

"सर, आप तो होंगे। मैं आपके पास तो बैठा रह सकूँगा-आज, अब की तरह।"

"तुम्हें रात में अकेले सोना होगा।"

"नो सर, मेरे साथ मेरी उम्र के बच्चे होंगे। मुझे अच्छा लगेगा।"

"क्या अच्छा लगेगा, माई ब्वॉय?"

"यही कि मैं इतने साथियों के बीच में होऊंगा। उनके साथ रहूंगा। उनके साथ पढ़ूंगा, खेलूंगा और जान सकूँगा कि हम बच्चों की दुनिया क्या है, कैसी है?" अरविंद ने सहज ढंग, बड़े इत्मीनान और हौसले से एक लय और क्रम में कह डाला।

"इधर आओ, माई स्वीट सन।"

अरविंद अपने स्थान से आहिस्ता से उठा। उठते हुए उसने कोई आवाज या खटपट नहीं होने दी। अब वह प्रिंसिपल की बगल में जा खड़ा हुआ था। प्रिंसिपल ने उसका माथा चूमा और धीरे से उसके सिर पर हाथ फेर

कर कहा, "माई स्वीट सन, तुम अवश्य यहां रहोगे। क्राइस्ट की तुम पर कृपा है।"

"थैंक्यू, माई रिस्पेक्टेड फादर।" अरविंद ने तीन बार सिर झुकाया और बाहर चला गया। कुछ ही देर में प्रिंसिपल आर्थर के सामने डॉ. कृष्णधन घोष और स्वर्णलता बैठे हुए थे। प्रिंसिपल आर्थर कह रहा था, "डॉ. घोष और मिसेज स्वर्णलता, आप भाग्यशाली मदर-फादर हैं। आपका चाइल्ड अपनी उम्र से बहुत बड़ा है। उसमें भरपूर आत्मविश्वास है, साहस है, और निडरता है। इसमें कोई शक नहीं कि उससे अच्छे परिणाम मिल सकेंगे।"

"मिस्टर आर्थर, मेरी पत्नी डर रही है कि वह छोटा है, घर से कभी बाहर नहीं रहा है। वह यहां स्कूल में कैसे रह पाएगा?" कृष्णधन ने स्वर्णलता की ओर देखकर कहा।

"हां, प्रिंसिपल, मेरी यह चिंता है। हर मां को यह चिंता होगी।" स्वर्णलता ने अत्यंत महीन स्वर में अपनी धड़कनों की शंकाओं को उल्था कर डाला और शाल को जरा-सा संभाला।

"नो डाउट, मिसेज घोष, बीइंग अ मदर, आपकी चिंता स्वाभाविक है।" प्रिंसिपल आर्थर ने पेपरवेट को धीरे-धीरे उंगलियों से घुमाते हुए कहा, "कई केसों में ऐसा हुआ भी है। मुझे याद है कि दो केसों में ऐसा हुआ कि उनके फादर मदर को यहां आना पड़ा। वे यहां रहे। उनका सन भी उनके साथ रहा। फिर धीरे-धीरे वह अपने साथियों में घुल-मिल गया।...ऑफकोर्स हम पौध को दूसरी जगह रोप रहे हैं। कभी आपने ऐसा किया है, मिसेज घोष?"

स्वर्णलता की आंखें चमक उठीं। उसका यह भी घर-संसार था। उसने हलका सा आगे झुककर कहा, "हां सर, इट इज माई हॉबी।"

"मिस्टर आर्थर, माई वाइफ का इस क्षेत्र में कोई जवाब नहीं है। पीछे किचन गार्डन, कोठी के सामने छोटा-सा गार्डन। उसमें तरह-तरह के महकदार फूल। उन फूलों की देखभाल, मिट्टी में सने हाथ, बालों में लगी मिट्टी, गरदन, गालों पर लगी मिट्टी और हमारा वहां दबे पांव आ जाना... जनाब इस सबसे बेखबर रहकर अपने नन्हे से संसार पर अपनी ममता-ममत्व लुटाए रहती हैं। उनकी नस्ल, उनकी जाति, उसमें होने वाले परिवर्तन...गुलाब की कई-कई किस्में...उनके प्यारे-प्यारे नाम...यही बात किचिन गार्डन की है। नई-से-नई सब्जी...एकदम ताजा सब्जी। उनके झकाझक होने तक नहाना-ध ोना। यही सब खब्तीपन है अपने समय से हाथ मिलाने का।" पता नहीं

कृष्णधन और क्या-क्या कह डालते यदि बीच में स्वर्णलता ने हस्तक्षेप न किया होता।

प्रिंसिपल आर्थर खिलखिला पड़े थे और शांत होकर पूछ रहे थे, "क्या आप एक टीचर बनना पसंद करेंगी, मिसेज घोष?"

"मिसेज लता अच्छा गाती भी हैं, तबला, हारमोनियम, गिटार का दिल जीते हुए हैं। अपने गार्डन का मनोरंजन वह प्रायः संगीत से करती हैं। आप अपने माली से पूछिए।"

"क्यों, क्या बात है?" प्रिंसिपल आर्थर ने पूछा।

"आपके गार्डन में क्यारियों को संभाल रही थीं। पौधों को ठीक कर रही थीं। किस पौधे को कितनी बार खाद दी जाए, उसे यह समझा रही थीं। उनकी पत्तियों की कांट-छांट कर रही थीं। उसके आई मीन गार्डनर को समझा रही थी। इस स्कूल के दो प्रिंसिपल हैं।"

"दो।" प्रिंसिपल ने दोहराया।

"हां, मिस्टर आर्थर।"

"प्लीज, कृष्णधन...ओवर इटिंग इज नॉट अ गुड हैबिट।"

"प्लीज मिसेज घोष। इट इज ए वैरी इनट्रेस्टिंग स्टोरी।... हां तो डॉ. घोष। दूसरा प्रिंसिपल कौन है, मुझे यह जानने की उत्सुकता है।"

"मिसेज घोष समझा रही थीं। एक प्रिंसिपल मिस्टर आर्थर हैं और दूसरे मिस्टर बीनू पटनायक।"

"क्या?...नहीं...नहीं, मैं कभी नहीं। मैं तो माली हूं...मामूली-सा गाली।"

"और आप चुपचाप, बड़े मन से, बेनागा अपने स्कूल के एक-एक पौधे को संभालते और उनसे बतियाते हो। ऐसा शायद तुम्हारा प्रिंसिपल आर्थर भी नहीं कर सकता। ...तुम तो साक्षात ईश्वर की मदद कर रहे हो। यह संसार ईश्वर की सबसे प्यारी सृष्टि है। अपना हाथ आगे करो, पटनायक। उसने सहमते हुए अपना हाथ आगे बढ़ा दिया। मिसेज घोष ने उसका हाथ अपने माथे से लगा कर कहा, पटनायक बोलो...मेरे लिए बोलो-गॉड ब्लेस यू। वह चारों ओर देखकर बोला कुछ-कुछ अटकता हुआ। कुछ-कुछ झिझकता हुआ।"

स्वर्णलता गरदन नीची किए शुतुरमुर्ग की तरह बैठी हुई थीं। वह अंदर-ही-अंदर सहमे जा रही थीं। उनमें सिहरन दौड़कर, थककर, हारकर एक कोने में आंख छिपा रही थीं। काश, वह इस समय आंख बंद कर पाती। काश उसकी श्रवणेन्द्रियां कुछ समय के लिए निष्क्रिय हो पातीं। उसे

लग रहा था कि प्रेक्षागृह में कोई संगीतकार ध्वनि परीक्षण कर रहा है, परंतु धीरे-धीरे ऑडिशन। वह आवाज अनुगूंज रही है।

स्वर्णलता यह नहीं समझ पाती थी कि कभी-कभी कृष्णधन एक डॉक्टर होते हुए इतने भावुक और इतने मार्मिक क्यों हो जाते हैं? कैसे उनमें लय-ताल स्वतः ही संतुलित हो उठते हैं। कृष्णधन कह रहे थे, "मिस्टर आर्थर, मुझे यकायक लगा कि मैं 'ब्लिजर्ड' (हिम झंझावात) से बचकर गद्दे‌दार पलंग की स्प्रिंग के झूले में झूल रहा हूं और वह कमरा वातानुकूलित है। वहां न ठंड है और न कोई ध्वनि। फिर भी सन्नाटा नहीं है। मैं नहीं कह सकता, मिस्टर आर्थर। सन्नाटा अंदर की उपज है या बाहर की अथवा अचानक हुए गहरे समझौते की मानसिकता या...। शायद शब्द नहीं हैं मेरे पास। कभी-कभी हम कितने गरीब होकर रह जाते हैं कि हमें अपनी गरीबी भी अपने स्वतंत्र अस्तित्व की अस्थिरता लगती है मानों वही अदृश्य सृजनकार का संपूर्ण वैभव ऐश्वर्य हो। इसके बाद उसके पास कहने के लिए कुछ भी न रहा हो।"

स्वर्णलता की आंख खुली-की-खुली रह गई। प्रिंसिपल का कक्ष किसी निःशब्द, निश्चंचल झील सा उतरती संध्या के गोपन रंगों में रंगता चला गया। अब वहां रंगरेज नहीं था. मात्र उसके रंग थे और वह भी एक नहीं अनेक! स्वर्णलता सोच रही थी कि क्या वातावरण का जादू कभी ऐसा भी सिर चढ़ सकता है। उसे क्रौंच वध से जन्मी कविता पर यकीन हो चला था कि तपता रेगिस्तान भी सदाबहार नदियों के स्वर संगम से गूंज सकता है और निरक्षर कालिदास 'मेघदूत' का सृजक हो सकता है। तब अवश्य ही उसके नौनिहालों में भी वह अदृश्य जादुई संस्कार ले सकेगा, जिसके गिनती के उदाहरण हमारी प्रेरणा के अक्षय स्रोत बने हुए हैं और जिन पर हमें अपने होने का गौरव है तथा जिनसे हमारी दिशाओं का भविष्य आशावान् है।

स्वर्णलता ने प्रिंसिपल के कक्ष से बाहर आकर कहा, "कृष्णधन, मैं तुम्हारी महानता की तुलना नहीं कर सकती। सचमुच मुझे तुम्हारे निर्णय पर गर्व है।"

"वह क्यों, प्रिये?" कृष्णधन ने तिरछी दृष्टि से स्वर्णलता के मुख मंडल पर महक उठे कमल दल के अप्रतिम उजास को गद्‌गद भाव से विह्वल होते देखा।

"कृष्णधन, तुम इसके प्रमाण हो।"

"मैं...मैं क्यों?" कृष्णधन इस बार तनिक सतर्क हुआ। उसने अपने को निहारा।

सब कुछ ठीक-ठाक पाया। न पेंट नीचे से मुड़ी हुई थी, न मोजे उसने उलटे पहने हुए थे, न कोट का कॉलर सिमटा हुआ था।

"क्या तुमने, कृष्णधन, अपनी लाइफ में नाटकों में भाग लिया है?"

"अचानक तुम यह सवाल क्यों कर रही हो?" कृष्णधन ने पुनः उसकी ओर देखा।

"क्या ऐसा करना फेरी की आचार संहिता का उल्लंघन है, कृष्णधन?"
"आखिर तुम्हारा मकसद क्या है?"

"तुमने कभी हीरे-मोती पर कमल खिलते देखा है।"

कृष्णधन ने आश्चर्य से स्वर्णलता की ओर देखा। फिर धीरे से पूछा, "यह क्या पागलपन है?"

"क्या कृष्णधन, तुमने कभी पत्नी को अपने पति से दूसरी बार विवाह रचाते हुए देखा है?"

"यह क्या पागलपन है, स्वर्णलता?"

"काश! यह पागलपन हर पत्नी के भाग्य में हो पाता।"

"तुम पहेलियां मत बुझाओ। सीधे-सपाट कहो जो कहना है। मैं तुम्हारी तरह लिटरेचर का आदमी नहीं हूं।"

"ना...ना...ना...डॉ. कृष्णधन, एम.डी. एवरडीन रिटर्न, विख्यात धांसू सर्जन! आश्चर्य! अभी-अभी आप प्रिंसिपल के चैंबर में बैठे कौन-सा गीत गुनगुना रहे थे?"

"क्या यह सब उसका प्रतिकार है?"

"क्या तुम अभी तक मुझे यही समझ पाए हो?" स्वर्णलता ने तनिक रुककर कहा, "हम जो कुछ कह रहे हैं, कृष्णधन" कंठ छूकर वह आगे कहती, "सोलह आने सच है।"

"क्या यह सच है कि मैंने नाटकों में भाग लिया है...या वह सच है कि हीरे-मोती पर कमल खिलते हैं अथवा यह सच है कि कोई पत्नी अपने ही पति से दूसरी बार विवाह रचा रही है...।" कृष्णधन का स्वर क्रमशः मद्धिम गति से तनिक तेज होता गया। उनकी घनी मूंछों में अदृश्य बल पड़ने लगे और सिर के हलके से चपटे धुंघराले बाल तुनकमिजाजी हो उठे।

"धैर्य, माई डीयर स्वीट् हसबैंड!" कहकर उसने कृष्णधन का हाथ

अपने हाथ में लेकर सहलाया और फिर बड़े प्यार से कहा, "यह सच है, कृष्णधन, बाई गॉड।"

"ईश्वर को बीच में मत लाओ।"

"सॉरी कृष्णधन, हम प्रायः यह भूल जाते हैं कि तुम ईश्वर को नहीं मानते। आखिर ईश्वर भी कोई मानने की चीज है। पर हम अपने ईश्वर को मानने से कैसे इंकार करें?"

"मैंने कब कहा है कि तुम ईश्वर को मत मानो।"

"यही तो तुम्हारी जिंदादिली है, कृष्णधन, जिस पर हम तहेदिल से फिदा हैं।"

"प्लीज, मतलब की बात करो।"

"अर्थात् तुम्हारी तरह टू दि पॉइंट बात करूं जैसा तुम अपने मरीजों से दवा लेने के क्रम को समझाते हुए करते हो, है न।"

"चलो, यही ठीक है।"

"तो ध्यान से सुनो, कृष्णधन, यह जगह न केवल खूबसूरत है बल्कि तन-मन को भरपूर स्वप्न, कल्पना और ऊर्जा से भरने वाली है। जहां तुम्हारे जैसे डॉक्टर में कविता प्रवाहित होने लगे, वहां अपने बच्चों का भविष्य निश्चित ही उन्नत हो सकेगा। यहां मन स्वतः ही एकाग्र होने लगता है। एकाग्रता के अभ्यास की अवधि ज्यों-ज्यों बढ़ती जाएगी, त्यों-त्यों ज्ञान व्यवहार में परिणति पाने लगेगा। व्यवहार ही सकल शिक्षा का जीवंत साक्ष्य है। यही कारण है कि मैं उन दुश्चिंताओं से मुक्त हो सकी, जिनके कारण मैं अपने छोटे से राजकुमार अरविंद को यहां अकेला छोड़ने में भयभीत हो रही थी। इस कारण, कृष्णधन...।" स्वर्णलता का हृदय भाव विह्वल होने लगा था। वह कह रही थी, "तुम कितना आगे का सोच लेते हो, मेरे से यह नहीं होता।"

"लता, तुमने मुझे उदाहरण बना कर अच्छा ही किया। मैं यह नहीं सोच सका कि तुम मेरा इस्तेमाल अगोचर सत्य को जानने के लिए कर रही हो। अपने बच्चों को दार्जिलिंग के लॉरेटो, स्कूल में लाने के पीछे मेरी ऐसी कोई सोच नहीं थी, सिवा इसके कि यहां अंग्रेज अफसरों के बच्चे पढ़ते हैं। तुमने तो कमाल कर दिखाया।"

"कोई कमाल नहीं किया हमने, जो कुछ हुआ है, वह यहां के मनभावन, खुले और शांत वातावरण के कारण हुआ है। मुझे तुम्हारी इस अप्रत्याशित खोज पर नाज है कृष्णधन।"

"और मुझे तुम्हारी..."

"सच में कितना अपनापन होता है, मार्ग कैसे स्वतः नजर आने लगता है, चित्त कैसे एकाग्र हो जाता है। सब कुछ सपना-सा लगता है...कितना अपना कि फिर किसी अपने का ख्याल नहीं होता।"

स्वर्णलता की दृष्टि सामने फैले मायावी हिमालय की उतुंग शृंगों पर थी, जहां भोर एकदम स्वर्णिम हो उठता था और रात ज्योत्सनामयी। सौभाग्य से वे शुक्ल पक्ष में वहां आए थे। आज रात पूर्णिमा की थी।

"तुम्हारे साथ, लता, मुझे यह यकीन होने लगता है कि हम दो नहीं, एक हैं। यही हमारे होने की शक्ति है।"

"तुम्हें कुछ पता है, कृष्णधन।"

"क्या, लता?"

"हम होटल पीछे छोड़ आए हैं।" स्वर्णलता ने गहरी सांस छोड़कर कहा। सांस स्पष्ट नजर आ रही थी। उसका रंग श्वेत था और वह दूर तक जाकर लुप्त हो रही थी। वहां वह अपनी आवाज सुन सकती थी। उसने ऐसा कई बार किया था। ऐसा करते हुए उसे बहुत आनंद आ रहा था।

उस आनंद में हलका सा थ्रिल भी था और रोमांच भी। पर्वत श्रेणियां उसकी आवाज को क्रमशः दोहराती जा रही थीं। उसका मन हुआ कि वह आसमान से कह दे कि हम उन्हें छू रहे हैं और थोड़ी देर में हम उनके बीच में होंगे कि तभी सामने से एक अंग्रेज जोड़ा आता हुआ दिखलाई पड़ा। पुरुष नाटे कद का था और स्त्री लंबी, छरहरे बदन की।

"हमें लौट लेना चाहिए, लता। बादल घिर उठे हैं।"

"आस-पास सिर छिपाने के लिए कोई जगह नहीं है।" स्वर्णलता ने चारों ओर देखकर कहा।

"तो हमें भीगना होगा।"

"निमोनिया हो जाएगा।"

"डॉक्टर फिर किसलिए हो?"

"थोड़ा दूर, कृष्णधन, वह अंग्रेज दंपत्ती हमें देख रही है।"

"तुम भी मेरी तरह अपनी आंखें बंद कर लो।"

"तो तुम आंखें बंद किए खड़े रहो, मैं चली।" स्वर्णलता ने अपनी चाल को तेज कर दिया। कुछ देर बाद कृष्णधन अपने स्थान पर खड़ा रहकर चिल्लाने के स्वर में कह उठा, "भागने में तुम हमसे आगे नहीं निकल सकती हो।"

स्वर्णलता कुछ उत्तर देती कि इससे पहले बूंदें गिरने लगीं। बिजली

चमकने लगी। कृष्णधन ने तेज आवाज में कहा, "लता, रुको। मैं कुछ चौड़े पत्ते तोड़कर ला रहा हूं।"

"पत्तों से क्या होगा, कृष्णधन। तुम तेजी से इधर चले आओ।" स्वर्णलता रुकी नहीं, आगे बढ़ती रही।

"हिमालय कच्चा पहाड़ है। कहीं से, कभी भी धंस सकता है। तुम्हें ठीक से होटल का रास्ता नहीं मालूम है। भटक सकती हो। बादल नीचे उतरते आ रहे हैं? मैं आया।" कृष्णधन पत्ते तोड़ते हुए बराबर कहता रहा।

पत्ते बहुत चौड़े थे। कम-से-कम सिर और मुंह को वे भीगने से बचा सकते थे। अभी बूंदों ने गति नहीं पकड़ी थी। हवा थमी हुई थी। स्वर्णलता की ओर से कोई जवाब न पाकर पुनः कृष्णधन ने कहा, "ठहरी रहना, लता। मैं आ रहा हूं और इसी के साथ सिर पर पत्ते लेते हुए कृष्णधन तेजी से आगे बढ़ने लगा। उधर बूंदों ने गति पकड़ ली और ठहरी हुई हवा चल पड़ी...और दूर से एक आर्द्र स्वर फिसलता हुआ नीचे की तरफ लुढ़क आया, "मेरे बच्चे!"

5

लगभग सातेक माह हो गए थे। अरविंद ने अपने चारों ओर देखना-समझना शुरू कर दिया था। वह बोलना चाहता था, पर नहीं बोलता था। नहीं बोलने के पीछे उसमें कोई संकोच या झिझक नहीं थी बल्कि बोलने से पहले वह उसे समझना चाहता था। हालांकि यह भी ठीक से वह तय नहीं कर पा रहा था कि यह जिसे समझना चाहता था, क्या वह उसकी पहुंच के भीतर है। इस बीच वह किसी को अपना मित्र नहीं बना सका। हां, कुछ नाम उसके दिमाग में घूमने अवश्य लगे थे।

प्रायः वह पेड़-पौधों और आसमान की ओर टकटकी बांधे देखता रह जाता था। कई दिनों से उसकी निगाहें कोने वाले गुलाब पर भी थी जो उसके सामने कली से फूल बना था और जिसकी गुलाबी पंखुड़ियां बेहद चमकदार थीं। उनमें कोमलता थी, यद्यपि उसने उन्हें छुआ नहीं था तथापि उसे अनछुए ही ऐसी अनुभूति होती थी, जैसे वह उसे छू चुका था। बिना छुए छूने की अनुभूति उसमें सिहरन भर जाती थी।

उसने कई बच्चों को फूल तोड़ते देखा था। वे फूल को सूंघते थे।

उछालते थे और फिर उसके प्रति लापरवाह होकर उसे फेंक देते थे। वह इस क्रम को समझ नहीं पाता था। उसके लिए यह समझना जरूरी हो चला था। आज छुट्टी का दिन था। मेह बरस चुका था। अब बादल लगभग काफी ऊपर जा चुके थे। फिर भी, आसमान में जा चिपके बादलों पर विश्वास नहीं किया जा सकता था।

अरविंद अकेला था। उसका ध्यान बादलों से सिमटकर फिर उस गुलाब पर जा ठहरा। वह उसकी तरफ बढ़ने लगा। कुछ ही देर में वह उस गुलाब के पास था। इतना पास कि वह हाथ बढ़ाकर उसे छू सकता था। उसमें उसे छूने की इच्छा कब से थी, यह ठीक से कहना मुश्किल था।

मैरी रोज उसकी टीचर थीं। वही उसके हाउस की वार्डन भी थीं। उनका चेहरा एकदम गहरे गुलाब से मिलता था। क्या गुलाब भी उनकी तरह हो सकता है? उसने ऐसा ही प्रश्न अपनी मम्मी से किया था, "ममा क्या तुम गुलाब की तरह हो?"

"यह तुमसे किसने कहा?"

"किसी ने नहीं।"

"किसी ने तो अवश्य कहा है?"

कृष्णधन की ओर देखते हुए अरविंद ने कहा, "हां, मैंने सुना है। मुझसे किसी ने नहीं कहा।"

"किससे सुना है?"

"डैड से। डैड कह रहे थे कि तुम गुलाब की तरह हो।"

स्वर्णलता ने तनिक सख्त निगाह से कृष्णधन की ओर देखा और उसे याद दिलाया, "तुम ऐसी नादानी क्यों करते हो? मैंने कहा नहीं था, अपना अरविंद बहुत तेज दिमाग का है। उसे मेरे गाए भजन याद हैं। वह जो सुनता है, वह उसे याद हो जाता है। उसकी मेमोरी बहुत तेज है। हमें बच्चों के सामने ऐसा कोई आचरण नहीं करना चाहिए या ऐसा कुछ नहीं कहना चाहिए, जिसे हमें सार्वजनिक करने में संकोच हो।"

कृष्णधन अंदर-ही-अंदर स्वर्णलता के क्रोधावेश से लाल होते मुख मंडल का आनंद ले रहा था। क्या मैरी रोज में रोज शब्द यहां से चुराया हुआ है? क्या उसे मुस्कराते हुए रोज को तोड़ लेना चाहिए! मम्मी तो रोकती-टोकती कहती थीं कि फूल तोड़ने के लिए नहीं होते हैं, फिर वह अपने जुड़े में फूल क्यों लगाती थीं? यह प्रश्न उसने मम्मी से भी किया था?

मम्मी ने उसे अपनी बाहों में भरकर दबोचते हुए उसको प्यार कर लिया था। परंतु इससे उसके प्रश्नाक्रमण का सिलसिला बंद नहीं हुआ।

वह बराबर पूछता रहा, "मम्मी, अपनी ताई जब-तब अपने यहां से फूल तोड़कर क्यों ले जाती हैं? उन्हें आप मेरी तरह क्यों नहीं समझाती हो? क्या समझाना छोटे बच्चों के लिए ही है?"

"आगे से हम उन्हें मना कर देंगे।"

"पर आपने, मम्मी अब तक उन्हें मना क्यों नहीं किया?"

"सॉरी बेटे, वेरि सॉरी।" स्वर्णलता ने अपने कान पकड़ कर कहा।

"ममा, आप कितनी बार सॉरी कहेंगी।"

"जितनी बार तुम चाहोगे, बेटे।"

"नो ममा, आपको ऐसा नहीं बोलना चाहिए।"

"तो कैसे बोलना चाहिए?" स्वर्णलता की आंखों में ममता का लाड़ हिलोरे लेने लगा। अरविंद होंठों पर उंगली रखे सोचता हुआ रह गया। स्वर्णलता चलने को हुई तो वह बोल पड़ा, "नो ममा, नो। आपका यह स्टाइल ठीक नहीं है।"

"क्यों, अरविंद बेटे?"

"क्योंकि आप मम्मी, छोटों को छोटा मानकर अनदेखा कर जाती हो?"

"इट मीन्स, यू आर अ कंपलीट मैन।"

"व्हाई नॉट, मम्मी। बच्चा ही आगे चलकर आदमी बनता है और जो आदमी बनता है वह कभी बच्चा रह चुका होता है।" इतना कहकर अरविंद रुक गया। सोच उसके चेहरे पर चिपका रह गया।

"करेक्ट, माई लवली सन- टोटली करेक्ट।"

"नो चापलूसी, ममा।" "सॉरी बेटे।"

व्हाई सॉरी, ममा? कुछ देर सोचने के बाद अरविंद कहता, "क्या आप यह मान सकती हैं, ममा, बड़े गलती नहीं करते।"

"लीजिए, मान गए।"

"सरेंडर क्यों, ममा? आई एम नॉट पुलिस...डू यू थिंक, वी आर प्लेमेट?"

स्वर्णलता चुप रह जाती। क्या वास्तव में वह उसके खेल का साथी है?

"इट इज नॉट अ जोक, ममा। आई एम सीरियसली आसकिंग।" कुछ सोचकर अरविंद आगे कहता, "कई बार आप हमें इसी प्रकार इग्नोर कर जाती हैं, ममा।"

"नो माई चाइल्ड। ऐसा कुछ नहीं है।"

"तो हम देखते हैं...आपकी उम्र की अनेक ममा जूड़े में फूल लगाती हैं।...काली मां के मंदिर में फूलों की वर्षा होती है?...और फूल माला को आप क्या कहकर हमें समझाएंगी?...क्या इस सबसे नहीं लगता है कि बड़े वे होते हैं जो अपनी गलतियों को छिपाना जानते हैं और छोटे को इग्नोर करना। क्या बड़प्पन का अर्थ यही है।" अरविंद स्वर्णलता से तनिक दूर जा खड़ा हुआ था ताकि वे उसे बाहों में भरकर, प्यार कर, गाल थपथपाकर और मुस्कराकर बचने की कोशिश न कर सके।

"तुम क्या चाहते हो, अरविंद बेटे?"

"फूल की कोई चाह नहीं होती, ममा। सिर्फ मुस्करा कर अपनी जगह बने हुए देखने के। वह नहीं चाहता आप उसे तोड़कर किसी के चरणों में डालें या फूल माला में गूंथकर किसी के गले में डालें। क्या आपको उसकी पीड़ा की कसक सुनाई पड़ती है? क्या कोई हमें पीटे तो आप बर्दाश्त कर सकेंगी, ममा?"

"कभी नहीं...नेवर।"

"तो आप सब फूलों को तोड़कर क्यों उन्हें पीट रहे हैं? क्या वे खुशी से तोड़ने के लिए आपको इन्वाइट कर रहे हैं? किसी की मर्जी के बिना जो कुछ किया जाता है, वह अनुचित है, ममा।...कोई टूटने के लिए नहीं होता। किसी को भी तोड़ा नहीं जाना चाहिए...न मुझको, न तुमको, न उसको-किसी को नहीं।"

स्वर्णलता को लगा कि अरविंद अचानक पूर्ण युवा हो गया है। उसके मूछे निकल आई हैं और अब वह उसे अपनी बाहों में भरकर चूम नहीं सकती। वह ठिठकी रह गई। उसकी संपूर्ण मखमली सोच को जगह-जगह से चूहे कुतर गए। अब यह उस सोच से उसके सौंदर्य में चार चांद नहीं लगा सकते। सौंदर्य किसी की टीस से नहीं जगमगाता।

अरविंद ने ये ही प्रश्न अपने साथियों के सामने दोहराए थे। मैरी रोज उनको समझा रही थीं, "लुक, दीज ऑर रोजेज। कितने सुंदर हैं। सबके लिए हैं। इनकी दृष्टि में कोई बड़ा छोटा नहीं है। ये सबके लिए मुस्कराते हैं। जब तक वे डाली पर लगे रहेंगे, मुस्कराते रहेंगे। क्यों बच्चों, क्या आपको इनकी मुस्कराहट पसंद है।"

सबने एक स्वर से कहा, "हां, टीचर, हां। पसंद है। बहुत पसंद है।"

"क्या अपनी पसंद की चीज को चुराना या तोड़ना चाहिए?"

"नेवर, टीचर, नेवर।" समवेत स्वर था निर्झर सा झरता हुआ और इठलाते

पवन के पंखों पर सवारी करता हुआ। दूसरों पर सवारी करने का मजा अपने पर सवारी करने से सदा भिन्न होता है।

"टीचर, मे आई आस्क अ क्वेश्चन?"

"व्हाई नॉट, मि. अरविंद अवश्य पूछिए।"

"फिर गुलदस्ते में फूल कहां से आते हैं?"

मैरी रोज अगल-बगल झांकने लगीं। उसके अरुणाधर सूखने लगे। उसके दोनों हाथ चेस्टर की जेब में थे। जाने कब वे मुट्ठियों की शक्ल में आ गए। अब उनकी मुट्ठियां खुल और बंद हो रही थीं। अभी उसकी पेशानी पर पसीना नहीं आया था, फिर भी उसका मन हो रहा था कि वह चुपके से अपनी पेशानी को पोंछ लें। आशंकाएं मन में चुपके से सेंध लगा जाती हैं। उसे ध्यान आ रहा था कि प्रिंसिपल की टेबल पर रखे फ्लावर पॉट में गुलाब के ही फूल होते हैं। उसे लगा कि पेंटहाउस (बहुमंजिला भवन का सबसे ऊपर का मकान) की बालकनी से प्रिंसिपल झांक रहा हो और सुन रहा हो कि माली कह रहा है, "मैं फूल नहीं तोड़ सकता।"

"प्रिंसिपल सर, फ्लावर पॉट में ताजा गुलाब देखना मांगता है। क्या समझा!"

"हम वही समझा, जो हमें समझना है।"

"तो...?...हम क्या बोलें।"

"वही जो तुम सुन रहा है।"

"भारी पड़ सकता है।"

"एक गार्डनर जिनका रक्षक होता है, उन्हें काट नहीं सकता।"

बागवान ने गुलाब के फूल नहीं तोड़े। मैरी रोज ने उनके डॉयलॉग को सुना। कुछ पल ठहरी, फिर आगे बढ़ गई, लेकिन उसने ऐसा कभी नहीं सोचा था कि कभी वही समस्या उसके सामने आ सकती है, जिसके लिए कुछ पल ठहर कर, बाल झटककर वह आगे बढ़ गई थी। अब भी वह वहीं खड़ी है। वही पेंट हाउस है, डुप्लेक्स। लेकिन ऊपर प्रिंसिपल सर नहीं हैं। उसने समूचे आसमान की ओर देखा और फिर उस तख्ती पर कनखियों से निगाहें डाली, जिस पर लिखा हुआ था- 'फूल तोड़ना सख्त मना है।'

मैरी रोज ने अपने को संभाला और सोचा कि वह एक नौसिखिया छात्र के सामने खड़ी है। उसने खखार कर कहा, "निश्चित ही वे फूल गार्डन से आते हैं।"

"उन्हें कोई अवश्य तोड़ता है, टीचर।"

"शायद...।" इतना कहकर वह रुकी। अभी सुबह थी, वह सीधे चर्च से आई थी। उसने अपने से वादा किया था कि वह झूठ नहीं बोलेगी। बाहर आते ही उसका साथी कह रहा था, "रोज, वह देखो।"

मैरी रोज ने देखा। उसकी सहेली पेड़ के नीचे अपने शिशु को चुप कराने में लगी हुई थी। उसने कोई उत्तर नहीं दिया।

"ठंड तेज हो गई है।"

"आधी रात तक स्लो फॉल हुआ है।"

"इसका मतलब तुम आधी रात तक जागती रही, रोज।"

"खिड़कियां खुली रह गई थीं। ठंडी हवा के झोंके अंदर आने लगे तो..."

"रोज, अब उधर देखो।"

"क्या है उधर।"

"शी नेस्ल्ड दि बेबी इन हर आर्म्स।"

"तो इसमें नया क्या है?"

"रोजी, प्लीज सी।...अब उस शिशु को तुम्हारी दूसरी सहेली ने ले लिया है।"

"लेने दो।...तभी स्कूल की घंटी बज उठी। वह तुरंत तेजी से आगे बढ़ गई। मैरी रोज से झूठ नहीं बोला गया और न उसका कोई बहाना तलाशने का मन हुआ। वह कहने लगी, "बेशक, बिना तोड़े फ्लावर पॉट में वे नहीं सजाए जा सकते।"

"टीचर, फिर इस तख्ती के लटकाने का अर्थ?"

"तुमने ठीक दिशा में सोचा है, अरविंद।"

"जो सोचा जाता है, यह नजर में भी आना चाहिए, टीचर।...क्यों न हम इस तख्ती को हटा दें?"

सब छात्र स्तब्ध। अरविंद निर्भीक खड़ा था। मैरी रोज ने कहा, "नो माई ब्वॉय, नो। हमें कानून अपने हाथ में नहीं लेना है।"

"क्यों, टीचर?"

मैरी रोज ने अपने होंठों पर जीभ फेरी और अपने अरुण होंठों पर दबाव बनाकर कहा, "क्योंकि जो उस तख्ती पर लिखा गया है, यह फूल को अपनी जैसी स्वतंत्रता देने के लिए लिखा है। तख्ती तो अपनी जगह ठीक है, परंतु..." कहते-कहते वह रुक गई, क्योंकि पास से प्रिंसिपल गुजर रहे थे। वह यह कहना भी नहीं चाहती थी कि कुछ लोग गलत हैं और उनमें

उनका प्रिंसिपल मिस्टर आर्थर भी है। क्या वह अपने प्रिंसिपल से डरती हैं? ...या उसने ऐसा शिष्टतावश किया था। इसे वह शिष्टता मानने के लिए तैयार नहीं थी। तो फिर? उसने अपने आप से सवाल किया।

"परंतु क्या, टीचर?" अरविंद के पूछने का क्रम जारी रहा। कुछ दिन पहले मैरी रोज ने ही उन बच्चों से कहा था, "हमें बुद्धि का शासन मानना चाहिए। बुद्धि हमारी गृहस्वामी बने, भावुकता नहीं। हमें कोई भी कार्य भावुक होकर नहीं, बुद्धि से करना चाहिए। बुद्धि हमारे कार्यों के करने का आधार बने। बुद्धि के कारण मनुष्य सब प्राणियों से अलग है।"

"बुद्धि से अभिप्राय, टीचर।"

"सोचना। खूब सोचना। किसी भी कार्य को बिना सोचे नहीं करें। सोचने में हम सर्वथा स्वतंत्र रहें। किसी दबाव-प्रभाव को अपने ऊपर हावी नहीं होने दें।"

"आपके भी, टीचर।"

"हां, मिस्टर अरविंद मेरे भी...फादर-मदर के भी...।"

"प्रिंसिपल सर के भी।"

"हां, उनके भी। वही करें, बुद्धि जिसको करने के लिए कहे। वही मानें, बुद्धि जिसको मानने का निर्णय करें।"

और इस वक्त वही मैरी रोज है, जिसने कहा था कि मनुष्य को अपनी बुद्धि से संचालित होना चाहिए। उसे ऐसा करने से इस समय किसने रोका है? क्या वह अपने पर अत्याचार नहीं कर रही है? हर अत्याचारी पहले अपने पर अत्याचार शुरू करता है और फिर दूसरों पर...क्योंकि अत्याचार सम्यक् तर्क से संचालित नहीं होते। उनके पीछे कुतर्कों का आवेश होता है और वे सदा उत्तेजित या अति उत्तेजित होने का परिणाम होते हैं। क्या झूठ इसी दौर का परिणाम नहीं है? क्या वह अपनी अवमानना की चौखट पर इस समय नहीं खड़ी है? क्या ईसा मसीह ने क्रूस पर चढ़ जाने पर, उन लोगों के लिए प्रभु से प्रार्थना करना इसीलिए औचित्यपूर्ण माना था, जिन्होंने उन्हें क्रूस पर लटकाया था? समाज बनाना है...मनुज को, मनुज बनाए रखना है तो उसके लिए प्रार्थना करो विशेषतया उनके लिए जो समाज और मनुष्य को तोड़ना चाहते हैं, खंडित करना चाहते हैं।

पर अब मैरी रोज? उसके सामने व्यक्ति था, समाज था और दोनों थे। उम्र में वह उससे बहुत पीछे था, लेकिन इस वक्त वह उम्र में उससे बहुत आगे था। उसे उसका प्रश्न ईसा मसीह के क्रूस पर लटकाए जैसा लग रहा

था। क्या वह अपने स्वार्थ के लिए आने वाले समाज की आंखों में धूल झोंके? क्या उनके सामने मीठा जहर परोसे? यहां उसकी कोई मदद नहीं कर सकता। यहां उसे स्वयं अपनी मदद करनी होगी? यदि उसे टीचर बने रहना है, तो ईसा मसीह बनने के अतिरिक्त उसके पास कोई विकल्प नहीं है।

ऐसी सर्दी में मैरी रोज ने अनुभव किया कि उसके गुलाबी चेहरे पर पसीने की बूंदे उभर आई हैं। क्या उसे इन बूंदों की तुलना गुलाब की पंखुड़ियों पर उतर आई, उन ओस बूंदों से करनी चाहिए, जो निश्चिंत होकर किसी मीठे स्वप्न के साथ सहज मुस्करा रही थी...नहीं ऽऽ। उसकी बुद्धि ने कहा, क्योंकि इस वक्त वह किसी मीठे स्वप्न के साथ नहीं है, वह दु:स्वप्न से घिरी है और अपने को असहाय पा रही है।

मैरी रोज अपने वक्त से निगाहें नहीं मिला पा रही थी। उसे अचानक अपने सफेद चोगे का ध्यान आया। इससे पहले कि वह चोटिल होकर बेकाबू होने की यातना से तड़पने लगे, उसे एक उपाय सूझा और उसने कहा, "हम तुम सबको, विशेषकर अरविंद को, परंतु से आगे की एक कहानी सुनाना चाहेंगे। डू यू लाइक माई प्रपोजल, माई स्वीट चिल्ड्रन।"

"यस टीचर...यस टीचर। वी वांट टू लिसन दि स्टोरी।" सब ओर से फरमाइश हो उठी। वह जानती थी कि इसके अलावा उसके पास कोई रास्ता नहीं था। आज वह पुन: चर्च जाएगी। वहां जाकर कनफेशन बॉक्स के सामने खड़ी होकर क्राइस्ट को हाजिर नाजिर मानकर कनफेशन करेगी...पाप को स्वीकार करेगी। कनफेशन...यानी पादरी जो पाप, स्वीकरण सुनता है, को आज का अपना पाप सुनाएगी। आज उसका पादरी चर्च का पादरी न होकर, सारे जगत् का पादरी होगा। वह स्वयं ईसा होगा।...आज वह खाना खाने के बाद लिकर भी नहीं लेगी यानी मीठी शराब!

सारे विद्यार्थियों की आंखों में चमक प्रतियोगिता पर उतर आई थी। मैरी रोज ने खखारने के बाद, पोइंटर का सहारा लेकर कहना शुरू किया–

अब हम सब उत्तरी अफ्रीका के अल्जीरिया में पहुंच चुके हैं। एक लंबी, थकान भरी, परंतु मन की आंखों को उत्साह से भर देने वाली समुद्री यात्रा के बाद हम अल्जीरिया की एक संभ्रांत कॉलोनी के बीचोंबीच आ पहुंचे हैं, जहां से समुद्र की उछाल लेती लहरों का शोर यदाकदा उन्मादी हवाएं सुना जाती हैं।

हमें वहां कई दिन ठहरने का अवसर मिला। हमने देखा कि वहां के

संभ्रांत सज्जन एक बंदर को पाले हुए थे। वह बंदर उस कॉलोनी का एक अहम हिस्सा था।

उस रात वहां एक पार्टी चल रही थी। लोग संभ्रांत होने की खुशी मना रहे थे। उनमें से एक संभ्रांत के मन में लुढ़कता हुआ विचार आया। वह संभ्रांत जरूरत से ज्यादा पी चुका था। उसकी गहरी लाल आंखों में वह बंदर आ बैठा था, जो कुतूहलवश सहमी हुई नजरों से अपने साथियों को टकटकी लगाए देख रहा था। अचानक उसने एक प्रस्ताव किया, "हमारी इस खुशी में एक कमी रह गई है।"

"क्या?" उस जैसे एक-दूसरे संभ्रांत व्यक्ति ने पूछा।

"वो देखो।" कहकर उसने कॉलोनी के एकमात्र बंदर की ओर इशारा कर दिया।

"वह तो बंदर है।"

"पर अपना साथी है।"

"हां, बेशक अपना साथी है, परंतु वह बंदर है।"

उसने तपाक से कहा, "यह मत भूलो कि कभी हम भी बंदर थे।"

अचानक उस संभ्रांत व्यक्ति के आसपास बैठे व्यक्तियों की दृष्टि बंदर की पूंछ से होती हुई अपनी पूंछ तक गई और अचानक उन्हें यह जानकर बड़ी तसल्ली हुई कि अब उनके पूंछ नहीं थी।

"फिर तुमने क्या सोचा है?"

"एक फ्रेश आइडिया है। यू लाइक टू शेयर मी?"

"व्हाई नॉट, प्लीज टेल अस।"

"उस बंदर को हम अपने बीच में लाएं और अपनी धृष्टता के लिए क्षमा मांगते हुए उससे कहें, "माई डियर मंकी फ्रैंड। हमें अपनी गलती सुधारने का एक मौका दो।"

"वो कैसे?"

"वो ऐसे।" कहकर उसने जाम से जाम टकराते हुए कहा, "मंकी महाशय, प्लीज कॉपरेट अस।"

"क्या वह शराब पी सकेगा?"

"यदि हम उसे अपना पक्का दोस्त मानते हैं तो हमें राजी या गैर राजी अपनी सोसाइटी की प्रतिष्ठा के लिए कुछ तो करना होगा।"

सन्नाटे ने आंखें मलीं। अब तक वह शांत बैठा हुआ था। उसकी तपस्या

पर आंच आने वाली थी। वह क्या करे? बेचारा दो टके का सन्नाटा अपनी औकात पर रहम खाकर रह गया। अब वह बंदर उनके बीच में था। मेज पर बैठा हुआ था। सब शराब पी रहे थे। उसके सामने भी शराब से भरा एक गिलास रखा हुआ था। सबने उससे आग्रह किया। बताओ, बंदर ने क्या किया, माई डियर चिल्ड्रन?"

सबकी निगाहों में एक खूबसूरत आश्चर्य था। उसकी सुगंध में वे सब सराबोर थे। कोई भी प्रश्न के लिए तैयार नहीं था, अतः सन्नाटा तना रहा। मिस रोज ने तसल्ली भरी निगाहों से सबको देखकर कहना शुरू किया-

मनुष्य से इतर जो भी प्राणी है, वे यह मानते हैं कि मनुष्य जो कुछ करता है, वह श्रेष्ठ होता है और श्रेष्ठता अनुकरण योग्य है। ऊपर से उसके लिए आग्रह व मनुहार और यानी सोने में सुहागा। उस बंदर ने सिर झुकाकर सबका अभिवादन किया। उसको लगा कि मनुष्य समाज उसका आदर कर रहा है। उसने सधे हाथों से शराब से भरा गिलास, इस हुनर से उठाया कि शराब की एक बूंद भी नहीं छलक सकी, जबकि मनुष्य समुदाय इस करतब से वंचित था।

बंदर गटगट कर शराब पी गया। कुछ देर बाद उसमें बेचैनी होना शुरू हुआ। उसने अपने को संभालने की पूरी कोशिश की परंतु वह हार गया और तड़पने लगा। मेज से कूदकर वह फर्श पर लौटने लगा। तड़प-तड़प कर कराहने लगा। सब हंस रहे थे। खी-खी का भूकंप आ गया था। कोई उसका दर्द बांटने आगे नहीं आया।

"क्या बच्चों, तुम में से कोई बता सकता है कि ऐसा क्यों हुआ? बंदर शराब पीकर क्यों तड़प उठा?" मैरी रोज की निगाहें अर्ध चंद्राकार में बैठी उस शांत कक्षा के एक-एक बच्चे पर होती हुई अरविंद पर जा टिकी।

पल भर के लिए अरविंद ने इधर-उधर देखा। क्लास एकदम शांत थी। अरविंद ने उठकर कहा, "यस, टीचर।"

"तो बताओ, अरविंद।" "टीचर उस बंदर ने उन संभ्रांत लोगों की तरह पहले कभी शराब नहीं पी थी।"

"तो?" मैरी रोज की आंखें फैल गई थीं। उसे ऐसी आशा नहीं थी। सच तो यह भी था कि वह स्वयं भी इस उत्तर तक नहीं पहुंच सकी थी। फलतः उसमें भी उत्साह जगा।

"वह शुष्क था। शराब का अभ्यस्त नहीं था। उसके साथ ऐसा होना

स्वाभाविक था। पहली बार में अच्छी या बुरी चीज के सेवन का असर उसके गुण-दोष के अनुसार होता है।"

"क्या दूसरी-तीसरी बार में नहीं, अरविंद?" "क्योंकि धीरे-धीरे वह उसका अभ्यस्त हो जाता है।" "अभ्यस्त होना क्या बुरा है?"

"ऐसा नहीं है, टीचर।" "तो कैसा है?"

"अच्छी चीज का अभ्यस्त होना अच्छी बात है और बुरी चीज का अभ्यस्त होना बुरी बात।"

"यह पता कैसे चलेगा, अरविंद?"

"उस बंदर से या उस व्यक्ति से, जिसने उसका सेवन पहले कभी नहीं किया हो, टीचर।"

अब तक मैरी रोज के हाथ पढ़ा हुआ वह फार्मूला लग चुका था कि भौतिक प्रकृति जो पहले से सात्विक हो, यानी भ्रष्ट नहीं हुई हो, तो उसके सेवन का प्रभाव स्पष्ट देखने में आ सकता है। वह कह उठी, "शाबाश अरविंद, तुमने सही दिशा में सोचा है।"

"फिर टीचर?" एक विद्यार्थी ने उन्हें याद दिलाया।

"वेल माइ ब्वाय। थैंक यू। अब हम फिर से कहानी पर आ जाते हैं।" इतना कहकर मैरी रोज ने कहानी सुनाना शुरू कर दिया-

बच्चो, वह बंदर ठीक हो गया, लेकिन अब वह उस कॉलोनी के लोगों के सामने बहुत कम आता था। इसी समय वहां एक शादी का उत्सव शुरू हुआ। शराब फिर परोसी जा रही थी। अचानक वही बंदर उन लोगों के बीच में आ गया। अब क्या था, उन लोगों की बांछे खिल गईं। वे अब सोचने लगे कि आज फिर उन्हें बंदर को तड़प कर लौटने-पोटने का दृश्य देखने को मिलेगा। बंदर छटपटाएगा। अधमरा हो जाएगा। वाह! क्या खूबसूरत दृश्य होगा।"

बंदर के सामने फिर एक शराब से भरा गिलास रख दिया। बंदर ध्यान से उस गिलास को देखता रहा। उसे गिलास उठाता हुआ न देखकर वे लोग उससे आग्रह करने लगे। गिलास की ओर इशारा करते हुए मेज पर थाप देने लगे।

धीरे-धीरे बंदर ने हाथ बढ़ाया। गिलास उठाया। फिर उस संभ्रांत व्यक्ति की ओर सहज भाव से देखा, जो उसका पहली बार उसका उपकारकर्ता बना था। हंसी उसकी मूंछों के बीच से झांक रही थी और उसके साथी-सहयोगी, बेसब्री से उस क्षण की प्रतीक्षा कर रहे थे, जब वह पहले की तरह गटागट

उस गिलास को चढ़ा जाएगा और फिर कुछेक देर बाद वह लोटपोट होने लगेगा। उस बंदर का गिलास हाथ में लिए, मौन बने रह जाना, उन सबको परेशान करने लगा था। उन्होंने उसे पुनः उत्तेजित किया। इसी समय उसने शराब से भरा वह गिलास अपने पूर्व उपकारकर्ता के सिर पर दे मारा। वह चीख पड़ा। उसके सिर से खून निकलने लगा।

"क्या तुममें से कोई यह बताना पसंद करेगा कि बंदर ने ऐसा व्यवहार क्यों किया?"

धीरे-धीरे सन्नाटा नतशिर हुए पसरने लगा। फिर से मैरी रोज की निगाहें अरविंद पर जा ठहरीं। इस बार अरविंद ने हाथ नहीं उठाया। उसका लंबा चेहरा कुछ और लंबा हो गया और उसके चेहरे पर हलके-हलके दाग अंदर-ही-अंदर घूमने लगे। उसकी आंखों में गहरी चमक थी और उसके सिर के बाल बीच से दो भागों में विभाजित थे और वह पट्टीदार थे ब्लेजर पहने हुए गहरी खामोशी में था। मैरी रोज ने कहा, "अरविंद विल यू लाइक टू से समथिंग!"

अरविंद शांत भाव से खड़ा हो गया और कुछ पल बीत जाने के बाद उसने कहा, "क्योंकि उन लोगों ने उसके साथ ज्यादती कर बहुत कष्ट पहुंचाया था। उसे अपने से अधिक बुद्धिमान, भरोसेमंद और सभ्य-संस्कृत व्यक्ति से ऐसे क्रूर व्यवहार की स्वप्न में भी अपेक्षा नहीं थी।"

"तो क्या उसे भी इतना क्रूर हो जाना चाहिए था?" मैरी रोज ने दूसरा प्रश्न किया।

"यही ईमानदार और वफादार जानवर का जन्मजात स्वभाव है, टीचर।"

"तुम यह कैसे कह सकते हो, अरविंद?"

"क्योंकि हमारे यहां भी अच्छी नस्ल का विदेशी डॉग है- डोन।"

"टिट फॉर टेट का सिद्धांत क्या उचित है?"

"मैं यह नहीं कह सकता, परंतु मैं यह बता सकता हूं, उसने जो कुछ किया, इसके अलावा वह और कुछ नहीं कर सकता था। उसने जो कुछ किया, अपने स्वभाव के अनुसार किया और अपनी भाषा में किया।" अरविंद ने शांत मन से कहा। उसके मन में कोई द्वंद्व नहीं था और न कोई प्रश्न था।

इसी समय टन-टन हुई। लंच का समय हो गया था। अपने आस-पास को जानिए, समझिए और व्यवहार में लाइए से मैरी रोज ने अपनी कक्षा को परिचित कराने का प्रयास किया था। आश्चर्य यह था कि वह पहली बार

उस सबसे परिचय प्राप्त कर पाई थी, जिसको वह वर्षों से पढ़ा-समझा रही थी। उसने अरविंद को रुक जाने के लिए कहा था। सबके जाने के बाद उसने कहा था, "धन्यवाद, अरविंद। मुझे तुम्हारी सोच ने प्रभावित किया है।"

मैरी रोज आगे बढ़ गई। अरविंद डायनिंग हॉल की तरफ चल पड़ा। यह सोचता हुआ कि उनको दूसरे की बात को पूरे ध्यान और धैर्य से सुनना चाहिए। चाहे यह बात उनकी बात का समर्थन नहीं करती हो। वह मन-ही-मन मैरी रोज को धन्यवाद देता रहा।

6

समय का कुछ पता ही नहीं चला। अरविंद अपने परिवार के साथ समुद्री यात्रा कर रहा था। समुद्र कितना विशाल था। अब कहीं तट नजर नहीं आ रहा था। तटहीनता का एहसास उसे सता रहा था। तट नहीं होने से मन पर क्या प्रभाव बनता है। अब तक वह तट के अनुभव से देखता, सोचता और कार्य करता था। वह यह जानता था कि उसका यह अनुभव स्थायी नहीं है। जलयान तट से ही चला था और तट पर ही पहुंचेगा। फिर भी तट के न होने की कल्पना उसके जेहन में रोमांच पैदा कर रही थी। हालांकि कृष्णधन घोष ने सब बच्चों को भारत का नक्शा दिखलाकर समझाया था कि पेनिनस्यला यानी प्रायद्वीप ऐसे बनता है। भारत का दक्षिणी प्रदेश तीन तरफ से समुद्र से घिरा होने से प्रायद्वीप है।

दिनारंभ, सर्यास्त. रात और अर्धरात प्रतिदिन हो रहे थे। जिधर देखो उधर जल-ही-जल। जलयान से टकराता जल। उत्ताल लहरें कभी-कभी जलयान के ऊपर से निकल जाने की असफल कोशिश करती हुई, मन में जिज्ञासा की कौंध पैदा कर उठती थीं। क्या वे सचमुच जलयान के ऊपर आकर उत्पात कर सकती हैं? क्या किसी टापू पर रहने वाले अज्ञात लोगों का इससे कुछ भिन्न अनुभव होगा? जिन लोगों की दुनिया इतनी छोटी हो कि वह समुद्र से बाहर की दुनिया के बारे में कुछ नहीं जानती हो, वे कैसे रहते होंगे, उनकी सोच कैसी होगी और वे क्या खाते-पीते और पहनते-ओढ़ते होंगे?

नमकीन तिरछी हवाएं आज जोर आजमाइश कर रही थीं। वे एकदम साफ थीं- पारदर्शी। धूल-धक्कड़ रत्ती भर नहीं। सिर्फ शोर और तेज गति। न कुछ गिरने की आवाज और न टूटने की। कभी-कभी सर्च लाइटें रात के

घनघोर अंधेरे को चीर डालने का प्रयास करती थीं।

डैड ने बताया कि वह जो सामने खड़ा है, जलयान का कप्तान है। अब वह दूरबीन के लैंस फोकस करने में लगा हुआ है। वह क्या देख रहा है?

डैड ने कहा, "आओ, चलो, उसी से इसकी जानकारी लें?"

जब कप्तान का ध्यान दूरबीन से हटकर उनकी तरफ गया तब उसने हैलो किया और बहुत प्यार से पूछा, "क्या तुम दूरबीन से समुद्र की जानकारी लेना चाहोगे?"

"अवश्य, सर। हम इसके लिए आपके आभारी भी होंगे।"

"तो इधर आओ।"

वह आगे बढ़ गया। अब वह दूरबीन से महासमुद्र का छोर देखना चाह रहा था, परंतु उसे छोर नजर नहीं आ रहा था। समुद्र कितना लंबा है! कितना चौड़ा और कितना गहरा है! हालांकि दूरबीन से वह समुद्र की गहराई नहीं जान पा रहा था तथापि उसे अपने कल्पित अनुमान से आनंद आ रहा था। ठीक प्रिज्म से अनेक रंगों में बंटने वाली किरणों की तरह। मैरी रोज ने प्रिज्म पर पड़ती सूर्य किरणों से बनने वाला नाना रंगों का जादू दिखाकर समझाया था, "सब रंग में स्थायी रंग एक है और वह है सफेद रंग।" फिर उन्होंने अनेक रंगों की फरियों को चरखी पर तेजी से घुमाते हुए बताया था कि अब देखो। सब चकित हुए थे। अरविंद भी। तब अरविंद ने प्रश्न किया था, "तो क्या ये अब रंग देखने का धोखा है, टीचर?"

"तुम थोड़े और बड़े हो जाओ अरविंद, फिर तुम रंगों के पीछे छिपे मायावी जादू का भी रहस्य समझने लगोगे।"

"ज्ञान और समझ का क्या, टीचर, उम्र से कोई खास रिश्ता है?"

"नहीं भी है और है भी, अरविंद।"

"वो कैसे? एक समय में कोई चीज हो भी और नहीं भी हो।"

"जैसे गार्डन में इस तख्ती के लगाने का एक अर्थ है- यहां फूल तोड़ना सख्त मना है, लेकिन जहां फूलों की खेती होती है, वहां इस तख्ती की जरूरत नहीं है। खेती की ही इसलिए जाती है कि समय आने पर उससे अन्न या फूल अथवा जिस किसी की खेती की गई है, उसे ले लिया जाए।"

"पर ऐसा क्यों, टीचर!"

"क्योंकि खेती का उद्देश्य सीधा सादा धनोपार्जन से है। व्यापार से है।"

"और गार्डन से।"

"यदि वह सार्वजनिक गार्डन है तो वहां फूल, पत्तियों आदि का अर्थ सौंदर्यीकरण है। सौंदर्य देखने में है, छूने में नहीं। यही कारण है, तुमने भी ध्यान दिया होगा, अरविंद, कि आपके प्रिंसिपल सर ने उस रोज प्रेअर के बाद अपनी गलती स्वीकार करते हुए अपने कक्ष से फ्लावर पोट हटाने की घोषणा की थी और तुम्हें डाइस पर बुलाकर सम्मान दिया था।"

"हमारे प्रिंसिपल सर कितने महान हैं?"

"अरविंद, गलती सबसे होती है-पर उसका उम्र आदि से कोई संबंध नहीं है। महानता इसमें है कि व्यक्ति अपनी गलती स्वीकार कर ले। यदि कोई अपनी गलती सार्वजनिक रूप से स्वीकार करता है, तो उस जैसा बड़ा और निष्कपट हृदय किसी दूसरे का नहीं हो सकता। गलती करना स्वाभाविक है। गलती को दोहराना ठीक नहीं है। हर गलती एक दृष्टि देती है। गलती होने का अनुभव अनेक गलतियों से बचा जाता है। गलती यदि एक के द्वारा सार्वजनिक होती है तो उस गलती से बचने का लाभ अनेकानेक को मिलता है।" मैरी रोज ने अरविंद को अपने पास बैठाते हुए कहा, "जानते हो, अरविंद, हम अपने उत्तर को उस दिन पूरा क्यों नहीं कर सके?"

"किस दिन, टीचर?"

"तख्ती तो अपनी जगह ठीक है, परंतु इससे आगे हम कुछ नहीं कह सके थे, अरविंद।"

"हां, टीचर, आप रुक गए थे।"

"हम यह नहीं बोल पाए थे कि प्रिंसिपल को ऐसा नहीं करवाना चाहिए। स्वयं ही तो प्रिंसिपल ने यह तख्ती लगवाई है और स्वयं ही उस तख्ती के खिलाफ आचरण कर रहे हैं। आचरण में भेदभाव नहीं होना चाहिए। हमें अपने रुक जाने पर पश्चात्ताप होने लगा था। हम गिल्टी अनुभव कर रहे थे।

एक टीचर और पादरी में यही अंतर है कि पादरी चर्च की सेवा करता है और टीचर आने वाली पीढ़ी को तैयार करता है और वह भी कुछ इस स्तर की वर्तमान पीढ़ी के दोषों से वह बची रह सके तथा उनके गुणों को आत्मसात करती हुई वह उनसे मजबूत, योग्य और चरित्रवान बन सके।" इतना कहकर वह रुक गई। उसे अपनी गलती का एहसास हुआ कि वह जो कुछ कह गई है, वह बात उसे उससे नहीं कहनी चाहिए थी, क्योंकि वह बात उसकी उम्रवालों की समझ से बाहर थी। उसने सकपका कर अरविंद की ओर देखा।

अरविंद कह रहा था, "टीचर, मुझे पादरी और चर्च के बारे में कुछ नहीं

मालूम, परंतु इतना समझ सका हूं कि कल हमारा भविष्य तब का वर्तमान होगा, जैसा आज आप लोगों का है। कल हम भी आपकी तरह बड़े होंगे।"

"वंडरफल अरविंद, तम समझ रहे हो।"

"क्या मुझे नहीं समझना चाहिए था, टीचर?"

"क्यों नहीं, अरविंद, परंतु...।" कहते-कहते वह फिर रुक गई। उसे इस सबके कहने की जरूरत अनुभव नहीं हुई कि उसकी उम्र के बालकों के समझने के बाहर की वह बात थी। फिर उसने आगे कहा, "हमने अपनी गिल्टी कॉनशस को बिना भूमिका के अपने प्रिंसिपल पर प्रकट कर दिया।"

प्रिंसिपल आर्थर सिर झुकाए सब कुछ सुनते रहे। फिर उन्होंने पूछा, "व्हाट डू यू वांट टू मी, टीचर।" अब हम क्या कहते! मौन रहे। प्रिंसिपल ने स्वयं ही कहा, "विल यू लाइक टू रिजाइन?"

"नौकरी मेरे लिए आवश्यक है, सर। मेरी अपाहिज मां और..."

"आई नो...वेरी वेल नो बट...।" प्रिंसिपल आर्थर ने कुछ और गंभीर होकर कहा, "टीचर, सब बातें संभव नहीं होतीं। या तो तुम वर्तमान स्थिति से संतुष्ट रहने का मानस तैयार करो अथवा इस्तीफा दो। कोई तीसरा उपाय नहीं है और फिर छोटी-मोटी बातों पर कहां तक इस्तीफा दोगी? हमारे समाज में कथनी और करनी में सब तरफ ऐसा ही भेद है। तुम्हें अत्यंत भावुक अथवा संवेदनशील होकर आगे नहीं आना चाहिए।"

"लेकिन सर...?"

"कोई लेकिन-वेकिन नहीं टीचर। अब तुम्हें ही निर्णय लेना होगा कि तुम अपनी अंतरात्मा की ओर जाना चाहोगी या उसे अनसुना कर उस रास्ते पर चलना चाहोगी, जिस पर प्रायः हर एक समझदार और नेक इंसान चलकर अपना लक्ष्य पूरा करता है। आई थिंक, यू आर टू यंग। नो डाउट यू आर वेल एजूकेटेड। ...सो...तुम्हें दूसरी सम्मानीय नौकरी भी आसानी से मिल सकेगी।" प्रिंसिपल आर्थर ने टाई की नॉट ठीक करते हुए कहा।

"परंतु सर, मुझे अध्यापन में रुचि है...और मुझे यह संस्था बहुत पसंद है। हालांकि आई एम ए नीडी परसन। मेरी मां बीमार रहती है। मेरे दो छोटे भाई-बहन हैं। डैड इज नॉट अलाइव। फिर भी, मुझे यह जॉब पसंद है।"

"इस सच्चाई के बाद भी कि यहां आत्मा का हनन होता है। अपने अंदर की आवाज के विरुद्ध जीना, टीचर, मानसिक शांति भंग कर देता है। नहीं, टीचर, तुम्हें यह रास्ता छोड़ देना चाहिए।"

"देअर इज नो अदर वे, प्रिंसिपल आर्थर।"

"इट इज अ कॉन्वेंट स्कूल। यहां बगावत के लिए कोई स्थान नहीं है। तुम अरविंद जैसे प्रारंभिक विद्यार्थी को टेकल नहीं कर सकी, उलटे तुमने अपने आचरण से उस पर यह प्रकट कर दिया कि तुम सत्य का साथ देने से कतराती हो। तुम अपने स्टूडेंट की नजर में गिर चुकी हो। तुम्हारी यह त्रुटि क्षमा योग्य नहीं है। मैनेजमेंट तुम्हारे विरुद्ध कार्यवाही कर तुम्हें डिसमिस करे, इससे बेहतर है कि तुम त्याग-पत्र दे दो...नाउ यू कैन गो।" प्रिंसिपल ने अपना सख्त और अंतिम निर्णय सुना दिया। मानों वह सब कुछ पहले से ही जानते थे और उसका निर्णय भी कर चुके थे। उन्हें बस मौके की तलाश थी और वह इस मौके को अब खोना नहीं चाहते थे। मैरी रोज ने मन पक्का कर लिया। वह आहिस्ता से खड़ी हुई और चेस्टर की जेब से उसने एक लिफाफा निकाला। उस लिफाफे को धीरे से, सम्मानजनक ढंग से प्रिंसिपल की मेज पर रख दिया।

"यह क्या है, टीचर?"

"इट इज माई रेजिगनेशन, प्रिंसिपल आर्थर।" यह कह कर वह चलने को हुई तो प्रिंसिपल आर्थर ने कहा, "प्लीज कम बैक टीचर...टेक युअर सीट।"

वह बैठ गई।

दीवार घड़ी की ध्वनि मौन तोड़ती रही। कुछ देर बाद प्रिंसिपल आर्थर ने मुस्कराते हुए कहा, "वेलडन, टीचर! तुमने वाकई इनाम पाने लायक काम किया है।" इसी के साथ उसने उसका इस्तीफा फाड़कर डस्टबिन में डाल दिया।

"सर, यह क्या?"

"ताज्जुब क्यों? यह संस्था अपनी आत्मा की आवाज पर चलने वालों का सम्मान करती है। मैं तो तुम्हारी परीक्षा ले रहा था। अब तुम एकांत में बुलाकर यह सब अरविंद को भी समझा देना ताकि इस संस्था के प्रति या मेरे प्रति अथवा तुम्हारे प्रति या हम तीनों के प्रति उसमें कोई ग्रंथि विकसित न हो जाए, जो उसे और समाज दोनों को आगे चलकर तोड़ने या नकारात्मक रूप अपनाने में सामने आए।...क्राइस्ट तुम्हारी रक्षा करे, टीचर।"

"और आज एकांत पाकर आपने वह सब कह डाला।"

"जरूरी था, अरविंद...बहुत जरूरी। दृष्टिकोण और आचरण की बुनियाद इन्हीं छोटी-मोटी बातों पर निर्भर है।"

"ओ माई स्वीट, टीचर। आई कांट फारगेट यू। आज मैं बहुत खुश हूं।

आप मेरी खुशी का अंदाज नहीं लगा सकतीं। मैं उस छोटी सी घटना से अंदर-ही-अंदर बहुत परेशान हो रहा था। मुझे अपने सम्मानीय प्रिंसिपल को भी आभार व्यक्त करना चाहिए। करूंगा टीचर, अवश्य करूंगा।"

इसी समय कप्तान अंदर लौट आया और अरविंद को दूरबीन में खोया देखकर बोला, "कहां अटक गए, अरविंद!"

अरविंद ने अपने को संभाला। वास्तविकता यह थी कि वह दूरबीन से आंखें बंद किए अपने स्कूल के प्रकरण में खो गया था। उसने दूरबीन से देखा और कहा, "कप्तान अंकल एक रंगीन पट्टी नजर आ रही है।"

कप्तान ने उससे दूरबीन लेकर अपनी ओर घुमायी और उससे देखते हुए कहा, "वह पचास-साठ दिगंश पर रंगीन पट्टी नजर आ रही है। शायद दूरी कुछ इससे ज्यादा भी हो सकती है...लगता है कोई जहाज आग की चपेट में आ गया है। अभी उसने नारंगी रंग की बहुत सारी हवाइयां नहीं छोड़ी हैं।"

"उनसे मतलब, कप्तान अंकल।"

"उन्हें अभी सहायता की जरूरत नहीं है।"

कृष्णधन घोष ने कप्तान का शुक्रिया अदा किया और उसे लेकर वे लौट पड़े। वह भी कुछ सोचता, कुछ नहीं सोचता सा उनके साथ चुपचाप चलने लगा। सीढ़ियों से वे दोनों नीचे उतरने लगे। यद्यपि उन दोनों के उतरने से खटपट की आवाज हो रही थी तथापि यह आवाज उन दोनों में से किसी को भी सुनाई नहीं पड़ रही थी। शायद दोनों के मन में आधा-अधूरा कुछ पक रहा था, जिसके प्रति वे दोनों तटस्थ थे। अरविंद को लग रहा था कि वह जलपोत में नहीं, किसी अज्ञात टापू पर जा पहुंचा है। उसके लिए यह दुनिया अलग थी। एकदम खुलना और दार्जलिंग से। सारा वातावरण भिन्न था। तमाम सुविधाओं के बाद भी मन लगने वाली बात वहां नहीं थी। आखिर कब तक, हर समय, नमकीन हवाओं के बेस्वाद और घनघोर आक्रमणों के घात-प्रतिघात सहते हुए चुप रहा जाए? पर यहां दूसरा चारा नहीं था।

डैड की बात उसे याद आने लगती थी। वह स्मरण कर चुके थे, "अरविंद, तुम एक लंबी यात्रा पर हो। यात्रा में घर नहीं होता। फिर घर जैसी सुविधाएं कैसे मिलेंगी? मित्र भी नहीं होते। केबिननुमा कक्ष होता है और उन दबड़ों में रहने वाले अलग-अलग जगह, धर्म, रंग, भाषा, सभ्यता और संस्कृति के लोग। चूंकि यह यात्रा लंबे समय तक सबको साथ गुजारनी होती है अतः इस अपरिचित और कुछ-कुछ परेशान करने वाले वातावरण में हमें

साथ रहने की एक आंतरिक सतह को तलाश करना होता है और उस पर काल्पनिक घरौंदे का निर्माण कर हमें अपने को प्रसन्न रखना है। जो व्यक्ति प्रतिकूल परिस्थितियों को अनुकूल बनाना जानते हैं, वे जीवट होते हैं, साहसी होते हैं और जीवन में कुछ कर पाने में सफल भी।"

डैड का लेक्चर लंबा हो चला था और अरविंद उनकी बात को तभी समझ गया था, जब उन्होंने अपनी बात की नींव रखी थी कि उस पर इमारत क्या बनेगी? वह स्वयं नहीं समझ पाता था कि वह कैसे बात सुनते ही यह अनुमान लगा लेता है कि उस बात का अंतिम छोर क्या होगा? यही बात उसको किताब पढ़ते हुए अनुभव होती थी कि वह पैराग्राफ की एक या दो पंक्ति पढ़ते ही उसके मजमून को जान लेता था। मैरी रोज ने उससे पूछा था, "अरविंद तुम दोबारा वह पाठ क्यों नहीं पढ़ते जिसे तुम कक्षा में सुन लेते हो।"

अरविंद ने अत्यंत भोलेपन से उत्तर दिया था, "टीचर, मुझे फिर से वह पाठ पढ़ने की जरूरत नहीं होती।"

क्यों, अरविंद? क्या वह पाठ तुम्हें याद हो जाता है या तुम्हारी उस पाठ में रुचि नहीं रह पाती।"

अरविंद ने मैरी रोज की उन सारी बातों को उल्टा कर दिया, जो उन्होंने उससे अब तक कही थी और जिनका संबंध पाठ्य पुस्तकों से था। फिर अरविंद ने कहा, "यही वह कारण है, टीचर। मुझे और पाठ्य सामग्री चाहिए।"

"यही बात है, अरविंद, तो तुम्हें मैं ऐसी पाठ्य पुस्तक बता देती हूं, जिस पुस्तक को आज तक कोई पूरा नहीं पढ़-समझ सका।"

"वह कौन-सी पुस्तक है?"

"धैर्य, अरविंद, धैर्य।"

"उस पुस्तक के साथ सबसे बड़ी बात यह है कि सारा संसार उसे अपनी-अपनी भाषा में पढ़ सकता है?"

"क्या!...टीचर, एक साथ..."

"हां, अरविंद, कोई बंगाली भाषा जानता हो या मराठी, अंग्रेजी या हिंदी ...उससे कोई फर्क नहीं पड़ेगा।"

"क्या वह पुस्तक संसार की सब भाषाओं में है?"

"नहीं, अरविंद, ऐसा कुछ नहीं है।"

"तो फिर, टीचर, कैसा है?"

अपने चारों ओर दूर-दूर तक देखो और देखते ही जाओ, जहां तक देख सकते हो। मेरी तरफ नहीं, अरविंद अपने चारों ओर ऊपर-नीचे भी देखो। ...चलो देखना शुरू करो।" मैरी रोज ने अरविंद को चारों ओर देखते हुए मन-ही-मन उस रहस्य का आनंद लिया।

अरविंद कुछ नहीं समझ सका। कुछ-कुछ उसका ध्यान पेड़-पौधों, पहाड़ों, नदियों आदि की ओर जाकर ठहरता फिसलता रहा।

"अरविंद, जहां तक तुम देख सके, तुमने वहां तक देखा।"

"हां, टीचर, देखा।"

"क्या देखा?"

"देवदारू-चीड़ के वृक्ष..." अरविंद सोचते हुए उत्तर दे रहा था।

"हां, अरविंद, तुमने अपने चारों ओर जो देखा उस पर विचार करो, उसे तर्क से जांचो-परखो, उसके साथ संवाद बनाओ, उसे अपनी कल्पना के पंखों पर उड़ा ले जाओ, उससे अपने स्वप्नों की पहचान करो...कहने का आशय यह है, अरविंद, कि वह इतनी बड़ी और अंतहीन महापुस्तक है, जिसकी लंबाई, चौड़ाई, ऊंचाई, गहराई आदि में कितनी ही उम्र खपा लो और कितनी ही पीढ़ियां, परंतु उसका ओर-छोर नहीं पा सकते। इसे पढ़ सको तो पढ़ो, यह तुम्हें सही दिशा प्रदान करेगी और तुम्हारा करणीय तय करवाने में तुम्हारी मदद करेगी।" मैरी रोज को पुनः ख्याल आया कि वह इस बात को क्यों भूल जाती है कि वह जिससे बात कर रही है, वह छह वर्ष का बालक है। वह पूछ बैठी, "अरविंद, तुम पीढ़ियों से क्या समझे?"

"यही कि मेरे पिता, दादाजी, दादीजी के पिताजी, उनके दादाजी और-और इस तरह...?"

मैरी रोज आश्चर्य से अरविंद की ओर देखती रही। यह बात तो उसने अपने अन्य टीचर से कही थी और इसी बात को लेकर वह प्रिंसिपल आर्थर के पास गई थी, "सर, ही इज नॉट ए ब्रिलिअंट स्टूडेंट। सर, ही इज ओवर ब्रिलिअंट स्टूडेंट। वेरि शार्प मेमोरी।" कहकर उसने अरविंद से जुड़े कई उदाहरण प्रस्तुत कर दिए। आर्थर ने ध्यान से सुनकर कहा था, "रोज, इन बालकों में कभी-कभी, अत्यंत प्रतिभाशाली बालक भी होते हैं। वे अपनी उम्र से कई गुनी बड़ी उम्र के होते हैं। उनकी सोच, उनके समझने की शक्ति, गहराई आदि एक परिपक्व व्यक्ति के भी कान काटने वाली होती है। अरविंद उन बालकों

में भी असाधारण है। अचरज, वह जो सुनता है, उसे वह तुरंत सुना सकता है। यह बात मैंने उसके पेअरंट पर भी जाहिर की थी। रिअली ही इज अ ड्रमि चाइल्ड। उसको सावधानी से टेकल करना है। मुझे लगता है कि महान् व्यक्तियों के बचपन के ऐसे ही लक्षण होते हैं वे अपने समय से बहुत आगे और आगे होते हैं, सुनते हैं, सोचते हैं और करते हैं। आखिर में इस नतीजे पर जा पहुंचते हैं कि वही और इतना देखो, जितना जरूरी है, वही और उतना ही सोचो जो करने की सीमा में आ सकता है और वही और उतना ही कहो, जितना कर सकते हो। तुमने रोज, यह अच्छा ही किया जो उसके हाथ में प्राकृतिक पोथी थमा दी। उसका न कोई आदि है, न अंत-वह अनंत है। मुझे खुशी है रोज, तुम्हारा प्रकृति दर्शन कार्यक्रम बच्चों में बहुत पसंद किया जा रहा है।"

"सर, मुझे लगने लगा है कि बच्चे प्रकृति की देन हैं। वे उन्हें देखते ही गद्‌गद हो जाते हैं। उनकी कल्पना और उनके स्वप्न पक्षियों की तरह पंख फैलाए उड़ने लगते हैं। उनमें आशाएं कुलाचे मारने लगती हैं। पर सर?" कहकर मैरी रोज ने अपनी बात को अल्प विराम दिया।

"तुम रुक क्यों गई, रोज? कहो...अपनी बात पूरी करो।"

"पर सर हमारी पाठ्य पुस्तकें उनकी सोच, कल्पना, इच्छाओं, आशाओं आदि के लिए सेतु का काम नहीं कर पातीं?"

"ये अप्रत्यक्ष रूप से रोकती भी हैं।"

"यस सर।"

"प्रकृति के विपरीत भी जाती हैं।"

"यस सर।"

"तब, रोज, तुम क्या करती हो?"

"मैंने अपने साथियों से भी इस विषय पर चर्चा की, खुद बराबर सोचती रही, क्योंकि मेरे सामने अरविंद है- पाठ्यपुस्तकों को चुनौती देने वाला।"

"किस निर्णय पर पहुंची?"

"पता नहीं तब...वी ऑफन गो केरलिंग एट क्रिसमस (क्रिसमस के भजनों में बह जाना)।"

"रोज, तुम्हें क्या रास्ता नजर आया?"

"टुथ, सर।...ए टुथ...देअर इज नो च्वाइस एक्सेप्ट देट। रियली आई कांट, केरक्टराइज।"

"ह्वाट डू यू मीन बाई दैट, रोज?"

"आई फील, आई एम अ जस्ट लाइक केअरटेकर, नथिंग एल्स।"

"तुम्हें अपने को कार्डिनल (पोप के चयनकर्ताओं में से प्रमुख धर्माधिकारियों में से एक) की पोजिशन में रखना चाहिए, रोज।"

"मुझे वक्त लगेगा, सर। मुझे अरविंद की ड्राइंग से कभी-कभी यह लगा कि वह केरिकेचर (व्यंग्य चित्र) की ओर बढ़ रहा है।"

"कैसे केरिकचुअर, रोज?"

"ये देखिए, सर, ये अरविंद की ड्राइंग के चंद नमूने हैं।"

प्रिंसिपल अरविंद के चित्रों की ओर देखने लगा। उसके चित्रों में फल पर फूल खिल रहे थे, आसमान में वृक्ष उग आए थे। पौधे सड़क पर टहलने निकल आए थे आदि-आदि। वह कह उठे, "रोज, क्या तुमने अरविंद से इन केरिकेचर्स पर बात की? हालांकि मुझे ये व्यंग्य चित्र कम लग रहे हैं...कुछ और ही लग रहे हैं। इन्हें चित्र तक सीमित रखना नाकाफी है। फिर भी, ये हैं तो चित्र ही, चाहे केरिकेचर के निकट हों या उनसे दूर।"

"नहीं, सर। अभी नहीं...मैंने एक दो बार ऐसी कोशिश जरूर की थी, परंतु उसे अपने काम में व्यस्त पाकर मुझे यह ठीक नहीं लगा कि मैं उसे डिस्टर्ब करूं। दूसरी बात, सर, ये भी है कि मैं उससे क्या पूछूं? कैसे पूछूं? दरअसल अभी मैं सिलसिलेवार क्वेश्चनेअर (प्रश्नावली) तैयार नहीं कर सकी हूं। मैरी रोज ने चेस्टर की जेब में एक हाथ डाल लिया था। कहीं दूर तक खोते हुए वह लौटी थी। धीरे-धीरे उसने कहा था, "सर, क्या आपको इन लम्हों में मिस दुआ कि याद नहीं आती है।"

"जो बच्चों से ज्ञान की जानकारी लेकर विभिन्न प्रयोगों द्वारा नई दिशा ज्ञान देकर उन्हें ही लौटा देती थीं। ह्वाट अ फन। मैंने भी बच्चों से जानकारी लेने के उसके तरीके को देखा-जाना था। लगा ही नहीं कि वह टीचर है।"

"बच्चे उसे सिस्टर कहते थे। काश, वह अब यहां होती तो अरविंद उसकी नई खोज होता। जानने की जिज्ञासा जानकर समझने का प्रयास और उसे व्यवहार में लाने की लालसा न जाने उसे कितना गहरा और कितना दूर ले जाती थी कि..."

"तुम सच कहती हो, रोज। उसका यहां से जाना...काश मेरे हाथ में उसे रोकना होता...मैंनेजिंग कमेटी की जिद के सामने...खैर वह अप्रिय प्रसंग है।" प्रिंसिपल आर्थर का स्वर गीला होने लगा था। मैरी रोज ने अब उठना ही मुनासिब समझा और वह उठ खड़ी हुई।

"टीचर...टीचर...आज कहां जा खोयीं। अभी आप मुझसे पूछ रही थीं

कि पीढ़ियों से मैं क्या समझता हूं?"

"वही जो तुम्हें समझना चाहिए।" मैरी रोज ने अतीत की झाड़ियों से बाहर आते हुए आहिस्ता से कहा।

"अरे अरविंद, तुम यहां खड़े हुए हो, मैं तुम्हें अपने पीछे-पीछे आता समझ रहा था।"

"जी डैडी" चारों ओर देखकर कृष्णधन ने कहा, "यहां ऐसा कुछ नहीं है, जिसने तुम्हें यहां रोक लिया हो।"

"जी डैड, यहां ऐसा कुछ भी नहीं है।"

"फिर तुम यहां क्यों रुके।"

"अब चलें डैड, वरना कोई तीसरा हम दोनों से पूछेगा कि तुम लोगों के यहां रुकने का क्या कारण है?"

इस पर कृष्णधन अपनी हंसी नहीं रोक सके, जबकि अरविंद पूर्ववत् खड़ा रहा। इस बार आगे-आगे अरविंद था और उसके पीछे-पीछे कृष्णधन घोष। जलपोत पहले से तेज हिला डुला और लहरों का शोर स्पष्ट सुनाई पड़ा। अब वे दोनों अपने केबिन में प्रवेश कर रहे थे।

7

खामोशियों से खामोश शहर था, गांव था, गांव-शहर था। उद्योगों से जुड़ा नगर। कपड़े मिल्स से सजा। फिर भी, वह इलाका जहां डरूएट पादरी रहता था, एकदम शांत था। बंगला था। बंगले के साथ बगीचा था। बगीचे के चारों ओर लंबे और उनके बीच कुछ बोने पेड़ थे। पास ही में चर्च था।

"मिस्टर डरूएट, मुझे आपको यह बतलाना जरूरी लगता है कि मैं अपने बच्चों को धार्मिक नहीं बनाना चाहता।"

"मैं समझ सकता हूं, मि. घोष, क्योंकि मैं पादरी हूं यानी क्रिश्चियन धर्म का पुजारी। परंतु मैं तुम्हें यह यकीन दिला सकता हूं कि आपके तीनों बच्चों पर किसी भी धर्म की छाया नहीं पड़ने दूंगा। वे यहां हर दृष्टि से महफूज रहेंगे।" पादरी डरूएट ने गंभीर होकर कहा।

"परसों हमें लौटना है।"

"बेफिक्र होकर लौटिए।"

"इन बच्चों में भेदभाव, वर्गभेद, ऊंच-नीच, छोटे-बड़े की भावना घर

नहीं करे। हर एक इंसान के प्रति वे इंसानियत का व्यवहार करें, यह गुण इसमें विकसित हो। जहां विनय शरारती है, वहीं अरविंद मितभाषी। मनमोहन सो-सो। मैं इन्हें भारत की परछाई से दूर रखने के लिए यहां लाया हूं, यह आपके जेहन में बराबर बना रहे।"

"हमें एक-दूसरे पर यकीन करना होगा। वैसे हमारे-आपके बनाने से बच्चे तैयार नहीं होते हैं, ऐसा मुझे अनुभव है, डरूएट ने उठने की दृष्टि से कहा।"

"खैर-खबर तो आपको भी रखनी होगी।"

"जरूर रखनी होगी, परंतु आप तो इन तीनों के लोकल गार्जियन होंगे।"

"व्हाई नॉट, मिस्टर घोष। शेष बच्चों पर भी निर्भर करेगा कि वे यहां कैसा अनुभव करते हैं। हालांकि यह निर्णय मुझे लगता है, एकतरफा है।" फादर डरूएट ने बहुत धीरे-धीरे कहा।

"ये बच्चे, भारत के हिल एरिया के लॉरेटो, स्कूल में दो वर्ष तक अध्ययन करते रहे हैं। इस तरह इन्हें घर से बाहर रहने का खासा अनुभव है। आपको इन सबकी तरफ से कोई परेशानी नहीं होगी, मि. डरूएट।"

"मुझे अरविंदो को लेकर चिंता अवश्य है। वह बहुत छोटा है। कुछ-कुछ सकपकाया सा भी लग रहा है। यदि आप लोग उसके बारे में पुनः विचार कर सकें तो...। खैर देख लीजिए मैनचेस्टर से इंडिया का फासला दार्जिलिंग से सैकड़ों गुना ज्यादा है।" डरूएट ने सोचते हुए कहा। ठंड का प्रकोप अचानक बढ़ गया था। इस समय बेमौसम की वर्षा और फिर रात भर हिमपात ने ठंड में बिजली पैदा कर दी थी। हालांकि वे कृष्णधन और स्वर्णलता-डरूएट के ड्राइंग रूम में थे, जो वातानुकूलित था। वे जहां ठहरे हुए थे, वे (बच्चे) कमरे भी गर्म थे।

कृष्णधन घोष ने टाई की नॉट को ठीक करने का उपक्रम करते हुए कहा, "मि. डरूएट ऐसा कुछ नहीं है। लॉरेटो स्कूल के प्रिंसिपल आर्थर और उसकी हाउस मास्टर मैरी रोज की रिपोर्ट अरविंद के बहुत पक्ष में है। वह वहां भी एकांत तलाश लेता था।"

"एकांत में भी एकांत क्या?"

"हां, डरूएट एकांत में भी वह एकांत तलाश कर, अपनी दिशा-दृष्टि, सोच-विचार के क्रम-उपक्रम और मन को बराबर एकाग्र बनाए रखने के प्रयत्न करता हुआ मिलता था।...एकदम सकारात्मक सोच लेकर वह चलता

रहा है।"

"क्यों मिसेज स्वर्णलता आपका क्या कहना है?" डरूएट ने स्वर्णलता की ओर रुख करते हुए कहा। डरूएट का ड्राइंग रूम एकदम साधारण था। वहां ईसा का एकमात्र चित्र था। वह भी शायद किसी चित्रकार ने उन्हें भेंट किया था। फर्नीचर में दो सोफासेट थे, कुछ आबनूस से निर्मित कुर्सियां थीं। एक तरफ बड़ी मेज के पास रखी छोटी सी टेबल पर गुलदस्ता रखा हुआ था, जिसमें कागज के फूल पत्तियां थीं। अभी तक स्वर्णलता उनकी बातचीत में कम, वहां के ड्राइंग रूम में अपने को ज्यादा व्यस्त बनाए हुए थी, क्योंकि वह यह अच्छी तरह जानती थी कि कृष्णधन अपने लिए हुए फैसले के पीछे हटने वाले नहीं हैं।

उसकी चुप्पी से कोई गलत अर्थ नहीं निकाल लिया जाए, इसलिए उसने कहा, "मिस्टर डरूएट, हम इस निर्णय के साथ ही, यहां इतनी दूर आए हैं ताकि अपने होनहार बच्चों की प्रतिभा का सही डाइमेनशन में विकास हो सके, ऐसा कुछ करना है। वे हर प्रकार की डिसपैरटि (असमानता) से ऊपर उठे। ...दि ओवरऑल इफैक्ट इज नॉट डिस्प्लीजिंग टू द लाइफ। जहां तक मैं अरविंद को समझ पाई हूं, वह डिस्पैशनट् मिजाज का बालक है। अपने समय से बहुत आगे लक्ष्य पर दृष्टि गड़ाए और हर विषय की तह तक जाने के स्वभाव से, स्वेच्छा से घिरा हुआ है। ही इज आउट ऑफ सिनिक (दोष देखने वाला) ...उसके साथ कोई प्रॉब्लम नहीं है।"

हालांकि कृष्णधन घोष ने स्वर्णलता की ओर नहीं देखा था, फिर भी वह इस समय आश्चर्यचकित था, क्योंकि उसने रात को ही कहा था, "कृष्णधन, यह फैसला मुझे कतई रास नहीं आ रहा है। अभी अरविंद छोटा है।"

"तुम्हीं तो कहती रहती हो कि वह अपनी उम्र से बहुत बड़ा है। हमें उसका खास ध्यान रखना होगा। वह बात की गहराई में जा पहुंचता है।" कृष्णधन घोष कहते हैं।

"वो सब ठीक है, कृष्णधन, परंतु जो हम करने जा रहे हैं, वह उसकी जिंदगी को कहां-से-कहां ले जा सकेगा, इसके बारे में हम अभी कोई भविष्यवाणी नहीं कर सकते, परंतु सोच सकते हैं कि वह हमारी दुनिया से बहुत आगे होगा।"

"फिर भी..."

"मैं चाहती हूं कि वह अभी..."

"लॉरेटो स्कूल में रहे।"

"यहां उसके साथ दो भाई हैं, वहां उसके साथ कौन होगा?"

"हमें यहां पहुंचने में कितना लंबा समय तय करना पड़ा है, कृष्णधन।"

"तो?"

"यहां की अपेक्षा दार्जिलिंग जाने में कितना कम समय लगेगा।"

"उससे मतलब, स्वर्णलता।"

"दूरी, कृष्णधन उस दूरी का एहसास और अपने देश तक पहुंचने की दूरी। भारत यहीं नहीं रखा है।"

"शायद, जहां तक मैं समझ पाया हूं, अपने अरविंद को दिक्काल से कोई परेशानी नहीं होगी।...हमें अपने बच्चों पर विश्वास होना चाहिए। तुम, स्वर्णलता...तुम्हीं नहीं, प्राय: भारत की सभी माताएं, ऐसा समझती हैं कि उन्हें अपनी संतान से पति की बनिस्बत बहुत ज्यादा प्यार है, वे ही अपनी संतान को ज्यादा चाहती हैं। हालांकि मैं इस बात को एकदम खारिज नहीं करता हूं तथापि यह बतलाना भी जरूरी समझता हूं कि पिता भी अपनी संतान के प्रति कम चिंतित नहीं रहते। वे सदा उसके भविष्य के प्रति पूर्ण सावधान बने रहते हैं। याद रहे, भावुकता की गोद में बुद्धि नहीं पलती।"

"तो क्या बुद्धि की गोद में भावुकता पलती है?" स्वर्णलता ने सोचकर आगे कहा, "कृष्णधन, पत्नी के लिए उसकी संतान और पति दोनों की चिंता बनी रहती है।...मां ममता से उसी तरह भीगी रहती है जैसे झील से जल।"

"या जैसे द ग्रॉस इज वेट विद ड्यू।"

"वह मैं नहीं जानती, कृष्णधन।" "तो तुम्हें जानना भी कुछ नहीं है, स्वर्णलता?"

"क्योंकि उसके लिए तुम जो हो, कृष्णधन यही ना।"

हां, तो मिसेज स्वर्णलता, "डरूएट ने कुछ रुककर आगे कहा, "आगे मुझे कुछ नहीं कहना-सुनना है। मेरी पूरी कोशिश रहेगी कि मैं उन्हें आगे बढ़ने की दिशा की ओर ले जाने के लिए प्रत्यक्ष या अप्रत्यक्ष प्रेरित करता रहूं।"

अब संवाद समाप्त थे। ये दोनों उठ खड़े हुए थे। डरूएट उन्हें बाहर तक छोड़ने आए थे और उन्होंने उनकी यात्रा के लिए शुभकामनाएं भी दी थीं। सब कुछ सिलसिलेवार, निर्विघ्न और सहज होता जा रहा था। रास्ते में

कृष्णधन और स्वर्णलता संवाद शून्य रहे। उनके मन में खामोशी थककर आ पसरी थी। हिमपात की परतों पर मेघों से संघर्ष करता हुआ सूरज जब तब झांक रहा था। बाहर आने पर ठंड कंबल ओढ़े अपने को संभाल रही थी।

8

मैनचेस्टर की सूरजशून्य दोपहर अलगनी पर सूख रहे कपड़ों की तरह निःस्वप्न थी। चारों ओर हिम की तपन थी। आंख खोले आसमान धरती को निहारे जा रहा था। बॉलकनी से दिखलाई देने वाला परिदृश्य मोम से बने प्रकृति चित्र सा निश्चल था। रिक्त होता समय खाली किए मकान सा सुनसान था।

कल जाना है। आज और कल के बीच की दूरी कम होती जा रही है। काल की धीमी पड़ती दस्तक स्वर्णलता के मन को कुछ-कुछ उद्विग्न कर रही थी। विनय भूषण और मनमोहन कृष्णधन के साथ मार्केट गए हुए थे। अरविंद, पलंग पर दाईं ओर करवट लिए, खुली आंखों से ऐसे सो रहा था मानो वह टकटकी लगाकर देख रहा हो। उसके सोने या जगने में कई बार वह भ्रांति में पड़ जाती थी।

कल रात पहले वर्षा टपकी थी धीरे-धीरे। बूंदें पत्तियों पर गिरकर नीचे फिसलती गई थीं। फिसल पट्टी पर सरकती-सरसराती बालकों की टोलियों की तरह।

"मम्मी, यहां सूरज अनुपस्थित क्यों रहता है?" अरविंद पूछ रहा था।

"मैं उससे पूछ कर बतलाऊंगी, अरविंद?"

"कैसे पूछोगी, मम्मी?"

"जैसे तुमने हमसे पूछा है।"

"वह क्या इतना पास होगा?"

"तो क्या हुआ उसे तार दे देंगे।"

"पर यह नहीं कहेंगे कि उससे पूछ नहीं सकते और यदि पूछा भी तो वह उत्तर नहीं दे सकता।"

"क्यों उत्तर नहीं दे सकेगा?"

"क्योंकि उसे अंग्रेजी नहीं आती।"

"तो क्या आता है?"

"यह हम नहीं जानते, मम्मी।"

"तो तुम यह कैसे कह सकते हो?"

"अपने मन से।"

"बिना किसी प्रमाण के क्या?"

"हर चीज के लिए प्रमाण की जरूरत नहीं होती।"

"जैसे..."

"जैसे दिन के लिए, रात के लिए, अंधेरे-उजाले के लिए, धरती-पानी के लिए...हमारे तुम्हारे होने के लिए...या इस वक्त डैड के यहां न होने के लिए ..." अरविंद धीरे-धीरे कह गया।

"तुमने यह किससे जाना?"

"किससे जानता, मम्मी। आपने और डैड ने तो हमें बताया नहीं है।"

"फिर किसने बताया है तुम्हें?"

"सच कहूं क्या?"

"क्या तुम झूठ भी कुछ कहते हो?"

"नहीं, ममा, कभी नहीं।"

"फिर तुमने यह प्रश्न ही क्यों किया?"

"मालूम नहीं, ममा।"

"बिना मालूम किए कुछ नहीं कहना चाहिए, अरविंद।"

"क्यों, मां?"

"क्योंकि भ्रांति चित्त की एकाग्रता छीनती है और चुपचाप पीछे ढकेल जाती है। क्या तुम फिसड्डी होना पसंद करोगे?"

"क्या यह मेरे लिए आपका सत्प्रयास है?"

"कदापि नहीं।"

"क्या, मम्मी, अटल विश्वास भ्रांति की संभावनाएं नहीं मिटा देता है?"

"शायद।"

"पक्का नहीं क्या?"

"पक्का भी हो सकता है पर थोड़ा-थोड़ा।"

"ममा, आप यह अच्छा नहीं कर रही हैं?"

"हम क्या अच्छा नहीं कर रहे हैं, अरविंद?"

"अपने आप से पूछकर देखो, ममा।"

"क्या तुम भी अपने आप से पूछते हो?"

"जब कहीं से मुझे उत्तर नहीं मिल पाता है अथवा मिले उत्तरों से

मैं संतुष्ट नहीं हो पाता हूं, तब ममा।" स्वर्णलता आश्चर्यचकित रह जाती थी अरविंद के प्रौढ़ संवादों को सुनकर। वह ऐसे उत्तर कैसे देता है? वह 'भ्रांति', संभावना आदि को कैसे समझ लेता है। अपने आपसे पूछना उसे किसने सिखलाया है? वह कह रही थी, "तुमने अपने आपसे कब पूछा था और क्या पूछा था, अरविंद बेटे?"

"आप सुनना चाहेंगी?"

"क्यों नहीं, अरविंद?"

"यह बात मैंने आज तक किसी पर प्रकट नहीं की है, ममा।"

"तुम्हें इस बात को प्रकट करने में कोई आपत्ति तो नहीं है, बेटे।"

"क्या मुझे आपसे कुछ छिपाना चाहिए, ममा?"

"नहीं, मेरे लाडले, कुछ भी नहीं।"

"तो सुनो, ममा।" कहकर अरविंद कुछ देर चुप रहा। मन-ही-मन सोचता रहा। फिर, कुछ देर बाद वह कहने लगा, "तब मैं लॉरेंटो में पढ़ रहा था। वहां दूसरा साल था। उसकी भी मध्य रात थी। होस्टल में सब सो चुके थे। शायद ही कोई मेरी तरह जाग रहा हो। अचानक मुझे लगा कि गहरा काला अंधकार मेरी ओर बढ़ता आ रहा है। ठीक बरसाती बादलों की तरह। अब वह अंधकार मेरे अंदर प्रवेश कर उठा। मैं दहलीज पर खड़ा उसे रोक नहीं सका। अब वह अंधकार मेरे बाहर और अंदर चारों तरफ था। ठीक कुहरे की तरह। धीरे-धीरे उस अंधकार ने समूचे दार्जिलिंग को घेर लिया था और उसके बाद वह आगे बढ़ता ही रहा। जरा भी कहीं ठहरा या रुका नहीं, ममा।" इसके बाद अरविंद रुक गया। उसने अपने चारों ओर देखा।

"फिर, अरविंद?"

"ममा, अब क्या था कि वह अंधकार मुझे जब चाहे दबोचने लगा।"

"तुम्हें डर नहीं लगा, अरविंद।"

"नहीं, ममा। डर क्यों लगता, ममा?"

"हां, डर क्यों लगता?"

"आपको डर लगा क्या, ममा?"

"मुझे डर क्यों लगेगा, अरविंद!"

"परंतु मैं उस अनबुलाये अंधकार के आने का कारण नहीं समझ पा रहा था, ममा।"

"क्या तुमने उसे स्वप्न में देखा था?"

"नहीं, ममा, ठीक जैसे आप बैठी हैं...नहीं नहीं...ठीक जैसे डिनर के बाद हमारे साथी बाहर आते हैं...कुछ-कुछ इस तरह।"

"रात तो यों भी अंधेरी होती है, अरविंद।"

"पर नाइट बल्ब तो जलता है ना, ममा। वह भी तो उजाला है।"

"फिर, अरविंद!"

"मैं सोच-सोच कर हार गया, परंतु उसका ओर-छोर हाथ नहीं लगा।"

"तुमने किसी से पूछा क्यों नहीं?"

"क्या पूछता?...आपसे पूछूं तो आप क्या बताएंगी?" अरविंद ने सीधा सवाल अपनी ममा से कर डाला। स्वर्णलता कुछ कहने की स्थिति में नहीं थी। वह क्या कहे? कुछ था ही नहीं उसके पास! वह चुप बनी रही।

"ममा, मैं जानता था कि ऐसा ही कुछ होगा।"

"फिर, तुमने अपने आपसे कैसे पूछा?"

"उस रोज हमारी क्लास के बच्चे पिकनिक मना रहे थे। मैं उनके बीच से उठकर उन घने पेड़ों की तरफ चला गया, जहां से पिकनिक मनाते मेरे साथी मुझे नहीं देख सकते थे। अचानक मेरे मन में आया और अपने से पूछ बैठा- बताओ, यह अंधकार क्या है?...क्यों है? मुझसे क्या चाहता है? चाहे जब मुंह उठाए लाट साहब सा चला जाता है। मैं उसे रोक-टोक नहीं पाता।...कोई जवाब नहीं आया। मैं लोटने लगा कि मेरे अंदर से एक आवाज आई, "तुम नहीं जानते कि अंधेरा क्या है?"

"नहीं, मैं नहीं जानता।"

"अंधेरा जो उजाले को निगल जाता। दिन को रात में बदल देता है। चांदनी को कैद में डाल देता है।"

"पर वह मेरी तरफ क्यों बढ़ा चला आता है?"

"वह तुम्हारी ही नहीं, वह सबकी तरफ बढ़ा चला आता है।"

"पर क्यों?" "क्योंकि, वह अंधेरा?"

"वह तो अंधेरा है ही, इसमें नई बात क्या है?"

"यही नई बात है कि कोई नया संकट आने की तैयारी कर रहा है।"

"मेरे पर क्या?"

"नहीं, सब पर। सारी दुनिया पर।"

"फिर मेरे से वह क्या चाहता है?"

"तुम्हें वह सिर्फ यह बताना चाहता है कि सारी दुनिया संकट में आने

वाली है।"

"फिर, मैं क्या करूं?"

"सोचो।...तुम सोचो कि दुनिया को संकट से कैसे बचाया जा सकता है।"

"मैं दुनिया के बारे में कुछ नहीं जानता।"

"तो जानो।"

"बस वह अंधकार मुझे यही याद दिलाने आता है क्या?"

"हां, यही।"

"फिर मुझे उसकी चिंता नहीं है।"

"यह तुम्हीं जानो।"

"मैं जान गया हूं कि वह मुझे भरमाना चाहता है। अब से मैं उसको नहीं मानूंगा।"

"अब तक तुमने उसे कहां माना है जो आगे से उसे नहीं मानोगे?"

"यह भी सच है।"

"तो उसे आप अपना काम करने दो। वह आएगा और चला जाएगा।"

"मेरी सेहत पर उसका कोई प्रभाव नहीं पड़ने वाला।"

"वह तो समय ही बतलाएगा।"

"मेरा वर्तमान ही मेरा भविष्य है।"

"जैसा तुम ठीक समझो।" इतना कहकर अरविंद रुक गया। उसके रुकते ही स्वर्णलता ने पूछा, "उसके बाद, अरविंद।"

"उसके बाद हमें यहां ले आया गया, ममा।"

"यहां वह फिर आया तो।"

"मुंह की खाकर लौट जाएगा, ममा। आप चिंता नहीं करें।"

"क्या तुम्हारा अपने आपसे पूछने का यही तरीका है, अरविंद?"

"मैं तरीका-वरीका तो कुछ जानता नहीं हूं। बस मैंने जो किया, वह आपको बतला दिया, ममा।"

कितना सरल, निश्छल और स्पष्ट उत्तर था। स्वर्णलता सोचती जा रही थी कि अकेले रहने की यह अज्ञात मुसीबतें भी होती हैं। वे ज्ञात होते हुए भी अज्ञात बनी रहती हैं। किसके मन में क्या चल रहा है, उसे कौन जाने। वह अरविंद की ओर ममतामयी दृष्टि से देखते हुए सोचने लगी कि वह उस पर झुक कर उसका माथा-कपोल चूम ले या बांहों में भरकर उसके सिर पर

प्यार से हाथ फेरते हुए ईश्वर से प्रार्थना करने लगे, "हे प्रभु, अपने अरविंद को आलबाल से बचाए रखना। उसे ऐसी वैसी मुसीबतों में मत पड़ने देना। उसकी हर मुसीबत में रक्षा करना। मैं उसे इतनी दूर, यहां आपके भरोसे ही छोड़कर जा रही हूं।"

9

मौसम खुला-खुला था। आकाश में चहल-पहल थी। धरती मगन थी। आंतरिक हर्ष महक रहा था। वसंत के दिन उत्सव मना रहे थे। आए दिन आयोजन हो रहे थे। सुंदर सपनों सा लग रहा था सब कुछ। भव्य हो उठी थीं कल्पनाएं। विनय भूषण पढ़ने चला गया था। मनमोहन का पता नहीं कि वह बिना बताए कहां गया था।

डरूएट चर्च से लौटे थे। आज वे बेहद खुश थे। कन्फेशन बॉक्स में आज जिस कुमारी खूबसूरत युवती ने अपना अपराध, उसे पाप कहना ज्यादा ठीक है, स्वीकार किया था, वह भी अपनी किस्म का पाप था। वह नहीं जानती थी कि उसने पाप किया है। वह कॉकनि या पूर्व लंदन की रहने वाली थी। एकदम कोन वृक्ष की तरह लग रही थी। कोन वृक्ष सदाबहार फल देने वाला मासूम वृक्ष होता है। इससे पूर्व एक सद्यः विवाहित युगल पर कनफेटि यानी कागज के रंगीन टुकड़े फेंके जा रहे थे और हर्षोन्माद बहक उठा था।

वह कह रही थी, "ईशू, जब तुम्हारा जन्म एक कुमारी मां से हो सकता है, तब क्या मैं एक सुंदर से शिशु की मां नहीं बन सकती? मां, बनना क्या एक युवती का हक नहीं है। यदि वह मां न बने तो तुम्हारे मानने वाले जो वास्तव में तुम्हें दिलीतौर पर नहीं मानते हैं, कहां से आए? मैं क्या करूं, मुझे अपना ही पिता बलिष्ठ और सुंदर लगा- एकदम यूनानी। धुंघराले बालों वाला। हृष्ट-पुष्ट। विधुर। उसने दूसरी शादी नहीं की। ऐसा उसने अपनी इकलौती संतान, मेरे लिए नहीं किया था। ऐसा उसने मेरी झगड़ालू मां के लिए किया था। दरअसल वह मेरी मां ही थी, जिसने उसमें औरतजात के प्रति नफरत का अग्निमिश्रित धुआं उठाया था।

उसके मरने के बाद से मेरा बाप अकेला रह गया था। दिन-रात काम में जुटा रहता था। पैसा उसके पास खूब था। हालांकि वह दान भी खुले हाथ देता था। उसके चेहरे पर जो नूर था, वैसा नूर मैंने अच्छे से अच्छे खूबसूरत

व हृष्ट-पुष्ट नौजवान के चेहरे पर नहीं देखा था।

वह रात काली थी। इतनी काली कि आसमान में सितारे भी नजर नहीं आ रहे थे। वह कुरसी पर बैठा गिटार पर कोई धुन निकाल रहा था। वह धुन निश्चित ही किसी अन्य भाषा के गीत की थी, आंग्ल भाषा के गीत की नहीं थी। उसके पास शैम्पेन की बोतल खुली हुई थी और उसके गिलास में शैम्पेन थी। दूसरा ग्लास खाली रखा हुआ था। यों उसे खोते हुए देखना मुझे अच्छा लगा। मुझ पर जिप्सी (एक खानाबदोश जाति) की किशोरी का रंग चढ़ा। मैं उसके पास पड़े स्टूल पर बैठ गई। पूछने लगी, "क्या मैं आपका साथ दे सकती हूं?"

रोशनी टिमटिमा रही थी। शायद उसने कुछ कहा नहीं, परंतु मेरे प्रस्ताव पर आपत्ति नहीं की। मैंने उसका ग्लास पूरा भरा। फिर अपना ग्लास भरा और एक ग्लास उसकी तरफ बढ़ा दिया। उसने ग्लास ले लिया और तेजी से पी डाला। मुझे कोई जल्दी नहीं थी। मैं धीरे-धीरे पीती रही। हमारे बीच दूसरी बोतल भी आधी साफ हो चुकी थी। मेरे बाप पर नशा गहराने लगा था। उसने गिटार पर कुछ तेज धुन निकालना शुरू कर दिया था।

ओह माई गॉड, यह सब तूने ही तो मेरे मन में भरा था, वरना मेरे में इतनी हिम्मत कहां थी कि मैं अपने बाप के हाथ से ग्लास लेकर मेज पर सरका देती और स्वयं उसकी गोदी में जा बैठती। वे कैसे उन्माद भरे पागलपन के क्षण थे, जब मैं पहली बार एक संपूर्ण पुरुष को अपने में, गहराई से अनुभव कर रही थी। क्या थे वे क्षण। मरियम क्या तुमने भी मेरी तरह उन क्षणों को जिया था खुशी-खुशी या तुम्हें किसी जंगली जानवर ने अपनी मर्दानी हवस का शिकार बनाया था। खैर, तुम्हारे साथ जो कुछ भी हुआ हो, वह तुम जानो, मेरे साथ जो हुआ, वह मेरे चाहने से हुआ और कभी न विस्मृत करने वाली खुशी, उन्माद और पागलपन के साथ हुआ। और उस रात, जब तक वह रात उजाले में तब्दील नहीं होने लगी, कई बार हुआ।

सुबह मैं देर से उठी थी। मेरी सारी देह टूट सी रही थी। विवस्त्र थी मैं। कंबल से लिपटी। विवक्षुरहित। मेरी इकलौती इच्छा यह थी कि मेरा बाप मुझे अपनी विशाल बाहों में भरकर उठाए और दिन के स्वर्णिम उजाले में मुझे जी भरकर चूमे। सुबह हड़बड़ा उठी। दोपहर की तंद्रा टूटी। बड़ी जोर की भूख लगी। आखिर मुझे बिना किसी सहारे के उठना पड़ा। नहाने की इच्छा न होते हुए मैं नहाई और मैंने उन यादगार वस्त्रों को पलंग से उठाया

जो मुरझाए से मेरे नीचे पड़े थे। उन्हें आलमारी में रख दिया।

लेकिन मेरा बाप नहीं लौटा। दिन गए। सप्ताह गए। एक दिन सूचना मिली कि एक लावारिस लाश समुद्र के किनारे मिली है। वह लाश मेरे बाप की थी। यह पुत्र जो मेरी गोद में है, उसी का है। मैं क्या करूं? किसी को क्या बताऊं? इसी कारण, मैं आज तुझे ही सीधे बताने चली आई हूं। मुझे आज तक नहीं लगा कि मैंने कोई गुनाह किया है। पर मेरे बाप ने आत्महत्या क्यों की? कई दिनों तक वह मारा-मारा कहां घूमता रहा? क्या उसके सिर पर पाप का बोझ सवार था? क्या एक बार वह अपनी इकलौती लड़की के सामने आकर उसकी खोज-खबर नहीं ले सकता था। मैं नहीं जानती मरियम तुम्हें उस आनंद से मगरूर क्षणों में क्या हुआ और बाद में तुमने क्या महसूस किया? मैं इतना जानती हूं कि मैंने कोई पाप नहीं किया और न मेरे बाप से कोई पाप हुआ? फिर उसे आत्महत्या के मुहाने तक कौन लाया और आज मुझे यहां आने के लिए किसने विवश किया? और क्यों मुझ में अब किसी मर्दजात के लिए कोई इच्छा शेष नहीं रही?

मैं जानती हूं कि तुम कुछ बोलोगे नहीं। बोल भी नहीं सकते। ठीक मेरे बाप की तरह, जिसमें लौटकर मेरे पास आने की शक्ति नहीं थी, तुम भी गूंगे बनकर ख्र मुझे यह कहने में कोई परेशानी नहीं हो रही है कि मैं तुम्हें चाहे बहरा भी कहूं—अपने जन्मजात गूंगे होने के एहसास से ज्यादा कुछ नहीं दे सकोगे! फिर भी तुम ईशु रहोगे और मैं किसी ईशु की मां बनने का स्वप्न देखती किसी दिन...ना बाबा ना, मुझमें इतना दुस्साहस नहीं है...सिर्फ अपनी हकीकत बयान करने के और वह मैं अब तक कर चुकी हूं।

वह लौट रही थी। सिर्फ उसकी पीठ डरूएट को नजर आती रही थी। उसकी गोद के शिशु को वह नहीं देख सके। वह बहुत देर तक चर्च में खड़े-खड़े ईसा की ओर अनचाहे भाव से देखते रहे। जब वह हिले और उनमें चेतना लौटी तब उनका मन हुआ कि वह कन्फेशन बॉक्स के पास जा खड़े हों। पर वहां खड़े होकर वह क्या कहेंगे और किससे कहेंगे? उस सबके लिए उनके पास कहने को क्या बचा है? वह सब तो जानता है!

डरूएट लौट पड़े। बाहर बसंत था। महकता जगमगाता वसंत! कुछ देर तक वह भारी मन से आगे बढ़े। कुछ देर बाद वह वसंत के साथ-साथ हो लिए। उनमें खुशी झलकी। झलककर उनसे लिपट गई। उनके होंठ खुले। पक्षियों ने अपने पंखों में हवा भरी। उस हवा की सरसराहट उनको बाहर

से अंदर तक भिगो गई। एक पादरी का कर्त्तव्य है भूल जाना। वह अपने कर्त्तव्य को पूरा करने के लिए अरविंद के सामने जा खड़े हुए हैं और उसे बड़े ध्यान मग्न होकर देखे जा रहे हैं। वह कागजों को बिखेर कर उन्हें समेट रहा है। कुछ इस तरह समेट रहा है, जैसे वे पहले थे, वैसे ही हू-ब-हू नजर आएं। आ सकते हैं! क्यों नहीं आ सकते? इन दोनों के बीच उन्हें कोई गहरा अंतर विरोध उठता हुआ अनुभव नहीं हो रहा है। क्या अरविंद के रूप में वह शिष्य जिसको लेकर एक नई मरियम ने नए ईसा को देखने की लालसा पाली थी, इतना बड़ा हो गया है? नहीं, उसके तो मां-बाप दोनों साथ आए थे और अपने से दूर यहां खुशी-खुशी उसे छोड़ गए। इतने छोटे बच्चे को उन्हें छोड़कर जाते हुए जरा सी भी तकलीफ नहीं हुई। मां जरूर आगे बढ़कर लौटी थी और फिर कुछ दूर आगे बढ़कर वह सिर्फ एक बार मुड़ी थी...उसके बाद उससे मुड़ना भी नहीं बन सका। उसकी चाल ने गति पकड़ ली। फासले इस तरह पार हो जाते हैं कि उनको पता भी नहीं चलता कि कभी वे भी फासले थे।

डरूएट छह सात माह में ही उन तीनों बच्चों से परिचित हो गया था। विनय भूषण अरविंद का सबसे बड़ा भाई था और मनमोहन उससे छोटा था। डरूएट की सबसे छोटे अरविंद पर ज्यादा नजर टिकती थी, जबकि उससे उनकी बातचीत सबसे कम होती थी। उसके पिता कृष्णधन और उसकी माता स्वर्णलता जब अपने पास अरविंद की बहन सरोजिनी को लेकर लौट रहे थे तब स्वर्णलता ने कहा था, "मि. डरूएट, अरविंद बहुत सरल तथा संकोची है। भूख बर्दाश्त कर लेगा, परंतु खाने के लिए कहेगा नहीं।"

"आप चिंता नहीं करें, उसे नाश्ता-खाना वक्त पर मिलेगा और वह स्वप्न में भी भूखा नहीं रहेगा, क्योंकि हम सब मिलकर नाश्ता, भोजन आदि लेंगे।"

"मुझे आप पर पूरा भरोसा है, मि. डरूएट।" स्वर्णलता ने उठते हुए कहा।

"मिसेज घोष, याद रखिए, दुनिया एक है, सब स्थान एक हैं, सब फासले एक हैं, सब दूरियां एक हैं, सब भेद एक हैं...जुदा यदि कुछ है तो वह है मन का संशय। संशय के न पांव होते हैं और न दृष्टि। फिर भी वह चलता ही नहीं दौड़ लगाता है और कुछ अंदर-बाहर देखने का दम भरता है। काश, हम अपने पर विश्वास कर पाएं, तो दुनिया के होने के पीछे सुख-आनंद का जो लक्ष्य है, उसे सब अपने में पाएं।" डरूएट ने स्वर्णलता

के मन में झांकते संशय की फांस को निकालने की दृष्टि से कहा।

"आप सर...!" अरविंद ने अपनी दाहिनी ओर खड़े डरूएट को देखकर कहा।

"यह क्या हो रहा है?"

"मैंने कागज फाड़कर बिखेरे हैं, फिर उन कागजों को इकट्ठा करने में लगा हुआ हूं।"

"पर यह सब क्यों, अरविंद?" डरूएट ने उसके सामने पड़ी कुरसी पर बैठते हुए कहा।

"अभी पढ़ा था कि भिन्नता में एकता।"

"तो?"

"तो क्या सर, मैंने एकसार, एक जगह, एक साथ बने हुए कागजों को अलग-अलग साइज में फाड़ा यानी एकता में भिन्नता पैदा की। अब न ये साइज में एक हैं, न एक साथ हैं और न एक जगह पर हैं। मैं इन्हें जितनी कोशिश से इकट्ठा करता हूं, साथ रखने का प्रयास करता हूं, ये उतनी ही शक्ति और तेजी से भाग खड़े होते हैं।"

"तो अरविंद?"

"टीचर ने समझाया था कि हम सब एक हैं, लेकिन मुझे ऐसा नहीं लगता-मेरा बड़ा भाई है, मेरा मंझला भाई अलग है, मेरी मां, मेरे पिताजी से अलग है। यहां तक कि मैं अपने आप से भी अलग हूं, सर।" अरविंद ने हाथ आए कागजों को एक क्रम से लगाते हुए कहा और हवा के साथ सहयोग कर रहे कागजों की ओर देखा।

"तुम क्या जानना चाहते हो, अरविंद?"

"क्यों एकता की बात उठी, सर?" अरविंद ने एक नन्हें कागज पर दृष्टि बनाए हुए कहना जारी रखा, "जबकि हम स्वभाव से भिन्न हैं। यदि हम भिन्न हैं और भिन्न ही बने रहेंगे, चाहे जितना एकता का प्रयास किया जाए तो फिर एकता का प्रयत्न क्यों? मैंने टीचर से कहा था, टीचर पेड़ एक नहीं, पेड़ पर लगे फल एक-से नहीं, उनके स्वाद एक से नहीं तो फिर एकता की जरूरत किसे है और क्यों है?"

डरूएट के लिए बिना कन्फेशन बॉक्स में खड़े यह उस बालक का स्वर था, जिसके मन में सिर्फ प्रकृति थी, विशुद्ध प्रकृति।

"तुमने क्या सोचा, अरविंद?"

"एकता की बात करना बंद हो। उसे समझाने पर जोर देना भी बंद हो।

जो वास्तव में है नहीं, हो भी नहीं सकती, उसके लिए समय क्यों नष्ट किया जाए? मैं अभी तक यही तो कर रहा था, सर। पहले मैंने कागजों को खेल-खेल में, मनचाहे ढंग से, मनचाहे आकार में फाड़ा और फिर उन्हें उड़ा दिया। कुछ देर तक मुझे लगा कि मैंने यह ठीक नहीं किया। अब मुझे उनके पीछे भागना पड़ रहा है और वे मेरे हाथ नहीं लगना चाहते हैं, सर।"

"तुमने यह किया क्यों, अरविंद?"

"इससे पहले सर, मैंने ऐसा कभी नहीं किया था।"

"फिर अब क्यों किया?"

"टीचर ने न एकता पर जोर दिया होता और न एकता का महत्त्व समझाया होता तो मुझमें यह सब करने की इच्छा नहीं जगती और न मैं उन्हें इकट्ठा करने की ओर ध्यान देता। सर, वह पहला व्यक्ति कौन है, जिसने एकता का बीज डाला? क्यों डाला? क्या जरूरत पड़ी उसे? क्या, सर आप मेरी इस उलझन के मित्र बनना पसंद करेंगे?"

डरूएट को अभी-अभी वह नवकिशोरी चुनौती देकर गई थी और अब उन्हें यह दूसरी चुनौती मिल रही थी। उन्होंने कभी इस विषय पर नहीं सोचा कि एकता की जरूरत किसे हुई और क्यों हुई? इस विषय पर किताबें पढ़ीं। लोगों को खूब समझाया। क्राइस्ट के जीवन के प्रसंग सुनाए। लोगों ने ध्यान से सुना भी। उनमें से किसी ने उनसे ऐसा प्रश्न नहीं किया। वह खखार कर बोले, "अरविंद, मैं इस समय तुम्हारे प्रश्न पर कुछ भी कहने की स्थिति में नहीं हूं।"

"क्यों, सर? मेरी उम्र का हर बालक जाने-अनजाने इसी चौखट पर खड़ा हुआ है। क्या आप इससे इनकार करते हैं, सर?"

"नहीं, और हां भी नहीं।"

"क्या मतलब, सर?"

"क्योंकि मेरे पास अपने समय की ऐसी कोई स्मृति शेष नहीं है, जो तुम्हारी उम्र से संबंध रखती है।"

"क्यों, सर?"

"न मुझे अपनी मां का पता था, न पिता का। मेरा घर अनाथालय से शुरू हुआ। स्कूल कभी गया नहीं।"

"फिर भी, आप अंग्रेजी, लैटिन, ग्रीक, फ्रेंच आदि भाषा..."

डरूएट मुस्कराये। वे पीछे लौटे। सब कुछ धुंधला सा था। अस्पष्ट। अनाथालय की महिला इन्चार्ज सदा डांटती डपटती रहती थी। वह यह नहीं

जानती थी कि क्यों डांट रही है? क्यों क्रोधावेश में चीख पड़ी है? वह एक ही बात क्रोधावेश से मुक्त होकर बड़बड़ाती थी, "औलाद से कीमती संसार में कोई चीज नहीं है जो लोग इस संपदा को छोड़कर दूसरी तरफ भागते हैं, वे किस्मत के मारे हैं। किस्मत कभी उन जैसे पर मेहरबान नहीं होगी।" वह नहीं जानती थी कि वह किसे कोस रही है? क्यों कोस रही है? लेकिन वह दिल की बहुत नेक थी। सबका ख्याल जी जान से रखती थी। उसी ने उसे अंग्रेजी पढ़ाई थी। लेटिन, ग्रीक, फ्रेंच आदि भाषाएं वे स्वयं के प्रयास से सीखे थे। उनके लिए कोई टीचर नहीं था। प्रायः वह कहा करती थी, "बच्चो, तुम लोग अपने में कभी यह हीन भावना मत लाना कि तुम्हारे मां-बाप नहीं हैं, या तुम किसी परिवार का हिस्सा नहीं बन सके अन्यथा तुम सदा जिंदा होने की सजा पाते रहोगे। यदि तुमने कठिन-से-कठिन परिस्थिति में, जिसमें जीने की इच्छा खत्म होने लगती है, हिम्मत नहीं हारी, विवेक नहीं त्यागा और अपने निश्चय पर डटे रहे तो तुम कभी असफल नहीं होंगे। तुम्हारे भीतर की मुस्कान का स्रोत कभी खत्म नहीं होगा।" और उसकी यह बात सच निकली। डरूएट ने थूक गटक कर कहा, "अरविंद, यह मैं भी नहीं जानता।"

"क्या सर!"

"अचरज मत करो, तुम्हारे सामने लंबा जीवन फैला हुआ है। तुम्हें भी जीवन में ऐसे अनेक अनुभव होंगे, जिनका तुम विश्लेषण नहीं कर पाओगे। क्या, क्यों, किसलिए आदि से परे भी एक दुनिया है, जिससे मुट्ठी भर लोगों का भी वास्ता नहीं पड़ता।" डरूएट का चित्त कहीं गहरे में उतर रहा था। ऐसे लम्हें जिंदगी में बहुत कम आते हैं जिनमें अपने को धूप में अलग पर सुखा कर और तटस्थ रहकर उसे देखने की इच्छा होती है। अपने को यों देखना दुनिया से अलग अनुभव कराता है। इतना-सा कि वह दुनिया का हिस्सा नहीं है बल्कि उसमें लगा भद्दा पैबंद है।

"मैं कुछ नहीं समझ सका, सर।"

"कितनी बार नासमझना समझने से अधिक महत्त्वपूर्ण होता है, अरविंद। तुम कभी-कभी, मेरी तरह, समझ-नासमझ के बाहर जाने का प्रयत्न करो।"

"क्या यह संभव है?"

"नेपोलियन किसी बात को असंभव नहीं मानता था। हर चीज की सीमा है। सीमा ही संभव है।"

"कौन नेपोलियन, सर?"

"फ्रांस का सम्राट था वह! शानदार और जिंदादिल सम्राट। तुम उसे कभी आगे पढ़ना।"

"वादा नहीं कर सकता, सर।"

"वादा करना भी नहीं चाहिए...अच्छा, अब तुम अपनी इस माया को समेटो, अरविंद।"

"माया, सर!"

डरूएट हंस पड़े। अरविंद उन्हें नहीं समझ पाया। वह खखार कर कहने लगे, "अरे मिस्टर अरविंद, इन कागजों को जो कब से तुम्हारी प्रतीक्षा कर रहे हैं और कह रहे हैं कि आदमी चीजों को बिखेर कर इतना लापरवाह क्यों हो जाता है?"

"फिर डरूएट वहां नहीं रुके। उनके पास वहां रुकने का कोई आध ार नहीं था। अरविंद चुपचाप कागज इसलिए इकट्ठे करने लग गया, क्योंकि कागज बिखरे हुए अच्छे नहीं लग रहे थे। दरअसल डरूएट महाशय को उसकी इस गंदी आदत के लिए उसे डांटना-डपटना चाहिए था। टीचर ने उसे टोका भी था, जब वह रैपर के टुकड़े कर उन्हें यों ही इधर-उधर डाल रहा था। उसने कहा था, "अरविंद, यह इंग्लैंड है, भारत नहीं। तुम्हें यहां कोई ऐसा काम नहीं करना है, जो यहां के वातावरण को गंदा करे।"

"लेकिन मैंने तो..."

"तुमने इतने महीनों में यह अनुभव नहीं किया, अरविंद। यहां सार्वजनिक स्थानों पर रत्ती भर भी कूड़ा-करकट नहीं मिलेगा। सब स्थान एकदम नीट एण्ड क्लीन मिलेंगे। इन फ्यूचर, ध्यान रखना।" परंतु डरूएट ने ऐसा कुछ नहीं कहा। उन्होंने तो इस ओर ध्यान तक नहीं दिया। वह यह सोचता हुआ अंदर की ओर चल पड़ा।

10

समय कभी ठहरता नहीं है। कभी-कभी ऐसा लगता है कि उसकी गति मद्धिम पड़ गई है, परंतु ऐसा होता नहीं है। गति हमारी रुकती, ठहरती, धीमे, तेज होती है और उसे हम बड़ी चतुराई से समय के नाम मढ़ देते हैं।

पाँच वर्ष बीत गए। अरविंद की उम्र बारह वर्ष की हो रही थी। मुख्य बात तो यह थी कि पादरी डरूएट ऑस्ट्रेलिया जा रहे थे। अब तक अरविंद उनसे ग्रीक, अंग्रेजी तथा लैटिन भाषा का ज्ञान प्राप्त कर चुका था। अंग्रेजी

और फ्रेंच में उसकी गति-रुचि बढ़ चली थी। यदाकदा वह कविता कर लिया करता था। वह भी गुपचुप। किसी पर जाहिर नहीं होने देता था। वह यह सुख स्वयं में लेता था। उसकी कविता के तेवर कुछ यों होते थे –

आसमान, क्या तुम्हारे लिए हम ऊंचे नहीं हैं
तुम यदि धरती का आदर्श हो
तो क्या धरती तुम्हारा आदर्श नहीं है।
क्या यह दो धरतियों का रिश्ता नहीं है
कौन यह सुनिश्चित करेगा
रिश्ते भ्रम से परे होते हैं
यकीन उनका आधार होता है
प्यार उनकी कल्पना और सपने!
अथवा
आज मौसम ने आंख फेर ली है
वह बहुत नाराज है, खफा है
खबररसां नदारत है
कोई सुनने-समझने वाला नहीं है!
मैं क्या करूं, कुछ समझ में नहीं आता
ना कुछ करूं, क्या यह मुमकिन है
अब भी समय शेष है,
यदि बदलते हुए समय को, मौसम को
सच्चे मन से चाहो
तो सब संभव है
जहां पुल नहीं होते हैं
लोग वहां भी नदी को पार कर जाते हैं।

अरविंद ठहर जाता। कागज पलटने लगता। कविता उसकी समझ से बाहर होती जाती। वह उठ खड़ा होता। वह चाहता भी कि उन्हें फाड़ दूं, परंतु वह ऐसा नहीं कर पाता। देर तक वह असोच पर सोचते रह जाता। तीसरा पहर था, क्रिसमिस आने में चंद दिन थे। तैयारियां जोरों पर थीं।

अरविंद ईसा के बारे में पढ़-सुनकर जान चुका था। वह डरूएट के पास आया पर दूर खड़ा रहा। डरूएट कुछ लिख रहे थे। वह लौटने को हुआ कि डरूएट ने चशमा हटाते हुए कहा, "अरविंद, क्यों आए? क्यों लौट रहे हो?"

"आप अपना काम कीजिए, सर। मैंने आपके कार्य में विघ्न डाला, खेद है।"

"नहीं, मेरे पुत्र, ऐसा कुछ नहीं है। एक पादरी तभी अपनी सेवाएं दे सकता है, जब उसके पास अपना कोई काम न हो, वह सबके काम के लिए है। कहो, तुम्हें क्या कहना है? इसी के साथ डरूएट ने अपनी कुर्सी का मुंह मोड़ लिया और इशारे से उसे बैठ जाने के लिए कहा।

अरविंद ने झिझकते हुए पूछा, "सर, परसों टीचर ने संक्षिप्त में ईसा के बलिदान यानी क्रूस पर चढ़ाए जाने की कहानी बड़े ही रोचक ढंग से, तल्लीन होकर सुनाई थी। उनका कहना था कि ईसा ने क्रूस पर चढ़ाये जाने का विरोध नहीं किया था। पर क्यों, सर?"

"टीचर से तुमने यह सवाल किया था क्या?"

"हां, किया था परंतु मुझे उनके उत्तर से संतोष नहीं हुआ, सर।"

"उन्होंने क्या उत्तर दिया था?"

"उन्हें अपनी चिंता नहीं थी...क्यों नहीं थी, के उत्तर में टीचर का कहना था कि वे संसार के सामने बुराई के बदले, भलाई का उदाहरण अपने द्वारा प्रस्तुत करना चाहते थे। वे हिंसा का उत्तर अहिंसा से देना चाहते थे।"

"तुम्हें क्या लगता है, अरविंद?"

"ईसा को सच्चाई के लिए अंत तक संघर्ष करना चाहिए था।"

"अर्थात् उस फैसले के खिलाफ सच्चाई को सामने लाना चाहिए था।" "हां, ताकि लोगों को सच्चाई पर चलने के लिए मन बनाने में सुभीता हो सके।"

"वे तो अरविंद, क्रूस पर लटकाए जाने पर भी उन लोगों के लिए प्रार्थना कर रहे थे, जिन्होंने उन्हें क्रूस पर लटकवाया था।"

"यही कह रहे थे न कि जिन्होंने उनको क्रूस पर लटकवाया है, प्रभु उन्हें क्षमा करे, क्योंकि वे नहीं जानते कि उन्होंने क्या गुनाह किया है?" अरविंद ने धीमे स्वर में, धीमी गति से कहा।

"तो उन्हें क्या करना चाहिए था?"

"ऐसे उदाहरण को कोई भी व्यक्ति अपने जीवन का आदर्श नहीं बना सकता।"

"शायद तुम्हारा यह सोचना गलत नहीं है।" डरूएट ने गंभीर होकर कहा, "मैं भी कभी-कभी ऐसा सोचते हुए, डूबती हुई संध्या को बॉलकनी से देखता रह जाता हूं।"

"टीचर बता रही थी कि उन्हें मृत्यु से डर नहीं था। डर क्यों होता,

टीचर, वे तो ईश्वर के प्रतिनिधि थे। ईश्वर ने उन्हें संरक्षण प्रदान कर पहले ही निर्भीक बना दिया था। मुझे मालूम हो कि मेरा बाल बांका नहीं हो सकता तो फिर मैं डरूंगा क्यों?...उनका मत था कि वे दुनिया को प्रभु की राह पर चलने का संदेश देने के लिए आए थे। वे पैगंबर थे। आप क्या कहेंगे, सर?"

"पुत्र, मैंने कभी इस तरह नहीं सोचा।"

"क्या इस तरह सोचना अधर्म है?"

"यह तुमसे किसने कहा, अरविंद?"

"टीचर ने, सर।" अरविंद ने तनिक रुककर पूछा, "दुनिया आज तक उस सत्य का अनुगमन क्यों नहीं कर सकी? क्यों ईसा के मानने वाले प्रोटेस्टेंट और कैथोलिक आज तक लड़ते-झगड़ते हैं? ईसा एक थे, उनकी शिक्षाएं समान हैं। फिर, उनके अनुयायी दो फिरकों में विभाजित क्यों हुए?...क्या बीच में फल विदित नहीं है? क्या सेव के दरख्त पर अंगूर लग सकते हैं?"

"नहीं लग सकते, अरविंद।"

"मेरी समझ में उन आदर्शों का अनुकूल प्रभाव नहीं पड़ सकता। कुछ समय तक हमें ऐसी भ्रांति हो सकती है।" अरविंद ने सहज ढंग से कह डाला। डरूएट अरविंद की ओर देखते रह गए। क्या वह बारह वर्षीय बालक का कथन हो सकता है। उन्होंने कितनी माथा पच्ची की है। कितना पढ़ा-लिखा है! कितना समझा-समझाया है! परंतु वह कभी ऐसे प्रश्नों के हाथ नहीं चढ़े।

वह खखार कर कहने लगे, "अरविंद, पता नहीं मुझे क्यों लग रहा है कि तुम भी सत्य की खोज के राही हो। अपनी खोज अपनी ही होती है। तुम्हारे ये प्रश्न तुम्हारे ही हैं और इनके उत्तर तब तक तुम्हें ही खोजने होंगे, जब तक तुम्हारे प्रश्नों को संतोष न मिल जाए। मुझे खुशी है, मेरे प्यारे पुत्र, तुम में एक पवित्र आत्मा का उदय हो रहा है। मैं तो परसों ऑस्ट्रेलिया के लिए चल पड़ूंगा, परंतु मुझे तुम्हारा ध्यान सदा रहेगा।" डरूएट उठ खड़े हुए। शायद उन्हें कोई काम याद आ गया था।

अरविंद भी उठ खड़ा हुआ।

डरूएट ने कहा, "आज डिनर तुम हमारे साथ लोगे, अरविंद।"

"उसके बाद, सर।"

"वह मेरी चिंता है। तुम निश्चिंत रहो। तब तक मैं तुम्हारे लिए कोई प्रबंध कर ही लूंगा। यदि ऐसा नहीं हुआ तो मैं अपनी यात्रा एक-दो दिन के लिए रद्द भी कर सकता हूँ।"

"नहीं, आप ऐसा कुछ मत कीजिए, सर। अपनी यात्रा समय पर प्रारंभ

कीजिए।"

"खैर, अब जो करना है, मुझे ही करना है, तुम्हारे पिताजी को मैंने लिख भी दिया था। आगे की पढ़ाई तुम्हें लंदन जाकर करनी होगी। मैं जहां तक समझता हूं वहां के सेंट पॉल स्कूल में तुम तीनों को एडमिशन मिल जाएगा।" डरूएट ने समझ-सोचकर कहा। मानों वह मन-ही-मन कुछ हिसाब लगा रहे हों, "ठीक है, डिनर पर मिलेंगे, अरविंद।"

अरविंद ने सिर झुकाकर मन-ही-मन डरूएट को तीन बार नमन किया और लौट पड़ा। उसकी श्रद्धा डरूएट के प्रति गहरी थी। वे उसकी दृष्टि में वे एक तटस्थ, भेदभाव रहित और मनीषी पंडित थे। उनके जाने की बात सुनकर उसका छोटा सा दिल बैठा जा रहा था।

वह उन दिनों को कैसे भूल सकता है जब वह मियादी बुखार से पीड़ित हुआ था। वे ही तो उसे डॉक्टर के पास ले जाते थे। तब वह उनके कमरे में सोता था। खाना-पीना, दवा देना आदि का वही ख्याल रखते थे। वह दिन पर दिन कमजोर होने लगा था और यदा-कदा वह उस अंधकार की भयंकर लावा उगलती आंखों से डरने भी लगा था। वह अंधकार उसे उसी तरह घेर लेता था जैसे घनी काली घटाएं आकाश को दबोच लेती हैं और बिजलियां अपनी गर्जन और तेज चमक से जैसे उस अंधकार को और गहरा भयानक बनाती हैं, ठीक वैसे ही उसके हृदयाभ्र पर वह अंधकार ठहाका लगता था। उसकी आंख खुल जाती थी। नींद उचट जाती थी। कहीं डरूएट उठ न जाएं, उसकी खटखट से, इसलिए वह चुपचाप आंखें खोले पड़ा रहता था।

"तुम रात भर सोये नहीं, अरविंद।"

"हां सर, आधी रात को नींद उचट गई।"

"तुम्हें किसी ने डराया क्या?"

"हां सर, डराया।"

"क्या वह अंधकार था?"

"हां सर, वह गहरा अंधकार था।"

"वह काला इतना जितना आबनूस।"

"हां सर, एकदम आबनूस जैसा काला।"

"और उसके देह पर क्या गहरे काले बादल भी थे नुकीले कांटे से।"

"हां सर, वे भी थे।"

"क्या कहता था?"

"मैं नहीं जान सका, सर। ठीक से मुझे याद भी नहीं है कि सर, वह कुछ कहता भी था या नहीं।"

"तुम अपनी याददाश्त पर जोर देकर देखो अरविंद, शायद कुछ-कुछ समझ में आ जाए। ऐसे विकट समय की यादें भी विकट हो जाती हैं। लगता है कि हम काले सागर में डूबने जा रहे हैं। हमारे पास कोई नहीं है। हम चीखना चाहते हैं, परंतु चीख नहीं सकते, क्योंकि उस वक्त गले से आवाज ही नहीं निकलती। हम भागना चाहते हैं लेकिन हमारे पांव साथ नहीं देते। हम एक तरह से बिलकुल असहाय हो जाते हैं। हमें कुछ नजर नहीं आता।" डरूएट कहीं रुकते नहीं। अरविंद को लगता ही नहीं कि डरूएट बोल रहे हैं, क्योंकि उसे लग रहा था कि उनके होंठ एकदम बंद हैं। मानो उनकी देह काली हो गई है और वे उस पर जोर-जोर से चिल्ला रहे हैं।

"उठो अरविंद, पहले पेशाब कर आओ। आइन्दा पेशाब कभी मत रोकना। मुझे जगा लेना।"

"हैं!" अरविंद चौंक पड़ा। यह पेशाब कब से रोके हुए था? अब यदि डरूएट उससे नहीं कहते तो उसका पेशाब निकल सकता था।

वह लौटा तो वह कहने लगे, "अब से तुम्हें वह अंधकार नहीं घेरेगा।"

"वह क्या है, सर?"

"जिसके सिर चढ़कर दबोचने लगे, उसके लिए महाराक्षस और जो उसे अपने सिर पर नहीं चढ़ने दे, उसके लिए छाया। छाया का अपना अस्तित्व नहीं होता है।"

"परंतु सर, कभी-कभी निर्जन में वह भी भारी लगता है।"

"वही ही क्यों, कभी-कभी निर्जन में अपनी पदाहट भी पराई पदाहट लगने लगती है। यहां तक होता है कि हम अपनी रफ्तार तेज करते हैं तो वह पदाहट भी उतनी तेज हो जाती है और हम भाग खड़े होते हैं। हमें लगता है कि वह अदृश्य राक्षस हमारा पीछा कर रहा है और कभी भी यह हमें दबोच लेगा। तब भी हमारी चीख नहीं निकलती और हम मूत्र रोके पड़े रहते हैं।"

"हां सर, आप ठीक कहते हैं।"

"रात को, अरविंद लघुशंका जाकर हाथ-पांव गर्म पानी में धोकर, उन्हें पोंछकर, पलंग पर लेटकर और कंबल ऊपर लेने से पहले अपने मन को रोज आदेश दिया करो हे मन, तुझे अब सोना है। गहरी नींद लेनी है। आलतू-फालतू ख्याल दिल से निकालकर डस्टबिन में डालने हैं। कोई उत्पात

नहीं। चुपचाप सीधे बच्चे की तरह सोये पड़े रहना है, सुबह की आहट होने तक। ...सुबह फिर मिलेंगे, नई स्फूर्ति और नए मन से।"

"तब भी यदि वह नहीं माने, सर, तो?"

"तब मन को डंडा दिखा देना, अरविंद, तू नहीं माना तो मुझे मनवाने के लिए मेरे पास यह उपाय भी है।"

"यानी हिंसा, सर।"

"नहीं अरविंद, अपने को बचाने के लिए हथियार उठाना हिंसा नहीं है–पौरुष है, दिलेरी है, साहस है, मर्दानगी है। तब हमें मरसिया राग नहीं अलापना है। हमें अपने जीवन का बचाव करना है।"

"ईसा ने ऐसा क्यों नहीं किया?"

"वे कैसे करते, अरविंद?"

"क्यों सर, क्यों नहीं करते? वे तो पैगंबर थे। नबी थे, ईश्वर के दूत थे। ईश्वर का संदेश पहुंचाने वाले थे। वे सब कुछ कर सकते थे।"

"वे मानव भी थे। मानव की सीमा में रहकर, अरविंद, मानव का आचरण पेश करना चाहते थे। घृणा किसी से भी नहीं। उनसे भी नहीं जिन्होंने उन्हें क्रूस पर लटकवाने के लिए षड्यंत्र रचा है और जिनमें उसका एक प्रिय शिष्य भी सम्मिलित हुआ था।...घृणा से घृणा फैलेगी। जैसे आग से आग पैदा होती है। घृणा अपने शत्रु से भी नहीं करो। घृणा मनुष्य का आचरण नहीं है।"

"तो फिर मुझे भी उस अंधकार को नहीं भगाना चाहिए।"

"बेशक, मेरे बच्चे, यदि उसका अस्तित्व हो तो।"

"क्या मतलब, सर?"

"उस अंधकार का अस्तित्व नहीं है, अरविंद। वह तो हमारा वहम है। हमारी भ्रांति का परिणाम है। भ्रांति को ज्यों-ज्यों शह मिलती जाती है, वह त्यों-त्यों हमारे पर हावी होने लगती है। धीरे-धीरे हम कमजोर पड़ने लगते हैं और उसके सामने हथियार डाल बैठते हैं।"

"यानी जिसका अस्तित्व होगा, उसके सामने, उसके अत्याचार-अन्याय से डरकर हमें सरेंडर कर देना चाहिए क्या?"

"कदापि नहीं, अरविंद।"

"तो फिर?"

"अपने अस्तित्व को बचाने के लिए कुछ भी नाजायज नहीं है, अरविंद।"

“तो ईसा को भी तो कुछ करना चाहिए था। अपने अपराधियों के प्रति प्रभु से उनको माफ करने की अपील उन्हें नहीं करनी चाहिए थी...और यदि की भी तो क्या प्रभु, जैसा सब मानते हैं वह सर्वशक्तिमान है, उसे क्षमा करेंगे?”

“उसके दूत ने प्रार्थना की है।”

“तो क्या हुआ, सर। उन्हें तो इंसाफ करना चाहिए, वरना इस तरह तो अन्याय करने वालों की हिम्मत खुलेगी, उनके हौसले बुलंद होंगे और नेक इंसान भयभीत होता जाएगा।...ईसा, काश चुप ही रहते तो...।”

“चुप क्यों रहते? उससे क्या होता?”

“कम-से-कम अत्याचार-अन्याय करने वालों के तो हौसले पस्त होते। यह अच्छा उदाहरण नहीं है। अपराधियों को इससे अभयदान मिला है, सर। यही कारण है कि कैथोलिक और प्रोटेस्टेंट आपस में लड़ने का हौसला जुटा पाए और वह भी क्रिसमस पर्व पर। एक ही धर्म के अनुयायियों के बीच ऐसा घमासान क्यों? वे दोनों तो घृणा के सख्त खिलाफ हैं। प्रेम का संदेश देने वाले हैं। फिर उनमें हिंसा का ज्वार-भाटा क्यों उठा, सर?”

डरूएट के सामने सफेद अंधेरा फैलने लगा। उसमें भी कुछ नजर नहीं आता है। वह काले अंधेरे से कम भयावह नहीं होता है। हाल ही में तो बड़े पैमाने पर कैथोलिक और प्रोटेस्टेंट में झगड़े हुए थे। खून खराबा हुआ था। वे ईसा के संदेश को ताक् में रखकर सरेआम एक-दूसरे के प्रति उग्र हिंसक हो उठे थे। डरूएट कहने लगे, “ऐसा नहीं होना चाहिए था।”

“पर हुआ तो सर।”

“हां, हुआ अरविंद।”

“कहीं इसके पीछे ईसा मसीह का वही उदाहरण तो काम नहीं कर रहा है...।”

“करुणा का...अपराधियों के लिए क्षमादान की प्रार्थना करने का...क्यों?”

“अभी तो सोच के दायरे में यही है। अति भलाई बुराइयों को शैतान बना जाती है, उनके हौसलों में पंख लगा जाती हैं। वे उड़ने लगती हैं।”

“तुमसे यह सब किसने कहा है, अरविंद?”

“कौन कहता, सर! मेरा मन है जो मुझसे संवाद कर उठता है। मैं उस संवाद में खोया रहता हूं, सर।...सुन रहा हूं कि आप आस्ट्रेलिया जा रहे हैं।”

“हां, अरविंद। हमारी भी नौकरी है। हमें भी ऊपर से आदेश मिलते हैं।

क्लर्जिमैन हैं हम-प्रीस्ट...मिशनरी...पुरोहित...पुजारी...हैं...तो हमें भी दूर-दूर जाना पड़ता है। यह भी हमारे कर्म का आवश्यक धर्म है।" डरूएट ने कुछ सोचकर कहा।

"आप तो सेवक हैं, सर, नौकर नहीं।"

"यह कहने में अच्छा लगता है, सुनने-सुनाने में भी, परंतु सच यही है कि...। खैर, तुम बड़े होकर दुनिया के उन सत्यों से भी परिचित हो सकोगे, जिनसे तुम अभी दूर हो। तुम सोचो, फिर कुछ और गहरे उतरो, जल्दबाजी नहीं- न सोचने में और न सवाल खड़े करने में। जो कुछ समझ में आ रहा है, आगे चलकर तुम उसे स्वयं उत्तर दोगे या उस पर सोचने की मशक्कत करने की जरूरत नहीं समझोगे। अरविंद याद रखना अपनी प्रतिक्रिया कभी तत्काल प्रकट मत करना। सुनना, देखना, समझना, अनुभव करना आदि सब में तुम्हें धैर्य का परिचय देना होगा।"

अब परसों डरूएट ऑस्ट्रेलिया चल पड़ेंगे और संवाद का यह सिलसिला उनके साथ ही बंद हो जाएगा। वह मात्र गार्जियन ही नहीं थे, वह एक अच्छे शुभचिंतक और मित्र भी थे। खुले मन और विचारों के थे। उनमें दूसरे को सुनने का माद्दा था। वह तत्काल प्रतिक्रिया जाहिर करने में रुचि नहीं रखते थे। न वह दूसरे को हतोत्साह करते थे। अपनी तरह दूसरे को भी स्वतंत्र सोचने और व्यक्त करने की आजादी का सम्मान करते थे। कहने को वे पादरी थे, लेकिन कभी वे क्रिश्चियन धर्म पर उन लोगों से तब तक कोई बात नहीं करते थे, जब तक उनकी तरफ से कोई जिज्ञासा उनके सामने न आए। वह क्रिश्चियन धर्म के विरुद्ध बातों को सुनकर यही कहते थे, "हो सकता है कि यह तुम्हारा सच हो। अपने सच को दूसरे पर थोपने का आप उसी तरह प्रयास नहीं कर सकते हैं जैसा दूसरे आप पर नहीं करते हैं। बुराई में से अच्छाई, ढूंढने वाले कोयले की खानों से हीरा प्राप्त कर लेते हैं। कोशिश करो कि बुराई करने वाले से नफरत न हो, उसके प्रति सहज भाव रख सको। मनुष्य पर जब परिस्थितियां हावी होने लगती हैं और वह जब उनके सामने समर्पण करने लगता है, तब वह जीने से इनकार होता जाता है।" ऐसे डरूएट पादरी थे। अरविंद को यही दुःख सता रहा था। वह इसीलिए गुमसुम रहने लगा था और उसने स्वयं से संवाद करना भी लगभग बंद कर दिया था। इसका कहीं मन नहीं लग रहा था। उदासी, खिन्नता, उकताहट, हलकी-सी बेचैनी और रिक्तता उसको घेरे हुए थी।

11

लंदन, इंग्लैंड का खूबसूरत शहर है। सेंट पॉल स्कूल वहां के ख्यातिनामा स्कूलों में से एक है। उस स्कूल में पाँच सौ से अधिक विद्यार्थी अध्ययनरत हैं। वह डे स्कूल है। स्कूल भी बहुत खूबसूरत है अपने नाम के अनुरूप। वहां संतों के नाम पर स्कूलों के नाम का एक प्रकार का प्रचलन है।

विनय भूषण, मनमोहन और अरविंद में से कोई डरूएट को बंदरगाह तक छोड़ने नहीं गया। अरविंद चाहता था, परंतु उसके लिए गाड़ी में जगह नहीं थी। डरूएट कहकर गए थे, "अरविंद, तुम्हें पोर्ट तक न जाने का दुःख नहीं होना चाहिए। आखिर पोर्ट के बाद भी तो तुम्हें लौटना होगा। तुम इसे ही पोर्ट मान लो, बेटे। इस जिंदगी में ऐसे अनेक मोड़ आएंगे, उनके लिए तुम्हें अभी से मन पक्का करना होगा। भावुक होकर अपने साथ कभी अन्याय नहीं करना।" वह सिर पर हाथ फेरकर चले गए।

कल शाम को ही तो डरूएट ने यह कहकर चौंकाया था, "मां से मिलो।"

उन तीनों भाइयों ने एक साथ उस वयोवृद्ध महिला की ओर देखा, जिसकी देह की चमड़ी शिथिल पड़ रही थी और जिसकी कमर कुछ-कुछ झुकी हुई थी। उसका माथा चौड़ा था और आंखें कुछ-कुछ डरावनी सी थी। डरूएट ने कहने का क्रम जारी रखा, "बच्चो, तुम्हारे लिए मैं अपनी मां से अच्छी कोई दूसरी संरक्षिका तलाश नहीं कर सकता था। पहले तो वह लंदन जाने से साफ नट गई थी। जब मैंने तुम तीनों की आवश्यकता को स्पष्ट किया, तब वह मान गई।...मैं मां नहीं बन सका, मेरे बच्चो, अब मां के रूप में तुम्हें मेरी मां मिलेगी।"

उसके होंठ जरूरत से ज्यादे मोटे थे। उसकी देह पतली थी, परंतु उसकी लंबाई कुछ ज्यादा थी। उसका चेहरा रोबीला था। तीनों ने उसे सहन किया। किसी को उससे खुशी नहीं हुई। एक सप्ताह में ही उसका असली रूप सामने आने लगा। वह कहने लगी, "तुम बच्चों को मेरे साथ सहयोग करना होगा। खाना अपने आप लोगे। समय पर लोगे। हालांकि इतने कम पैसे में गुजारा चल जाए, यही काफी है।"

"ठीक है, मदर। हम आपके साथ कॉपरेट करेंगे।" उन तीनों ने एक साथ, एक स्वर में कहा।

मैं डरूएट की मां हूं। इस नाते तुम मेरे ग्रैंडसन (पोते) हुए। हालांकि उसने शादी नहीं की थी, परंतु उसने तुम लोगों के साथ अपनी संतान जैसा व्यवहार किया। मैं ओल्ड लेडी हूं। मुझे तुम्हारी सहायता की जरूरत रहेगी।..मुझे आशा करनी चाहिए कि तुम बच्चे, अबीडियेंट (आज्ञाकारी) रहोगे।"

"जी, माई ग्रैंडमदर।..." मनमोहन चुप रहा। शेष दोनों ने एक स्वर से कहा।"

लंच में मक्खन नहीं था। अरविंद को मक्खन बहुत अच्छा लगता था। उसने सोचा कि शायद दादी मां भूल गई हैं। वह कह उठा, "दादी मां, मक्खन...।"

"मक्खन नहीं मिलेगा। यह लंदन है। यहां पहाड़ सी महंगाई है। इतने पैसे में मक्खन नहीं मिल सकेगा।"

अरविंद यह नहीं कह सका कि डरूएट के समय में तो मक्खन भरपूर मिलता था।

उसके बाहर जाने पर मनमोहन ने कहा, "मुझे यह बुढ़िया चालाक लगती है।"

"मुझे भी।" विनय भूषण ने कहा, "चाय में प्रायः दूध-शक्कर कम रहती है।"

अरविंद चुप रहा।

"हमें उससे साफ-साफ कह देना चाहिए कि ऐसे नहीं चलेगा।" "तो कैसे चलेगा?" अरविंद बीच में बोल पड़ा।

"लंदन और मैनचेस्टर के क्रॉयडन शहर के जीवन स्तर में ऐसा खास अंतर नहीं है।" मनमोहन ने कहा।

"हमें उस पर विश्वास करना चाहिए।" अरविंद ने सुझाव दिया।

"वह गांठवाली वृद्धा है। उसके मन में कुछ और पक रहा होता है और वह कहती कुछ और है।" विनय भूषण ने गंभीर होकर कहा।

"धैर्य रखना होगा, दा।"

"आलतू-फालतू बात नहीं। वह एक बार सिर चढ़ गई तो फिर काबू में नहीं आएगी।"

"और वह छोड़कर चली गई तो?..." अरविंद ने सोचते हुए कहा, "हमें अपने पर काबू रखना चाहिए, दा।" अरविंद चुप नहीं रह सका। उसे दादी मां कहने से आनंद मिल रहा था।

वह वृद्धा लौट आई थी। वे तीनों सिर झुकाए पुनः खाना खाने में व्यस्त हो गए थे। वह कहने लगी, "तुम लोग मुझे गलत नहीं समझना। मैं अपने

बेटे, डरूएट को अच्छी तरह जानती हूं, वह परोपकारी व्यक्ति है। उसने तुम लोगों पर अपना पैसा भी लगाया था।...मैं वैसा नहीं कर सकती।...मेरे पास पैसा नहीं है और न मुझे लल्लो-चप्पो करने की आदत है, मैं बोलने में चूक नहीं सकती।"

"हमने आपको अपनी ग्रैंडमदर माना है। हमें यह हर समय याद रहता है।" मनमोहन ने थूक गटक कर कहा।

"मैं जल्दी सोती हूं।"

"सोइए, हमें कोई आपत्ति नहीं है।" विनय भूषण ने कहा।

"जल्दी उठना, जल्दी सोना सेहत के लिए बहुत लाभदायक है।" वह कहती जा रही थी और सोचती जा रही थी कि इन बच्चों में मंझला और बड़ा लड़का उसकी जासूसी करता है।

"परंतु दादी मां, आपकी हम पर कृपा रहनी चाहिए।"

"मेरी पूरी कोशिश है कि मैं तुम तीनों को प्रभु के मार्ग की ओर ले जाऊं।"

"नहीं, दादी मां, हम तीनों में से किसी की इच्छा नहीं है कि हम प्रभु के मार्ग पर चलें।"

"क्यों? उसमें क्या खराबी है?"

"हमारे पिताजी नहीं चाहते हैं।"

"वह पथ न्याय का है, सच का है।"

"हो सकता है। चलिए, मान भी लें कि वैसा है भी।"

"तो फिर तुम लोगों को क्या आपत्ति है?"

"आपत्ति कुछ नहीं है, परंतु"

"परंतु क्या?"

"हम ऐसा कोई काम नहीं करना चाहते जिसे हमारे डैड नहीं चाहते।" मनमोहन ने गंभीर होकर कहा।

"तुम लोग इसे भी अपनी शिक्षा का अंग क्यों नहीं मान लेते?"

"नहीं, दादी मां, हम असत्य का अनुसरण नहीं कर सकते।" विनय भूषण ने झुंझला कर कहना जारी रखा, "कृपया इस बारे में कोई बहस नहीं।"

"आश्चर्य! तुम लोग धर्म-पथ को असत्य का अनुसरण मानते हो। धर्म दीया है जो अंधेरे को मिटाता है।"

"हमें दीये की जरूरत नहीं है, ग्रैंडमदर।" मनमोहन ने तीखे स्वर में कहा।

विनय भूषण और मनमोहन इसके बाद वहां नहीं रुके। उन्हें कहीं जाना था, वे चले गए। अरविंद रह गया। वह भी वहां से उठकर बरामदे में आ गया था। उसके हाथ में एक पुस्तक थी, 'दि गोल्डन विंग।' सोना मूल्यवान है। वह पक्षी चाहता था कि सबसे हटकर नजर आए। वह अपनी जाति के पक्षियों से थोड़ा दूर रहता था। उसके मन में यह बात घर कर गई थी कि वह उनमें सबसे योग्य है। एक दिन उसे लोमड़ी ने समझा भी दिया था कि उसे पर्वत पर जाकर तपस्या करनी चाहिए।

वह उसके कहने में आ गया। उसने सोचा था कि उससे कुछ ऐसा होगा जो उसको महत्त्वपूर्ण बना जाएगा। उसके मन में लोमड़ी की यह बात बैठ गई थी कि दुनिया सोना इकट्ठा करने के पीछे दीवानी है। जिसके पास जितना सोना, वह उतना ही मालदार, योग्य और श्रेष्ठ है। वह भी मालदार, श्रेष्ठ और योग्य होने के स्वप्न देखने लगा।

उसे उसकी मां ने समझाया, "स्वार्थ से दूर रहना चाहिए।"

"क्यों, मम्मी?"

"क्योंकि स्वार्थ अंधा बना देता है।"

उसने यह बात लोमड़ी पर प्रकट की तो लोमड़ी ने कहा, "कोई नहीं चाहता कि तुम महान् बनो। तुम्हारे पंख स्वर्ण के हो जाएं। तुम सबसे कीमती हो जाओ।"

उसकी समझ में यह बात आने लगी। एक दिन वह पर्वत पर चला गया और एक गुफा में बैठकर एक टांग से खड़ा हो गया। दिन बीतने लगे। भूख-प्यास की उसने परवाह नहीं की। वह गुफा चकराई। वह नहीं चाहती थी कि किसी के मरने का कारण वह बने। वह मौत की गुफा नहीं कहलवाना चाहती थी। बद अच्छा बदनाम बुरा। उसने पर्वतराज से प्रार्थना की. "उसे बचाओ। उसका मान-सम्मान अब खतरे में है।"

पर्वतराज ने उसकी बात ध्यान से सुनी और गुफा को आश्वासन दे दिया कि वह अपनी प्रजा पर कोई खतरा नहीं मंडराने देगा। वह चिंतित रहने लगा। तभी एक परी पर उसकी नजर पड़ी। उसने उस परी से सलाह की। परी ने कहा, "पर्वतराज, तुम अपनी चिंता मेरी झोली में डालकर निश्चिंत हो जाओ।"

"तुम क्या करोगी, परी रानी।"

"मुझे कुछ नहीं करना, पर्वतराज।"

"तो फिर?"

"जो करेगा, वह वही पक्षी करेगा।"

"वह क्या करेगा?"

"स्वार्थ किसी को कुछ करने लायक नहीं रहने देता।"

"क्या मतलब?"

"वह चालाक लोमड़ी के हत्थे चढ़ा है।"

"वह कैसे?"

"वह लोमड़ी चाहती है कि अपने देश के राजा को ऐसी अनोखी चीज दिलवा दे, जिसे अभी तक किसी ने नहीं देखा, नहीं सुना। इसके बदले, वह उस राज्य में अपना और अपनी जाति का विशेष दरजा चाहती है। मोह में पड़ी वह चालाक लोमड़ी उस पक्षी से अपना उल्लू सीधा करना चाहती है। तुम, चिंता मत करो, पर्वतराज। अब जो करना है, मैं करूंगी।" यह कहकर परी रानी उड़ गई और पर्वतराज गुमसुम बना रह गया। उसकी समझ में कुछ नहीं आया।

अरविंद सोच में पड़ गया कि स्वार्थ क्या सचमुच मुसीबत है? उसकी दिलचस्पी बढ़ी। क्या उसने अपने मित्र को होम वर्क के लिए अपनी कॉपी न देकर ठीक किया? वह नहीं चाहता था कि उसका मित्र उससे आगे निकल जाए। जबकि उसने अपनी बर्थडे पार्टी में उसे अलग से लाकर साइजर (सेब की शराब) का एक पैग देकर कहा था, "अरविंद, यह फ्रांस की कीमती शराब है और बहुत पुरानी होने के कारण अधिक कीमती है और इसका स्वाद लाजवाब माना जाता है। पीओ, मित्र।"

"नहीं मित्र।"

"क्यों नहीं, मित्र?"

"मुझे कीमती चीजें पसंद नहीं हैं।"

"क्यों अरविंद?"

"क्योंकि वे महंगी हैं और मुझे लगता है कि महंगी चीजें मनुष्य को अपने से दूर ले जाती हैं।"

"तुम गलत सोच रहे हो, अरविंद। सच तो यह है कि जो आलसी, कामजोर और साधारण बुद्धि वाले हैं, वे ऐसा इसलिए सोचते हैं कि जिससे वे अपनी कमजोरी पर परदा डाल सकें और दूसरों को आगे बढ़ने से रोक सकें।"

"परंतु, मार्टन।"

"देखो, अरविंद, यू आर ए ब्रिलियेंट स्टूडेंट।"

"क्या साइडर लेना ऐरिस्टोक्रैट (कलीन) की परंपरा का चिह्न नहीं है?"

"क्या ऐरिस्टोक्रैट होना बुरा है?"

"नहीं मार्टन, ऐसा तो नहीं है।"

"प्लीज टेक साइजर एण्ड एन्जॉय यॉअरसेल्फ। इट इज ए सिंपल वे टू हैपी एण्ड गे।...नो, अरविंद, अब जरा-सी भी ना-नुकर नहीं।"

अरविंद चुपचाप अपना पैग उठा चुका था। तभी वहां बीचक्राफ्ट आ पहुंचा। मार्टन गर्मजोशी से उसका स्वागत करते हुए बोला, "तुम तो आने वाले नहीं थे, बीच।" बीचक्राफ्ट ने अरविंद की तरह धीमे से हैलो कहकर आगे कहा, "अब तो आ गया हूं न।"

"थैंक्स गॉड। मुझे बहुत अच्छा लग रहा है।"

"बुरा मुझे भी नहीं लग रहा है।"

इस पर तीनों हंस पड़े। उनकी हंसी सुनकर अन्य मित्र भी उधर आ गए। अब क्या था, वहीं हलकी-फुलकी शरारतों की कहानियां शुरू हो गईं। गपशप भी होने लगी। पता नहीं कैसे, इस बीच मार्टन की बातचीत बीचक्राफ्ट से होने लगी और होम वर्क की कॉपी पर आ ठहरी।

बीचक्राफ्ट ने मार्टन को बताया कि वह परसों ही अरविंद को उसकी होम वर्क कॉपी लौटाकर आया है। तब मार्टन की दृष्टि अरविंद पर जा ठहरी। उसने उससे कहा था, "मार्टन, कॉपी मेरे पास नहीं है, बीचक्राफ्ट के पास है।" उसने असत्य क्यों बोला? खैर, इस मुबारक मौके पर वह अपना मूड ऑफ नहीं करना चाहता था। जब पार्टी खत्म होने लगी और अरविंद को वह बाहर तक छोड़ने आया, तब उसने कहा, "अरविंद, भाग्य से आगे कोई नहीं जा सकता।"

अरविंद समझ गया और यह पहला अवसर था जब उसके मार्क्स मार्टन से बहुत कम आए थे। मार्टन उसके पास आया और कहने लगा, "अरविंद, तुम निस्संदेह मेरे से योग्य हो। मेरे इन नंबरों पर ध्यान मत देना। ये नंबर हमारा वास्तविक मूल्यांकन नहीं हैं। वह परीक्षक के मूड, उसकी पसंद और उसके मिजाज पर भी बहुत कुछ निर्भर है।"

"यह तुम कैसे कह सकते हो? क्या मेरा मन रखने के लिए?"

"नहीं, अरविंद, यह बात मेरे दादा ने जो कि चीफ जस्टिस हैं, मुझे समझायी थी उन्होंने कहा था, बेटे, तुम कभी इस बात को लेकर दुःखी मत होना कि तुमने मेहनत बहुत की थी, लेकिन परिणाम उसके प्रतिकूल रहा। न कभी मन में यह स्वार्थ भावना लाना कि वह तुमसे होशियार है तो अवसर पड़ने पर तुम उसको गुमराह करो। तुम केवल जी तोड़ परिश्रम करने के

हकदार हो, ना कि उसके अनुसार फल पाने के। फल तुम्हारे हाथ में नहीं है।" उसे उनकी बातों ने बड़ी तसल्ली दी।

अरविंद उलझन में पड़ गया। उसके दिमाग में स्वार्थ शब्द दस्तक देने लगा। क्या वह स्वार्थी है? उसकी टीचर के होंठ सिकुड़े, फिर खुले। चैप्टर था, 'दि मैनकाइंड'। वह पढ़ाते हुए रुकी थी और उसकी दृष्टि सारे विद्यार्थियों पर होती हुई पता नहीं क्या तलाश रही थी? वह कहने लगी, "हम जो पढ़ रहे हैं, उसे समझें और उसे अपने व्यवहार में लाएं। जो पढ़ रहे हैं वह इम्तहान में अधिक अंक लाने की प्रतियोगिता के लिए नहीं है बल्कि वह समझ कर जीवन में उतारने और उससे प्राप्त आनंद के लिए है। ये अप्रत्यक्ष या अगोचर फल, जिनकी चर्चा इस पाठ में हुई है, प्रत्यक्ष तथा गोचर फलों से अधिक मीठे हैं और अधिक आनंददायक।"

"तो क्या टीचर हमें उतना ही पढ़ना चाहिए, जितना हम गुन सकें और अपने चरित्र से व्यक्त कर सकें?"

"बेशक, माई ब्वॉय, किताबें किताबों के लिए नहीं है, जिंदगी के लिए हैं। जिंदगी से बड़ी कोई किताब नहीं है और न प्यार से बड़ा कोई उपहार है। स्वार्थ त्यागो तो तुम्हें ऐसे फल का आस्वाद अनुभव होगा, जिसे किसी खरीदी हुई चीज से प्राप्त नहीं किया जा सकता।"

"तो क्या चीजें खरीदना बंद कर दें?"

"यह मैंने कब कहा है, अरविंद! दरअसल चीजें एक-दूसरे की जरूरतों को पूरा करने के लिए हैं, न कि एक-दूसरे का शोषण करने के लिए। मुनाफा कमाने का स्वभाव हाट को बाजार और बाजार को बड़ी मंडी और...और...यह बड़ी लंबी होड़ है। अंतहीन होड़। इसमें आदमी पिसता जाता है। खैर ये सब बाद की बातें हैं।"

अरविंद को एक-एक बात याद आ रही थी। उसे लग रहा था कि उससे चूक हुई है। उसने मार्टन से झूठ कहा था। वह स्वार्थी है। वह चाहता था कि मार्टन इतने दिनों स्कूल नहीं आया अतः इतने दिनों जो कुछ पढ़ाया गया था, वह उससे वंचित रह जाए। अब टैस्ट आ गए हैं। वह उससे पीछे रह जाएगा। नहीं, यह उसने ठीक नहीं किया। अब वह क्या करे? किससे पूछे? किससे सलाह ले। काश, इस वक्त डरूएट होते। वे तो ऑस्ट्रेलिया में हैं।

तीसरे दिन की अकेली शाम बादलों से घिरी थी। वह टीचर पार्क में टहल रही थीं। अरविंद उनके पास आया। कुछ देर चुपचाप खड़ा रहा। टीचर ने पूछा, "क्या बात है, अरविंद?"

अरविंद ने मानो टीचर की आवाज नहीं सुनी। वह खामोश रह गया। टीचर ने पुनः पूछा, "बोलो, अरविंद, तुम क्या कहना चाहते हो?"

"मैं कोई आरग्युमेंट (तर्क, मतभेद) नहीं रखता। मैं हताश होकर टूटी आर्मचेअर पर जा बैठा हूं। बिना लड़े हार चुका हूं।"

"तुम अब जीत भी चुके हो।"

"नो टीचर, नो।"

"यस, माई चाइल्ड। जीतना इसे ही कहते हैं। अब तुम्हें कुछ नहीं कहना है। वह सब भूल जाओ। पश्चात्ताप के बाद हारने को कुछ नहीं रहता। मैं तुम्हें देखते ही समझ गई थी कि तुम्हें अपनी गलती ने कुरेदा है और यहां मेरे सामने ला खड़ा किया है। अच्छे बच्चे, गलती करने के बाद उसका एहसास करते हैं और भविष्य में वह गलती न दोहराई जाए, इसके लिए चौकस रहते हैं। वह तुम कर चुके हो।"

"टीचर, आप सब कुछ जान गईं।" .

"मैं कुछ नहीं जानती हूं, अभी तक यही जान पाई हूं, अरविंद। जरूरत से ज्यादा जानना दम्भी बनाता है। उतना जानो जिससे मानव जाति का कल्याण कर सको।"

टीचर जा चुकी थी। अरविंद अकेला सोचता रहा कि कन्फेशन बॉक्स का चर्च में होना क्यों जरूरी है? पादरी सुने या न सुने, लेकिन अपने मन को उलथा करना जरूरी है। उससे बल मिलता है, नई दिशा मिलती है। वह भी सीडर (देवदार वृक्ष) के पास खड़ा होकर चारों ओर देखने लगा। कहीं कोई नहीं था। उसने सीडर के पीछे टीचर को खड़ा मानकर मन-ही-मन कहना शुरू किया, "मैं किन शब्दों में आपके उपकार के लिए धन्यवाद दूं, टीचर, मैं आपका हृदय से आभारी हूं और आपको साक्षी मानकर यह शपथ लेता हूं कि भविष्य में मैं तनिक भी स्वार्थ विचार को मन में नहीं आने दूंगा। सदैव सोचूंगा तो त्याग तथा परहित के लिए ही सोचूंगा।" इसके बाद वह कुछ-कुछ देर तक खामोश खड़ा रहा। आंखें बंद किए। वह ताज्जुब से भर गया कि उन क्षणों में वह पूरी तरह शांत था। उसके मन में कोई विचार नहीं था। वे क्षण कब और कैसे चुपचाप खिसकते चले गए, वह नहीं जान पाया। जब वह लौट रहा था तब पार्क निर्जन था और ठण्डी हवाएं चल पड़ी थीं। किसी पहाड़ी नाले की तरह। उसकी खुली आंखों के सामने सिर्फ एक गुलाब था, कांटों रहित था और पूरी खुली आंखों से उसकी तरफ देखकर मुस्कराए जा रहा था।

अब उसका मन हलका था। उसमें अद्‌भुत शांति थी और वह अपने में

एक नवीन अरविंद को उगता हुआ अनुभव कर रहा था। ऐसे नवीन अरविंद को, जिसे पुनः कन्फेशन बॉक्स के सामने खड़ा नहीं होना पड़े। फिर, वह वहां से आगे बढ़ने लगा। उसके साथ-साथ उसे ऐसा लगा, मार्टन चल रहा है। अब उसे मोड़ से मुड़ना था। उसने मुड़ने से बाईं ओर पहले कहा, "मार्टन, मैंने स्वार्थ की भावना का सदा के लिए परित्याग कर दिया है। तुम भी मुझे क्षमा कर देना। अच्छा, अब मैं चलता हूं।" मार्टन दूसरी ओर मुड़ गया। वह अपने घर की ओर कदम बढ़ाने लगा आहिस्ता-आहिस्ता।

12

दिन सप्ताह में ढले और सप्ताह माह में। बीतता समय साधारण से अधिक कुछ नहीं था, लेकिन उसे मात्र साधारण कहकर अपने मन को शांत नहीं किया जा सकता था, परंतु वह असाधारण भी नहीं था। हां, पहले की अपेक्षा डरूएट की मां, उन सबकी दादी मां, अवश्य कुछ शांत, दयालु और सहृदय होती गई थी। अब मक्खन भी मिलने लगा था। चाय भी बढ़िया मिलने लगी थी। कहने का अर्थ यह था कि कुछ माह संतोष से बीत गए थे। इस सबका मिलाजुला परिणाम यह हुआ कि वे तीनों ख्र विनय भूषण, मनमोहन और अरविंद-एकदम शांत और स्वस्थ मन से प्रफुल्लता के आसपास महकते रहे।

"अरविंद, तुम अच्छे बच्चे हो। बड़ों की बात ध्यान से सुनते और मानते हो।"

"दादी मां, मानने की बात मानता हूं।"

"नहीं मानने की बात कौन-सी होती है, अरविंदो।"

"जिसे हम नहीं माने।"

"तुम मन की मानते हो, अरविंदो।"

"हां, दादी मां।"

"मन को जानते भी हो, अरविंदो।"

इस प्रश्न ने अरविंद के कान खड़े कर दिए। वह मन को जानता है, यह तो उसने आज तक नहीं जाना। उसने मन के बारे में सुना भर है। कई संदर्भों में सुना है, कई प्रसंगों में सुना है कि मन जिद्दी हो रहा है, मन आज ठीक नहीं है या आज कल मन कहीं नहीं लगता है, परंतु मन क्या है, यह वह नहीं जानता। उसने कहा, "नहीं जानता, दादी मां।"

"जानना चाहोगे।"

अरविंद सोचता रह गया कि वह क्या कहे और क्या नहीं। तभी दादी मां ने कहा, "मेरे साथ चलोगे, अरविंदो।"

"कहां, दादी मां?"

"जहां जाकर तुम मन को जान सकोगे।"

"जरूरत तो नहीं है, दादी मां। ऐसा कोई प्रश्न ही नहीं करता।"

"अब तो तुम्हारे सामने यह प्रश्न है कि मन क्या है?"

"हां है, दादी मां।"

"तो भी क्या तुम उसे नहीं जानना चाहोगे, अरविंदो?"

"क्या चलना जरूरी है, दादी मां?"

"यदि तुम उसे जानना चाहते हो तो, अरविंदो।" उसने बड़े प्यार से अरविंद की ओर देखा और वह सहज मुस्करायी।

"चलूंगा, दादी मां।" अरविंद ने तपाक से कह दिया बिना कुछ सोचे-समझे और दिमाग पर जोर दिए।

"तो चलें, अरविंदो।"

"विनय दा को तो आने दे, दादी मां।"

"क्या उनसे पूछकर चलना है, अरविंदो?"

"नहीं, ऐसा तो नहीं है।"

"तो फिर मेरे साथ चलो। खाना बनाकर रख दिया है। वे आएंगे तो भोजन कर लेंगे। कभी-कभी ऐसा भी होता रहा है कि नहीं।"

"हां, होता रहा है।"

"तो आओ, मेरे साथ, अरविंदो।"

अब अरविंद के सामने बचने का कोई रास्ता नहीं था। दूसरे बचने की वह सोच भी नहीं रहा था। बचना किससे था? किसी से नहीं। वह दादी मां के साथ चलने के लिए तैयार होकर बाहर आ गया।

"तुम कितने अच्छे हो, अरविंदो।"

"बुरा कौन है, दादी मां?"

दादी मां बुरा किसे बताए, वह सोच में पड़ गई। उसने अचानक कह डाला, "शैतान, अरविंदो।"

अरविंद पहली बार सुन रहा था शैतान शब्द। उसने पूछा, "कौन शैतान दादी मां?"

"यह भी तुम्हें वहीं चलकर मालूम पड़ जाएगा।"

"क्या वहां शैतान भी होगा?"

यह सुनकर दादी मां का सिर चकराने लगा। वहां धार्मिक जन हैं। प्रोटेस्टेंट। वे प्रसन्न हो उठे। आज उनके यहां एक नया सदस्य आ रहा है। वह उसके स्वागत के लिए तैयारी कर चुके होंगे। वह उनसे कह कर आई थी कि उसका प्रयत्न होगा कि वह उनको खुश कर सके। यह उसकी महत्त्वपूर्ण उपलब्धि रहेगी और इससे क्राइस्ट भी प्रसन्न हो उठेंगे। आज कैसा मंगलमय दिन है। सब कुछ बिना रोक-टोक, बिना बाधा-व्यवधान स्वतः मनचीता होता जा रहा है। उसे अपने बेटे डरूएट की बुद्धि पर तरस आया। उसके हाथ ऐसा स्वर्णिम अवसर लगा था और उसने पादरी होते हुए भी, वह अवसर हाथ से जाने दिया। ऑस्ट्रेलिया जाते हुए डरूएट उससे कहता गया था, "मां, ये बच्चे बहुत सीधे, सच्चे और नेक हैं। इनका ख्याल रखना। इनके पेरेंट कह कर गए थे कि उनके बच्चों पर किसी भी धर्म की छाया नहीं पड़नी चाहिए। ये उन्हें इस दृष्टि से बिलकुल आजाद रखना चाहते हैं। आप भी, मां, उन पर धार्मिक छाया मत पड़ने देना।"

'पगला बेटा,' उसने मन-ही-मन कहा था, वह भोला यह भी नहीं जानता कि एक पादरी का सबसे नेक और पुनीत कर्त्तव्य क्या होता है? यदि उसके पेरेंट इतने ही जागरूक थे तो उन्हें अपने बच्चों को एक पादरी को नहीं सौंपना था। पादरी तो धार्मिक संस्था की एक महत्त्वपूर्ण कड़ी होता है। धर्म के बिना वह एक पल नहीं रह सकता। उसके श्वास-प्रवास में धर्म ही प्रवाहित होता है। परंतु वह...पुत्र हुआ तो क्या हुआ। उसने दायित्व का पालन नहीं किया।"

उसने धीमे स्वर में कहा, "हां अरविंदो, वहां सब कुछ होगा।"

"क्या आपके यहां शैतान भी है, दादी मां?"

"अरविंदो, चिंता को मन से निकाल फेंकों, वहां तुम्हारा मन निर्मल हो जाएगा। सारे पाप धुल जाएंगे।"

"पाप क्या होता है, दादी मां?"

"जिसके लिए हमें पश्चात्ताप होता है, अरविंद।"

अरविंद चौंक पड़ा। उसे भी पश्चात्ताप करना पड़ा था। क्या स्वार्थ पाप है? वह पूछ रहा था, "दादी मां, क्या पापी बुरा इंसान होता है?"

"बेशक, अरविंदो, पापी बहुत बुरा इंसान होता है।"

"पर क्यों होता है?"

एकबारगी दादी मां की बोलती बंद। वह कुछ-कुछ संभली फिर उसने कहा, "क्योंकि वह दूसरों का बुरा चाहता है, बुरा करता है।"

"पर वह ऐसा क्यों चाहता है? क्या वह नहीं जानता है कि वह बुरा काम कर रहा है?"

"शायद नहीं। हां भी। वह उस इंसान पर निर्भर है।"

"दादी मां, कोई बुरा क्यों बनना चाहेगा?"

"फिर भी, बुरे लोग ज्यादा हैं, अच्छे बहुत कम।"

"आप, दादी मां, किसमें आती हैं?"

"क्या कहा?" दादी मां इतना कहकर संभल गई और उसने कहा, "वह तुम बतलाओगे मेरे बच्चे, ...बोलो तुम हमें किधर रखना मांगता है।"

"आप तो अच्छी हैं, दादी मां, फिर..."

"फिर क्या, अरविंदो?"

"अंदर की कौन जाने?"

"क्या मतलब, अरविंदो?"

"दादी मां, हमारे अंदर क्या है, इसे दूसरा नहीं जान सकता। क्योंकि अंदर का न कुछ सुनाई पड़ता है और न कुछ दिखलाई।"

"तो तुमने हमें अच्छा क्यों बताया?"

"क्योंकि आप कहीं से भी बुरी नजर नहीं आतीं।"

दादी मां ने इत्मीनान की सांस ली।

वह बोली, "अरविंदो, तुम सवाल बहुत करता है।"

"सवाल क्या वे लोग ज्यादा करते हैं जो मन से अच्छे नहीं होते?"

"नहीं, अरविंदो, ऐसा कुछ नहीं है। कभी-कभी क्या होता है कि जिससे सवाल कर रहे हो, वह उत्तर देने की स्थिति में नहीं होता। अब तुम जहां चल रहे हो, उनसे सवाल कर सकते हो।"

"नहीं दादी मां, दरअसल हमारे और फादर के बीच वह सिलसिला प्रायः चला करता था। मैनचेस्टर में वह ऐंग्लिकन पादरी से भी बहुत घुल मिल गए थे। एक दिन डरूएट से ऐंग्लिकन ने प्रश्न किया था, "इन बच्चों के पिता को धर्म से चिढ़ क्यों है?"

"नहीं मि. ऐंग्लिकन, यह सत्य नहीं है।"

"तो फिर सत्य क्या है, मि. डरूएट?"

उनके पिता नहीं चाहते थे कि बच्चों को किशोर होने से पहले किसी भी धर्म की शिक्षा से जोड़ा जाए। पहले उनमें सोचने-समझने की शक्ति पैदा होने दो। वे अच्छे-बुरे की स्वयं पहचान करने के योग्य बन जाएं। फिर वे स्वतंत्र हैं–चाहे जिस धर्म को अपनाएं अथवा न अपनाएं।

"धर्म संस्कार देता है मि. डरूएट।"

"हमें दूसरों की भावना और उनकी सोच की कद्र करनी चाहिए।"

"तो क्या आपकी दृष्टि में..."

"मि. ऐंग्लिकन इसे किसी भी दृष्टि से मत जोड़ो।"

"मैं तो मानूंगा कि उनके पिताजी का नजरिया संकीर्ण है और वह हृदयहीन भी हैं।"

"बिना सोचे-समझे, मि. ऐंग्लिकन, किसी के बारे में अपनी राय प्रकट मत किया करो। उनके पिता एक सफल डॉक्टर हैं। दीन-दुखियों की हर दृष्टि से मदद करते हैं। उनको अपने पास से दवा देते हैं और जरूरतमंदों की आर्थिक सहायता भी कर देते हैं। काश, तुम उनसे मिले होते तो ऐसा नहीं सोचते।"

"क्या, आप भी ऐसा सोचते हैं?"

"सच तो यह है कि मैं भी नहीं चाहता कि बच्चों के मन में धार्मिक संस्कार डाले जाएं। उनकी समझ ही इतनी विकसित और परिपक्व की जाए कि वह धर्म के संबंध में स्वतंत्र निर्णय ले सकें।"

"यह सोच ठीक नहीं है। आप जिस पद पर हैं, उसके प्रति आप न्याय नहीं कर रहे हैं।"

"कृपया मि. ऐंग्लिकल, इतनी जल्दी कॉमेंट मत करो।"

अरविंद ने उनकी बात सुनी थी, लेकिन वह इस बारे में कुछ तय नहीं कर सका। ऐंग्लिकन जब लंदन आए थे तब वह दादी मां को इस प्रसंग को सुनाते गए थे। आज प्रोटेस्टेंट पादरियों की सभा हो रही थी। वह अरविंद को वहीं ले आई थी।

प्रार्थना शुरू हुई। सब शांत थे। वहीं अरविंद दादी मां के पास खड़ा हुआ था। वह अपने चारों ओर देख रहा था। दादी मां ने कोहनी मार कर उसको सामने देखने के लिए संकेत दिया। सामने ईसा मसीह थे। उसने एक-दो बार उस ओर देखा और फिर वह पादरियों की ओर देखता रह गया। प्रार्थना समाप्त होते ही अरविंद ने पूछा, "दादी मां, हम यहां क्यों आए हैं?"

"तुम्हें कुछ प्रश्नों के उत्तर जानने थे न, अरविंदो।"

"अब मन नहीं है, दादी मां।"

इसी समय एक पादरी उनके पास आया। तब तक काफी लोग जा चुके थे। वह पूछने लगा, "बेटे, तुम्हें प्रार्थना कैसी लगी?"

"सर, मैं उस पर ध्यान नहीं दे सका।"

"तब तुम्हारा ध्यान कहां था?"

"मैं नहीं जानता।"

"इसका मतलब हुआ कि तुम पर क्राइस्ट की कृपा है, बेटे।"

अरविंद कुछ नहीं बोला। तभी उसके पास आकर दूसरे पादरी के कहा, "अब क्या! यह तो अब सुरक्षित हो गया।"

अन्य पादरियों ने भी दोहराया, "अब वह सुरक्षित हो गया।"

"महान् ईसा उसकी रक्षा करें।"

"ईश्वर का लाख-लाख शुक्रिया।"

"हमें चलना चाहिए, दादी मां।"

"कुछ और रुकें।"

"नहीं, दादी मां, अब चलिए।"

उन पादरियों की दृष्टि अरविंद पर तनिक रुक कर दादी मां पर जा ठहरी। मानो वे पूछ रहे हों कि उन्हें क्या कहना है? पुनः अरविंद ने कहा, "हमें यहां नहीं लाना चाहिए था, दादी मां। दा सुनेंगे तो...।"

दादी मां अरविंद को लेकर चल पड़ी। पादरी गण उन्हें जाते हुए देखते रहे। रास्ते में अरविंद कुछ नहीं बोला। दादी मां ने कहा, "अरविंदो, तुम गुमसुम हो गए? तुम्हें वहां आना बुरा लगा, क्या?"

"दादी मां, वे सब धार्मिक लोग थे। उनमें पादरी थे। पता नहीं वे क्यों मेरे लिए प्रार्थना करने लगे?"

"अरविंदो, वे तो हर एक व्यक्ति के लिए प्रभु ईसा से प्रार्थना करते हैं कि वह उसकी रक्षा करें। इसमें तुम्हें बुरा क्या लगा?"

"नहीं, परंतु दादी मां, मुझे अच्छा भी नहीं लगा।" अरविंद ने शांत भाव से कहा। दादी मां का मन खट्टा होने लगा। उसके प्रयत्न पर पानी फिर गया था। काश, वह अपने उद्देश्य में सफल हो पाती। कब से वह इस प्रयत्न में लगी हुई थी। अब वह गुमसुम होने लगी। उसे यह आशंका भी थी कि अरविंद कहीं आज की घटना के बारे में अपने भाइयों को न बताए। मनमोहन

के प्रति वह सचेत रहती थी। वह मुंहफट लड़का था। यह सोचते हए उसने घर में प्रवेश किया और सीधे अपने कमरे में चली गई।

13

आसमान सुबह से आंख-मिचौली खेल रहा था। बादल आते, कुछ देर तक ठहरते, सूरज को पीछे ढकेलते और छितराने लगते। सूरज थोड़ा-थोड़ा कहीं से नजर आता। फिर छिप जाता। अरविंद पार्क में एक बेंच पर आ बैठा था। आज रविवार था छुट्टी का दिन। आजादी का दिन। वह हाथ में कॉपी पेंसिल लिए था। हवा के तेजी से निकल जाने से वह कुछ-कुछ परेशान हो उठता था लेकिन आज उसे तेज हवा रास आ रही थी। उससे उसे कोई परेशानी नहीं थी।

डॉ. वाकर सेंट पॉल स्कूल के हैड मास्टर थे। वह अत्यंत शांत, सुयोग्य, सहृदय, परहित चिंतनकर्ता और उदार थे। उनकी रुचि योग्य विद्यार्थियों में थी। उनकी दृष्टि में अरविंद उनमें से एक था। वह क्लास में समय को समझा रहे थे। एक जगह रुकने के बाद वह बोले, "टाइम हील्स ऑल सॉरो। समय से बड़ा न डॉक्टर है, न वैद्य।"

"पर, सर, समय क्या है?"

"क्या नहीं है, समय अरविंदो। समय सब कुछ है। हमारी विजय, हमारी पराजय, हमारे शुभ दिन, हमारे कुदिन आदि सब समय का ही व्याकरण है। समय पर दृष्टि बांधों, हर पल, अनुपल समय को अपने लक्ष्य का पैमाना बनाओ। समय ही जिताता है, समय ही हराता है। सारा इतिहास, सारा वर्तमान, सारा भविष्य समय की कील पर घूम रहा है। समय ही सत्य है। सरटेन ट्रूथ आर टाइमलेस बट...।" डॉ. वाकर का एक-एक शब्द अरविंद के मानस में उतरता जा रहा था। वह उनसे ग्रीक पढ़ने जाता था। डॉ. वाकर ने उसे ग्रीक पढ़ाने के लिए स्वयं आमंत्रित किया था। तब अरविंद ने उठने से पूर्व पूछा था, "सर, समय से आगे भी कुछ है।"

डॉ. वाकर कुछ देर अपनी आदत के अनुसार सोचते रहे। कई बार ऐसा भी हुआ था कि डॉ. वाकर ने उस समय किसी प्रश्न का उत्तर नहीं दिया, बाद में दिया था। वे कह चुके थे, "हर प्रश्न का तत्काल उत्तर देना आवश्यक नहीं है। मैं ज्योतिषी नहीं हूं और न मुझे इस शास्त्र का ज्ञान है।

फिर भी, मुझे कई बार लगा है, मेरे प्रिय विद्यार्थियो, हर समय प्रश्न का उत्तर नहीं दिया जा सकता।

प्रश्न एक जिज्ञासा है। जिज्ञासा जितनी गहरी, जितनी सबल और सच्ची होगी, उतना ही समय उत्तर दे सकता है। कोई जरूरी नहीं है कि अपने समय का महान से महान् विद्वान, संत, प्रोफेसर आदि में से कोई उसका उत्तर दे सके। कई बार अरस्तू की तरह स्वयं को ही अपने समय का प्रश्न बनाकर, तटस्थ भाव से देखते रह जाना पड़ता है। तभी से अरस्तू महान सिकन्दर के विश्व विजय के स्वप्न में हस्ताक्षेप नहीं कर सके।"

"क्या सर, दार्शनिक अरस्तू यह जानते थे कि..." अरस्तू पर आ ठहरा अरविंद का मन अचानक अर्धविराम लगा बैठा।

"मकदूनिया नरेश फिलिप्स का बेटा था सिकंदर उसने मिस्र, अफगानिस्तान, ईरान, हिंदुस्तान का तक्षशिला तथा सिंध पार का कुछ भाग जय कर लिया था और वह ख्याली घोड़े पर सवार हुआ आसमान को धरती पर उतार लाना चाहता था। ओह! अलेक्जेंडर दि ग्रेट...अरविंदो। ह्वाट ए फन?...क्या कहें हम? यह कहें कि वे जानते थे तो भी चलेगा लेकिन यह कहना कि वे नहीं जानते थे, यकीन के योग्य नहीं होगा। तुम्हारा प्रश्न समय के प्रवाह पर सदा लिखा रहेगा, अरविंदो! क्योंकि प्रश्न के आगे भी कुछ अनबूझे प्रश्न चलते रहते हैं। ...तुम्हें उन प्रश्नों का समय पर उत्तर मिलेगा, उसके लिए तुम्हें धैर्य रखने की जरूरत है।" डॉ. वाकर सोचते हुए कह रहे थे। उन्हें आश्चर्य हो रहा था कि इतनी छोटी उम्र में अरविंद कितने बड़े प्रश्न कर बैठता है। वे भी ऐसे प्रश्न जिनको सुनकर स्वयं समय अवाक् रह जाता है। वे देख-समझ रहे थे कि अरविंद में अपने समय से बहुत आगे की धड़कनें अनुगूंजने लगी हैं। तभी तो वह ग्रीक भाषा इतनी जल्दी सीख-समझ सका। लैटिन पर उसका अधिकार है ही। अंग्रेजी-फ्रेंच साहित्य में यह बहुत आगे है।

इटैलियन भाषा की ओर भी उसका रुझान रंग दिखाने लगा है। कविता और निबंध में वह बहुत आगे है। साहित्य में हाल ही में उसने दूसरा बटर वर्थ पुरस्कार प्राप्त कर सबको चौंका दिया था।

पुरस्कार स्वरूप जो पुस्तकें ('अरेबियन नाइट्स' का पूरा सेट) मिली थीं, उन्हें उसने पाँच दिनों में पढ़ डाला था। तभी साहित्य के शिक्षक को उसने कहा था, "मि. हार्थ, आपको अरविंद को विशेष कोचिंग देने के बारे में सोचना चाहिए। वह पाठ्यपुस्तकों की कैद में बंद होने वाला अरविंद नहीं है।"

"जी, डॉ. वाकर, मेरा उससे संवाद जारी है। वह शेली, होमर, अरिस्टोफेन आदि पर गहन चर्चा करता है। दरअसल उसकी मेमोरि कमाल की है। उसे सुनते ही याद हो जाता है। उस दिन के जलसे में बैंक ने उसे अपना लिखा कागज़ दिया था। जिस विद्यार्थी को वह बोलना था, वह उस दिन नहीं आ सका था। इतने शोर्ट नोटिस पर यदि कोई तैयार हो सकता था, तो वह अरविंद हो सकता था।"

"वैसा ही हुआ मि. हार्थ।"

"हां, डॉ. वाकर हुआ और सबको पसंद भी आया, परंतु जैसा मैंने चाहा था, उससे हटकर।"

"हटकर से मतलब, मि. हार्थ।"

"अरविंद ने क्षण भी में मेरे लिखे दोनों पेज पढ़े और वह कहने लगा कि सर, बोलूंगा तो अवश्य, क्योंकि अपने स्कूल की इमेज का सवाल है परंतु...सर, अपना सोचा-समझा हुआ।"

"क्या, तुम वह नहीं बोल सकोगे?"

"नहीं, सर।"

"क्या तुम्हें यह दो पृष्ठ याद न हो सकेंगे। या इसमें कुछ कठिन शब्द हैं।"

"नहीं सर, ऐसा कुछ नहीं है।" कहकर अरविंद ने मेरी ओर ध्यान से देखा।

"क्या बात थी, मि. हार्थ?"

"बात क्या होती, डॉ. वाकर। उसने फटाफट वे दोनों पृष्ठ सुना डाले।"

"फिर वह क्या चाहता था?"

"वह भी उसने उस गति-लय से सुना डाला, डॉ. वाकर, परंतु मेरे लिखे से बहुत कुछ अलग था। उसकी भाषा साहित्यिक थी। उसमें फ्रेंच भाषा के बहुप्रचलित मुहावरे भी थे और ग्रीक भाषा की लोकोक्तियों की अद्‍भुत छटा भी थी।...आपने तो सुना था न, सर।"

"हां, मि. हार्थ मैंने सबके सामने ही आपको मुबारकवाद भी दी थी। मैं कुछ कहना चाहता था कि आप आगे बढ़ गए। वहीं कहीं अरविंद खड़ा था। वह मुझे एकांत में ले जाकर कहने लगा, नो सर, यह कभी नहीं।"

"क्या अरविंद?"

"यही कि आप सर से कहने जा रहे थे कि..."

"वही सच है।"

"हां सर, वही सच है, परंतु जो कुछ हैड मास्टर डॉ. वार्कर ने कहा, वह भी असत्य नहीं है। उसके पीछे आप हैं, सर। आपकी योजना का वह एक हिस्सा मात्र है।...मेरी आपसे प्रार्थना है कि सर यह सच किसी तीसरे पर प्रकट नहीं हो।"

"परंतु अरविंद..."

"नो सर, इट इज माई प्रेस्टीज (प्रतिष्ठा) पॉइंट। कभी कसम खाकर झूठ बोलने की नौबत आने वाली नहीं है, सर। प्लीज मेरी मदद कीजिए।"

"मैं क्या करता, डॉ. वाकर! चाहते हुए कुछ नहीं कह सका।"

"और आज, मि. हार्थ।" "आपको अरविंद के चरित्र को सामने लाना जरूरी हो गया था, डॉ. वाकर। आप स्वयं भी उस पर व्यक्तिगत ध्यान दे रहे हैं।"

"मुझे उससे बहुत आशा है।"

"मुझे भी, डॉ. वाकर।"

"वह मुझसे प्रश्न कर रहा था कि...सर, आदमी झूठ भी सच्चाई से क्यों नहीं बोलते। मेरी पत्नी चाय लेकर आ रही थी कि वह हंसते-हंसते लोट-पोट हो गई और उससे टी-ट्रे हाथ से छूट कर गिर गई। कभी-कभी वह ऐसा गंभीर मजाक भी कर जाता है कि सामने वाली की स्थिति सांप-छडूंदर की हो जाती है।"

उस दिन अरविंद डॉ. वाकर के घर से निकल रहा था कि रास्ते में मार्टन और सी. पी. बीचक्राफ्ट मिल गए। वहीं घास पर बैठ गए।

मार्टन ने कहा, "अरविंद, अपना क्राफ्ट भी छिपा रुस्तम निकला।"

"कैसे, मार्टन?"

"चुप भी कर, मार्टन।"

"क्यों भाई, मार्टन को चुप क्यों कर रहे हो? क्या कोई अति गोपनीय बात है जो मेरे पर प्रकट नहीं की जा सकती? यदि ऐसा है तो उसे गोपनीय बना रहने दो।" अरविंद ने सहज भाव से गंभीर स्वर में कहा। उसके दिलोदिमाग में अभी तक डॉ. वाकर के शब्द अनुगूंज रहे थे। किसी एकांत पहाड़ी पर पुकारे गए से-एकदम अज्ञात नफीरी की तरह! नभोमंडल भी सुन रहा था धरणि के साथ-साथ। दिक्काल समझ रहा था उस आवाज के अर्थ अभिव्यंजना को। वह स्पेस और टाइम...ए नेरो स्पेस...दि फ्रीडम ऑफ स्पेस ऑफ दि कंटरी साइड...व्हाइट ए स्पार्कलिंग कनवरसेशन...अरविंद, स्पेस और समय को समझो...उसके सोर्स

(स्रोत) उद्गम स्थान पर ध्यान दो ...एक केंद्र बनेगा। ऐसा केंद्र... स्पा (झरना) इज देअर!...हर रेज आर स्पाकर्लिंग इन दि मून...। तेवर वॉलकेनो (ज्वालामुखी) ...दृढ़ इच्छा शक्ति...वलिशन...परंतु प्रतिज्ञा नहीं द डीड इज ए वोकेशन। (स्वप्रेरणा से चयनित योग्यतानुसार व्यवसाय) ऐज वेल ऐज अ प्रफेशन।...और और...। शब्द झर रहे थे। अर्थ झर रहे थे। अद्‌भुत दृश्य बंध था वह। समझ की सीमाओं को लांघता हुआ...दृश्यावलियों से बहुत आगे...विचारों के परे। यत्नों से अनावृत। ...वह कैसा हो सकता है...दिक्काल!

"तुम कहां खो गए, अरविंद?"

अरविंद ने अपने को संभाला। वह कुहरे से बाहर आया। वह कहने लगा, "कहां खोता यहां तुम दोनों के साथ।"

"ऐसी कोई बात नहीं है, अरविंद।"

"मेरी कोई जिद नहीं है, मार्टन।"

"तो बता भी दे, मार्टन पर उस शर्त पर...?"

"तो शर्त, नहीं।" अरविंद तपाक से कहता।

"दोस्तों के लिए भी क्या? विश्वास कर शर्त हार्मफुल नहीं होगी।" बीचक्राफ्ट कहता।

"वो क्या मजेदार होगी, मैं तुझे खूब जातना हूं, बीचक्राफ्ट!"

"क्या तुझे मैं मिल्टन के 'पैरेडाइज लॉस्ट' का शैतान लगता हूं?" बीचक्राफ्ट ने पूछा।

"नहीं, तू मुझे ऑक्टिव लगता है।" अरविंद कहता।

"यानी समुद्री हाथी...आठ भुजाओं वाला दीर्घकाय समुद्री जीव। वाह! वाह!! क्या कल्पना है!"

"प्लीज, थोड़ा नीचे आओ।" मार्टन सुझाव देता।

"क्लियोपेट्रा के सिर पर रखा पका नारियल...यह ठीक रहेगा।"

"इट इज टू मच, अरविंद, आई एम नॉट ए हिस्टॉरिकल मॉन्युमेंट।" बीचक्राफ्ट सिर खुजाता हुआ कह जाता।

"नो माई डियर फ्रैंड, इट इज अ सिंपलि होक्स (मजाक में किया छल)।" अरविंद तुरंत स्पष्ट कर देता। फिर वह दोनों की ओर देखता।

"मुझे हिच हाइक (मुक्त सवारी मांग-मांग कर सैर करना) की आदत नहीं है।" बीचक्राफ्ट तुरुप का इक्का डालता।

"पर मुझे है।" अरविंद का स्वर मुस्करा उठता।

"अरविंद, तुमने शर्त नहीं सुनी।"

"मुझे शर्त नहीं सुननी, मार्टन।"

"तू क्यों डर रहा है? शर्त इतनी है कि आज की इस गोष्ठी में सुनाने-सुनने वाले को स्पगेटि (एक प्रकार का इतालवी भोजन, यानी पास्ता। उसे लंबे पतले कतलों में बनाया जाता है) मिलेगा।"

"कौन देगा?"

"तू अरविंद, और कौन?"

"नहीं मार्टन, यह मेरे लिए संभव नहीं है।" अरविंद का कंठ सूखने लगता।

"पर मेरे से है।" मार्टन कह देता।

"नहीं, मार्टन, यह अच्छा नहीं लगता कि..."

"तो मैं यह पार्टी अरेंज कर दूंगा, तब तो चलेगा।" बीचक्राफ्ट कहता।

"अब हम पॉइंट पर आते हैं, अरविंद।" मार्टन इतना कहकर रुकता। अपने चारों ओर देखता। फिर सोचकर आगे कहता, "आज एक विचार उठा है, अरविंद। बीचक्राफ्ट से सहमत हो चुका था कि तभी तुम नजर आ गए। हालांकि तुमसे कहते हुए कुछ-कुछ घबराहट हो रही है। पता नहीं, तुम इसका क्या अर्थ निकालो? फिर भी, तुम स्वतंत्र हो। तुम न चाहो तो भाग मत लेना। आज बीचक्राफ्ट ने कविता सुनाकर और यह जतलाकर कि वह कविता उस एकांत दृश्य को देखकर, उसमें डूबकर स्वतः जन्मी है, मुझे चौंका दिया। तब से मुझे लगा कि हमें डूबकर देखना चाहिए और मिलकर देखते हुए उस दृश्य या व्यक्ति पर कुछ भी, किसी भी विधा में और किसी भी भाषा में लिखना चाहिए। हम सभी फ्रेंच, ग्रीक, लैटिन आदि भाषा भी जानते हैं इसलिए हम आपस में उस लिखे को गहराई से समझ भी लेंगे। बोलो, तुम क्या चाहते हो, अरविंद?"

अरविंद के लिए यह प्रस्ताव अभिनव लगा। कल्पना और स्वप्न का गीत-संगीत उसमें एक साथ जन्मा। वह कृतज्ञता से गद्गद हो उठा। एक शब्द उसके मस्तिष्क में अनुगूंजा-दिवास्वप्न! उसने कहा, "मुझे तुम लोगों के विचारों को जानकर प्रसन्नता हुई है और यह लगा है कि हम लोगों ने किसी नई दिशा को ढूंढ निकालने की ओर कदम बढ़ाने का निश्चय किया है।"

"तो अरविंद, हमें बिलकुल एक क्षण खोये इस दिशा में अगला कदम उठा लेना चाहिए।"

"अवश्य।"

तो अपने-अपने कागज, कॉपी और कलम निकालो और एक-दूसरे से इतनी दूर जा बैठो कि एक-दूसरे को यह जानकारी न मिले कि वह क्या लिख रहा है।" मार्टन ने अगली स्थिति पर प्रकाश डाला।

अब अलग-अलग बैठ गए और किसी के पदाहट या आने की प्रतीक्षा करने लगे। आसमान, धरती, घास, फल-फूल, टहनियां, पत्तियां आदि सभी उनके विषय हो सकते थे, परंतु मार्टन के इन प्रस्ताव पर सबकी सहमति होती नजर आई कि जो व्यक्ति पार्क में सर्वप्रथम प्रवेश करेगा, उसे केंद्र बनाकर वे लिखेंगे, ताकि लिखने में पूर्व कल्पना, सोच-विचार, भाव-अभिव्यंजना आदि की, जहां तक संभव हो, छाया से बचा जा सके।

इस समय वहां परीक्षा भवन का सा दृश्य पैदा हो गया था। सूरज भी हलके से ताप से अपनी उपस्थिति का आभास करा रहा था। अरविंद को लग रहा था कि उसको कैमरे का काम कलम से लेना होगा। वह एक अद्भुत, अजीब और जिज्ञासा भरा खेल होगा। मानों मनोरंजन थ्रिल लिए उसमें आ बैठा है। वह सावचेत है। उसका हर पल अज्ञात कल्पना के नूपुरों की रुनन-झुनन सुनने के लिए आतुर है। इस वक्त उसमें गेटे के शेक्सपियर पर लिखे उस लेख की यह इकलौती पंक्ति गिलहरी सी उछल-कूद मचा रही थी कि, "एक महान् कलाकार का हर कार्य महान् नहीं होता।" अर्थात् कलाकार। साहित्यकार को अपनी कमियों, गलतियों-असफलताओं से सदा लड़ते-जूझते रहना चाहिए। ज्यों-ज्यों इस क्षेत्र में आगे बढ़ेंगे, त्यों-त्यों उनका मार्ग पहले से कठिन होता जाएगा। एकांत भी गहराएगा। क्या यह सच नहीं है कि शब्द के बीहड़ जंगल में रास्ता भटके हुए उस पथिक को याद रखना होगा, जिसके पास भोजन के लिए आखिरी डबल रोटी बची है, थोड़ा-सा मक्खन है, एक टमाटर और जरा-सा नमक है और उसे दूर तक अपना गंतव्य दिखलाई नहीं पड़ रहा है। पानी का भी कहीं अता-पता नहीं। रात घिरेगी। काली रात। जंगल घनी परछाई बनेगा। संभावना के खूख्वार चेहरों की दहशत हर पल खलबली मचाने को तैयार मिलेगी। वास्तव में उन्हें सत्य की कल्पना की आहट सुनने पर नजर रखनी है इस वक्त, एकदम शिकारी की तरह तीसरी आंख खोलकर।

डॉ. वाकर ने कहा था, "अरविंद, हमें किसी भाषा में लिखते हुए क्षेत्रीय शब्दों पर तब तक ध्यान नहीं देना चाहिए, जब तक उन्हें सर्वव्यापी मान्यता न मिल जाए वरना क्षेत्रीय अभिव्यक्तियां किसी अज्ञात विदेशी भाषा की तरह अबोधगम्य हो जाएंगी और अपनी अभिव्यक्ति को बेसुरा बना लेंगी।" वह सोच के काले समंदर

में गोते खाते हुए तट की ओर देखने का विचार बुन ही रहा था कि सामने से एक खूबसूरत अधेड़ युवती आती हुई नजर आई, जिसने कपड़े किसी फैशनेबल नवयौवना के से पहन रखे थे और अपनी चाल में चपला के छंद गुनगुना रही थी। वह फैसिनेट (मोहित) करने के चातुर्य से बखूबी परिचित थी।

क्या उसे लिखना शुरू कर देना चाहिए? क्या उसके दोनों साथियों ने ऐसा अभ्यास प्रारंभ कर दिया है? वह उनकी तरफ नहीं देखेगा। उसका उनके बारे में अनुमान लगाना भी उचित नहीं है, क्योंकि उससे उसकी एकाग्रता को आघात पहुंच सकता है।

अरविंद में संकेत पानी के बुलबुलों की तरह उभर कर डूब रहे थे। वे शब्द नहीं बन पा रहे थे। क्या उसे इसी तरह संकेतों के तट पर बैठे हुए शब्द बनने की प्रत्याशा करनी चाहिए? शब्द उठे तो वाक्य का अनुमान सक्रिय बने। परंतु वह उसके बारे में कुछ नहीं लिख सका। वह चली भी गई। अब समय पुनः गिलहरी की पूंछ पर बैठकर दौड़ने लगा। फिर वह घड़ी भी अदृश्य हो गई जिसमें समय गिलहरी की पूंछ पर बैठा बेफिक्र था। क्या अब कोई नहीं आएगा?

समय के ओझल हो जाने से अरविंद में धुकधुकी बढ़ी। उसमें एक अज्ञात डर या संशय उठा। क्या उसे उस अधेड़ महिला पर कुछ लिख लेना चाहिए? जैसे उसकी लंबी टांगें पतली थीं और उसका चेहरा आंखों के बौनेपन को छिपा नहीं पा रहा था। उसके हाथ छोटे थे और...और...कि तभी पत्तों ने किसी के आने की खबर दी। अरविंद में शिकारी ने पोजीशन ले ली।

वह अकेली नहीं है। उसके साथ एक हमउम्र नवकिशोरी और थी। वह किशोरी साधारण कपड़ों में थी, जबकि वह अधेड़ महिला अति संभ्रांत और रईसी कपड़ों में थी। उसकी स्कर्ट घुटनों से ऊपर थी। ब्लाउज अधिक चमकीला, ढीला ढाला और उरोजों के पैनेपन को रेखांकित करने वाला था। जैसे-जैसे वह नजदीक आती गई, (यह भी संयोग ही था कि वह अरविंद के करीब आती जा रही थी।) उसकी बड़ी-बड़ी नीली झील सी आंखों में गुलाब चहकने लगे और उसके अरुणाधर महक उठे। पास आने पर पता चला कि उसके साथ जो नवकिशोरी थी, वह उसकी नौकरानी थी, क्योंकि वह उसे करने वाले कामों की सूची याद करा रही थी। उसके कथन में रईसी आदेश की स्पष्ट भंगिमा थी। फिर भी, नौकरानी, बिना जवाब दिए, मटमैले रंग के तंग कपड़े पहने और अपनी चाल को मालकिन की चाल से पीछे ढकेलती हुई भी उससे बाजी मार रही थी, क्योंकि उसका सौंदर्य सहज था, उसकी

आकृति का हर कोना मोड़ परस्पर संतुलन बनाए था। उसकी चाल में असाधारण लय थी, उसके उरोज अपनी मालकिन से कम उठे हुए थे, परंतु वे उसकी देह की लंबाई-चौड़ाई के अनुपात में बेहद आकर्षक थे। दरअसल वह अपनी मालकिन से लंबी थी और उसके देह में खून की लाली तेज और चमकदार थी। उसने किसी युवती के अंग-प्रत्यंग पर पहली बार ध्यान दिया था। उसके आकर्षक और सौंदर्यशील होने पर भी वह पहली बार ध्यान दे रहा था। उसकी कमनीयता को अनावृत करती हुई भावनाएं परस्पर एकमत होती जा रही थीं। उसमें सौंदर्य ऐक्रेनिम (शब्दों के आदि अक्षर से बना संक्षिप्त शब्द) होकर स्मित की लय-तान लिए था। उसके हाथ लंबे थे जो हवा में तैर रहे थे। उसकी टांगे, जिन पर मालकिन की तरह लंबी जुराब नहीं थी, सुती हुई, हलके तनाव के साथ खरगोश की तरह हर आहट पर सतर्क लग रही थी।

वे दोनों चली गईं पानी में आग लगाकर और आभास करा गईं किसी अज्ञात तूफानी हिम की संभावना का। आंखों से दिल की लहरों पर पोत बना कर मन शांत लग रहा था, परंतु अंदर से उछाल लेती तरंगों को वह रोक नहीं पा रहा था। अब वे तीनों इकट्ठे हुए। उन्होंने भी इन्हीं दोनों किशोरियों का अपने शब्दों से उभारने का प्रयत्न किया था, परंतु इन दोनों में शरीर से आगे के बिंब प्रतिबिंब, अरविंद की तरह गहरे नहीं हो सके थे और न सौंदर्य के कालजयी अनुमान की दहलीज को वे छू सके थे। फिर भी, उनमें भी सौंदर्य की बारीकी थी, जैसे मार्टन ने लिखा था कि उनमें उच्च घराने की दीखने वाली नवयुवती लहरों के पांव फैलाकर बढ़ी चली आ रही थी अथवा बीचक्राफ्ट की दृष्टि में सस्ते कपड़ों में तन छिपाने की कोशिश करती षोडशी स्मित के संकोच सी अनजान डगर पर कदम बढ़ा रही थी। उन तीनों को उनका कृतित्व अगोचर सुमन की महक सा अनुभव हो रहा था। अब इन तीनों के अलग होने की बेला आई। वे अपनी-अपनी डगर की ओर मुड़ गए। एकदम शांत झील के अंतर्मन को लिए।

14

सब कुछ सुघड़ नहीं होता। बदलाव आता है। यहां तक विरासत को भी ज्यों का त्यों सुरक्षित रखने का अर्थ यह नहीं होता है कि उसमें कोई छेड़छाड़ या संशोधन, परिशोधन, परिष्कार, परिवर्तन नहीं हो सकता। विनय भूषण दादी मां के कमरे में बैठकर बाइबिल का पाठ, प्रार्थना आदि कार्य निबटा चुका था

और एक मैगजीन के पृष्ठ पलटते हुए वह एक जगह रुककर सोचने लगा था कि वह कब तक दादी मां के कार्यों को करता रहेगा। दादी मां का उस पर कुछ अधिकार बढ़ ही गया था। अब अरविंद तो उससे दूर ही रहता था और दादी मां भी अतीत के बदरंग प्रश्नों को विस्मृति की राख तले दबाए रखना चाहती थी। उनसे छेड़छाड़ नहीं करना चाहती थी।

दादी मां की बहन का मकान छोटा नहीं था। उन तीनों के पास दो कमरे थे। एक कमरा छोटा था। उस कमरे का प्रयोग वे ड्राइंग रूम की तरह करते थे। हालांकि उनके पास उसमें रखने के लिए सोफासेट-टेबल आदि कुछ नहीं था। दादी मां ने उन्हें दो मेज और दो कुर्सी दे दी थीं। उनका उपयोग वे पढ़ते-लिखते वक्त करते थे। प्राय: अरविंद को टेबल चेअर नहीं मिल पाती थी। ऐसी स्थिति में दादी मां उसे अपने कमरे में पड़ी बड़ी मेज और कुर्सी पर बैठकर पढ़ने-लिखने दिया करती थी। अब वह क्रम बंद था। दादी मां ने अरविंद से कुछ नहीं कहा था। उस दिन घटना के बाद से वही दादी मां के कमरे में जाने से संकोच करने लगा था। विनय भूषण की स्थायी भक्ति से मनमोहन क्षुब्ध रहता था। उसे यह अच्छा नहीं लगता था कि वह दादी मां के लिए ईसा की प्रार्थना पढ़े और उसे बाइबिल पढ़कर सुनाए। एक दिन विनय भूषण से मनमोहन कहे बिन नहीं रह सका। उसने कहा, "दा, आप दादी मां के सब काम क्यों करते हो?"

"काम करने से व्यक्ति छोटा नहीं होता, मनमोहन। वह वास्तव में हमारी दादी मां से भी उम्र में बड़ी है।"

"आप उनके धार्मिक कार्यों में सहायता करते हो।"

"सेंट पॉल स्कूल में भी सप्ताह में एक दिन आर. आई का पीरियड होता है।"

"उसे हम छोड़ना भी चाहें तो छोड़ सकते हैं, दा।"

"धर्म की बातें हमें काट नहीं लेतीं और न हम उनके प्रभाव में आकर क्रिश्चियन हो जाएंगे। हमें वही सुनना चाहिए जो हमें सुखकर लगे, हमें वही करना चाहिए जो हमारी अंतरात्मा कहे।" विनय भूषण ने सहज होकर कहा।

"पिताजी का कहना था कि...।"

"डरूएट तो ऑस्ट्रेलिया गए। पिताजी की उनसे बात हुई थी। डरूएट की मदर से नहीं। मनमोहन, यह बात हमें ध्यान में रखनी चाहिए कि दादी मां हमारा एकमात्र सहारा है।"

"हम उन्हें पेमेंट करते हैं।"

"तो क्या हुआ?"

"दा, फिर क्यों उनकी जी हुजूरी की जाए।" मनमोहन ने अपना मन उल्था कर दिया।

"तुम यदि उनसे नाखुश हो और यह चाहते हो कि उनकी दखलंदाजी न हो तो हमें कोई दूसरा ठिकाना ढूंढ लेना जरूरी है। उससे पहले हमें दादी मां को ऐसा कोई मौका नहीं देना चाहिए कि दादी मां ही हमें छोड़ने के लिए अल्टीमेटम दे दे। तब क्या होगा? मैं उस विकट परिस्थिति की कल्पना से घबरा उठता हूं।"

"परंतु दा।"

"मनमोहन पिताजी को तीन लेटर दे चुका है, पर उनका कोई जवाब नहीं मिला और न उन्होंने रुपए ही भिजवाए। ये समय आर्थिक रूप से हमें परेशानी में डालने वाला है।" विनय भूषण ने बड़प्पन की भूमिका निष्ठा से निभाई।

अरविंद कुछ नहीं सोच सका। वह सुनता रहा एकदम तटस्थ भाव से। पिताजी की चुप्पी उसे ठीक से कुछ सोचने नहीं दे रही थी। दादी मां ने कहा था, "बेटे विनय भूषण, दूसरा माह भी खत्म होने जा रहा है। आखिर खर्च तो पैसों से चलता है। मेरी ऐसी स्थिति भी नहीं है कि तुम लोगों को उधार दे सकूं।"

"पुनः पत्र लिखा है।"

"उससे फायदा क्या, विनय भूषण? पत्र तो तुम पहले भी लिख चुके हो। क्या हुआ उनसे? वे तो जैसे तम्हें यहां छोड़कर भूल ही गए हैं।"

"नहीं ग्रैंडमदर। ऐसा नहीं है। आप कुछ समय और दीजिए।"

"कुछ समय की भी सीमा है।"

"क्यों नहीं, ग्रैंडमदर, सीमा तो हर चीज की है।" विनय भूषण ने विनम्र होकर कहा।

"मुझे तुम पर विश्वास है, लेकिन मनमोहन पर नहीं। अरविंद इन झंझटों से दूर है।"

"आपकी महत्ती अनुकंपा है, ग्रैंडमदर।"

"मैं व्यवहारवादी हूं- पैसा पैसे की जगह है और व्यक्ति व्यक्ति की। दोनों का घालमेल मुझे कतई पसंद नहीं है। संबंध संकोच, दुराव-छिपाव, अति

भावुकता आदि की बैसाखी के सहारे नहीं टिकते हैं। उनकी मजबूती यथार्थ पर खड़े रहने से प्रकट होती है।" दादी मां रुक-रुककर कहे जा रही थी।

वह अकेली रहती थी। अपने से समय पाकर उसका शेष समय क्रिश्चियन धर्म के प्रचार में जाता था। वह अंदर से चाहती थी कि किसी भी तरह, सच-झूठ की परवाह किए बगैर, वह इन बच्चों को क्रिश्चियन धर्मानुयायी बनवा दे। अरविंद की असफलता ने उसे अंदर से बिखेर दिया था।

इस प्रकार अनेक बार इसी टॉपिक पर दादी मां और विनय भूषण के बीच बातचीत हुई थी। दोनों की दिशाएं भिन्न होते हुए भी दोनों का यह प्रयास रहता था कि उनमें कोई भेदभाव न उठे। वे परस्पर एक-दूसरे से गहरे तथा प्रगाढ़ संबंध बनाए रखें।

अरविंद संबंधों के बीजगणित को अंकगणित से अलग कर देखता था। क्या दादी मां के प्रति उनका लगाव-झुकाव मात्र अपने स्वार्थ के कारण है? क्या स्वार्थ को अपने बीच से हटाकर भी कोई संबंध बचता है? उसे दूर तक रेगिस्तान ही रेगिस्तान की अनुभूति होती। उस रेगिस्तान की जिसे उसने कभी देखा नहीं, जिसके बारे में मात्र सुना है। तभी तो वह डॉ. वाकर से वह पूछ सका था, "सर, धर्म क्या है?"

"क्यों तुम्हें धर्म की क्या जरूरत पड़ गई, अरविंद?"

"सुना है कि धर्म बदला भी जा सकता है।"

"कौन धर्म बदल रहा है और क्यों?"

"कुछ लोग हैं जो यह प्रयास करते हैं कि दूसरे लोगों का धर्म बदल जाए।" "पर क्यों, अरविंद?"

"यही तो मैं जानना चाहता हूं, सर।" "नहीं अरविंद, ऐसा प्रयास करना धर्म विरुद्ध है, कोई क्यों किसी को धर्म परिवर्तन के लिए प्रोत्साहित करे? धर्म तो जन्मजात है, जन्म से है, विरासत से है। जैसे मैं ईसाई हूं तो इसलिए कि मेरे फादर-मदर ईसाई थे। यों धर्म मुझे अपने फादर-मदर से विरासत में मिला है।"

"क्या कोई व्यक्ति ऐसा भी हो सकता है, जिसके साथ धर्म नहीं जुड़े?"

डॉ. वाकर कुछ देर तक सोचते रहे। वह यह भी जानना चाह रहे थे कि अचानक अरविंद के मन में यह प्रश्न क्यों उठा? वह तनिक सचेत होकर कहने लगे, "अनाथालय में पलने वाले बच्चों को जाहिर रूप में धर्म विरासत से नहीं मिलता है।"

"क्यों सर?"

"क्योंकि उनके फादर-मदर का कुछ अता-पता नहीं होता। अनाथालय में ऐसे ही बच्चों की परवरिश होती है।"

"तो क्या ऐसे बच्चे किसी धर्म से नहीं जुड़ते, सर?"

"जुड़ जाते हैं, अरविंद, या कहें कि उनको भी जोड़ दिया जाता है।"

"कैसे सर?"

"अनाथालय चलाने वाले जिस धर्म से जुड़े होते हैं, वे अनाथ बच्चों की झोली में अपना धर्म डाल देते हैं।"

"पर क्यों, सर? क्या धर्म व्यक्ति के लिए इतना जरूरी है?"

"तुम सेंट पॉल स्कूल में पढ़ते हो। सेंट पॉल स्कूल चलाने वाली मिशनरी है। वह ईसाई मिशनरी है। यही कारण है कि यहां सप्ताह में एक दिन सबको ईसाई धर्म की चर्चा में सम्मिलित होना पड़ता है। सबको ईसाई धर्म के बारे में बताया जाता है।"

"किसी अन्य धर्म के बारे में नहीं, सर।"

"नहीं अरविंद।"

"तो क्या धर्म इतना जरूरी है, सर?"

"मेरी व्यक्तिगत राय तो यह है कि स्कूलों को धर्म विशेष से नहीं जोड़ा जाए। उसके लिए सब धर्म एक से हैं। यों भी बालक-बालिका जिस घर-परिवार व समाज के अंग होते हैं, वहां उन्हें धार्मिक शिक्षा संस्कार आदि मिलते ही हैं। फिर उसके लिए स्कूल को केंद्र में लाने की चेष्टा अधार्मिक कृत्य है। यही कारण है कि मैंने ईसाई धर्म से संबंधित कोई बात प्रेयर में नहीं कही। सिर्फ प्रार्थना पढ़ी। हां, वह प्रार्थना अवश्य ईसा से की गई है...परंतु तुमको यह जिज्ञासा क्यों परेशान करने लगी, अरविंद? तुम्हारा धर्म सनातन धर्म है, तुम तो हिंदू हो।" डॉ. जाकर पर्दे के पीछे के रहस्य को जानना चाहते थे।

"जिज्ञासा तब उठती है सर, जब कुहासा छाने लगता है।"

"तुम किस कुहासे की बात कर रहे हो, अरविंद? क्या तुम्हारे साथ ऐसा कोई प्रयत्न चल रहा है?" डॉ. वाकर ने सीधे ही उसे प्रश्न बना डाला।

"नहीं सर, ऐसा कुछ नहीं है। जिज्ञासा मुझे परेशान करने लगी तो मैं पूछ बैठा, सर।"

"जिज्ञासा के पीछे कोई न कोई कारण अवश्य क्रियाशील रहता है।"

"क्या बिना कारण के जिज्ञासा नहीं होती, सर?"

"नहीं, अरविंद। बिना आधार के प्रश्न नहीं उठते जैसे झील में कंकड़ फेंके बिना लहरें नहीं उठती, या उसमें लहरें हवाएं उठाती हैं। हवाएं वातावरण है और उसे छेड़ती हैं।"

"और कंकड़, सर।"

"वातावरण जनित उत्तेजना का परिणाम, अरविंद।"

"तो क्या सर हम अपनी इस बात को यहां विराम दे सकते हैं?"

"व्हाई नॉट, अरविंद? मैं समझता हूं कि इस विषय पर हमारी- "तुम्हारी इतनी ही बातें काफी हैं। याद रहे, व्यक्ति को चलना ही स्वयं पड़ता है। जो प्रचलित रास्तों से संतुष्ट नहीं हो पाते, उन्हें स्वयं रास्ता तलाशना होता है, परंतु ऐसे होते विरले ही हैं।"

और वह चर्चा समाप्त। फिर कभी नहीं पूछा कि अरविंद धर्म उसे कहां तक ले गया। आज अचानक दादी मां का जिक्र हुआ तो वह विगत प्रश्नों की ओर कनखियों से देखने लगा और उसे मार्टन की यह बात पसंद आने लगी, जो उसने क्रिसमस डे पर उससे कही थी, "अरविंद, तुम्हारे लिए आज का दिन क्यों महत्त्वपूर्ण है?"

"क्या मतलब?"

"आज हम, चूंकि क्रिश्चियन हैं, इस कारण क्रिसमस मना रहे हैं। जाहिर है कि हम लोग कई दिनों से क्रिसमस को मनाने की तैयारी में जुटे हुए हैं, लेकिन तुम क्रिश्चियन नहीं हो, अरविंद, इसलिए..."

"इसलिए हम देख रहे हैं।"

"मना नहीं रहे। मना सकते भी नहीं हो, अरविंद।"

अरविंद चुप रहा। मार्टन को अरविंद की चुप्पी ने उत्तेजित किया। मार्टन पूछने लगा, "देखना मनाना नहीं होता। अधिक से अधिक चौंकाना हो सकता है हमारा स्कूल भी क्रिसमस के रंगों में रंग चुका है। क्या उसके लिए घर-चर्च काफी नहीं हैं, अरविंद?"

"शायद तुम ठीक सोच रहे हो, मार्टन।"

"तुम कब से अपने को लंदनवासी मानने लगे?"

"क्यों, मार्टन?"

"क्योंकि इंग्लैंड या लंदनवासी के लिए शायद तकियाकलाम यानी सखुनतकिया है...ऐन ऐक्सप्लिटिव..।"

"इट इज हबब (शोर), अरविंद। वी आर ए पार्ट ऑफ हबब। नथिंग एल्स। यू एण्ड क्राइ (शोरगुल) जस्ट लाइक साइकलोन (बवंडर)।"

"फिर भी, इट इज ए क्यूट (आकर्षक) प्रोग्राम।"

"इट इज अ कर्सर पॉइंट। (कंप्यूटर के स्क्रीन पर गतिमान् बिंदु जो स्थिति विशेष के बारे में दिखाता है।)...बट इट इज नोट सो, अरविंद।...कर्सर इज नाउन। कर्सरी इज एन एडजेक्टिव। डू यू नो एबाउट कर्सरी?"

"जल्दी में लापरवाही से किया काम, यही न मार्टन।"

"यस-यस...अरविंद...ए कर्सरी ग्लॉस...ए कर्सरीलुक।"

"क्योंकि डैड नाराज थे। आज सुबह हमारी खिड़की का वह शानदार शीशा टूट गया, जिसे हमारे ग्रैंड फादर ने लगाया था और जो न केवल कीमती था, बल्कि दिखने में भी शानदार था।"

"तो?"

"आज ही के दिन हमारे ग्रैंड फादर का बर्थ डे पड़ता है।"

"वंडरफुल, मार्टन।"

"क्या वंडरफुल! हमारे डैड इसलिए इस दिन को शानदार ढंग से मनाते हैं। आज उनकी एक सौ दसवां बर्थ डे है और वह शीशा टूट गया। डैड इज सो नर्वस। आज ही वह शीशा क्यों टूटा? जहां से पहाड़ियां और उनका दमकता हुआ यौवन, मादक हरियाली और उन्माद से भर देने वाला परिदृश्य नजर आता था। हमारे ग्रैंड फादर, अरविंद, उस पहाड़ी पर दूर तक सुबह-शाम प्रायः टहलने जाया करते थे। आज रात को पार्टी है। लोग आएंगे। हॉल की उस खुली खिड़की पर सबका ध्यान जाएगा...बिकॉज एवरी बडी नोज दि रियल्टी कि उस शीशे से सामने वाली पहाड़ी जगमगाती हुई नजर आएगी, क्योंकि डैड खिड़की के सामने पड़ने वाले उस पहाड़ी के भाग पर रोशनी करवाते हैं।"

"तो फिर..."

"तो फिर क्या कोई ग्लेजियर (शीशे लगाने वाला कारीगर) आज यह काम करने के लिए तैयार नहीं है? लार्च के दरख्तों से लिपटी रोशनी को देखने का दृश्य ही कुछ और है। सबके आने का मतलब भी वही है और आज वहां हवा व ठंड रोकने के लिए किया गया वह इंतजाम उस अप्रतिम सौंदर्य से सबको महरूम कर देगा। क्या करें? कुछ नहीं सूझता।"

"उसके लिए शीशा।"

"वह भी खिड़की के नाप का कटवा कर मंगवाया जा चुका है।"

"वह कहां है?"

"घर में। पर तुम यह सब क्यों पूछ रहे हो, अरविंद?"

"क्या तुम उस शीशे को मुझे दिखा सकते हो?"

"अवश्य, अरविंद पर इस समय नहीं।"

"क्यों? इस समय क्यों नहीं?"

"क्योंकि घर टेंशन में है।"

"शाम को तो पार्टी है न।"

"हां, अरविंद, अब उसे पोसपोंड भी नहीं किया जा सकता।"

"ड्यू टू बैड वेदर भी।"

"नो आरग्यू। नो वे।"

"चलें क्या, मार्टन?"

"घर, अरविंद।"

"हां! पर किसी ग्लेजियर की दुकान पर होते हुए।"

ऐसा ही हुआ। मार्टन के घर खुशी सन्नाटा ओढ़े नजर आ रही थी। सब कुछ जैसे बेमन-सा हो रहा हो। अरविंद ने खिड़की देखी। खिड़की बड़ी थी। वास्तव में वहां से पहाड़ी का हरा-भरा दृश्य लुभावना था। जरूर मार्टन के पिताजी को लगता होगा कि उनके डैड हाथ में स्टिक लिए अपने घर की ओर देख रहे होंगे? घर ऊंचाई पर है। बहुत बड़ा भवन है वह। शानदार भी। इसके साथ ही अरविंद लुगदी को फेंटता जा रहा था।

मार्टन पूछने लगा, "यह तुम क्या कर रहे हो, अरविंद?"

"देख तो रहे हो, मैं लुगदी फेंट रहा हूं।"

"पर क्यों, अरविंद?"

"इस खिड़की के टूटे शीशे के स्थान पर नया शीशा लगाना है।"

"कौन लगाएगा? क्या तुम, अरविंद?"

"हां, मैं मार्टन।"

"तुम्हें नहीं मालूम कि यह शीशा डैड ने बेल्जियम से मंगवाया है, वह भी आदमी भेजकर।"

"तो?"

"बहुत कीमती है!"

"क्या तुम्हारे डैड की इच्छा से भी...आज की पार्टी के शानदार जश्न के मनसूबे से भी।"

"तुमने कभी शीशा लगाया है?"

"नहीं।"

"तुम शीशा लगाना जानते हो, अरविंद?"

"नहीं।"

"फिर भी तुम..."

"हां, फिर भी मैं। वह अब केवल तुम्हारे ही ग्रेड फादर नहीं हैं, सबके हैं। जानते हो, आकार हटा नहीं कि व्यक्ति सब में मिल गया–हवा, पानी, आग, मिट्टी आदि। कुछ समझ पड़ा, मार्टन।"

"कहीं यह कीमती शीशा चटक या टूट गया तो...।"

"तुम संभावनाओं में भी संशय पालते हो, मार्टन। मुझे संभावना में विश्वास जगाना आता है? दृढ़ता मन की हो, मन से हो और मन से भी ऊपर हो तो मुझे नहीं लगता है कि उससे हटकर और वह भी प्रतिकूल, कुछ घट सकता है। नेपोलियन इसीलिए फ्रांसिसियों के मन पर से नहीं हटता है। विश्वास की चमक हीरे से भी ज्यादा चमकदार और स्थायी होती है। आज तुम अटल विश्वास के चमत्कार से भी परिचित हो सकोगे।" अरविंद ने बिना सोचे-समझे और सहज होकर कह डाला। वह नहीं पहचान सका कि उसमें कहां से ऐसी प्रेरणा जगी और कहां से ऐसी अगोचर शक्ति आई। मार्टन हतप्रभ हुआ। उसे देखता रह गया। उसकी कुछ समझ में नहीं आया कि उसे क्या करना चाहिए। उसके मदर-फादर घर में नहीं थे। उसने नौकर-चाकरों को बुलवाया और बिना एक पल खोये अरविंद से कहा, "ये लोग तुम चाहोगे तो तुम्हारी सहायता कर सकेंगे।"

मार्टन से वहां नहीं रुका गया। कुछ गड़बड़ हुआ तो...। इससे आगे उससे सोचा नहीं जा सका था, परंतु उसे इस बात से कुछ-कुछ तसल्ली हो रही थी कि उसके डैड आज के दिन नाराज नहीं होते हैं। उनका मानना है कि सरेमेनी (समारोह अनुष्ठान) के दिन नाराज नहीं होना चाहिए, क्योंकि वह दिन उनका नहीं होता है। वह दिन समारोह-अनुष्ठान का होता है।...नो नीड. ..नो शैग्रिन (शर्मिंदगी)...वह दिन जब आपका है ही नहीं, फिर उसके लिए कोई सोच-विचार नहीं। कोई रीपमेंट-पश्चात्ताप नहीं। जो हो रहा है और जैसा हो रहा है, उसे स्वीकारना ही हमारा धर्म-कर्म है। "यों मेरे पिता उसूल के आदमी हैं।" इस समय उस पहाड़ी पर प्रिमरोज (एक पीले रंग का जंगली फल) की बहार देखने लायक होती है। उसे वहां के लोग आदिकालीन कल्चर...प्रिमटिव कल्चर का प्रतीक मानते हैं। वह यह सोचता हुआ किचिन

में चला आया और खानसामा को दो कॉफी बनाने का आदेश देकर अपने कमरे की ओर चल पड़ा। वह होनेवाली अनहोनी को देखने का साक्ष्य नहीं बनना चाहता था। वह यदि चाहता तो अरविंद को मना कर सकता था।

दीवार घड़ी की टिक-टिक उसे लग रहा था, अचानक तेज हो गई है। हर पल उसके पांव से पोली मिट्टी की तरह खिसक रहा है। वह धीरे-धीरे नीचे खिसका जा रहा है। अनुमान व्यक्ति को कैसा खोखला कर सकता है। डैड आएंगे तो...। मदर उसकी ओर दया की दृष्टि से देखती रह जाएगी। वह किसी की दया का पात्र नहीं बनना चाहता। उसे यह सब सोचते हुए अजीब-सी थकान महसूस होने लगी। थकान का अचानक सजीव हो उठना उसे किसी जादूगर का करिश्मा लग रहा था।

मार्टन ने कार की आवाज सुनी। अवश्य मम्मी-डैड आ गए हैं। अरविंद क्या कर रहा है? क्या करेगा वह? वह कर पाना उसकी सामर्थ्य से बाहर है। फिर भी, मार्टन ने अपना सिर झटक दिया और वहीं पड़ी कुर्सी पर वह बैठ गया।

"कॉफी रख दी है, साहब।" खानसामा ने धीरे से कहा, "आपके मित्र भी वहां आ बैठे हैं।"

"क्या!" मार्टन ने घड़ी की ओर देखा और फिर चौंका, "एं, एक घंटे से ऊपर हो गया। कोई...दुर्घटना नहीं घटी।" गहरी सांस लेकर वह उधर चल पड़ा।

इसी वक्त उसने कार के जाने की आवाज सुनी। क्या मम्मी-डैड नीचे से ही लौट गए हैं? शायद उनको कोई और काम याद आ गया होगा। जब वह ड्राइंग रूम में पहुंचा तब अरविंद वहां लगी पेंटिग्स की ओर बहुत ध्यान से देख रहा था। वह कुछ देर तक तन्मयता से उसकी ओर निहारता रहा। वह जैसे ही मुड़ा अरविंद ने उसे पुकार लिया, "मार्टन कहां जा रहे हो?"

मार्टन ने अरविंद के चेहरे की ओर देखा। वह कुछ नहीं समझ सका। उसका चेहरा कभी-कभी भावनाओं से परे एकांत में उतर जाता था किसी गहरी तलाश में।

"मार्टन, लुक दीज पेंटिंग्स! दीज आर नॉट ए फेनेटिक सिम्बल! व्हाट ए ब्यूटी!"

"हां, अरविंद...पर वो..."

"आओ, मेरे साथ आओ और देखो, तुम्हें उस पहाड़ी पर अपने ग्रैंड

फादर नजर आते हैं या नहीं।"

मार्टन हैरान रह गया। शीशा खिड़की में फिट हो चुका था। वह कह उठा, "अरविंद, यू आर अ ग्रेट परसन। नो पैरेलेल (समकक्ष)। तुम नहीं जानते माई फादर-मम्मी कितने खुश होंगे...कितने कि...।"

"मुझे चलना भी है।"

"क्यों नहीं, अरविंद! कार आ जाने दे।"

"नहीं मार्टन, मैं चला जाऊंगा।"

"इतनी दूर...।"

"मेरे लिए कोई दूरी दूर नहीं है।" अरविंद लौटने लगा। मार्टन ने नीचे पहुंचकर कहा, "परंतु तुम्हें आज की पार्टी में आना होगा, अरविंद।"

"कोशिश करूंगा, मार्टन।"

"नहीं, तुझे आना ही है। तू नहीं जानता मेरे मम्मी-डैडी तुझसे मिलकर कितने खुश होंगे।"

"तुम इस बारे में कुछ नहीं बताना, मार्टन।" अरविंद ने कहा।

"नहीं अरविंद, इस चमत्कार को मैं अवश्य बताऊंगा। अपने हैडमास्टर डॉ. वाकर भी आ रहे हैं। वे जानेंगे तो उनका सीना फूला नहीं समाएगा।"

"अब मुझे चलना चाहिए, मार्टन।"

"वादा करना होगा।"

"विश्वास करो, मार्टन।"

मार्टन ने गहरी सांस लेकर कहा, "इस विश्वास के साथ कि तुम मेरा विश्वास टूटने नहीं दोगे।"

"हां मार्टन।" अरविंद ने सिर झुकाकर कहा। इसके बाद वह चल पड़ा। वह यह कैसे कह देता कि उसके पास पार्टी लायक कपड़े नहीं हैं? सत्य कितना बेरहम, कठोर और असंवेदनशील होता है कि मर्म को छील जाता है और रक्त की एक बूंद तक नहीं छलकने-उभरने देता है।

15

वह सुबह जो स्वयं चलकर आई अनबुलाये। न आसमान में सूरज था, न उसके ताप की झलक और न हवा के तेवरों में बल। सब सामान्य था। लंदन इसी सामान्य-असामान्यता के लिए याद किया जाता है। अपने आप में

खोया हुआ शहर जो सोता हुआ भी जागता है और जागते हुए भी खुमारी लेता है। किसी शहर में रहते हुए वर्षों हो जाने के बाद यदि वह शहर अपने पत्ते नहीं खोलता तो समझ लो, वह लंदन की याद दिला रहा है। वहां होंठ आंखें खोलकर देखते हैं और आंखें होंठ की उंगली पकड़कर रुक-रुक कर आगे बढ़ती हैं। वहां संभावना हर समय असंभावनाएं बनी रहती हैं। किसी शहर के बारे में ऐसा तटस्थ विचार उठना, उस शहर की ऐसी खासियत है जिसे सैकड़ों में अलग से पहचाना जा सके।

"ए, तुम्हें दीखता नहीं है, ब्लैकमैन।"

"अरविंद ने पलटकर देखा। टमटम गाड़ी का कोचवान आंखें तरेरकर कह चुका था। अरविंद ने घूरकर उस सफेद चमड़ी वाले आदमी को देखा और कहा, "गोरी चमड़े वाले देवता, क्या यह ईसा के प्रेम की भाषा है?"

"नो ब्लैकमैन, तुम्हें ईसा का नाम बीच में नहीं लाना था। ईसा महान हैं।

"सॉरी, व्हाइट मैन, वेरी सॉरी। मुझे ईसा को बीच में नहीं लाना था, क्योंकि ईसा इनसानों के बीच में रहने लायक नहीं हैं।"

"ये तुम क्या बकता है..."

"ब्लैकमैन।" अरविंद वाक्य पूरा कर देता और पूछता, "नाऊ यू आर हैप्पी।"

"व्हाट हैप्पी?"

"एनी ग्रीवेंस (शिकायत)?"

"ए, तम छोकरा क्या ज्यादा होशियार बनना मांगता है।"

"हम मांगता नहीं, देता है।"

"व्हाट?"

"तुम नहीं समझेगा, कोचवान ब्रदर, यह गोपनीय बात है। जाओ, ब्रदर, अपना समय लाल-पीला मत करो।"

वह चला गया। अरविंद ने मन-ही-मन मुस्करा कर सोचा कि अच्छा सबक सिखलाया है बच्चू को। जब एकांत पाकर इस प्रकरण पर सोचेगा तो उसे अपने सोच पर आत्मग्लानि हो सकती है।

अरविंद सेंट पॉल स्कूल से घर की ओर लौट रहा था। आज कुछ इवेंट्स हुई थीं। उसने उनमें भाग नहीं लिया था। क्या लेता उसने कोई तैयारी नहीं की थी। उसकी खेलों में रुचि भी कहां है?...और हो भी क्यों? पर क्यों न हो, इसका उसके पास कोई ठोस कारण भी नहीं था। कई बार वह इस संबंध में सोच चुका है, परंतु नतीजा कुछ नहीं निकला। लेकिन इसका अर्थ

यह कदापि नहीं है कि वह खेलता नहीं है। वह खेलता है, परंतु नियमित नहीं और खेल के कौशल को हुनर में बदलने के लिए। यों वह खेल लेता है एक सक्रिय और कभी-कभी निष्क्रिय सदस्य बनकर। निष्क्रिय तब जब टीम में एक खिलाड़ी की कमी रह जाती है और उससे आग्रह किया जाता है। वह उनके आग्रह को सदा एक अच्छे और सच्चे साथी के रूप में सहज मान जाता है। तब भी वह खेलता नहीं बल्कि खेल देख रहा होता है। तब उसमें गजब की तटस्थता देखी जा सकती है और इस सबके बावजूद भी उसकी निष्क्रियता और तटस्थता टीम के किसी सदस्य की दृष्टि में कभी लांछित नहीं हुई, क्योंकि वह ऐन वक्त पर, पता नहीं वह ईश्वर शक्ति होती थी या कुछ और, उसका उसने कभी विश्लेषण नहीं किया। टीम बेहतरीन खिलाड़ी सिद्ध होने में कभी नहीं चूका। टीम के अन्य सदस्य कहते भी थे कि उसे खेल क्लब ज्वॉइन कर लेना चाहिए, वह टैलेंटेड है। क्या टैलेंट है उसमें, यह वह अच्छी तरह जानता था, क्योंकि जो खिलाड़ी खेलते हुए खेल के मैदान से बाहर सोचता रहता है, उससे टैलेंट की कल्पना करना कितनी निरर्थक बात है। हां, वह यह अवश्य अनुभव कर सका है कि उसमें ऐसा कुछ अवश्य है जो तारों की तरह अंदर-ही-अंदर हरदम प्रकाशित होता रहता है। यह क्या कम है कि उसका स्टैमिना (ऊर्जा) टीम में उसके होने की सदा याद दिलाता रहता है। यहां तक कि कभी-कभी इस अदृश्य स्टैमिना के कारण वह स्टिअर्जमैन (कर्णधार) भी बन जाता है।

उसकी यादों ने करवट ली और वह उस दिन को याद कर उठा, जिस दिन उसने किसी अलौकिक शक्ति का अपने में प्रवेश होते पाया था उसने ही उसे मार्टन के घर चलने के लिए प्रेरित किया था, व साथ ले चलने का आग्रह कर डाला था, जो कि उसके स्वभाव के एकदम विपरीत था। शीशा लगाकर लौटते वक्त उसमें यह चेतना अंगड़ाई ले रही थी कि उसने जिस काम को किसी को करते तक नहीं देखा, उस काम को वह स्वत: ही करने के लिए कैसे तैयार हो गया? शीशा टूट भी सकता था। शीशा कीमती भी था। पर मार्टन के दादा को उस दिन उस खिड़की से देखने का तिलिस्म उसके मनोमस्तिष्क में कहीं गहरे, इतना गहरे उतर गया था कि वह उससे सम्मोहित हो गया। तब भी वह वहां उपस्थित नहीं था। उसके स्थान पर कोई और उपस्थित था, जिसे वह नहीं जानता और न जानने की कोशिश करता है। सिवा इसके कि वह उपस्थित नहीं था।

वहां उसने जो पेंटिंग्स देखी थीं और उस शीशे से जिस लैंडस्केप में से उगते हुए अनेक लैंडस्केप देखे थे, वे उसमें किसी अज्ञात झरने के ताजा अनुभव से जोड़ रहे थे। उस झरने को उसने कभी नहीं देखा था और शायद भविष्य में भी वह देख नहीं सकेगा, यह वह जानता है। कई बार उसमें अनदेखी तथा अज्ञात जिज्ञासाएं स्वतः मूर्त हो उठती हैं, तब उसे जादूगर का ख्याल आता है और उसका यह मानने का मन होता है कि वाकई जादू का अस्तित्व है, वह आंख मिचौली का खेल मात्र नहीं है। वह चिल्ला पड़ा था किसी पुराने क्रिश्चियन की गुम हुई आत्मा की तरह कि "यू आर ए पेगन (ईसाई धर्म को न मानने वाला)। डोंट लाई।"

"मैंने कब कहा कि आई एम ए पेगन, सर।"

"फिर तुम एक सिद्धहस्त पादरी की तरह, शांत और निश्चल खड़े मुझे एक नेक, ईमानदार और सिर से पांव तक ईसा में डूबे क्यों नजर आ रहे हो?"

"गॉड नोज, सर, आई डोंट नो।...व्हाई इज इट सो? यू हैज आस्क युअर स्प्रिट। वह क्या कहती है। कहीं आप तो क्राइस्ट में इतने नहीं खो चुके हो कि तत्काल या एक बार यह भूल जाते हो किसी को भी देखकर फिर वह चाहे निर्जीव ही क्यों न हो कि वह ईसा का वफादार और नेक इरादों वाला भक्त नहीं है। कृपया मझे क्षमा करें। मैं हर ज्ञात-अज्ञात गलती के लिए सच्चे दिल से क्षमा याचना कर रहा हूं जो कि मेरे स्वभाव के एकदम विपरीत और कुछ-कुछ अनहोनी घटना है।" और वह खुशी-खुशी लौट पड़ा। शायद उसे याद नहीं था कि वह किधर जा रहा था या किधर से आ रहा था इसीलिए वह पैम्पर चाइल्ड (अधिक लाड़ प्यार में पले बच्चे) की तरह चुपचाप, फुटबॉल में हवा भर जाने के बाद की तरह उछलता हुआ चल पड़ा था।

जरा ठहरो, अरविंद। चलते-चलते वह रुक गया था। पॉवर ब्रेक की तरह जो अचानक और अनचाहे लग गया था। वे चित्र उसमें झरने की तरह उछल रहे थे। उससे कह रहे थे- सौंदर्य केवल देखने के लिए होता है। देखते रहो, जब तक उसे देखना चाहो। उसे देखने वाला बूढ़ा हो सकता है। उसकी आंखों में लगातार देखते रहने से मोतियाबिंद उतर सकता है, परंतु सौंदर्य कभी बूढ़ा नहीं हो सकता। एवरग्रीन, और वह बूढ़ा आदमी जो उसे लगातार देखने के कारण अपनी आंखें खो चुका है, उससे प्यार करना नहीं छोड़ सकता, क्योंकि वह अपनी खोई हुई आंखों से खरगोश की तरह खुश

होता हुआ कहता है, "अलविदा, डीयर एण्ड नीयर आइज। मुझे अब तुम्हारी जरूरत नहीं है, क्योंकि मैं तुम्हारे बिना उसे एकदम साफ, स्पष्ट, सिर से पांव तक चमकता, महकता, इठलाता और खुश होता देखे जा रहा हूं। बिना एक पल ठहरे-रुके और आंख मले। आंखो, मैं तुम्हारा हृदय से शुक्रगुजार हूं कि तुमने एक लंबे समय तक, एक नेक और सच्चे साथी की तरह मेरा साथ दिया। मुझे सौंदर्य में से सौंदर्य तक प्रवेश कराने में मेरी मदद की। मैं तुम्हें इसलिए नहीं फेंक रहा हूं, बल्कि तुम्हारी निःस्वार्थ और संप्राण सेवाओं के बदले मैं तुम्हारा सम्मान-सत्कार करते हुए तुम्हें विदाई दे रहा हूं। अलविदा मेरे अजीज मित्र, अलविदा। निश्चित ही यह अपार्ट हेट (दक्षिण अफ्रीका के पूर्व में योरोपियों तथा गैर योरोपियों के बीच वर्ग भेद) नहीं है। मेरे शुभचिंतक, यह मेरे हृदय के पवित्र उद्गार हैं जो तुम्हें समर्पित हैं।"

अब इन सुंदर पेंटिंग्स और शीशे से नजर आने वाले लैंडस्केप के नीचे यह लिखने की जरूरत नहीं है- डोंट टच मी। मुझे छुओ मत। अपनी आंखों से उसे अपने पवित्र हृदय में उतर कर तैरने दो और शाश्वत आनंद की उत्ताल लहरों में मुझे सहज उन्मादित होते हुए अनुभव करो, तब तुम्हें कोई लैंडमार्क (सीमा-चिह्न) नहीं रोकेगा। तुम भी मेरी तरह उस पवित्र झील में, जिसमें स्नान करने और तैरने पर रोक लगी हुई है, तैर रहे होंगे और कोई देखने वाला तुम्हें देख नहीं रहा होगा मेरी तरह। तब तुम कितने रोमांचित हो रहे होंगे...वंडरफुल एकसाइटमंट! एकदम एक्सीलन्स (उत्कर्ष)! व्हाट ए वंडरफुल सीन! यू कांट इमैजिन। यू कांट...। कैसा वैभवपूर्ण सौंदर्य है, वाह! अलौकिक वैभव! कल्पना से परे का अक्षत तथा अक्षय वैभव! आज अरविंद का मूड अपेक्षाकृत अन्य दिनों से अधिक मेहरबान था, अधिक कृपालु था, अधिक सहयोगी था। वह इन अज्ञात आनंद-हर्ष से उन्मादित-सा हुआ दादी मां के घर तक पहुंचा ही था कि उसका स्वप्न बिखरने लगा। एकदम उलट वातावरण की तरह। अचानक पलटे मौसम की तरह।

निस्संदेह वह मनमोहन की ही आवाज थी, जो दीवारें फांदकर, उछाल भरती स्पष्ट सुनी जा रही थी। हां...हां...ऐसा ही होना चाहिए था। जो हुआ वही होना चाहिए था। इसमें आश्चर्य की जरा-सी गुंजायश नहीं है कि उसके अनुयायियों ने उसकी बात को अनसुना कर दिया, क्योंकि मूसा था ही इस योग्य! यह बात धर्मांध और कंजूस लोगों के दिमाग में नहीं आ सकती।

"क्या कहा, मैं कंजूस...धर्मांध हूं...मेरे दिमाग नहीं हैं।"

"स्वार्थी भी हो।"

"मैं और स्वार्थी! कल का छोकरा मुझे कोसे जा रहा है। बद्दिमाग। मेरे एहसानों का यह बदला!...एक पेगन...गैर ईसाई से, अधार्मिक और नास्तिक से और क्या उम्मीद की जा सकती है? मेरे पुत्र डरूएट की अक्ल पर पत्थर पड़ गए थे...उसे...हां-हां, उसे अच्छे-बुरे इंसान की जरा-सी भी पहचान नहीं है। वरना वह इन कर्मजलो, अधार्मिकों और एहसान फरामोश इंसानों को मुंह नहीं लगाता। न मेरे कंधों पर इनका बोझ डालता। अब तुम यहां एक पल नहीं रह सकते हो। आने दो, उस विनय के बच्चे को, वह बड़ी चिकनी चुपड़ी बातों से मुझे उल्लू बनाता रहा है। अब उसकी दाल नहीं गलेगी। मेरी तरफ से अब तुम लोग जहन्नुम में जाओ, मुझे तनिक-सी भी परवाह नहीं।"

"चुप कर बुढ़िया, खूसट, हमें भी तुझे नहीं रखना। एक पल के लिए भी नहीं।"

"ऊंची नाकवाले होंगे तो अपने किए पर तत्काल अमल करके दिखलाओगे। अपने बड़े भाई को समझा देना कि मैं अब उसकी बातों में आने वाली नहीं हूं, चाहे वह गिड़गिड़ाये या नाक रगड़े।" वह बड़बड़ाती हुई उन्हें छाछ पीकर कोसती जा रही थी।

अरविंद की सांस ऊपर की ऊपर और नीचे की नीचे। उसके पांव जाम हो गए। उसकी आंखों के सामने अंधेरा छाने लगा। उसका सिर चकराने लगा। पता नहीं अब इस महाभारत का अंत क्या होगा? सिर छिपाने के लिए जगह थी, वह छिन जाएगी तो उनके रहने, खाने-पीने का क्या होगा? कौन ओढ़ेगा उनकी जिम्मेदारियां? पैसे टके में वैसे ही छीजत चल रही है। यही कारण था कि उसने अपने साथ हुई घटना को पी जाना उचित समझा। पर अब?

न उसका मन अंदर जाने का हो रहा था और न बाहर जाने का। उसकी सांप-छछूंदर की गति हो रही थी- न छोड़े बनता था और निगलते। जो होना था, वह हो गया। सन्नाटा टूटकर बिखर गया। बिखरा हुआ सन्नाटा बीनकर पुनः इकट्ठा भी नहीं किया जा सकता। सन्नाटा वह बारीक कांच की प्लेट है, जो एक बार हाथ से छूटी नहीं कि चूर-चूर हो गई, फिर उसके जुड़ने का नाम नहीं।

अरविंद लौट पड़ा। आज वह दोपहर का भोजन नहीं लेगा। गया तो किससे और किस मुंह से मांगेगा? वह उसे देखते ही बरसने लगेगी। जो मुंह में आएगा, कहती जाएगी और वह भी नॉन स्टॉप। हालांकि वह अच्छे

मन की नहीं है। उसके मन में खोट है। ईसाईयत का उस पर ऐसा रंग चढ़ा हुआ है कि वह मूसा को दी गई गाली को कभी बर्दाश्त नहीं कर सकेगी। उसे कोई समझा भी नहीं सकता। कौन है उसे वहां समझाने वाला? वह इस दुर्घटना का जिक्र सारी बस्ती-मुहल्ले में कर देगी कि उसके यहां मूसा को गाली देनेवाले नापाक नास्तिक और बद्दिमाग ऐसे छोकरे हैं कि उनके मदर-फादर भी उन्हें घास नहीं डालते। ये बातें वह नमक-मिर्च लगाकर बस्ती के घर-घर में जंगल में लगी आग की तरह फैला देगी। हो सकता है कि उसके लौटने तक वह यह काम कर भी चुकी हो और बस्ती वाले उसके भाई के लौटने की प्रतीक्षा कर रहे हों।

"यह क्या किया मनमोहन, मेरे भाई! जिस डाल पर बैठा था, उसे ही काट डाला। यह तूने अच्छा नहीं किया। भैया, यहां अपना कौन है? घर लौटना चाहें तो भी संभव नहीं है।" अरविंद मन-ही-मन बड़बड़ा रहा था। उसके सामने हर बार दादी मां आ खड़ी होती थी। उसका लंबा चेहरा झुरींदार था, उसकी देह अवश्य कुछ मोटी हुई थी और उसकी देह का मांस जहां-तहां से लटक आया था, परंतु उसकी चमकदार आंखों में अभी तक सुर्खी बची हुई थी। उनमें शानदार अतीत का वसंत था। कद लंबा था। उसके होंठ पतले थे और पारदर्शी वह प्राय: जब बाहर निकलती थी, तब फेल्ट हेट लगा लिया करती थी। उसके पास कई तरह के फेल्ट हेड थे। वह अक्सर क्विजीन यानी भोजन पकाने की फ्रेंच शैली का वह शान से वर्णन करते हुए अतीत के ऐश्वर्य की दहलीज पर जा खड़ी होती थी। वह ऊपर से शांत तथा खुशदिल नजर आती थी, परंतु अंदर से वह बहुत चालाक, उपद्रवी और रूढ़ थी। यदि वह एक बार फैल जाए, तो उसे समेटना मुश्किल हो जाता था।

रात होने को आई। अरविंद को सब तरफ यह लिखा नजर आ रहा था ...आगे रास्ता बंद है। तो उसे लौट पड़ना चाहिए। पर कहां? अब तक दा आ चुके होंगे और बूढ़ी शेरनी दहाड़ रही होगी। शायद आसपास के आदमियों को वह जोड़ बैठी हो। पर वह सिवा घर लौटने के और कर भी क्या सकता है? कहीं उसको तलाशने के लिए वे घर से नहीं निकल गए हों? निश्चित रूप से मनमोहन इस समय घर में नहीं होगा। सारा गुस्सा विनय भूषण भैया को झेलना पड़ा होगा। फिर तो वह उसे और विनय भूषण दोनों को ही अकेले तलाश रहे होंगे। हो यह भी सकता है कि इन विषम परिस्थितियों में वह घर से बाहर नहीं गया हो और भैया पर पड़ने वाले बोझ में वह बराबरी का

हिस्सेदार बन गया हो, क्योंकि जो कठिन परिस्थितियां जन्मी हैं, उनके पीछे मनमोहन अकेला है। वह जरा-सा भी दब्बू नहीं है, साहसी है, मुंहफट भी है और ताल ठोंकने वाला भी।

16

हर किसी के भाग्य में खुशियां स्वयं चल कर नहीं आतीं। वे विरले ही होते हैं जो शून्य से सारी सुविधाएं ऐसे प्राप्त कर लेते हैं जैसे वे उसकी प्रतीक्षा में हाथ बांधकर स्वागतार्थ खड़ी हों। सब तरफ से निराशा हाथ लग रही थी। मनमोहन अंदर-ही-अंदर बहुत दुःखी हो रहा था। उसे पछतावा हो रहा था कि यह उसने क्या मूर्खता कर डाली? वे सारी बस्ती में बदनाम हो चुके थे। कोई उन्हें पेइंग गेस्ट रखने के लिए तैयार नहीं था। दादी मां रोज उनके कान खींच रही थी। अरविंद शांत भाव से दादी मां की ओर देखता रह जाता था। शायद दादी मां का पत्थर दिल पसीज उठे। यह जानते हुए कि उसका ऐसा सोचना अनुभवहीनता का प्रतीक है और शुतुरमुर्गी खयाल है।

अब वह लाचार-विवश होकर घर के निकट पहुंचने वाला था। उसकी धड़कनें तेज हो उठी थीं। उसकी सोच निष्क्रिय हो रही थी। उसके कदम धीरे-धीरे उठ रहे थे। तभी एक लॉरी तेज रफ्तार से उधर से गुजरी। एक झोंका उसके तन-मन को झकझोर गया। बहुत देर तक उसे ठंडी हवा का अनुभव हुआ जबकि हवा तो पहले भी ठंडी थी, परंतु विचारों की गरमी उसे ठंड का अनुभव नहीं होने दे रही थी। आखिर वह घर के निकट पहुंच ही गया।

कई लोग वहां थे। वे पड़ोसी थे और दादी मां की तरफ थे। उनमें से एक अधेड़ और थुलथुल शरीर का व्यक्ति पूछ रहा था, "मनमोहन कौन है?"

"मैं हूं मनमोहन।"

"तुमने मूसा का अपमान किया।"

"हमें...हमारे भैया को दादी मां ने परेशान कर डाला था। विनय भूषण बाइबिल का पाठ सुनाओ, प्रार्थना बोलो आदि-आदि। हम लोग यहां पढ़ने आए हैं, न कि किसी धर्म विशेष में दीक्षित होने के लिए। हमने काफी प्रयत्न किए कि दादी मां हमारी बात समझ जाएं, परंतु वह नहीं समझीं या समझकर भी वह मनमानी करती रहीं।...आप लोग हमारी मानसिकता को

समझने का कष्ट कीजिए। हमारा इरादा मूसा का अपमान करने का कतई नहीं था। आखिर हम उनसे कैसे पिंड छुड़ाएं? यह हमारी मुख्य समस्या थी।" मनमोहन बिना झिझक कह गया।

"तुम्हें यह घर छोड़ना होगा।"

"समझ रहे हैं, महाशय। आप भी हमारा सहयोग कीजिए। हम परदेशी हैं। यहां हम जानते भी बहुत कम लोगों को हैं।"

"तो फिर?"

"फिर क्या?"

"तुम्हें दादी मां से माफी मांगनी होगी।"

"पर क्यों? मैंने ऐसा क्या किया है।"

"तुमने मूसा को बुरा भला कहा है। तुम इसके लिए कोई दूसरा माध्यम भी तलाश सकते थे। इससे दादी मां को गहरा आघात लगा है।"

"उसके लिए मैं माफी मांगने के लिए तैयार हूं।" विनय भूषण बीच में ही बोल पड़ा।

"नहीं, भैया, यह नहीं होगा। हमने कोई गलती नहीं की, फिर माफी किस बात के लिए?"

"तुम चुप भी रहो, मनमोहन।"

"सच्चाई के लिए मूसा सूली पर चढ़ गए।"

"तुम क्या चाहते हो, मनमोहन?"

"सत्य पर डटे रहना। क्या तुम गेरी बात का समर्थन नहीं करते हो?"
"यहां प्रश्न समर्थन-असमर्थन का नहीं है।"

"नो, भैया, यहां प्रश्न सत्य के समर्थन का ही है।"

"तुम चुप भी रहो, मनमोहन।"

"क्या हमारी तालीम का सही लक्ष्य है?"

"जाना तुम्हें यहां से पड़ेगा।" एक दूसरा प्रौढ़ व्यक्ति पतलून की जेब में हाथ डालकर कह रहा था, "माफी मांग लोगे तो सात-आठ दिन ठिकाना तलाश करने के लिए मिल सकते हैं।"

"नहीं तो आप हमें धक्के मार कर इस घर से बाहर निकाल देंगे।"

"हम हिंसा नहीं चाहते।" पहले वाले व्यक्ति ने कहा।

"तो हमें कुछ समय दीजिए ताकि हम दूसरी जगह ढूंढ सकें।"

"उसके लिए तुम्हें माफी मांगनी होगी।"

"यह आपका अंतिम निर्णय है क्या?"

"मैं तैयार हूं।" विनय भूषण ने कहा।

"तुम नहीं, माफी मनमोहन को ही मांगनी होगी।"

"मैं माफी नहीं मागूंगा, यह मेरा भी अंतिम फैसला है।" मनमोहन ने दृढ़ता से कहा। अब तक भीड़ में इजाफा हो चुका था। मनमोहन के उत्तर से उन लोगों के कान खड़े हो गए थे। क्या कदम उठाया जाए, यह तय नहीं हो पा रहा था। कब तक अरविंद वहां छिपा खड़ा रहता? कुछ लोग उधर आ रहे थे। वह अब अपने को नहीं रोक सका और अंदर आ गया। किसी ने उससे कोई प्रश्न नहीं किया। वह चुपचाप एक कोने में जा खड़ा हुआ।

एक बुजर्ग इंसान ने दादी मां से कुछ सलाह-मशविरा कर कहा, "तुम लोग तीनेक दिन में नई व्यवस्था कर लो।...आज से, अब से दादी मां खाना नहीं बनाएंगी। वह तुम जानो, तुम्हें उसकी क्या और कैसे व्यवस्था करनी है?"

"यदि तीन दिन के भीतर व्यवस्था नहीं हो सकी तो?"

"इसका हमने ठेका नहीं लिया है।" पहले वाले आदमी का कलफदार स्वर था।

"इस वक्त हम संकट में हैं।"

"यह संकट तुमने स्वयं आमंत्रित किया है, मनमोहन।"

"जो हो चुका है, उस पर पुनर्विचार करने की कोई जरूरत नहीं है। समस्या इस समय की है। हम भी अब यहां रहना नहीं चाहेंगे, परंतु हमें दूसरी व्यवस्था होने तक का समय चाहिए।"

"कितना समय चाहिए?"

"यह आप लोग अच्छी तरह जान सकते हैं कि हमारे खाने की व्यवस्था बंद हो चुकी है अत: हम जल्दी से जल्दी यह स्थान छोड़ना चाहेंगे। हम सब पढ़ रहे हैं, इस कारण हमारे पास समय भी कम है। फिर भी, हमारी पूरी कोशिश रहेगी कि..."

"कोशिश नहीं, समय सीमा बताइए।"

"दो सप्ताह।" विनय भूषण ने असोचे कह डाला ताकि इस समय तो यह संकट टले। एक बार वे सब धर्म संकट में फंस गए। सोच सरक-सरक कर एक कोने में जा बैठा। समस्या यथास्थान बनी रही। अरविंद के मन में एक कहानी का शीर्षक 'कल ड सैक' (बंद गली) चक्कर लगाने लगा। उस

कहानी का पात्र कहानी के साथ चलते-चलते रुक जाता है, क्योंकि उससे आगे रास्ता नहीं होता। अब यह क्या करे? लौटने की उसमें शक्ति नहीं है। क्या वे सब उसी स्थान पर नहीं जा खड़े हुए हैं, जहां उस कहानी का अंत होता है, लेकिन यहां...। अरविंद यहां आकर रुक गया।

समय सन्नाटे की दलदल में उतरता जा रहा था। हर क्षण अपने में टूटकर छिन्न-भिन्न होता जा रहा था। अरविंद ने अचानक कहा, "क्या मुझे कुछ निवेदन करने की अनुमति मिल सकती है?"

अब उन लोगों की दृष्टि अरविंद पर फिसल कर अपने चारों ओर घूर रही थी। एक वयोवृद्ध महाशय ने कहा, "कहिए, क्या कहना है?"

चलो, कोई रास्ता तो निकला। 'कल ड सैक' की स्थिति से तो बाहर आ सकेंगे।

"दादी मां को हमने सदा सम्मान दिया है। उनका स्थान हमारी सगी दादी मां जैसा है। यह ठीक है कि अब हमारा यहां रहना दोनों में से किसी के पक्ष में नहीं है। हम जाएंगे ही, लेकिन दादी मां हमें न चाहते हुए भी, ईसा की मंशा समझकर सहायता दें। हमारा भोजन बंद न करें। इससे ईसा उनसे नाराज हो जाएंगे, क्योंकि वे बच्चों से बहुत प्रेम करते हैं। जहां तक मैं समझ सका हूं, महान् ईसा, मसीहा, प्रेम, करुणा, त्याग और दया के साक्षात् देवता हैं। बच्चों के प्रति उनमें गहरी ममता है। क्या मैं जो कुछ कह रहा हूं, उससे आप में से किसी को कोई आपत्ति है?" अरविंद ने अनसोचे सोचने से बेहतर वातावरण बनाया।

कुछ देर बाद उनमें से कुछेक का स्वर था, "यह सच है, इससे किसी को आपत्ति क्यों होगी?"

"क्या आगे भी कुछ कहना है?"

"हां, उदार महाशयो, अवश्य कुछ कहना है।"

"झटपट कह डालिए।"

अरविंद ने खखार कर कनखियों से सबके चेहरे पढ़े। उन पर कुतूहल चस्पां हो चुका था। दादी मां कुछ-कुछ सकपकायी। क्या वह उस दिन की घटना का जिक्र करने जा रहा है? वह कह रहा था, "यदि आप ईसा के सच्चे अनुयायी हैं तो आप सबको यह सिद्ध करना होगा।"

कुछ देर तक फिर सन्नाटा घिरा रहा। उनमें से किसी ने पूछा, "कैसे?"

अरविंद की निगाहें दादी मां पर जा ठहरीं। दादा मां विचलित हो उठीं। हो न हो, वह उस दिन की घटना का उल्लेख करने वाला है। अरविंद कहने

लगा, "दादी मां इस सत्य से इनकार नहीं कर सकतीं कि हमने कभी नहीं चाहा कि उनकी बदनामी हो। हम उस बात को भूल गए और उस बात को किसी पर भी जाहिर नहीं होने दिया। क्यों, दादी मां, आपको इस संबंध में क्या कहना है?"

दादी मां ने घबरा कर कहा, "कुछ नहीं।"

"तो हमारी दादी मां से प्रार्थना है कि वह हम लोगों का भोजन बंद नहीं करें। महान ईसा तो अनाथों के नाथ हैं...और हम भी यह विश्वास दिलाते हैं, ईसा मसीह को हाजिर-नाजिर मानकर कि हम कल से नए स्थान की तलाश में निकल जाएंगे।" अरविंद का स्वर संतुलित और गंभीर था।

सब सज्जन कुछ-कुछ अवाक् से रह गए। किसी ने नहीं सोचा था कि वह ऐसे भी घिर सकते हैं। वह आगे कह रहा था, "माना कि...माना कि क्या? यह सत्य है कि हम गैर ईसाई हैं। हम नहीं जानते कि हमें आपके मूसा के साथ कैसा व्यवहार करना चाहिए?

आप लोग गहरे और पक्के धार्मिक हैं। आपके मूसा के साथ दिली संबंध हैं। आपकी उन पर अपार व अटूट श्रद्धा है। लिहाजा आप उनके बारे में विरोधी स्वर बर्दाश्त नहीं कर सकते।"

"हां, यही वह कारण है कि..."

"परंतु जरा विचार कर देखिए कि जो कुछ आप करने जा रहे हैं, क्या वह ईसा को स्वीकार होगा? क्या आपके मूसा को इस सबसे वही पीड़ा नहीं हो रही होगी, जो आपको हमारे भाई मनमोहन के मूसा के बारे में कहे कथन से हुई है? आप लोग मूसा को क्या जवाब देंगे? उस मूसा को जिसने कहा है कि कोई तुम्हारे एक गाल पर एक थप्पड़ मारे, उसके सामने अपना दूसरा गाल कर दो। क्यों कहा है ऐसा उसने, यह आपको सोचना है। सोचना यह भी है कि आप जैसे ईसा-मूसा के परम भक्त, हमारे से उम्र में तीन-चार गुना बड़े, शिष्ट और भद्र जन, बच्चों से ऐसा व्यवहार करने पर उतारू हो जाएंगे जो आपके धर्म के विरुद्ध है, आपकी सभ्यता-संस्कृति से मेल भी नहीं खाता और आपके बड़प्पन की मर्यादा पर प्रश्न-चिह्न लगाता है, तब...हां, तब आपको क्या करना चाहिए?"

इस बार सन्नाटा कुलबुलाया। सवाल गहरा उठा था। चुनौती भरा था। अब उस वयोवृद्ध व्यक्ति से नहीं रहा गया। उसकी आत्मा पर दस्तक पड़ रही थी। वह कहने लगा, "भाइयों, हमें सत्य को सिर झुकाकर मान लेना

चाहिए, इस लड़के ने अपनी उम्र से बहुत बड़ी बात कही है। यही वह अवसर है, जब हम धार्मिक अपने धर्म की उदारता का परिचय किसी गैर ईसाई को करा सकते हैं।"

"फिर आप क्या सलाह देते हैं?" कई लोगों का समवेत स्वर था।

"यह अपनी आत्मा से क्यों नहीं पूछते? आप तो मूसा की आलोचना से इतने तिलमिला गए कि बुद्धि-विवेक को ताक में रखकर 'रेङ्कर' (बहुत प्राचीन घृणा) का प्रदर्शन करने लगे। टिट फॉर टेट पर उतर आए। नो माई डीयर ब्रदर, हमें इस लड़के को धन्यवाद देना चाहिए और उसकी बात मान लेनी चाहिए।"

सन्नाटा डूबने लगा। आंखें अरविंद पर जा टिकीं, चाहे प्रत्यक्ष में या अप्रत्यक्ष में।

"डू यू लाइक दिस ब्वॉय जस्ट अ प्रटैगनिस्ट (मुख्य मात्र)?" एक मद्धिम और बीमार स्वर उछला।

"व्हाई नॉट?" ट्रूथ। इज ट्रूथ। वी हैव टू एक्सेप्ट दि ट्रूथ। देअर इज नो वे एकसेप्ट दिस।

"इज इट अ केरल। (भजन, क्रिसमस के मौके पर)?"

"नो क्वेश्चन। नो क्विजिकल स्माइल (दुविधा झलकाती मुस्कराहट)।... अन्यथा हम चलता है- डू व्हाटएवर यू लाइक।"...वह वयोवृद्ध व्यक्ति अपना फेल्टहेट उतार कर चारों ओर देखता है और फिर मानों वह आखिरी सवाल करता है, "सिस्टर (दादी मां), तुम तो कुछ बोलता नहीं। क्या तुम मूसा की बताई गई बातों से बाहर जाना चाहता है। आखिर मूसा तुमसे यह सवाल करेगा कि तुमने इन छोकरों के साथ जंगलीपन का व्यवहार क्यों किया?"

वह वयोवृद्ध व्यक्ति जिसने अपना भूरे रंग का फोल्टहेट पुनः पहन लिया था, उस भीड से बाहर निकलने की जगह बनाता नजर आया। सब जानते हैं कि वह व्यक्ति मन का सच्चा है और एकदम खरा इंसान है। समाज में उसको इज्जत की दृष्टि से देखा जाता है। दादी मां उसका सामना नहीं कर सकती। वह पुकार उठी, "ठहरो, मैं मूसा की खातिर यह शर्त मानने को तैयार हूं।"

"क्या तुम इन छोकरों को पहले की तरह नाश्ता-भोजन दोगी?"

"हां, दूंगी, परंतु इनको शीघ्र ही नया प्रबंध कर लेना होगा। नो चीटिंग। सच्चाई से, इनको यह काम करना होगा।"

"क्या बोलता है, तुम छोकरा लोग?"

"हमें मंजूर।" विनय भूषण कहता।

"हम दादी मां, के प्रति आभारी हैं। हमें अपना वादा बखूबी निभाना आता है। आप लोगों को पुन: शिकायत का मौका नहीं मिलेगा, यह वादा करते हैं।"

"पर..."

"पर क्या बहन?" वही वयोवृद्ध व्यक्ति झुककर पूछता।

"नाश्ता और खाना परोसी अरविंद करेगा।"

"हां, दादी मां, मैं ही करूंगा। क्यों नहीं करूंगा, आप हमारी दादी मां हैं और हमारे जाने के बाद भी हमारी दादी मां ही रहेंगी। गॉड प्रॉमिस।" अरविंद ने कंठ छूकर कहा।

भीड़ छंटने लगी। भीड़ में कुछ लोग उदास थे, परंतु अधिकांश जन संतुष्ट। उन्हें तसल्ली हुई कि बस्ती की समस्या बिना आग-धुआं उठे स्वत: ही शांत हो गई। सबकी दृष्टि उस सांवले, चेचक के दाग वाले छोकरे पर घूम रही थी। उसकी आंखों में कुछ पढ़ रही थी। वह वयोवद्ध व्यक्ति बोला, "अरविंद, यू आर ए गुड ब्वॉय। ईश्वर की तुम पर कृपा है। तुम जरूर तरक्की करेगा। तुम्हारी आवाज में सच्चाई है, पवित्रता है और गहरे में उतर जाने की क्षमता है। कभी यह शब्द-वाक्य हमारे टीचर ने खुश होकर हमसे कहे थे, वही शब्द-वाक्य हम तुम्हारे लिए, तुमसे खुश होकर, हम दोहरा रहे हैं।" अरविंद सबको हाथ जोड़कर विदा करता रहा। दादी मां कह रही थी, "अरविंद, मेरे साथ चलो, टेबल पर भोजन लगाओ।" इतना सुनकर अरविंद की आंखें छलछला आईं और उसका हृदय भर उठा। उसकी स्वयं समझ में नहीं आ रहा था कि पहाड़-सी समस्या का हल इतने शांतमय ढंग से और इतनी सरलता से कैसे हो गया? वह दादी मां के पीछे-पीछे चल पड़ा। विनय भूषण और मनमोहन अपने कमरे की ओर मुड़ गए। मानो तो संसार कितना प्रशांत है, कितना सहज-सरल और उपकारी है!

17

प्रतिदिन नया होता है। शुभकामनाएं लिए आता है। आशा भरा होता है। बशर्ते उसे पहचानना आता हो। पहचानना हर किसी को नहीं आता। दिन को पहचानने के लिए जौहरी से तेज आंखें चाहिए और मां की ममता से भरा दिल चाहिए।

आकाश में सूरज नहीं था, घनी बदलियां थीं। दिन का यह कार्यक्रम कई दिन से चल रहा था। ठंड लगातार तेज हो रही थी। हवा में गलन थी। वह हाथ पैरों को कंपा रही थी। चिंता चुभने लगी थी। भ्रम टूट रहा था। कुछ बन नहीं पा रहा था। रोज खाली जा रहा था। अब दादी मां के पास जाकर परोपकारी के लिए खड़े होने से बेहतर उसे लगा कि वह लंबा उपवास रख ले।

"क्या हुआ?" यह सवाल उन तीनों में से कोई करने वाला नहीं था, क्योंकि मनमोहन की सीमा से बाहर का था वह प्रश्न और अरविंद उस प्रश्न पर सोचने की ताकत भी नहीं रखता था। अकेला विनय भूषण था जो अंधेरों के पार देख सकता था। ठंड और ऊपर से बिजली का संकट, करेला और नीम चढ़ा। कुहासे को परछाइयों की संभावना नहीं बेध सकती। घटाएं तेज घिर आने पर आंखों को उम्मीद जगाती हैं कि मावट होकर रहेगी। पर होती नहीं। घटाएं आमने-सामने होने पर भी आक्रमण नहीं करतीं। आक्रमण की संभावना को आखिर में वे चुप बने रहने का संकेत देकर चली जाती हैं मानों कह रही हों कि शांति यात्रा अभी टूटी नहीं है।

यों भी वे आपस में कम ही बोलते थे, परंतु इन दिनों मानों वे तीनों शांति पाठ का रिहर्सल कर रहे हों, ऐसा लगता था। ढलती संध्या की परछाई बने देवदार मौन बने रह जाते थे। बिना कोई हादसा घटे मानो शहर अंदेशे में हो। डिनर के बाद वे तीनों लौटे। अब अरविंद दादी मां के कमरे में जाकर नहीं पढ़ता था। उसे लगता था कि पढ़ाई की कहीं से सींवन उधड़ने लगी है। न सुई है, न धागा। वह सींवन दिन-पर-दिन उधड़ती जा रही है।

अब वह उन दोनों के बारे में विश्वास से नहीं कह सकता, परंतु अपने बारे में कहने में उसे कोई संकोच नहीं था कि सारी बस्ती की पैनी निगाहें उसे नश्तर-सी चुभने लगी थीं और वह किसी की तरफ आंख उठाकर नहीं देख सकता था।

अहसास जब घनीभूत होता जाता है, तब एक स्थिति ऐसी आती है कि सीमा स्वयं टूटने का रास्ता खोजने लगती है। अपनी परछाई भी मुंह फेरने लगती है।

"अब क्या किया जाए? या अब क्या किया जा सकता है? किससे?" ऐसे अनेक प्रश्न अरविंद में तेजी से धूमकेतु की तरह उठते और क्षण भर में ओझल हो जाते।

"मनमोहन और अरविंद इधर आओ।" विनय भूषण की आवाज किसी पराजित सेना के सिपहसालार जैसी कमजोर, दीन-हीन और दर्द भरी थी।

वे दोनों स्वचालित यंत्र की तरह विनय भूषण के सामने आकर बैठ गए। और बैठे रहे। धड़कनें पथराने लगीं। बैठना दूभर लगने लगा। पता नहीं क्यों उनमें अपराधी होने का बोध जवान होकर डराने लगा था। वे दोनों विनय भूषण की ओर नहीं देख रहे थे। चाहें तो वे देख भी नहीं सकते थे। इस समय उन तीनों के बीच एकमात्र सन्नाटा उपस्थित था। जैसे-जैसे समय बीतता जा रहा था, वैसे-ही-वैसे सन्नाटा अपनी अदृश्य नोकों को निकालकर चुभोने लग रहा था। जैसे पराजित सेना और उसके छोटे-बड़े अफसरों को अपमान की कड़वी बूंट पीने का अभ्यास हो जाता है, ठीक वैसे ही उन तीनों की मानसिकता हो चली थी। सचमुच वे किसी आतंकवादी यानी टेररिस्ट के जबड़े में फंसने की प्रतीक्षा में थे। उसकी सीधी छाया उन पर पड़ रही थी।

"दा...।" धीमे से अरविंद ने कहा। मनमोहन तो इतना भी नहीं कह सकता था। संकट गहरा था और बेकाबू था। उसके आर-पार नहीं देखा जा सकता था। कोई किरण नहीं नजर आ रही थी, सिवा इस मृत प्रायः सी आशा के, जो दिनोंदिन क्षीण पड़ती जा रही थी किसी बरसाती नाले सी, कि कोई रास्ता नजर आएगा। अगोचर अवश्य दृष्टिगोचर होगा। पर कब?

"उम्मीद जगी है। हमारे डैड के मित्र सर हेनरी काटन हैं। वे बाहर गए हुए हैं। कब लौटेंगे, पता नहीं। इसलिए मैं उनके भाई जेम्स काटन के पास गया। वे भले इंसान हैं। उन्होंने हमारी कठिनाइयों को ध्यान से सुना। कल बुलाया है। विश्वास दिलाया है कि कल तक कोई व्यवस्था हो जाएगी। मैं तुम लोगों को यह सूचना इसलिए दे रहा हूं कि तुम्हारी चिंता कुछ कम हो।"

"क्या डैड का कोई पत्र आया, दा?"

विनय भूषण ने कहा, "नहीं, मैं पाँच पत्र डाल चुका हूं परंतु...। हम पर भारी आर्थिक संकट है। एक बार हम दादी मां की बहन के मकान से तो निजात पा लेंगे, परंतु धन कहां से लाएंगे?"

"डैड को हमारी जरा सी भी चिंता नहीं है। वे हमें अपने से इतनी दूर फेंककर हमारी सुध लेना ही भूल गए। क्या वे यह नहीं सोच पाते हैं कि विदेश में हमारा कोई नहीं है। हम किसके आगे हाथ पसारेंगे? कौन, हमारी मदद करेगा? कहां से खा-पी सकेंगे?" मनमोहन में उकताहट बहुत भीतर तक कड़वे और कसैले धुएं की तरह फैल गई थी।

"नहीं भैया, डैड के बारे में ऐसा नहीं सोचते हैं।" अरविंद ने कहा।

"डैड ने भी विदेश में रहकर एम.डी. की है। उनको नहीं मालूम है कि हम पर पैसे के अभाव में क्या बीत रही होगी?"

"इस प्रसंग पर विवाद करने से क्या लाभ? डैड यहां तो हैं नहीं। यहां से बहुत दूर हैं। वो तो भला हो दादी मां का जो अनचाहे हमें निभा रही हैं। सारा सामान उधार दिलवा दिया था।"

"वह चुकाना है।"

"हां, वह भी चुकाना है।"

"पर कैसे?" मनमोहन पूछता।

"दुकानदार अपने पैसे लिए बिना हमें यहां से जाने नहीं देगा।" अरविंद संकट की ओर ध्यान खींचता।

"दादी मां नहीं जानती है कि डरूएट ने अपनी साली से क्या किराया तय करवाया था। अभी तक हमारे ऊपर दो माह का किराया चढ़ा हुआ है। उसे शायद ध्यान भी नहीं है कि किराये की राशि हम कहां या किस बैंक में जमा करवाते हैं? वह अपने को जितनी चालाक समझती है, उसका पासंग भी नहीं है।" विनय भूषण ने गंभीर होकर समझाते हुए कहा आगे, यह उनका बड़प्पन ही है कि वह मनमोहन पर जरा सा भी क्रोधित नहीं हुए।

"दादी मां, उसकी सगी बहन नहीं है।"

"तो क्या हुआ? वह स्पेन में है। इतने बड़े मकान की देख-रेख कोई कर तो रहा है, कम-से-कम यह तो उसे इत्मीनान है।" विनय भूषण ने सोचते हुए आगे कहा, "जो करना-कराना है वह मुझे है। तुम लोग निश्‍चिंत रहो, संकट आया है तो बाढ़ के पानी की तरह निकल भी जाएगा।"

"दादा, आप क्या-क्या करोगे?" अरविंद ने खखार कर पूछा।

"वह सब जो डैड से तुम लोगों को उम्मीद है।" विनय भूषण ने सामने देखा। दादी मां ने उनके न चाहते हुए भी ईसा का चित्र लगाया था और कहा था कि उन्हें ईश्‍वर मानकर उनकी पूजा करोगे तो उन लोगों को मनोवांछित फल प्राप्त होगा।

"हम किसी भगवान् को नहीं मानते।" मनमोहन ने तपाक से कह डाला। दादी मां ने उसे घूरा और हलके से क्रोधावेश की अभिव्यक्ति दी। दादी मां के चले जाने के बाद विनय भूषण ने कहा, "मनमोहन, तुम्हें दादी मां की भावनाओं को ठेस नहीं पहुंचानी चाहिए। वह वयोवृद्ध हैं, धार्मिक हैं और

सामाजिक हैं।...यदि तुम कुछ नहीं कहते तो क्या हानि हो जाती? हमेशा विरोध से बचना चाहिए, यदि मान-हानि न होती हो। भविष्य में मेरी बात को ध्यान में रख सके तो हम भावी संकट में पड़ने से बच सकते हैं।"

मनमोहन ने कुछ नहीं कहा। वह उठकर बाहर चला गया। अरविंद को जहां मनमोहन के साहस, दो टूक बात करने के प्रति समर्पण और सत्य के प्रति गहरी निष्ठा ने आकृष्ट किया था और उसके मन से बुजदिली पर से परदा उठाया था, वहीं बड़े भैया की गहन समझ-बूझ, गहरी अंतर्दृष्टि, अनुद्विग्नता, अनुत्तेजितता, सहनशक्ति और हर विषम परिस्थिति में स्थिर बने रहने के आत्मबल ने प्रभावित किया था। वह तो यदाकदा विषम परिस्थितियों का सामना करने से मुंह फेरकर असत्य आचरण की खोज में चले जाने में कोई बुराई या दोष नहीं मानता था। परंतु आज उसको अनुभव हुआ कि मनमोहन में सत्य के प्रति अडिगता किस हद तक थी। यह परिणाम की चिंता से कोसों दूर रहकर न सत्य से विचलित होता था और न स्पष्टवादिता के मार्ग से पीछे हटता था।

उसे डॉ. वाकर के प्रार्थना सभा में दिए उस व्याख्यान का स्मरण होने लगा, जिसमें उन्होंने कहा था, "प्रायः हालात मनुष्य को नहीं बल्कि मनुष्य हालात को बदलता रहा है। यही उसकी मनुजता है। प्रिय विद्यार्थियों, तुम्हें यही पढ़ना, समझना और करना है कि हर प्रतिकूल परिस्थिति में तुम्हें अपना रास्ता बनाना है और उस पर अविचलित हुए आगे बढ़ना है। तुम्हें परिणाम की चिंता नहीं होनी चाहिए, तुम्हें अपने सार्वभौमिक लक्ष्य के लिए अडिग बने रहने के संकल्प को सदा याद रखना चाहिए।" उनके इस वक्तव्य को लेकर उसने ही सबसे पहले यह प्रतिक्रिया व्यक्त की थी, "तूफान अच्छे से अच्छे और गहरे से गहरे वृक्ष को उखाड़ फेंकते हैं। क्यों, मार्टन तू क्या कहता है?"

"तूफान तो आने दे, अरविंद।"

"तूफान आने के लिए क्या तू पूर्व तैयारी को महत्त्व देना नहीं चाहता है?"

"नहीं, अरविंद। मैं तूफान का अस्तित्व ही नहीं मानता।"

"क्योंकि तेरे पिताजी अमीर हैं, अच्छे पद पर हैं और ऊंची पहुंच वाले हैं, क्या इस कारण?"

"नहीं, अरविंद, इन कारणों को चाहे मैं इस वक्त नजरअंदाज नहीं कर सकू परंतु सत्य यह है कि मुझ पर पिताजी की संपत्ति, उनके प्रभाव क्षेत्र और रसूखात का कोई खास असर नहीं है।"

“तू आदर्श की बात कर रहा है।”

“नहीं अरविंद, मैं यथार्थ की बात कर रहा हूं। क्यों बीचक्राफ्ट, क्या तुम्हें इस वक्त अपना मौन तोड़ने पर एतराज तो नहीं होगा? पोत तूफानों के चपेट में आकर बेतरह डांवाडोल हो रहा है तब तुम अपने को कप्तान की भूमिका में लाकर क्या करोगे? ध्यान रहे, तुम्हारे पीछे पोत पर सवार वे लोग हैं, जिनमें से अधिकांश ने कभी तूफान नहीं देखा है।”

“मार्टर, जब तुम विकट तूफान की कल्पना कर सकते हो तो उसके कप्तान की भूमिका के निर्धारण पर क्यों नहीं सोच सकते?” बीचक्राफ्ट सहज भाव से हमेशा की तरह अपने को बचा ले जाता है।

“तू मानता है कि तेरी जिंदगी में कभी तूफान नहीं आएगा।”

“मैं मानकर नहीं चलता, मार्टर। क्यों अरविंद, तुम्हारा क्या मत है?”

“बचाव।” अरविंद कह उठता।

“पर किसका?”

“जवाब दो, बीचक्राफ्ट।”

“मार्टर ने प्रश्न तुमसे किया है, अरविंद।”

“तो यह जरूरी नहीं है कि उसका जवाब भी मैं दूं। उस जवाब में कोई भी भागीदार हो सकता है, जैसे इस वक्त तुम।” अरविंद आसानी से अपने को बचा जाता।

“इस वक्त तुम, अरविंद, मिस जेम्स की शरण में हो।”

“जो पढ़ाते वक्त इस बात पर ज्यादा ध्यान देती थी कि कल्पना में तूफान खड़े कर उनसे लड़ने में अपनी शक्ति नष्ट मत करो वरना यथार्थ का सामना करने की क्षमता को खो बैठोगे और उस समय तुम्हें मिस जेम्स की याद आएगी। दरअसल हम लड़ते कम हैं, लड़ने के अभ्यास में अपनी शक्ति बहुत ज्यादा नष्ट कर देते हैं। ...हम कल्पनाओं में संशय का प्रवेश होने देते हैं और फिर उसे उसकी मंजिल तक पहुंचा देते हैं।” मार्टर मिस जेम्स का खुलासा करने लगता।

“यदि कर सकते हो तो अपने समय पर आंख रखने का अभ्यास करो। उससे आंखें ...।” मार्टर बीच में ही बोल जाता, “चार करो, पर समय मिस मैरी जैसा आकर्षक, तन्वी देहवाला, धुंघराले बालों में छिपा हुआ, नाक नक्श में खास तीखा होना चाहिए।”

इस पर तीनों हंस पड़ते।

बीचक्राफ्ट कहता, "कहीं उसने सुन लिया तो...।"

"तो क्या होगा, बीचक्राफ्ट?"

"शायद तेरा नहीं पर मेरा हो।"

"तुम्हारा मतलब है कि मार्टर और मेरी जेम्स की शादी हो जाएगी।"

"आई डोंट नो, अरविंद, मुझे तुम्हारी तरह बाल की खाल निकालने का अभ्यास नहीं है।"

"मोटू, तू किस भैंस का दूध पीता है?"

"यह वह तुझे क्यों बताए?"

"दोस्ती की खातिर, अरविंद।" मार्टर कहता।

"पादरी और पंडित शादी कराने के वास्ते होते हैं, शादी रचाने के लिए नहीं।" अरविंद टोक देता।

"तू क्यों पादरी और पंडितों की नसल को तबाह करने पर तुला है, अरविंद।" बीचक्राफ्ट चुटकी भरता।

"इसलिए मेरे भाई कि मैं तुझे इस क्षेत्र में अकेला चैंपियन देखना चाहता हूं।" अरविंद अपने एक अड़ियल शिक्षक की नकल उतारता हुआ कहता। हंसी उन तीनों के बीच फिर छूटती। मार्टर कहता, "अरविंद, डोंट फारगेट दिस टूथ..नकल के लिए भी अक्ल की जरूरत होती है।"

"और वह घर में सात तालों में रखकर आता है ताकि आड़े वक्त आने पर उसे ताला खोलकर सामने ला सके।" बीचक्राफ्ट उसे खींचता।

"और दुश्मन चित्त।" मार्टर उसकी मदद करता हुआ अरविंद के शिक्षक की तर्ज पर बोले उस वाक्य को नाक के स्वर में दोहराता। हंसी खूटी तोड़कर छलांग लगा उठती। दरअसल उस शिक्षक की नकल का पूरा आनंद तो नाक के स्वर में था।

यकायक घर अरविंद को आसमान पर से धरती पर ला पटकता। घर कहां है? घर ही तो समस्या है। लंदन की उधार खाई ठंड शीत के पुराने रिकॉर्ड तोड़ने की हरचंद कोशिश कर रही है। एक सर्वथा नवीन कीर्तिमान स्थापित करने की अंदरूनी लालसा के साथ। मानों लंदन का सुख सिमट कर गर्म कमरे के मुहाने पर आ खड़ा हुआ हो।

विनय भूषण कुरसी पर बैठे किताब में डूब चुके थे। मनमोहन अभी लौटा नहीं था। अरविंद का मन पढ़ने से उचट चुका था। वह तटहीन समन्दर की लहरों-सा हिचकोले ले रहा था। सारथीहीन, रथ की सवारी करता हुआ

वह उसके परिणाम से बेफिक्र होकर भी भयजनित आशंकाओं से घिरता जा रहा था। एक मन ही तो है जो जीने-मरने के बीच बीज बोता है, उसकी फसल को लहलहाने तक ले जाता है और फिर अचानक लहराती हुई फसल के पक जाने पर काटने लगता है। वह अकेला तीनों काम एक साथ करता है- फसल डालना, फसल को लहलहाकर खुली हवा में हंसने देना और अंत में उसे काटना। वह किस स्थिति से गुजर रहा है, यह वह नहीं जानता था। कदाचित् वह यह जानना भी नहीं चाहता। उसके लिए बचने का इससे बेहतर दूसरा रास्ता नहीं है। वह उठता और चुपचाप अपने बिस्तर में, थके हारे पथिक-सा, घुस जाता। दूर से उसे लगता कि भाग खड़ा शुतुरमुर्ग अब अपनी लंबी गरदन को अंगड़ाई लेकर तानता जा रहा है, क्योंकि सारा वातावरण प्रतिद्वंद्वी रहित है और हवा गुमसुम है।

18

विनय भूषण सुबह-सुबह उठा। मन-ही-मन किसी अदृश्य शक्ति का स्मरण किया और उससे प्रार्थना की कि आज वह अपने लक्ष्य में कामयाब हो जाए। अभी अरविंद और मनमोहन सो रहे थे। उसने उनसे कहकर जाना उचित नहीं समझा। बिना सफलता मिले चक्कर लगाने की सूचना देकर जाने का क्या औचित्य? इन दिनों तो प्राय: वह ऐसा ही कर रहा था, लेकिन इससे पहले वह कभी इतनी सुबह घर से बाहर नहीं निकला था।

आज की सुबह कड़क ठंड वाली थी। हवा में जोर था और कुहरा दृश्यों को निगलता जा रहा था। तीन-चार हाथ की दूरी पर खड़ा इंसान नजर नहीं आ रहा था, जिसमें तो उसे दस-ग्यारह मील दूर जाना था।

इसे हम ओस कहें या हलका हिमानी झोंका जो रूई की तरह बरस कर घना होता जा रहा था। विनय भूषण अंधेरे की परवाह किए बिना आगे बढ़ता गया। अंधेरा गीला हो गया था। सड़क की लाइटें धुंधला उठी थीं। यह उसने अच्छा ही किया था कि हाथ में छतरी ले ली थी और वह भी बिना कुछ सोचे। तब भी अंधियारा धुंधला रहा था। रास्ते में कभी-कभी घोड़ागाड़ी मिलती तो कभी टमटम और कभी कारें। विनय भूषण वहीं ठहर जाता था। वह यह सोचते हुए आगे बढ़ रहा था कि जिन के पास पैसा है तो खूब है और जिन के पास नहीं है तो दो जून की रोटी भी मयस्सर नहीं है। पेट में

रोटी न हो तो सारे सपने आत्महत्या करते नजर आते हैं। यही कि तू चल, मैं आया। सचमुच विनय भूषण घर से कुछ खाकर नहीं चला था। उसने एक गिलास पानी पीकर मुंह रूमाल से पोंछ लिया था। फिर उसने डकार भी ली थी, किसी भोजन चैंपियन की तरह बेफिक्र होकर।

उसे यह भी नहीं पता कि इस समय क्या बज रहा है? कलाई घड़ी उसके पास थी नहीं। जब तक वह जेम्स काटन के बंगले पर पहुंचा मौसम कुछ-कुछ खुशगवार हो चुका था। चहल-पहल ने दस्तक देना शुरू कर दिया था।

जेम्स काटन से विनय भूषण की बात उस दिन दो मिनट हो पाई थी, क्योंकि उस दिन लिबरल क्लब की कोई जरूरी मीटिंग होने वाली थी और शायद उसकी कार्यकारिणी के सदस्यों का आना शुरू हो गया था। कारों के हार्न सुनाई पड़ रहे थे। उनसे मिलकर जब वह बाहर आया तब काफी कारें आ चुकी थीं। आज उनके घर के सामने नीले रंग की एक कार खड़ी थी।

नौ बजे का उसे टाइम दिया था। वहां समय स्वर्ण से भी अधिक कीमती है। डॉ. वाकर कई बार स्कूल के संबंध में उन विद्यार्थियों को बुला चुके थे जो उस स्कूल के उत्पादन थे और बहुत ऊंचे पदों पर थे। उन्होंने एक ही बात कही थी कि इस स्कूल की पहचान इस कारण भी है कि वे समय के इतने पाबंद होते हैं कि लोग अपनी घड़ियां मिला सकते हैं। उसके पास घड़ी नहीं थी। फिर वह कैसे जाने कि नौ बजने में कितनी देर है या नौ बज चुके हैं अथवा...। वहां वह किससे पूछे? सब अपने काम में मशगूल लगते थे। ऊपर से सभी में रिजर्व नेचर की आदत थी।

यह लंदन है। यहां समय का सम्मान ईसा के सम्मान से कम नहीं है। उनमें गपशप की आदत नहीं है। काम से काम। फुरसत का वक्त नहीं। अवकाश का मतलब अवकाश। मनोरंजन, सैर-सपाटा, तमाशा-खेल आदि का कार्यक्रम भी समयबद्ध। कहीं शिथिलता तथा गैर जिम्मेदारी नहीं। अब विनय भूषण उनके घर की सीढ़ियां चढ़कर दरवाजे पर लगी घंटी का बटन दबा चुका था और किसी के आने का इंतजार कर रहा था। कुछ मिनट बीते होंगे कि दरवाजा खुला। एक महिला आई। पूछा, "आर यू मि. विनय भूषण घोष?"

"यस, मैडम।"

"आइए।" कहकर उसने अंदर आने का निमंत्रण दिया और विजिटर रूम में बैठाकर कहा, "काटन आने वाले हैं।"

वह जा चुकी थी। विनय भूषण घोस की निगाहें सबसे पहले घड़ी की ओर गई। उसने बहुत-बहुत धन्यवाद दिया पर किसे? वह यह तय नहीं कर पा रहा था। किसी अदृश्य शक्ति को धन्यवाद देकर वह धन्यवाद की गरिमा और उसकी महत्ता को प्रभावहीन नहीं करना चाहता था। आखिर में उसने अपनी संस्था को धन्यवाद देना उचित समझा, जहां वह एक पल कभी विलंब से नहीं पहुंचता था। वह संस्था महान् है जिसने उसे समय का पाबंद बनाया और सिखाया कि अपना काम कम समय में अधिक कैसे कर सकते हैं। अपने काम पर ध्यान तभी केंद्रित हो सकेगा, जब मन में आलतू-फालतू बातों की आवाजाही स्वेच्छा से रुक सकेगी।

घड़ी की सुई नौ पर थी। जेम्स काटन ने प्रवेश किया। ध्यान से विनय भूषण घोष की ओर देखा। उसकी बात सुनी। फिर वह बोले, ष्मेरी सर हेनरी काटन से बात हो चुकी है, मि. घोष...। वे तुम्हारे पिताजी को जानते हैं। वे डॉक्टर हैं। इधर मैंने दो एक जगह बात की पर कुछ नहीं हो सका। मुझे आज देश से बाहर भी जाना है।"

विनय भूषण घोष का दिल धकधक करने लगा- आखिरी उम्मीद। इससे आगे सन्नाटा बिन आवाज, बिना धड़कन, सांस रोके मौन हो गया। कुछ देर यों ही गुजरे। विनय भूषण का सिर चकराने लगा। अब क्या करें? खखार कर जेम्स काटन ने कहा, "देखो, मि. घोष, यह देश आपके लिए एकदम पराई धरती है। मुझे नहीं मालूम है कि तुम यहां किस-किस को टेप कर सकते हो। जो हालात तुमने बयान किए हैं, उनमें यहां रह पाना एकदम असंभव है। मैं कुछ सोच-समझ नहीं पा रहा हूं कि क्या कहूं? सच तो यह है कि तुम्हारे मम्मी-पापा को यह कदम अच्छी तरह सोच-समझ कर उठाना था। पढ़ाई का भार वहन नहीं कर सकते थे, तो तुम्हें ऐसी मुसीबत में नहीं डालना था। हर एक व्यक्ति को अपने देश पर नाज होता है। पराये देश में जाकर वह सड़क पर आ जाए, यह उस देश का घोर अपमान है।"

उनके चुप हो जाने पर विनय भूषण की जीभ हलक से जा चिपकी। उसकी आंखें शर्म से जमीन में धंसने लगी। वास्तव में यह प्रदर्शन अपने देश का अपमान है।

जेम्स काटन कह रहे थे. "कोई देश यह बर्दाश्त नहीं कर सकता कि उसके देश में आकर दूसरी देश के व्यक्ति भीख मांगे या भूख से परेशान होकर आत्महत्या कर ले।"

विनय भूषण पानी-पानी हुए जा रहा था। उसके पास क्या है? किस बिना पर मनमोहन ने दादी मां से पंगा लिया। गुजर हो रही थी जैसे-तैसे। वह मूसा को कहां से बीच में ले आया। इसे कहते हैं कोढ़ में खाज या आ बैल मुझे मार। कितना सच है कि यदि तत्काल कोई व्यवस्था नहीं बनी तो भूख और कड़ाके की ठंड उन तीनों को निगल जाएगी, भूखे शेर की तरह।

जेम्स काटन ने आवाज को मुलायम बनाकर कहा, "मि. घोष, डोंट टेक इट अदरवाइज। इट इज ए क्रूअल टुथ। नाऊ वी कम टू दि क्रक्स। (सुलझना सबसे कठिन हो) ऑफ द मैटर। वी आर ऑल मेटिरियलिस्ट (भौतिकवादी)" वह अंदर से पीड़ित होते हुए बोले, "हालांकि मैं जो प्रस्ताव तुम से करने जा रहा हूं, वह मुझे शर्मिंदा करने वाला है। मैं भविष्य के लिए इससे अधिक कुछ कर पाने का वादा भी नहीं कर सकता। आश्वासन देना मुझे आता नहीं है। तुम इतने कष्ट में हो कि मैं तुम्हारे कष्ट की कल्पना करने से भी कांप उठता हूं। इसमें तुम्हारा दोष नहीं है। ओनलि युअर फादर इज रेसपॉन्सबल फॉर देट। लेकिन हमें यह आलोचना, या कहें दुरालोचना, किसी समाधान की ओर नहीं ले जाएगी।"

विनय भूषण ने अनुभव किया कि वह मर्माहत हो उठे हैं। उन्हें जो कुछ कहना है, उसे कहने की शक्ति अपने में नहीं जुटा पा रहे हैं। उनकी दृष्टि क्रूस पर लटके ईसा मसीह पर छिपकली की तरह चिपकी हुई है।

उसने ही वातावरण को सहज बनाने की दिशा में हलका सा कदम उठाया और धीरे-से उन्हें याद दिलाया, "सर, यदि हमें मालूम होता कि हमारे को लेकर आप इतने अपसेट हो जाएंगे तो मैं ऐसी गलती कभी नहीं करता। हमारी आपको इस तरह कष्ट में डालने की कतई मंशा नहीं थी।"

जेम्स काटन की आंखें खुली की खुली रह गईं। उन्हें विश्वास ही नहीं हुआ कि इतनी छोटी उम्र में कोई शख्स इतनी समझदारी और हौसले की बात कर सकता है और वह भी ऐसी भयावह परिस्थितियों में जिनमें सोचने की शक्ति हाथ खड़े कर देती है। विनय भूषण आगे कह रहा था, "सर, हमारे देश में सर्वहित का व्रत लेने वाले न घर बनाते हैं, न एक स्थान पर टिकते हैं, वे बराबर घूमते रहते हैं बरसात के मौसम को छोड़कर।... न उन्हें भोजन की चिंता सताती है और न उपवास करने से उन्हें डर लगता है। वे एक माह तक 'फास्ट' रख सकते हैं।"

"तुम लोग भी क्या फास्ट रखोगे?" जेम्स काटन ने घबरा कर कहा।

"परंतु, सर, हम लोग आपके देश में भीख मांग कर उसे अपमानित नहीं होने देंगे।" विनय भूषण के अचानक आत्म सम्मान ने सिर उठाया।

जेम्स काटन ने कुछ देर समय, समझ-सोच के साथ बिताने के बाद कहा, "तब मैं तुम्हारे सामने वह प्रस्ताव रख सकता हूं।"

"निःसंकोच, सर। आप कहिए, क्या कहना है?"

जेम्स काटन ने जान-बूझकर खखार कर कहा, "तुम्हें पर सप्ताह सात शिलिंग वेतन पर काम मिल सकता है।"

"यानी नौ रुपए अस्सी पैसे प्रति सप्ताह पर।" "वह मैं नहीं जानता। जो है, वह यही है।" "मंजूर है, सर।" विनय भूषण ने संतोष व्यक्त करते हुए कहा। "रहोगे कहां?" "पता नहीं, सर।"

"ऐसे भोलेपन से काम नहीं चलेगा, घोष। दुनिया में रहते हो तो उसकी ऊंच-नीच का पूरा-पूरा ख्याल रखना होगा, अन्यथा यह दुनिया तुम्हें निगल जाएगी।" जेम्स काटन ने विनय भूषण को सहज ढंग से समझाया।

"सर, सच यह है, यह दुनिया रहने लायक हमने बनाई और हमने ही इसमें रहने वालों के लिए कायदे-कानून बनाए हैं। स्वेच्छा से बनाए हैं। धीरे-धीरे कुछ प्रभावशाली और ताकतवर लोगों ने उन कायदे-कानूनों को अपने हित में तोड़-मरोड़ लिया है, अन्यथा सर, इस दुनिया में भिखारी शब्द ही नहीं होता। यों कहें तो ज्यादा ठीक होगा कि हमने चालाकी से अधिकांश लोगों का धन और उनकी सुविधाओं को छीनकर उन्हें इस दुनिया में रहने लायक नहीं छोड़ा।" विनय भूषण ने अपने चिंतन को हवा देना शुरू किया, ताकि जेम्स काटन के मन में यह संदेह न रहे कि उन्होंने किन्हीं कमजोर तथा असहाय लोगों की मदद की है।

इस बार जेम्स काटन और मिसेज काटन जो अभी तक परदे के पीछे थीं, दोनों चौंके। उन्हें लगा कि वे जिनकी मदद कर रहे हैं, वे न केवल स्वाभिमानी हैं बल्कि विलक्षण प्रतिभा के धनी भी हैं। मिसेज काटन बैठक में आकर सोफा के एक कोने पर जा बैठी। विनय भूषण ने उन्हें नमन किया और उनकी सादगी से मन-ही-मन प्रभावित हुआ।

मिसेज जेम्स काटन ने कहा, "मि. घोष तुम्हारे विचारों से मैं प्रभावित हुई हूं। तुम में सोचने की विलक्षण क्षमता है।"

"मिसेज काटन यहां के स्थानीय कॉलेज में प्रोफेसर हैं। इकोनॉमिक्स आपका सब्जेक्ट है।"

"हम तुम्हारे रहने की मामूली सी व्यवस्था कर पाए हैं ताकि तुम लोगों को किराए के नाम पर कुछ भी व्यय नहीं करना पड़े। ...हां, जेम्स तुम बतलाओ।"

"बता तुम भी सकती हो।"

"फिर भी, डिअर तुम।"

"देखो घोष, मैंने कुछ मकानों का पता किया। वे कॉस्टली (महंगे) थे। मिसेज काटन ने सुझाव दिया कि क्लब के किचिन से थोड़ा हटकर एक कमरा खाली है।"

"है तो पर..."

"पर क्या? दान की गाय के रूप-गुणों पर विचार नहीं किया जाता है।"

"तुम्हारा मतलब है कि उन्हें उस तबेले में रहने को आमंत्रित कर लूं, जहां कभी घोड़े रहते थे।"

"बेशक, इसमें हर्ज ही क्या है?"

"पगला रही हो, उसमें कोई खिड़की तक नहीं है।"

"न हो तो उन्हें क्या। उन्हें वहां रहना है, खिड़कियां नहीं गिननी हैं।"

"वहां आग जलाने की व्यवस्था भी नहीं है।"

"तो क्या हुआ? वे ब्रह्मचारी हैं। उन्हें आग जलाकर कमरा गरम करने की जरूरत नहीं पड़ेगी।" मिसेज काटन ने कहा।

"वह रहने लायक कतई नहीं है।"

"तुम एक बार उनसे, बात करके देख लो। उन्हें पसंद आ जाए तो ठीक वरना।"

"अब बोलो, तुम अपने भाइयों के साथ उस अस्तबल में रह सकोगे।"

"जी सर।" विनय भूषण ने कृतज्ञता प्रकट करते हुए कहा।

"एक बार तुम उसे देख तो लो।"

"कोई आवश्यकता नहीं, सर।" विनय भूषण ने कहा।

"तब ठीक, मि. घोष, मैं तुम्हें दो चिट्ठियां देता हूं। एक मिस्टर विल्सन के नाम जो तुम्हें नौकरी देंगे और दूसरी लिबरल क्लब के अध्यक्ष के नाम जो तुम्हें खाली पड़े उस हॉलनुमा कमरे में निःशुल्क रहने की अनुमति प्रदान करेंगे।"

"कुछ समय लगेगा क्या, सर?"

"हां लगेगा।"

"पर कितना समय, सर?"

"जितना तुम्हें उन तक पहुंचने में लगेगा, घोष। आज से तुम काम पर जा सकोगे और आज ही से तुम वहां रहने आ सकोगे। वह कमरा तुम्हें साफ करा हुआ मिलेगा। मेरी मि. पीटर...आई मीन चेअर परसन से इस संबंध में विस्तार से बात हो चुकी है।" जेम्स काटन इसके साथ उठने लगा। विनय भूषण भी उठने लगा तो वह कह उठे, "तुम चाय या कॉफी जो भी पसंद हो, लेकर जाना। मिसेज काटन तुम्हारा साथ देंगी। सॉरी घोष, मुझे फ्लाइट पकड़नी है।" जेम्स काटन अंदर चले गए। उनके पीछे-पीछे मिसेज काटन भी चली गई। विनय भूषण के सामने अब वहां रुकने के सिवा और कोई चारा नहीं था। वह अपने उपकारकर्ता के प्रति विनम्र और शालीन बने रहने का परिचय देना चाहता था, ताकि कृतज्ञता भाव बना रहे।

19

एक कविता जो कभी प्रकाश में नहीं आ सकेगी, जिन विषम परिस्थितियों में उसका जन्म हुआ है, वह उसी में दफन हो जाएगी, लेकिन अरविंद अपनी याद का क्या करें? उसकी पकड़ में वह ऐसी आ चुकी है कि उसे चाहकर भी वह नहीं भुला सकेगा। प्रत्येक आत्मीय तथा अंतरंग अनुभव सदैव जीवंत इतिहास की तरह उसके साथ-साथ चलते हैं। यह कविता चूंकि लेटिन में थी अतः खोजी मन के साथ रहती थी। जैसे दुर्दिन में सुख के साथी चुपचाप खिसक लेते हैं, यह कविता कुछ उसी प्रकार की अनुभूतियों से जुड़ी हुई थी।

उस दिन अरविंद का मन नहीं हुआ कि वह स्कूल जाए। कभी-कभी शायद हर एक के मन में यह प्रमाद जगता है कि वह रूटीन से हटकर कुछ करे, या दिन बिताए। उस दिन उसके पास टाइप्ड हुआ जीवन नहीं फटक सके। उसमें अपनी जिंदगी का संपूर्ण अपनापन हो, जिसमें रोजमर्रा की परछाइयों का रत्ती भर भी हस्तक्षेप न हो। और न कुछ थका देने वाले बीते कल की आहट हो।

वह कमरा था। क्या वह रहने के लिए था, यह खोज का विषय हो सकता है, क्योंकि अस्तबल में भी हवा-प्रकाश की व्यवस्था का पूरा ख्याल रखा जाता है। उसमें न कोई खिड़की थी, न झरोखा। पता नहीं वह कमरा कब से बंद था और कब से उसमें मृत हवा-प्रकाश झड़ रहे थे साथ-साथ।

बदबू की अनुभूति से समझौता करना पड़ा था यह जानकर जब रहना वहीं है, तो कब तक उसे अपने से अलग रखकर अपने आप से नफरत की जा सकेगी?

दरअसल जिंदगी वह दरिया है जो अधिक या कम पानी में बाढ़ अथवा सूखे में और धार धागे-सी पतली हो जाने पर भी अपने एहसास की याद बनाए रखती है। उस लेटिन कविता के साथ यह सोचते हुए अरविंद को प्रसन्नता की हलकी सी किरण ने चमक से भर दिया कि यादें अतीत ही को अपने पास संजोकर नहीं रखती हैं, बल्कि आने वाले कल का भी नोटिस लेती हैं।

उस कमरे में, जिसमें अरविंद, मनमोहन और विनय भूषण न केवल रहते हैं, बल्कि उसका मल्टीपरपज प्रयोग भी करते हैं- मसलन शयन कक्ष, स्टडी रूम, ड्राइंग रूम। (चाहे वहां कोई नहीं आता हो) वगैरह-वगैरह। लेटरिन कॉमन थी और कमरे से दूर थी। रात-विरात में हाजत हो तो एक बार दबाए भी रखा जा सकता है, परंतु पेशाब को नहीं। भयावह ठंड में कौन बाहर निकले और कैसे? जब बंद कमरे के अंदर, जिसमें कोई खिड़की नहीं है और जिसमें प्रकाश और हवा उम्र कैद की सजा काट रहे हैं, तब उनमें से कोई बाहर निकलने का दुस्साहस कैसे कर सकता? स्मृति के सारे तंत्र बिखर जाते हैं एकबारगी। वहां अरविंद कैसे बाहर आता होगा, यह कल्पना से परे की बात है। और दरवाजा खुलते ही कैसे शीत के गिद्ध मृत जानवरों पर टूट पड़ते होंगे! ओह!

विश्वास करने लायक यह बात कतई नहीं है, क्योंकि स्वयं विश्वास इसका विरोध दर्ज कराता है कि ऐसी भयावह शीत में कोई कैसे बचा रह सकता है। कतई ये वे तीनों नहीं हैं, जिन्हें जेम्स काटन ने रखवाया था। परंतु सच से आंख भी तो नहीं फेरी जा सकती है, क्योंकि ये तीनों उसी कमरे में रोज जिंदा सोते थे और रोज जिंदा उठते थे। अरविंद का विश्वास उस चींटी पर टिका हुआ था, जो उस प्राणलेवा ठंड में बिना मोटा ओवरकोट पहने, यदाकदा नंगे बदन नजर आ जाया करती थी, मरती नहीं थी। तो फिर वह जो करोड़ों-करोड़ चीटियों से भारी पड़ते हैं, कैसे मर सकते हैं? नहीं, मरने का ख्याल इस दृष्टांत से उनके पास नहीं फटकता।

मनमोहन और विनय भूषण जा चुके थे। वहां अरविंद अकेले थे। कागज पर लिखते जा रहे थे-

उद्‌बोधनरहित साथी, अकेले तुम हो,
तुम्हारे पास कोई दूसरा नहीं है,
फिर भी मेरा संबोधन साथी से है।
यह सोच चौंकना नहीं
क्योंकि तुम खुद के भी सच्चे साथी हो सकते हो
ठीक मेरी तरह जिसका कोई साथी नहीं
फिर भी साथी है, खुद-खुद का साथी है।
हर बात को भौतिक तुला पर रखकर मत तोलो
न कसौटी पर कसकर देखने का प्रयास करो
थोड़ा-सा अपने पर भी तो विश्वास करो।
क्या तुम भौतिक तुला या कसौटी से कम विश्वसनीय हो?
यकीन आएगा, मेरे साथी, जरूर आएगा
क्योंकि इस शब्द को मनुज ने गढ़ा है
उन भिन्न परिस्थितियों में जब यकीन खूटी से बंधा
एक निष्ठुर जगह पर कील दिया गया था
और सोच लिया गया था कि
नहीं, अब वह कभी नहीं उठ सकेगा!
यकीन सांसों के बाद की पैदायश है
लिहाजा वह सांसों रहित होकर भी जिएगा
वह मरेगा नहीं, क्योंकि वह यकीन है
कभी नहीं करने का, शाश्वत बने रहने का
एकदम धूप परछाइयां-सा
या बादलों की अचल छाया-सा!
यहां घबराने से काम नहीं चलता, साथी,
न डरकर जिंदगी के साथ न्याय हो सकता है
वक्त का मरहम लगाकर जीने की आदत मत डालो
हौसला बनाए रखो, कुव्वत से काम लो
सारे अस्तित्व का मूल्यांकन या मूल्य
एक यकीन के होने पर सिर से पांव तक टिका है।
शहर है या परचम लहराता श्मशान
किसी को क्या फर्क पड़ता है

कुफ्र भी तो उसके वजूद की देन है
जाओ साथी, भूल कर जाओ एक बार फिर यहां
पाओगे जैसा छोड़ गए, जहां छोड़ गए
सब वहीं वैसा का वैसा पड़ा है
किसी ने उसको हाथ नहीं लगाया
क्योंकि विश्वास का कभी मन नहीं फिरता!

अरविंद यहां आकर रुक गए। गरीबी में आटा गीला। कागज भी खत्म और स्याही भी। शायद कविता का जन्म जिस प्रतिकूल वातावरण में हुआ है और उसे जिस कुमारी मां ने जन्म दिया है, वह न मरियम है और न वह उसका नाजायज पुत्र ईसा होने वाला है।

किसी ने कहा, "भाई, बहुत समय खो दिया इस निर्जीव कागज पर लिखकर। क्या तुम में भूख ने अभी तक आंदोलन नहीं किया?"

"तुम पूछने वाले कौन हो?"

"भूख का अस्तित्व बनाए रखने वाला प्रचारक?"

"क्या तुम्हें कभी भूख नहीं सताती?"

"मैं तो भूख का प्रतिनिधि-प्रचारक हूं। फिर मुझे भूख क्यों सताएगी। भूख सदा तुम जैसे भुक्खड़ियों को सताती है।"

"क्या मैं तुम्हें भुक्खड़ी लगता हूं।"

"यह तुम जानो, मुझसे क्या पूछते हो?"

"ठीक है, ठीक है, तुम जाओ, मैं खुद से पूछकर देखूंगा कि वह क्या जजमेंट या कमेंट सुनाता है।"

भूख खिल्ली उड़ाने लगी, "तुम शायद अपने को पहचानना याद नहीं रखते। जो एक बार अपने को पहचान लेते हैं, उन्हें ऐसे जुमले सुनने नहीं पड़ते।...अभी तुम्हारी उम्र ही क्या है? परंतु ध्यान रखना, यही वह उम्र है जब सारी जिंदगी के फैसले एक साथ लिए जा सकते हैं।"

संवाद समाप्त। सिर्फ संवाद की सरसराहट की झक झलक गुम होने का रास्ता तलाश रही है। तलाशने दो उसे। भूखे चूहों की अरविंद को यह कहानी याद आने लगी। उनके पास खाने या कुतरने के लिए कुछ नहीं था। तब वे अपनी आवाज को ही कुतरने लगे। शायद कुतरने का एहसास उनकी भूख मिटाता था। इनसान के पास ऐसा कोई एहसास नहीं है, जो आवाज की पहचान होने से अपनी भूख मिटा सके।

अरविंद को याद आया कि बीते कल उसने सिर्फ ब्रेड की पाँच स्लाइसों के साथ समझौता करके व्यतीत कर लिया था। परंतु आज भूख ने स्वयं अपनी चर्चा प्रारंभ करके उसमें सोये हुए शैतान को जगा दिया है। वास्तव में भूख का अस्तित्व जीवन से कम महत्त्वपूर्ण नहीं है बशर्ते भूख को जीवन पर हावी नहीं होने दिया जाए। भूख को उसकी सीमा में रहना सिखलाना जरूरी है, क्योंकि उसे जीवन के साथ समझौता करने की बुरी आदत है।

अरविंद सहजता से उठा। बाहर आया चारों ओर निगाहें दौड़ाई। क्लब का मैदान खाली पड़ा था। जब-तब मैदान के एक सिरे पर कुछ बच्चे क्रिकेट खेलते रहते थे और कभी-कभी गेंद आकर उनके कमरे के दरवाजे पर लगती थी। आहट से तेज आवाज कमरे में बिखर जाती थी। कंपन होता था। फिर शांति छा जाती थी। आजकल वहां सिर्फ शांति है। कभी-कभी शांति खुरदरी हो जाती है। कभी-कभी वह कांटों-सी चुभने लगती है, परंतु आज ऐसा कुछ नहीं था क्योंकि शांति के साथ बच्चे थे, गेंद थी और उसकी अप्रत्याशित आहट थी जो अरविंद के मनो-मस्तिष्क में गूंज रही थी।

विचार टहलते हुए उसे कैफे तक ले आए। ये नाम का कैफे था और एक कोने में था। प्राय: वे लोग इस कैफे के आस-पास चहल-कदमी करते नजर आते थे, जिनकी जेब हलकी होती थी या जिन्हें कड़की में एक आशा की किरण नजर आती थी। अरविंद का वह कैफे मित्र बन चुका था। कैफे का मालिक एक स्पेनी था, जो अपने ग्राहकों का पूरा-पूरा ध्यान रखता था। उसका नाम व. कलाश था। उसके कैफे पर एक रूसी नौकर था-नोवोम्बेर्गस्की। वह भी बहुत प्यारा बंदा था। अपने मालिक की तरह खुशदिल और नेक। हालांकि उसकी भाषा में सूखापन-सा होता था, परंतु उसके मन में प्यार का दरिया सदा बहता था।

"हैलो अरविंदो, आज बहुत सुस्त और खोए हुए से हो।" वह पुन: सलाह दे उठता, "जर्मन और पोलिश और सीख लो, फिर मायूसी का किरदार पूंछ उठाकर भाग खड़ा होगा।"

"धन्यवाद, कलाश।"

"क्या चाहिए?"

"सच बोलें तो...?"

"हां-हां, सच बोले तो।"

"एक पेनी की पनीर, सैंडविच जो तुम्हारे यहां नहीं मिलेगी।"

"क्यों नहीं मिलेगी, अरविंदो।"

"क्यों सैंडविच मिलेगी।" अरविंद ने हलका-सा गला शुष्क महसूस करते हुए कहा।

"ग्राहकों की फरमाइश पर कलाश का कैफे चलता है, भाई।" कुछ तेज आवाज में. एक सैंडविच अरविंदों के लिए। साथ में पनीर भी।"

"चाय डबल।" कहकर अरविंद उस कमरे की अंतिम कुर्सी पर बैठ गया, जहां लोग कम बैठना पसंद करते थे, क्योंकि वहां किचन का भभका और गर्म हवा का झोंका गंध बिखेरता रहता था। वह गंध उनके नथुनों को शायद रास नहीं आती थी। परंतु अरविंद उस गंध को अपना दोस्त बना चुका था। कब से? शायद एक बरस से कुछ ज्यादा समय हो चुका है, चाय तथा ब्रैड की स्लाइसों से गुजारा करते हुए। शुरू-शुरू में थोड़ी-सी तकलीफ हुई थी। फैली हुई धूप हो या भूख उसे सिमटने में समय तो लगता है। धीरे-धीरे इंद्रियों को सरेंडर करना पड़ा। भूख हार गई। तब से पूरे दिन को दोस्ताने ढंग से बिताने का यही तरीका उसे रास आने लगा था। अब तक चाय, सैंडविच और पनीर मेज पर आ चुका था। दोपहर तीसरे पहर की दहलीज पर कदम रखते-रखते रुक गई थी। उसे कुछ शंका हुई थी। अरविंद को कोई जल्दी नहीं थी, जबकि सुबह से उसने कुछ नहीं खाया था। भूख पर ऐसा नियंत्रण और एकदम शांत चित्त बने रहने का मन उसकी सहज आदत का हिस्सा था। अब वह किसी को बढ़िया व भरपेट खाना खाता हुआ देखकर नहीं चौंकता था। कुछ सोचता भी नहीं था। न उसके कारण जानने की तरफ दौड़ता था। एकदम संयत बना रहता था- योगी-सा निश्चल, स्थिर, निष्कंप। उसे लगता था कि जिंदगी भूख से बाहर रहकर या उसको अनदेखा कर भी जी जा सकती है। जिंदगी भूख नहीं हो सकती, क्योंकि वह चाय और ब्रैड की स्लाइसों पर कई महीने काट चुका था। उनमें वे दिन भी सम्मिलित थे जबकि उसे स्लाइसें चाय न मिलने के कारण पानी से गले के नीचे उतारनी पड़ी थीं।

उनमें मनमोहन ने सबसे पहले प्रश्न उठाया था, "इस कमरे में हम ठंड से मर जाएंगे।"

"पर सम्मान से।" विनय भूषण कहता।

"मुझे सम्मान से आत्महत्या करना पसंद नहीं है।" मनमोहन बेझिझक बोल जाता। "तुम इसे आत्महत्या मानते हो, मनमोहन।"

"स्वेच्छा से भूख और ठंड के जबड़े में फंसने की तैयारी को आप और क्या मानेंगे, दा?"

"तो फिर?"

"अब हमें यहां से निजात पाने की दिशा में सोचना चाहिए।"

"कैसे?"

"अपने-अपने तरीके से।"

"तुमने ऐसा कुछ सोचा है क्या, मनमोहन?"

"अभी तो नहीं परंतु...।"

"परंतु तुम सोचने का मन बना चुके हो, यही ना, मनमोहन।"

"हां, दा।"

"अरविंद तुम क्या कहते हो?"

"मुझे नहीं पता कि क्या कहना चाहिए?"

"दा, डैड को यह मालूम नहीं है कि हम लोगों को वे कपड़े नहीं आते हैं- न कोट, न पैंट, न स्वेटर, न शर्ट्स आदि। यहां तक कि शू-मोजे सब के सब कभी का जवाब दे चुके हैं।"

"और हमें मालूम है कि हम बमुश्किल ही स्वेटर, कमीज, मोजे, जूते आदि खरीद पाए थे और वह भी मंथली किस्त देकर।"

"और अब हम फिर उसी मुहाने आ खड़े हुए हैं, दा।"

"हां, मनमोहन, तुम सच कह रहे हो। मैं जितना कर सकता था, कर चुका। इससे ज्यादा मेरे से उम्मीद करना स्वयं को धोखे में रखना है।"

"एक न एक दिन हमें चौराहे पर आना ही होगा।"

"हां मनमोहन, हमें डिपार्चर (प्रस्थान, सामान्य कार्रवाई से हटने की क्रिया) के लिए।"

"हमें दुःख रहेगा, परंतु वर्तमान दुःख से वह दुःख कम होगा।" मनमोहन गंभीर हो जाता।

"दुःख कम ज्यादा नहीं होता है, मनमोहन। यह तो अपने मन को बहलाने का तरीका है।"

"खैर जो भी हो, यह हमारे विवाद का विषय नहीं है।"

"बेशक, मनमोहन।"

"अरविंद के बारे में सोचना होगा, दा।"

"नहीं, मनमोहन, अब हमें सिर्फ अपने-अपने बारे में सोचना है।"

"जैसी आपकी इच्छा।"

फिर सब तरफ मंत्रित सन्नाटा। ठीक इसी तरह का जैसा इस वक्त कैफे के अंदर-बाहर अनुभव हो रहा है। वह कहां जाएगा? किस बूते पर जाएगा। एंट्रेस परीखा में योग्यता के आधार पर वह स्कॉलरशिप पा सका था। उस राशि में से वह कुछ भी अपने पास नहीं रखता था, सब विनय भूषण के हवाले कर देता था। फिर निश्िंचत। कोई चिंता नहीं। 'मनी हटी नहीं कि मनी' से जुड़ी समस्याएं अदृश्य।

रुपए पैसों का तिलिस्म या गणित वह नहीं समझ पाता था। जरूरतों को नजरअंदाज कर मस्त बने रहना यह उसके बायें हाथ का खेल था, लेकिन अब समय आ रहा है तीन तेरह होने का। कौन कहां जाएगा, पता नहीं। आसमान में बादल घिरते हैं। बादल बूंद-बूंद होकर धरती तक आते हैं। कौन-सी बूंद कहां गिरेगी, कौन जाने? पर किसी बूंद के भाग्य में मोती बनना भी लिखा होता है। बूंद को स्वयं नहीं मालूम कि वह मोती बनने वाली है या पोखर के मलीन जल में लुप्त होने वाली है अथवा सड़क या नालियों में भीड़ की तरह असोचे बहने वाली है। उसे अपनी तुलना बूंद के भाग्य से करने से राहत मिली, क्योंकि उसने इस बारे में बूंद की नजीर को अपनाने का फैसला कर लिया था।

20

शाम ढलने की प्रतीक्षा ऐसे कर रही थी मानों उसे किसी का इंतजार हो। वह बारम्बार एक दिशा में देखे जा रही थी। अरविंद ने लाइट के लिए स्विच ऑन किया, बल्ब नहीं चमका। अंदर अंधेरा कुहरे के साथ और घुस आया। वह इसी कारण दरवाजा नहीं खोलता था कि कुहरा न घुसपैठ कर ले। कुहरे में रोशनी की गुंजाइश नहीं रहती थी। रोशनी के बिना लंदन शहर उदास हो जाता था। उसके कदम नहीं उठते थे।

आज अचानक छाया अंधेरा पिछले अंधेरों से इस अर्थ में भिन्न था कि उसके पास उजाले की अनुमति पत्र था। अरविंद अंधेरे में आंख खोलकर देखने का प्रयास कर रहा था और उसमें सफल भी हो रहा था। उसे पता चल रहा था कि उस कमरे में कौन-सी चीज कहां रखी है। वह चाहे तो उस चीज को उठाकर पेश कर सकता था, परंतु ऐसा करने का उसका कोई

इरादा नहीं था। इतने में ही लाइट आ गई। उजाला पहले से तेज हुआ। इतना तेज कि बल्ब फ्यूज हो गया। अब अंधेरा छटपटा उठा। उजाला जान चुका था कि उसके भाग्य से अब अंधेरा जल्दी हटने वाला नहीं है। बाजार भी पास नहीं है।

अब वह क्या करे? बाहर कैसे निकले? ठंड का प्रकोप रिकॉर्ड तोड़ने लग रहा था।

हवा भी तेज थी और दरवाजा पीट रही थी। यह सब इतनी तेजी से हुआ कि अरविंद कोई निर्णय नहीं ले सका। अंधेरा से भी कोई चौंधिया सकता है, यह उसके लिए नया अनुभव था।

आखिर हिम्मत की कल्पना का भ्रम तोड़ना उसे जरूरी लगा। वह बाहर आया। घुप अंधेरा। क्या सारे के सारे बल्ब फ्यूज हो गए? क्लब पांव से सिर तक बाढ़ में डूबे किसी शहर की याद दिला रहा था।

कभी-कभी उसमें ऐसा बड़ा और भयानक मगरमच्छ सिर उठाता था। उसे लगता था कि जब वह मगरमच्छ सिर उठाता था तो उसके मुंह से आग लावा बनकर फूटने लगती थी और नदी का पानी घटने लगता था। क्या! वह सहम गया है। ये सच होने जा रहा है। नदी को वह पी जाएगा और उसकी गीली रेत सूखकर रेगिस्तानी तपिश का दृश्य प्रस्तुत करने लगेगी। फिर बवंडर उठेंगे। मायावी दैत्यों के प्रेत नाचेंगे! क्या! सब कुछ अंत हो जाएगा।

"नहीं...ऽऽ" अरविंद चीख पड़ा। उसकी आंखें खुली हुई थीं लेकिन उसे लग रहा था कि वे मिची हुई हैं। उसने पूरी ताकत लगाई। फिर भी आंखें नहीं खुलीं। उसने हार नहीं मानी। उसने पुनः जोर लगाया और अनुभव किया कि तपस ने भरपूर ताकत से चारों ओर से हमला कर दिया है। हमलावर-शैतान का दिल दहलाने वाला अट्टहास चारों ओर गूंज रहा है। वह भी तमस मय हो चुका है। अचानक तेज हवा की चीख-चिल्लाहट बंद हो गई। अट्टहास भी निढाल होकर एक तरफ जा पड़ा। नदी नहीं रही। जब वह दार्जिलिंग के लॉरेटो स्कूल में पढ़ता था, तब भी यदाकदा महा तमस का बवंडर उसके अंतर्मन में तेजी से उतर जाता था। उसे लगता था कि वह महा तमस उसे और सारे संसार को निगले जा रहा है। कुछ ही देर में वर्तमान अतीत के खंडहरों में बदल जाएगा।

"लंगर उठाओ।" एक तेज आवाज बिजली की तरह चमकी और तुरंत लुप्त भी हो गई। उसे लगा कि वह डेक से समंदर के बीच जा पड़ा है और आसमान की ओर बढ़ने वाली लहरें उसे फुटबॉल समझ कर किक लगा रही

है। वह धीरे-धीरे हांफ चला है और सुरंगे उसकी ओर बढ़ने लगी हैं। सुरंगे उसे अवश्य निगल जाएंगी। फिर वह नहीं रहेगा। उसका प्यारा अस्तित्व मिट जाएगा। परंतु मिटकर जाएगा कहां? रहेगा तो यहीं। फिर मिटेगा क्या? मिटने को है भी क्या। क्या कहीं अस्तित्व बदलने या उसके करवट लेने का नाम ही तो अस्तित्व मिटना नहीं है?

हो भी सकता है।" अरविंद ने हांफते हुए समंदर की बिखरी हुई आवाज को सुना। सुरंगे, दुराशा, मुसीबतें, कहकहे के डरावने आकार और सर्वस्व मिटा देने की बर्बरता आदि सभी गडमड होकर उसमें उतरते जा रहे हैं। वह नहीं घबराया। न वह हतोत्साहित हुआ। उसे लगा कि मेज की दराज में से एक पुरानी चिट्ठी निकाल कर मां अर्थात् स्वर्णलता पढ़ने लगी है।

"मां, हम यहां हैं। यहां मां। वहां नहीं, मां यहां। तुम चिट्ठी को पुनः मेज की दराज के हवाले कर दो।"

"हम बेतरह से थक चुके हैं। समंदर ने उछाल-उछाल कर हमारी हड्डियों और पसलियों का चूर्ण बना डालने में कोई कसर नहीं छोड़ी है।

"मां, जंगल, मैदान, पहाड़ और आसमान में एक साथ आग सुलगी है और वह अब अति विकराल रूप धारण कर तांडव कर उठी हैं।

मां, तुम हमें यहां यह आश्वासन देकर छोड़ गई थी।"

"मेरे बच्चो मां तुम्हारे दिल में है, दिल की हर धड़कन में है। जरा पुकार कर तो देखना, वह कैसे नंगे पांव भागी चली आती है। बेटे, कभी डरना नहीं। जब भी डर लगे, मां को याद कर लेना। सारी अलायें-बलायें भागती नजर आएंगी।"

"मां, मैं तुम्हारा अरविंद, पुकार रहा हूं। मां तुम्हें ही पुकारे जा रहा हूं। अब से नहीं, कब से, मां कब से?

मां, जब तुम हमें मैनचेस्टर में छोड़कर जा रही थीं, तब वह मैं ही था, जिसने तुम्हारी साड़ी पकड़कर तुम्हारी और डबडबायी आंखों से देखा था और तुम मां सकपका कर, नीचे बैठकर मुझे अपनी ओर खींचकर प्यार से बोली थीं, "डरना नहीं, मेरे बहादुर बेटे। तुझे अपनी मां के दूध की लाज रखनी है। तुझे तो वीर शिवाजी बनना है।"

"कौन वीर शिवाजी, मां?"

"तू जरा बड़ा तो हो, मेरे लाल। फिर तू स्वयं जान जाएगा कि मैंने किसलिए शिवाजी का नाम लिया था।" स्वर्णलता का दिल कांप उठा था।

"अरे भाई चलो भी। बातें फिर कर लेना।"

"चलते हैं। ऐसी जल्दी भी क्या है? कौन-सा तूफान आ रहा है?"

"सभी मुसाफिर तुम्हारी तरह सोचने लगें, तो जहाज समंदर से कभी खिसके ही नहीं। समय हो चला है।"

"समझ रही हूं। समय मेरे बच्चों से ज्यादा महत्त्वपूर्ण नहीं है।"

"तुम औरतों को यही तो एक बीमारी है कि पल-पल में भावुकता की गोद में जा बैठती हो। अरे भाई, जब भी चलेंगे, तब यही सब होगा। अब आ भी जाओ।" कृष्णधन घोष कहते होते।

स्वर्णलता समझाती, "अरविंद, तू बहुत भोला है। भूखा रह सकता है, पर खाना नहीं मांगेगा। दार्जिलिंग नजदीक था, सो हम लोग आते-जाते रहते थे, परंतु इंग्लैंड भारत से हजारों मील दूर है। वहां रोज-रोज आना-जाना तो संभव नहीं है। रोज-रोज क्या छटे चौमासे भी..."

"आप तो कह रही थीं, मां कि..."

"वह भी अपनी जगह सच है। कहा था, आते रहेंगे। आएंगे भी उसके लिए वक्त और पैसा दोनों चाहिए। उस पैसे को हम तुम्हें भेज देंगे, तो तुम सुख से रह पाओगे।...अच्छा बेटे, अब हम चलते हैं।" इतना कहकर स्वर्णलता उठ खड़ी हुई। अरविंद मां के पीछे-पीछे नहीं भागा। वह यथास्थान खड़ा-खड़ा देखता रहा। उसे याद आया- रिक्त स्थान भरो। कौन भरेगा, यह रिक्त स्थान? कैसे भरेगा यह रिक्त स्थान? कौन बताएगा?...दूर-दूर तक अंधेरा-ही-अंधेरा है। कहीं भी सहारा नहीं है।

सोच के इस मंजर पर आकर अरविंद का मन डूबने लगा। अब वे तीनों भी अलग अलग होते जा रहे हैं। फिर क्या बचेगा शेष! क्या ठंड इतनी तकलीफदेह हो सकती है कि परदेश में सगे खून के रिश्तों के बीच इतना फासला नजर आने लगे कि वे स्वेच्छा से एक-दूसरे से अलग होने का निर्णय लेने लगें। अरविंद ने एकांत पाकर कहा था, "भैया, यहां है हमारा कौन?"

"अरविंद, याद रखना, कहीं भी कोई किसी का नहीं होता। और मानों होता होगा भी तो वह सब जगह तथा हर सम-विषम परिस्थिति में होगा। उसे जतलाने-बतलाने की जरूरत नहीं है...तुम यहां देख रहे हो। एक छत के नीचे रहने वाले एक-दूसरे से अनपहचाने बने रहते हैं।"

"वे तो यहीं के हैं और यहां से हैं।"

"यह सच हमारी दृष्टि से सही है, परंतु उनकी दृष्टि इसकी पलट है।"

"तो हमें क्या वैसा हो जाना चाहिए?"

"अपने डैडी ने हमें छोटी उम्र में यहां इसीलिए भेजा था कि...।"

"हम अलग-अलग हो जाएं।"

"बेहतर जीवन की किसको तलाश नहीं होती।" मनमोहन तपाक से कह जाता।

"बेहतर जीवन से मतलब, भैया?"

मनमोहन कुछ-कुछ हिचकिचाया। वह कैसे समझाए कि बेहतर जीवन है क्या? क्या अपने जीवन को सुख-सुविधाओं से भरपूर बनाने के प्रयत्न बेहतर जीवन के मंत्र हैं?" वह खखारने के बाद धीरे-धीरे कहने लगा, "अरविंद, हम तीनों साथ रहते हुए गीली लकड़ी की तरह अंदर-ही-अंदर सुलगते रहे। यह संभव नहीं हुआ कि साथ रहने जैसी प्राथमिक सुविधाएं जुटा सकें। तब सोचा कि अलग-अलग रहकर भी प्रयत्न कर देखें कि उस व्यवस्था में सुकून मुहैया हो पाता है या नहीं।"

"भैया, हम यहां सुख-सुविधाएं तलाशने नहीं आए हैं।"

"तो किसलिए आए हैं?"

"जीने के उच्च स्तर के लिए ताकि दूसरों के जीवन स्तर सुधारने में सहायक हो सकें।"

"किस दूसरे के, अरविंद?" मनमोहन ने मंत्र का सूत्र खोलते हुए कहा, "यह भ्रम है। याद रखना, हम हैं प्रथम पुरुष! और हम ही द्वितीय तथा तृतीय पुरुष भी हैं!"

"मुझे ऐसा नहीं लगता।"

"वह भी लगने लगेगा, अरविंद।"

"इनकार करने से कोई लाभ नहीं है, भैया।"

"हम परस्पर मिलते रहेंगे।"।

"हां, भैया।" अरविंद ने धीरे से आगे कहा, "परसों तुम तो!...चलो, ऐसा प्रयत्न करके भी देख लें। शायद कुछ जादू हो जाए।"

"हकीकत जादू नहीं होती।"

"शायद...।" अरविंद इतना कहकर चुप हो गया। आगे बात बढ़ाने से कोई लाभ नहीं था, क्योंकि वे अपनी व्यवस्था से प्रसन्न थे। हालांकि उसने अपनी प्रसन्नता कौशल से छिपा ली थी। चेहरा आईना होता है बशर्ते पढ़ने वाला तटस्थ तथा निश्च्छल हो।

अरविंद लौट पड़ा। वैसा वह गया ही कहां था? उसकी देह ठंडी पड़ती

जा रही थी। उससे कंपकंपी रोके नहीं रुक रही थी। उसने सांस रोककर अपनी देह को गरम करने का प्रयास किया, पर उससे कुछ खास नहीं हो सका। उसके होंठों पर हिम उतर आया था उसने गहरी सांस ली और लंबे-लंबे डग भरे कमरे में लौट आया। उसके अंदर आते ही लाइट आ गई। वह चमका। उसका यह अनुभव गलत सिद्ध हुआ कि बल्ब फ्यूज हो गया था। उसने सारे कंबल खींचकर अपने ऊपर ले लिए। वे भी जिन्हें नीचे बिछाया जाता था। शायद अब ठंड से वह निजात पा जाए यह सोच कर उसने मुंह भी कंबल के अंदर कर लिया अब उसने अंधेरा किया था, परंतु उस अंधेरे में भी बल्ब अपने अस्तित्व को नाजोरा सिद्ध नहीं होने देना चाहता था।

21

डॉ. कृष्णधन घोष एक सप्ताह के लिए खुलना से बाहर गए थे। कैंप लगा था। सामान्य जांच का व्यापक कैंप। मुफ्त जांच। कुछ दवाएं भी मुफ्त। कई सेठ-साहूकार भी आगे आए थे। उन्होंने गरीबों के लिए खाने का प्रबंध किया था। दवाएं भी मुहैया करवाई थीं। कृष्णधन ने भी जरूरतमंद मरीजों की अपनी ओर से सहायता की थी। पहले भी वह इस दिशा में सदा पहल करते रहे थे। इस कारण उनका चारों ओर नाम था। अंग्रेज अधिकारियों को उनकी ख्याति फूटी आंखों नहीं सुहाती थी।

स्वर्णलता उनके साथ कैंप देखने गई थी। साथ में बारीन और सरोजिनी भी थे। तीसरे दिन वह दोनों बच्चों को लेकर लौट आई। जैसे ही उसने बाहर का दरवाजा खोला वैसे ही उसे एक लिफाफा नजर आया। उसने उसे उठाया। आश्चर्य! लिफाफे पर उसका नाम था- श्रीमती स्वर्णलता, द्वारा डॉ. कृष्णधन घोष। उसमें उत्सुकता जगनी स्वाभाविक थी। इतने में ही किसी बात पर बारीन और सरोजिनी झगड़ पड़े। सरोजिनी रोती हुई अंदर आई और बहुत पूछने पर उसने बताया कि बारीन ने उसे धक्का दे दिया था, जिससे उसके कपड़ों पर कीचड़ के छींटें पड़ गए।

“बारीन के बच्चे इधर तो आ। तुझे शर्म नहीं आती अपनी बड़ी बहन को तंग करते हुए। आज तू रहेगा या मैं...।” इतना कहते हुए उसने चिट्ठी उठा ली। सरोजिनी चुप होने लगती। उसका मनचीता होने जा रहा था और उसे क्या चाहिए?

बारीन स्वर्णलता के सामने पड़ गया। अब क्या था कि सरोजिनी ने रोना-धोना फिर से तेज कर दिया, ताकि बारीन की एक नहीं सुनी जा सके और वह पिटने लगे।

"मां-मां...पहले पूरी बात तो सुन लो।"

"मुझे तेरी एक बात नहीं सुननी, वीरू, तूने नाक में दम कर डाला है ...आज तो मैं तुझे वह सबक सिखलाऊंगी कि तुझे छठी का दूध याद आ जाएगा।"

"मां...तू इतनी पूजा पाठ करती है, अपने को भगवान् के करीब मानती है परन्तु अन्याय करने में सबसे आगे रहती है।" बारीन पुराने नुस्खे का इस्तेमाल करता। ईश्वर मां की कमजोरी है।

"क्यों रे, ऐसी क्या बात है, बीरू।"

"है मां, है, ऐसी ही बात है।"

"पर है क्या?"

"सरनो दीदी ने मेरी ड्राइंग कॉपी पर पानी के छींटे मारे थे।"

"पर क्यों?"

"क्योंकि मैंने अपनी (ड्राइंग) कॉपी पर उसका चित्र बनाया था।"

"तो इसमें क्या हुआ?"

"मां, बीरू ने मुझे मोटी भैंस जैसा दिखाया था। क्या मां मैं मोटी भैंस सी लगती हूं?"

"नहीं मेरी लाडो, तू तो हजारों में एक है। गोरी चिट्टी है। तेरे नाक-नक्श फबते हुए हैं। नहीं, सरजो, तू तो चांद का टुकड़ा है।"

"और मैं मां..."

"गोबर गनेश..." बीच में ही सरोजनी बोल पड़ी।

"देखो मां, तेरे सामने मुझे गोबर गनेश कह रही है, मरघिल्ली बिल्ली।"

"मां, इसकी हिम्मत तो देखो, तेरे सामने मुझे गाली दे रहा है।"

"बीरू, तू मानेगा नहीं।"

"कैसे मानेगा, मां?...कुत्ते की पूंछ को बारह वर्ष तक एक सीध में रखा गया, परंतु उसमें सुधार क्या हुआ? पूंछ को खोला तो पाया कि वह जस की तस बनी हुई है।"

"यानी टेढ़ी की टेढ़ी।"

"एकदम टेढ़ी।"

"तो फिर तुम्हें क्या चाहिए।" स्वर्णलता ने समस्या की जड़ को कुरेदते हुए पूछा। आए दिन उन दोनों के नाटकों से वह परिचित हो चली थी। अभी वह बारीन को पीट दे या उस पर तेजी से बरस भी पड़े तो सरोजिनी का रोना-धोना बंद।

अब तक सरोजिनी चुप हो चुकी थी और मां के हाल में किए प्रश्न ने उससे पुनः रोने की ताकत को छीन लिया था जैसे बम का पता चल जाने पर उसे निष्क्रिय कर दिया गया।

"तू चाहती है, सरजो, तेरे छोटे भाई को पीटूं या उसे बुरा-भला कहूं, उस पर लानत मलामत भेजूं। यही ना।" स्वर्णलता की ममता छलक पड़ी।

"नहीं मां, मैं..."

"मैं दीदी से माफी मांग लेता हूं, मां?" बारीन ने सरोजिनी का वाक्य पूरा भी नहीं होने दिया कि यह बीच में ही बोल पड़ा।

"अब तो तूने इस बदमाश को माफ किया, सरजो, या मैं उसे सख्त-से-सख्त सजा दूं।"

"ना मां, ना। बीरू मेरा छोटा-सा, प्यारा भैया है।"

"तो अब दोनों अच्छे और समझदार बच्चों की तरह नहा-धोकर मेरे सामने आओ। फिर मिलकर देवी मां की पूजा करेंगे। इधर मैं भी तैयार हो लूंगी।"

वे दोनों खुशी-खुशी चले गए।

"ओ री अनुराधा, जरा इधर आ।"

"आई मालकिन।"

अनुराधा नौकरानी थी। वह बहुत सुशील और नेक थी। जैसा नाम वैसा काम। नक्षत्र की सी तेजस्विता और दिलदारी। उसकी महीन और प्यारी आवाज का अनुनाद तो उसके चले जाने के बाद भी मन को संगीतमय किए रहता है। वह आ गई। स्वर्णलता ने कहा, "आज तू सुस्त-सुस्त सी लग रही है अनुराधा, क्या बात है?"

"कुछ नहीं, मालकिन।"

"तू दाई से पेट छिपाती है, अनुराधा।"

"नहीं, मालकिन, नहीं।"

"क्या फिर से तेरा पति तुझे शराब पीकर मारने-पीटने लगा है?"

"मालकिन, आप दुःखी न हों। औरतजात के नसीब में तो पति की मार लिखी हुई है। वो लकीर तो विधाता ने जन्म के साथ ही डाल रखी है।"

"आने दे आज उसे।"

"मालकिन कोई फायदा नहीं।"

"क्यों नहीं, अनुराधा? मैं उसकी अक्ल ठिकाने लगा दूंगी।"

"क्यों, मालकिन?"

"क्या तू नहीं चाहती है, अनुराधा?"

"मेरे चाहने न चाहने से क्या, मालकिन?"

"क्यों...क्यों नहीं?"

"वो कहता है कि...जा अपनी मालकिन से पूछ कर आ...।"

"क्या, अनुराधा?"

"रहने दो, मालकिन। हमने समझ लिया है, मालकिन और अपने मन को समझा लिया है कि स्त्री होने की सजा तो भुगतनी ही पड़ेगी। उससे नहीं बचा जा सकता। वो रेखा विधाता ने स्वयं डाली है स्त्री के हाथ में...।"

"नहीं...नहीं, यह दकियानूसी विचार है। ऐसा विधाता ने कुछ नहीं किया है, अनुराधा।"

"तो क्यों रामजी ने सीता माता की अग्निपरीक्षा लेकर भी उसे कैसे दूध से मक्खी की तरह निकाल बाहर फेंका? वो तो स्वयं विधाता थे। सीता माता गर्भवती थीं। उन्होंने अपनी होने वाली संतान का भी ध्यान नहीं रखा। फिर हम जैसी आम औरतों को कौन न्याय देगा?...ना मालकिन, आप अपना दिल छोटा मत करो। जो हो रहा है, होता रहा है और आगे भी होता रहेगा।"

स्वर्णलता कुरसी के हत्थे थामे रह गई। उससे कुछ बोलते नहीं बना। वह उसे संतों की तरह यह कहकर नहीं समझा सकती थी कि वह श्रीराम की माया थी। वास्तव में सीता माता श्रीराम की शक्ति थी।

"मालकिन मैंने सब कमरों की सफाई कर दी है। बरतन मांज दिए हैं। कहें तो मैं नाश्ता भी तैयार करती जाऊं। आप थकी मांदी आई हैं, कहां चौके-चूल्हे में सिर खपाएंगी। ...क्या बनाऊं, मालकिन? छोटे साहब की मन पसंद या बड़ी बहना की...अथवा सबकी मिली-जुली।"

अनुराधा अंदर-बाहर, ऊपर से नीचे तक वह मिस्री की डली है। उसे चाहे जितना पीटो, छेतो, टुकड़े-टुकड़े कर डालो पर मिस्री अपना गुण नहीं त्यागेगी- वह मिठास ही देगी। स्वर्णलता का मन भर आया। उसके सामने सरोजिनी आ खड़ी हुई। उसने कह दिया, "जो तेरे जी में आए बना ले, अनुराधा।"

अनुराधा जाने से पहले यह कहती जरूर गई, "बैठे ठाले हमने आपका मन दुःखा दिया। आपके वो तो साक्षात् देवता हैं।"

स्वर्णलता कुछ नहीं बोली। उससे कुरसी का हत्था छूटा ही नहीं। वह कैसे और किसे अपने दिल की बात बताए कि वह कितनी दुःखी है। उसकी आंखों के तारे उसके पास नहीं हैं। कितनी बार कहा, "कृष्णधन, एक बार इंग्लैंड चलें।"

"क्यों नहीं, लता अवश्य चलें। अपने बच्चों को देखे बरस हो गए हैं।"

"कितने बड़े हो गए होंगे। सबसे बड़ा तो तुम्हारे कंधे से ऊपर निकल गया होगा।"

"कंधे से ऊपर ही क्यों, वह तो लंबाई में पहले से ही ताड़ का वृक्ष होने की छाप छोड़ चुका था। मनमोहन के बारे में तुम्हारा अनुमान सही है।"

"और अपने अरविंद के...उसे तो हमने अपनी आंखों से बहुत पहले दूर कर दिया था। पगले की यह जिद रहती थी कि वह मेरे पास सोएगा।"

"और मैं कहता था कि उसे मर्द बनने दो।"

"मर्द तो वह है ही, कृष्णधन। पर मेरी इच्छा है कि वह तुम जैसा मर्द नहीं बने।"

"क्यों मेरे में ऐसी क्या खराबी है?"

"खराबी किसी के बताने से नहीं, अपने जानने से मालूम पड़ती है। यों तुम्हारा चारों ओर नाम है। भाग्य के तुम धनी हो। जो तुम्हारे पास रोता हुआ आता है, वह हंसता हुआ जाता है। तुम्हारे हाथ में जस है, कृष्णधन।"

"जानती हो वह जस कैसे नसीब में आया?" कृष्णधन रहस्यमय मुद्रा में आ जाते।

"कैसे, कृष्णधन?" स्वर्णलता सोच जाती कि जरूर उसके पीछे किसी तपस्वी-महात्मा का आशीर्वाद है। रात-दिन गरीब-गुरबों की सेवा करते हैं। घर-अस्पताल एक कर दिया है। रात-विरात दुःखी की गुहार सुन उसके साथ चल पड़ते हैं। दान देने के खुले हाथ के कारण कई-कई बार घर में खाने के लाले पड़ गए हैं। इसी से खुश होकर किसी साधु-संत ने उन्हें आशीर्वाद दे दिया होगा।

"है एक तपस्वी।"

"कौन, कृष्णधन?"

"तुम जानकर क्या करोगी?"

"कुछ भी करूं या न करूं, तुम्हें इससे क्या मतलब?"

"ना भाई, ना। इसे रहस्य ही बना रहने दो तो अच्छा है।"

"तुम्हें हमारी कसम, कृष्णधन।"

"लो फेंक दिया न ब्रह्मास्त्र। तुम स्त्रियों में यह गुण जन्मजात है कि जरा-जरा सी बात पर अपनी कसम की मूठ चला देती हो। पर एक शर्त है, लता?"

"क्या?" स्वर्णलता गंभीर हो जाती।

कृष्णधन रहस्य को और अधिक रहस्यमय बनाते हुए कहते, "तुम उसका नाम किसी को नहीं बताओगी, वरना...।"

"वरना क्या?"

"उसका आशीर्वाद अभिशाप बन सकता है।"

"नहीं कृष्णधन, हम किसी को नहीं बताएंगे।" स्वर्णलता कंठ छूकर कहती, "कसम से।"

"दीवारों के भी कान होते हैं, लता। यह तुमने सुना है ना।"

स्वर्णलता के झुमके समर्थन देते, "हां, कृष्णधन।"

"तो इधर आओ।"

"और इधर आओ।"

स्वर्णलता कृष्णधन के पास आ जाती। कृष्णधन कहते, "कान इधर लाओ।"

"कान क्यों?"

"क्योंकि सिर्फ तुम ही उस ऋषि-मुनि का नाम सुन सको।"

"यहां तीसरा है कौन?...तुम तमाशा मत करो। झट से उसका नाम सुना दो।... बोलकर नहीं तो लिखकर।"

"लिखकर कदापि नहीं।"

"क्यों कृष्णधन?" कहकर स्वर्णलता कृष्णधन की ओर देखती।

"क्योंकि उस ऋषि-मुनि ने यह वचन ले लिया था कि जिसका नाम तुमने सुना है, उसे तुम कभी लिखोगे नहीं। लिखने से मंत्र अपनी शक्ति खो देता है।" कृष्णधन ने उसे गंभीर स्वर में कहा।

स्वर्णलता को कृष्णधन रहस्यमय लगने लगा। कमरे का सारा वातावरण ही रहस्यमय हो उठा। धुंध कुहरा-सा छा गया, दार्जिलिंग की पहाड़ियों पर। उसे सदा लगता रहा कि धुंध कुहरा गल बाहें डाले, सगी बहनों की तरह अपनी-अपनी दुःख-गाथा एक-दूसरे को सुनाते-सुनाते सुबह हो जाने देते हैं।

जैसे ही सुबह होती है, अपने-अपने आंसू पोंछकर अलग हो जाते हैं। उसने अंदर से अकारण हलका-सा व्यथित होकर कहा, "बताओ ना, कृष्णधन।"

"कान पास लाओ, लता।"

"हम सब जानते हैं, सब पुरुष हठधर्मी होते हैं। तुम उनसे अलग नहीं हो।...लो, बाबा, कान भी पास ले आए।" सरोजिनी ने परेशान होते हुए तुनक मिजाजी से कहा।

"तुम नाराज होती हो तो रहने दो, लता। हमने तो पहले ही कहा था कि आम खाने के शौकीन पेड़ नहीं गिनते।" कृष्णधन गहन गंभीर मुद्रा में कहता।

"तुम तो कृष्णधन, उनमें से हो जो मारते भी हैं और रोने भी नहीं देते।"

"तो हम इतने बुरे इनसान हैं।"

"नहीं, तुम तो बहुत अच्छे इनसान हो तभी तो हमने राजी-राजी तुम्हारे गले में वरमाला डाली थी।" स्वर्णलता ने चिड़चिड़ेपन को छिपाने की असफल कोशिश करते हुए कहा।

"तो सुनो भाई।"...कृष्णधन ने उसका कान अपनी ओर खींचकर बहुत धीरे से कहा, "उस ऋषि-मुनि, साधु-संत और जो भी उसे संबोधन देना चाहो, दे डालो, दे सकते हो...जब हम कलकत्ते में मेडिकल कॉलेज में पढ़ रहे थे, यकाएक एक दिन वह सामने आ खड़ा हुआ और बोला, "बच्चा, तेरे भाग्य में लिखा है, निःस्वार्थ दुनिया की सेवा करना, तू बनेगा दानी और हरेगा दुनिया के दुःख दर्द। खूब करेगा अपने मां-बाप का नाम रोशन।"

"प्लीज उसका नाम तो बताओ।"

"तो अब सुन लो उसका नाम। पहले दिल थामो, फिर अपने इष्ट का नाम ध्यान करो। हां तो मेहरबान सुनो अब उस महामुनि, तपस्वी संतों के संत का नाम।"...तनिक रुककर, चारों ओर देखकर कृष्णधन इतना कहकर चुप हो गए।

"तुम्हें तंग करना खूब आता है, कृष्णधन। ना बताना चाहो तो हम चलें।"

"ना...ना...लता, ऐसे नाराज होकर नहीं। लो सुनो उसका नाम।" कान पकड़ कर कह दिया, "स्वर्णलता ऽ...।"

"नो...नो...नो...ये चीटिंग है। अरे कृष्णधन, नो। खोदा पहाड़ निकली चुहिया।"

"लता मेरे जीवन का यही सत्य है। तुम्हारे जीवन में आते ही वह सब शुरू हो गया, जिसकी आशा नहीं थी।"

"नहीं कृष्णधन, कदापि नहीं। कह दो कि मजाक में कहा था।"

"जब सत्य जानना चाहो तो लता, उसे सुनने की ताकत भी होनी चाहिए।" कृष्णधन ने तनिक तेज स्वर में कहा, "लता, जो कुछ मेरे जीवन में है, उसके पीछे तुम हो। तुम्हारे अलावा मेरे जीवन को मोड़ देने वाला, चलाने वाला, दूसरा कोई साधु-संत नहीं है। विदेश में पढ़ने जाने का मन बनाया तो तुमने हौसला दिया, वहां से लौटकर जब समाज ने घेरा तब तुमने ढकोसलों पर से परदा हटाने की हिम्मत जुटाई और जब पैसे कमाने की दौड़ में उतरना चाहा तब भी तुमने ही कहा था, "कृष्णधन, डॉक्टरी को पेशा मत बनाओ, वह तो सेवा है। जब तुम दकियानूसी समाज से लड़ सके तो अब उस डॉक्टरी के सम्मान के लिए भी आगे आओ। साधु बने हो तो घर का मोह क्यों? सेवा का व्रत लिया है तो उसे साध कर भी बताओ। कहा था ना और उसे साधने का यत्न कर रहा हूं या नहीं।"

"हां...हां...कृष्णधन। तुम्हें अपने उन बच्चों की याद है, जो इंग्लैंड में पढ़ रहे हैं।"

"क्यों नहीं, लता। स्त्रियां यह अधिकार अपने लिए क्यों सुरक्षित रखना चाहती हैं कि बच्चों का ध्यान सदा माएं रखती हैं, पिता नहीं।"

"उन्हें पैसे धेले तो भेजते हो न।"

"क्यों नहीं, लता।" कृष्णधन कह तो गए परंतु सोच में पड़ गए कि उसमें कितना सत्य है। वह झूठ तो बोलता नहीं है। स्वर्णलता को यकीन नहीं होने का कोई कारण भी नहीं था। फिर उन्हें याद आया कि कुछ पैसे तो भेजे थे। यह सोचकर वह निश्चिंत हो गए।

"मालकिन, नाश्ता तैयार कर मेज पर लगा दिया है।" अनुराधा की आवाज सुनकर स्वर्णलता वर्तमान में लौट आई। चौंक गई। वह तो अभी तक जहां की तहां बैठी हुई है। दोनों बच्चे तैयार होकर आ चुके थे। अनुराधा ने पूछा, "मालकिन किस सोच में पड़ गई?"

स्वर्णलता मुस्करा उठी। फिर कहने लगी, "कुछ नहीं, अनुराधा। अतीत की पोटली खोलने से ऐसा ही होता है कि वर्तमान आंखों से ओझल हो जाता है। वही मेरे साथ हुआ। चलें, अब पहले नाश्ता ही कर लें। वह उठ खड़ी हुई। टेबल पर नाश्ता सजा था। सरोजिनी और बारीन नाश्ता कर रहे थे। वह उनके बीच में आकर बैठ गई। प्लेट लेकर अपने लिए नाश्ता लगाने लगी। उसका चेहरा अभी तक अतीत के वर्तमान की ओर देखे जा रहा था। क्या

वर्तमान अतीत नहीं हो सकता! जिसे अतीत होना चाहिए था, वह वर्तमान हो बैठा। सरोजिनी कह रही थी, "ममा, आप इतनी सोच में क्यों हो?"

"नहीं तो और मानों मुझे देखकर तुम्हें ऐसे लगता तो तुम भ्रांति में हो। मैं क्या सोचूंगी?"

"यह हमें क्या पता, ममा?" बारीन ने कहा।

"चलो, बातें नहीं, नाश्ता करो।" स्वर्णलता ने अपनी प्लेट में पकौड़े लिए और स्लाइज पर मक्खन लगाना शुरू कर दिया। वह भी क्या सोच बैठी। क्या होता है कभी-कभी कि वह न चाहते हुए अतीत की गलियों के साथ हो जाती है। अकेले में उसे पुरानी बातों की खोज-खबर लेते हुए वर्तमान की याद नहीं आती। अनुराधा चल दी थी। बच्चे भी उठ खड़े हुए थे। वह अकेली बैठी रह गई थी।

22

दिन जल्दी उग आया था। आसमान खुशगवार हो रहा था। पक्षी वृंद उड़ रहे थे या पानी में चोंच गड़ा कर उछल रहे थे। मनमोहन जा चुका था और विनय भूषण ने भी आश्रय ढूंढ लिया था। वह तो उसके ही कारण वहां रुका हुआ था।

दो दिन से विनय भूषण लंदन से बाहर था। अभी वह लौटा नहीं था। परसों रात अरविंद को ज्वर आ गया था। वह क्या करे, उसकी कुछ समझ में नहीं आ रहा था।

वह तपते ज्वर में स्कूल गया। यह सोचकर गया कि इससे उसके दिमाग पर से कुछ समय के लिए ज्वर का भूत उतरा रहेगा। घर में अकेले पड़ा रहा तो दिमाग में अनर्गल विचार आएंगे। डॉ. वाकर ने उसे स्कूल की छुट्टी के बाद मिलकर जाने का संदेश भिजवा दिया था। क्लास में उसका मन नहीं लग रहा था। एक पीरियड छोड़कर वह पुस्तकालय में बैठा रहा। प्राय: वह ऐसा नहीं करता था। यह भी अजीब इत्तफाक हुआ कि जिनका पीरियड था, वह उनके सामने पड़ गया। उन्होंने उससे कुछ नहीं पूछा। उसके मन में चोर अवश्य रहा। मनुष्य अपने आपसे कैसे छिपे? कोई उपाय नहीं है।

स्कूल की छुट्टी हो जाने पर वह डॉ. वाकर के कक्ष में पहुंचा। डॉ. वाकर ने कहा, "सुन रहा हूं कि तुम डिबेट में भाग नहीं ले रहे हो।"

"हां, सर।"

"पर क्यों? क्या मैं यह जान सकता हूं?"

"मन नहीं हो रहा है, सर?"

"पिछले साल तुम इसी कार्यक्रम में प्रथम आए थे।"

"वह एक वर्ष पुरानी बात है, सर।"

"तो क्या हुआ, अरविंदो?"

"काश, मैं आपको बता पाता।"

"कोई बात नहीं है, अरविंदो। हम तुम्हें इसलिए कुरेदना भी नहीं चाहेंगे। व्यक्तिगत मामलों में यह स्कूल तब तक दखल नहीं देता है, जब तक सामने वाले की इच्छा न हो।"

अरविंद चुप रह गया। कुछ देर के बाद वह उठने के लिए उद्यत हुआ ही था कि डॉ. वाकर ने पूछा, "तुम्हारा चेहरा इतना तमतमाया हुआ क्यों है?"

"सर, बस यों ही।"

"तुम्हारी आंखें भी लाल हैं।"

"हो सकती हैं, सर।"

"इधर आओ।"

अरविंद डॉ. वाकर के पास आकर जैसे ही खड़ा हुआ वैसे ही उन्होंने उसकी कलाई पकड़ ली। तुरंत बोले, "अरविंदो, तुम्हें तो तेज ज्वर है।"

"यस सर।"

"क्या यस सर, अरविंदो। तुम्हें तेज ज्वर है। सीधे डॉक्टर के पास जाओ।"

"यस सर।" कहकर अरविंद चलने को हुआ ही था कि पुनः डॉ. वाकर ने कहा, "ठहरो।" इसके साथ ही घंटी बजाई। स्कूल का माली आया, "देखो भाई, यह अपने स्कूल का छात्र है–अरविंदो।"

"जी। क्या इन्हें डॉक्टर पीटर के पास ले जाना है, सर?"

"हां, डॉक्टर साहब को हमारा नाम बोलना। जो पैसे लगें, वे हम देंगे, यह भी उन्हें बता देना। यह कहना मत भूलना कि अरविंदो, हमारे स्कूल का बेस्ट स्टूडेंट है।...ही इज अ स्ट्यूडिअस ब्वॉय।"

"सर, अरविंदो को घर छोड़कर आना है।"

"नहीं, सर घर चला जाऊंगा।" अरविंद ने कहा।

"वह तुम देख लेना।"

वे दोनों कुछ ही देर में डॉ. पीटर के अस्पताल में जा पहुंचे। अस्पताल खुलने का समय देखा। अभी आधा घंटा था। अरविंद ने कहा, "आप जाइए, मैं दिखा लूंगा। अभी तो अस्पताल खुलने में देर है।"

"तुम यहां बैठो। हम अभी आता है।"

"कहां जाता है?"

"डॉ. पीटर के पास।"

"नो, नहीं...उन्हें डिस्टर्ब नहीं करना।"

"व्हाई नॉट, अपने साहब का जिगरी दोस्त है। उठो, तुम वहां बैठो-डिबैन (बिना पीठ का सोफा) पर। हम आता है।"

वह चला गया। उसके थोड़ी देर बाद वह लौट आया और बोला, "अरविंदो, डॉक्टर पीटर घर में नहीं है। हमने उनकी वाइफ से सब बोल दिया है। नाम भी बता दिया है।"

"आप जाइए।"

"रुक भी सकता हूं...जैसा तुम चाहो।"

"नहीं, आप जाइए।"

"तुम दिखा कर जाना। शाम को साहब क्लब में जाता है। वहां पूछ लेगा।"

"ठीक है, आप जाइए। हम दिखाकर जाएगा।" अरविंद ने मन-ही-मन कहा कि अब तो दिखलाकर ही जाना होगा। पैसा! उसने जेब में हाथ डाला। जेब में दो पेनी थे। अब? वाह रे, भाग्य! तू भी खूब है! एक नई मुसीबत में डाल दिया। खैर देखा जाएगा।

इसी समय एक संभ्रांत महिला आई और डिबैन के दूसरे किनारे पर आ बैठी। कुछ देर तक सन्नाटा बना रहा। फिर वह महिला बोली, "हम, गिब्स और तुम।"

"अरविंद।"

"पढ़ता है।"

"हां, मादाम, सेंट पॉल में।"

"लंदन के दि बेस्ट स्कूल...लंदन में।" इतना कहकर उस महिला ने पूछा, "बुखार है?"

"शायद।"

"गिब्स पास खिसक आई और अरविंद का माथा छुआ। फिर कलाई, फिर नब्ज देखी। अचानक कुछ तेज स्वर में कहा, "तुम्हें तो बहुत तेज बुखार है। तुम्हारे साथ कौन है?"

"कोई नहीं।"

"क्या! कोई नहीं! तुम्हारा फादर-मदर।"

"भारत-इंडिया में।"

"यहां...कहां रहता है?"

"लिबरल क्लब के एक कमरे में।"

"क्या वहां रहने का कोई कमरा है?"

"है...हम रहता है न, मैडम।"

"ओह! आई सी! तुम रहता है।...हम भूल जाता। वहां तुम किसके साथ रहता?"

"अकेला।" कहना वह चाहता था कि भाई के साथ रहता हूं, लेकिन मुंह से निकल गया...अकेला। आजकल अकेलापन उसमें बवंडर मचाए था। भैया भी तो चला जाएगा। उसे पाँच शिलिंग के स्थान पर सात शिलिंग प्रति सप्ताह मिलने लगे हैं।

"अकेला...इतने बड़े वीरान जगह में तुम अकेला! और कोई नहीं... एकदम अकेला।"

अरविंद चुप बना रहा।

गिब्स भी चुप हो गई। हालांकि अरविंद ने आंखें नीची कर रखी थीं तथापि उसके सामने उसका चेहरा घूम रहा था- लंबे कद पर लंबा चेहरा, नीली गहरी आंखें, उठी हुई नासिका, गरदन कुछ मोटी, जबड़े मजबूत, होंठ पतले और लाल। उसे लगता कि उसकी आंखें उसी पर हैं। उसके सामने वह प्रदर्शनी घूम गई, जिसमें उसकी हमउम्र के एक छात्र ने कुछ इस ढंग से अपने चित्रों में एम्सटर्डम, हेम, पेरिस ब्रूसेला और लंदन को उभारा था कि ध्यान से देखने पर वे शहर अपनी पहचान स्वयं देने लगते थे। उन चित्रों में वहां के बाजार की दुकानों के साइनबोर्ड चमक रहे थे सिर्फ। दुकानें बंद थीं और कम लोग नजर आ रहे थे। उन सब चित्रों में चेस्टर पहने जिस अधेड़ युवती को दर्शाया गया था, वह अधेड़ युवती एक ही थी, परंतु उसके पोज एक-दूसरे से भिन्न थे और उसके पहनावे में कुछ ऐसा था जो उन शहरों की तासीर की अभिव्यक्ति दे रहा था। गिब्स उसे वही

अधेड़ महिला लगी।

गिब्स ने कहा, "मैं किंग्स्टन में रहती हूं।"

इतने में अस्पताल खुलने की आहट होने लगी। अरविंद ने कहा, "डॉक्टर आने वाले हैं।"

"शायद।"

"शायद क्यों?"

"क्योंकि जब तक वह आ नहीं जाते तब तक हमें शायद से काम चलाना होगा।"

खटाक से सामने का दरवाजा खुला। गिब्स का ध्यान उस ओर नहीं गया। अरविंद की दृष्टि आवाज के साथ घूम गई। ठंड बढ़ चली थी। उसमें पहले फुरफुरी हुई और फिर कंपन-ठुठरन बढ़ी। उसने अपने आपको सांस रोककर गर्म करने का प्रयास किया।

मि. अरविंद की पुकार हुई। वह उठा। गिब्स ने कहा, "अरविंद, मेरी बारी तक तुम यहीं बैठना।" वह नहीं जानती थी कि यह सब उसमें क्या हो रहा है और क्यों हो रहा है, पर हो रहा है। घर से चलते समय उसने जल्दी-जल्दी में एक सूखी रोटी और एक गिलास बीयर का नाश्ता किया था।

उसके लिए यह महत्त्वपूर्ण नहीं था कि वह डॉक्टर को दिखलाने के बाद गिब्स का बारी आने के बाद तक वहां बैठा रहे। उसके सामने से उन जहाजों के मस्तूल और पाल तेजी से ओझल होने शुरू हो गए, जिनको छोड़कर उनका जहाज बहुत आगे निकल गया था। जहां से शहर संभावना बना अनुभव होने लगता था। उसके सामने केरोसिन की बत्ती का धुंधला प्रकाश रह जाता था अकेलापन लिए।

अब अरविंद डॉक्टर को दिखाकर दवाइयां ले रहा था। गिब्स अंदर जा रही थी उसकी ओर रुकने का संकेत देकर। अरविंद ने दवाइयां लीं। डॉक्टर ने उससे रुपए नहीं मांगे। कंपाउंडर ने भी उससे कुछ नहीं मांगा, जबकि उससे पहले खड़े व्यक्ति से कंपाउंडर ने पंद्रह शिलिंग लिए थे।

अभी गिब्स बाहर नहीं आई थी। क्या उसे उस भद्र महिला के लौटने तक इंतजार करना चाहिए? यह प्रश्न उसमें रह-रहकर उठ रहा था। कल उसने सूखी रोटी, एक पनीर का टुकड़ा और कड़वी कॉफी ली थी, तब से अब तक...उसने घंटों का हिसाब छोड़कर वहीं डिबैन पर बैठकर गिब्स का इंतजार करना ठीक समझा।

थोड़ी देर बाद गिब्स लौटी। वह दवाघर की ओर नहीं मुड़ी। वह सीधे उसकी तरफ बढ़ी। अरविंद ने पूछा, "दवा नहीं लेंगी।"

"नहीं। मैं चेकअप कराने आती हूं।"

"रोज।"

"नहीं, महीने में किसी एक दिन।"

"किसी निश्चित तारीख या दिन।"

"कोई नियम नहीं बनाया। दरअसल मैं नियमों के झाड़-झंखाड़ के हवाले अपने को नहीं कर सकती। मैं दूसरों को नियम कायदे तोड़ने के लिए भी वकालत नहीं करती और न मुझे ऐसे व्यक्तियों से कोई उलझन होती है। अपनी-अपनी चॉइस है।" गिब्स ने इतना कहकर कहा, "चलना चाहिए।"

"हां, चलना ही है।" अरविंद उठ खड़ा हुआ और चलने लगा।

दोनों बाहर आ गए। गिब्स रुकी। वह पूछने लगी, "मैं तुम्हें लिबरल क्लब छुड़वा दूंगी।"

"थैंक्स, मैडम। मैं चला जाऊंगा।"

"तुम्हें तेज बुखार है।"

"मैं आया भी हूं।"

"वह तुम्हारा अतीत है, हमें सदा वर्तमान में रहना चाहिए।"

"आप ठीक कहती हैं।"

"तो चलें।"

अरविंद क्या कहे? निरुत्तर। वह चल पड़ा। गिब्स ने टैक्सी रुकवा ली। वह बोली, "तुमने अभी तक क्या लिया है?"

अरविंद झूठ कैसे कहे! जो लिया है उसके बारे में क्या बताए?

"घर पर कौन मिलेगा इस समय?"

"कोई नहीं।" वह साथ हो सकती है कमरे के अंदर तक आ जाए। तब भी तो पोल खुल जाएगी। वह कुछ सोच-समझ नहीं पा रहा था कि वह उससे कैसे पिंड छुड़ाए। उसकी इतनी सहानुभूति उसके प्रति क्यों हो चली है। निस्संदेह उसका चेहरा शांत, प्रफुल्ल और निर्दोष था।

"टैक्सी, पहले पार्क व्यू चलो।"

"उधर...।"

"हां, उधर, अरविंदो। तुम ऐसी हालत में क्या खाओगे? कौन खाना बनाएगा। यदि तुमने अपने पर ज्यादती की तो तुम्हारी सेहत पर उसका बुरा

असर होगा।...प्लीज कीप क्वाइट।"

"मैं घर लौटना चाहता हूं।"

"वह भी होगा, अरविंदो और आज ही, थोड़ी देर बाद।"

अरविंद ने फ्रेंच में पूछा, "आपकी इस मेहरबानी का कारण, मैडम।"

"मानवता।" गिब्स ने फ्रेंच में ही उत्तर दिया, "दरअसल मेरा जन्म और मेरी परवरिश पेरिस में हुई है। फादर रहे नहीं, मदर ने दूसरी शादी कर ली और अपने नए पति के साथ बुसल चली गई। पहले मैंने नन बनना सोचा था। शायद वही मेरे लिए उपयुक्त भी था, परंतु यह विचार बहुत जल्दी दिलोदिमाग पर से उतर गया।...तुम्हें कुछ अटपटा लग रहा है क्या?"

अरविंद क्या उत्तर देता। उसे उसकी कहानी की कथा-वस्तु में त्रासदी की झलक मिली। टैक्सी रुकी। दोनों बाहर आए। वह टैक्सी वाले को पैसे देकर बोली, "साथ आओ, अरविंदो। झिझको नहीं मैं तुमसे उम्र में...." कुछ सोचकर उसने कहा, "थ्री टाइम्स बड़ी हूं। मेरी जिंदगी बहुत कुछ अनभिज्ञ चरित्र की गाथा बुनती रही है।"

"क्या आप इस वक्त भी वही कर रही हैं?"

"प्रश्नों को पहेली मत बनाया करो, अरविंदो। हमें हर स्थिति में यही कोशिश करनी चाहिए कि हम असहज न हों और विकारों को अपने ऊपर हावी होने दें।" अब वह दरवाजा खोल रही थी।

अरविंद देख रहा था कि उसका बंगला छोटा नहीं है। बहुत खुला है। बाहर लॉन है। तरह-तरह के फूल हैं। गुलाबों की कई जातियां-प्रजातियां हैं। काला गुलाब भी है। बंगले के एक ओर लिखा था- 'क्रूसफिक्स' (क्रूस पर चढ़े ईसा की छोटी मूर्ति)। यह नाम उसने क्यों चुना?

अब अरविंद उसके अध्ययन कक्ष में था। वह कह रही थी, "यहां तुम्हें पढ़ने की सुविधा रहेगी और मैं तुम्हारे लिए कुछ बना सकूँगी।"

"कष्ट..." कहते-कहते अरविंद रुक गया। वह नहीं चाहता था कि उसके मन को उससे जरा सा भी आघात पहुंचे।

गिब्स मुस्कराकर चली गई। अरविंद उसका सजा हुआ, कायदे से जमा हुआ कमरा और बड़ा पुस्तकालय देख रहा था। वह लौटी और बोली, "तुम आराम कुर्सी पर बैठो सहारा लो। पांव फैला लो। राहत पाओगे।" साथ ही उसने ईंधन जला डाला। थोड़ी देर में वह कमरा गर्म होने लगा। "...यों नहीं ...जरा ठहरो।" उसने आराम कुर्सी को उसकी ओर खींच कर कहा, "बैठ जाओ।"

अरविंद बैठ गया।

"पीठ पीछे ले जाओ।" अरविंद ने वही किया। उसने आराम कुरसी के आगे का हिस्सा खोल दिया और पुनः कहा, "पांव फैला लो। संकोच नहीं। आराम मिलेगा। रिलैक्स हो सकोगे। देन लेट युअर मसल्स रिलैक्स स्लोली।" यह कहकर वह चली गई।

अरविंद कितने वर्षों बाद लंबी आराम कुरसी पर लगभग लेट सा गया था। एक बार यह सुख उसने अपने मित्र के घर उठाया था, जब वह मैनचेस्टर में था, पादरी डरूएट के यहां।

गिब्स उबले हुए आलू और कहवा लेकर आई कि वह तब तक कुछ खा लेगा। उसने क्या देखा कि अरविंद सो गया है। वह गहरी नींद में है। नींद कितने काम की चीज है। वह न हो तो...। इसके साथ ही वह लौट पड़ी। किचिन में वह बरतन साफ करने लगी। बंद खिड़की के शीशे से वह देख रही थी कि हिमपात शुरू हो गया है। वह सोच रही थी कि वह भारत से लंदन पढ़ने आया है। क्या पढ़ना इतना जरूरी है? वह स्वयं कम पढ़ती थी। उसने कॉलेज की पढ़ाई स्वयं छोड़ दी थी और अपना मन पेंटिंग में लगा लिया था। वह प्रकृति की ओर जी भर कर देखती और उसी में खो जाती थी। यों कहना उपयुक्त होगा कि वह इस तरह अपने को भूलने लगती थी और उसका वर्तमान उसके सामने से ओझल हो उठता था।

वह शाकाहारी थी। पता नहीं अरविंद को घास-पात पसंद आएगा या नहीं। वह क्यों उसे अपने यहां ले आई? अरविंद का उसके बारे में अलग तरीके से सोचना गलत नहीं है। उसे क्यों लगा कि वह संकट में है, उसे मदद चाहिए। वह यह कैसे जान लेती थी, यह वह नहीं जान सकी थी। क्या जीवन में सब बातों के पीछे कारण का पता होना जरूरी है? बहुत से कार्य बिना सोचे-समझे पूरे हो जाते हैं। उसकी इस बात पर कौन विश्वास करेगा? क्या उसे स्वयं को कभी-कभी संशय नहीं घेर लेता है?

वह एक अंगीठी जलाकर बीच के कमरे में रख आई, ताकि वह भी कमरा गरम होने लगे। यों उसने डेढ़ घंटे से अधिक समय बिता लिया। रसाई भी तैयार कर ली।

अब हिमपात तो कम होने लगा था परंतु हवाएं तेज हो चली थीं। पेड़-पौधे रूई के दरख्त जैसे लग रहे थे। सन्नाटा टूट रहा था, क्योंकि टहनियां और पत्तों ने आंदोलन शुरू कर दिया था। वह पुनः अरविंद को देखने के लिए

धीरे-धीरे चल पड़ी। उसने अपने कदमों की आहट नहीं होने दी। हैं वह अब भी सो रहा था, बेफिक्र होकर, शांति से और शालीनता से किसी राजकुमार की तरह। अब वह क्या करे? वह जगाएगी तो नहीं। फिर उसे इंतजार ही करना पड़ेगा।

23

रात अमावस की थी। ऊपर से घटाएं छाई हुई थीं। मौसम आंखें दिखला रहा था। कभी-कभी सघोष या निर्घोष चपला कौंध जाती थी। उससे अंधेरा भयावह हो उठता था। यों भी रुक-रुककर कई दिनों से वर्षा हो रही थी और बीच-बीच में वर्षा जमकर भी हो उठती थी। ऊपर से लाइट और चली गई थी। मोमबत्ती टिमटिमा रही थी, लालटेन के गोले के अंदर जलती हुई।

सरोजिनी और बारीन सो रहे थे किसी स्वप्न की बाट जोहते हुए से। स्वर्णलता को क्यों कभी लगता था कि मानव की भौतिक महत्त्वाकांक्षाओं का यह सिलसिला नहीं रुका तो जो पाया है वह सूद सहित चला जाएगा। बाद में जले हुए घिनौने कपड़े की दुर्गंध से सारा वातावरण भर जाएगा। स्वर्णलता को भागमभाग कतई पसंद नहीं थी। सपने देखना बुरा नहीं है, परंतु उनके पीछे पागल होकर भागना ठीक नहीं है। वह फिर से अरविंद के पत्र को खोलकर पढ़ने लगी। यह वही लिफाफा था जो उसे उस दिन दरवाजे के पास पड़ा मिला था, जिस दिन वह बीच में ही कैंप छोड़कर घर लौट आई थी, सरोजिनी और बारीन को लेकर। उस दिन काम में व्यस्त रहने और यादों को धूप में डालने के कारण उसे वह लिफाफा याद ही नहीं आया, जबकि वह लिफाफा उसके नाम से था। वह क्या कम भुलक्कड़ है। आज दो माह से ऊपर हो चले तब उसे याद आया। वह भी इसलिए कि वह मेज की बंद दराजों को साफ करने लगी। अब तक वह पुनः पत्र खोल चुकी थी। पत्र यों था –

प्रिय मम्मी,

तुम शायद हमें इंग्लैंड में छोड़कर भूल गई हो। पापा का पत्र नहीं आता। यहां अपना कौन है? दुःख-दर्द कहकर नहीं आते। इस वक्त हम मुसीबत में हैं। मनमोहन अलग होकर दूसरी जगह जा चुका है। बड़ा भैया भी अपना इंतजाम कर चुका है, परंतु उसे छोटे भाई का मोह छोड़ नहीं पाता। रिश्तों की माया कम पेचीदी होती है क्या? मैं उनको समझ नहीं पाता। या कहो समझना नहीं चाहता।

शायद ममा, तुम यह भी भूल गई हो कि जब तुम हमें छोड़कर गई थी, तब से अब तक जूतों के नाप कई बार बदल चुके हैं, पुराने कपड़े भी नहीं आते हैं। गर्म कपड़ों के नाम पर एक मोटा स्वेटर या स्कूल की ड्रेस है। कोट-पतलून छोटे पड़ गए हैं। सामान्य-सी बात है कि हम बच्चे नहीं रहे हैं, परंतु हम पहाड़ी पत्थर की तरह लुढ़कते जा रहे हैं। भैया पापा को कई पत्र लिख चुका है, जिनमें यह सूचना भी दे चुका हैं कि यहां बेगर स्ट्रीट नाम की कोई जगह नहीं है।...बेगर केन नोट बी चूजर्स। यह प्रॉवर्ब नहीं है मम्मी, हकीकत है।

क्रोमसोम (आनुवंशिक गुणों का एक पीढ़ी से दूसरी में ले जाने वाली कोशिकीय संरचनाएं) शब्द जीव विज्ञान से आया है। मैं मेडिकल साइंस का छात्र नहीं हूं, फिर भी, इस शब्द के बारे में सोचते हुए रुक जाता हूं और मुझे लगता है कि यह शब्द सामाजिक परिवेश से होता हुआ जीव विज्ञान की प्रोपर्टी बना है। कभी लगता है कि होर्डिंग (विज्ञापन के लिए प्रयुक्त होने वाला तख्ता) की तरह रह गए हैं हम, जिस पर पेंटर मात्र फोन नंबर लिखकर सीढ़ियों से नीचे उतर रहा है- उसे अपने विज्ञापनदाता का इंतजार है। ...हमें तो अब वह भी सहारा नहीं रहा।

मैंने भैया से कहा है, "तुम जाओ। मैं इस निःशुल्क डिब्बे बंद कमरे में रह लूंगा और अभावों की सूची को तूली दिखाकर अग्नि की सांस छोड़ती लपट को देख सकूंगा।" पर वह मानता नहीं। इस कारण मैंने भी अपने शरणदाता की तलाश शुरू कर दी है। हालांकि मैं तलाश शुरू करने की ए.बी.सी.डी. नहीं जानता। ममा, यह पत्र मैंने आपको दुःख पहुंचाने के लिए नहीं लिखा है और न पापा की शिकायत करने की मंशा से। यह पत्र मैंने इसलिए लिखा है ताकि हमें यह जानकारी मिल सके कि आप तो कष्ट में नहीं हैं।

हमारे प्रिंसीपल डॉ. वाकर टेंथ क्लास को नवीं कक्षा की ओर से दी जाने वाले पार्टी में कह रहे थे, "बच्चो, सेंट पॉल स्कूल सदा याद रखना। यह दोबारा तुम्हारी जिंदगी में नहीं लौटेगा। याद रहे, जिंदगी डस्टबिन नहीं है। उसे डस्टबिन नहीं बना लेना। तुम्हें जिंदगी में चुनाव करना होगा कि उसमें रखने लायक क्या है, क्या नहीं है? शिक्षा यही सिखलाने का अभ्यास कराती है कि चुनाव करें तो कैसे करें।" उनका एक-एक शब्द ग्रीक दार्शनिकों की याद करा रहा था। मैं ज्योतिष नहीं जानता। फिर मानूं कैसे? परंतु लगता है

कि आम जन बिना जाने-समझे भाग्य का प्रयोग करता है और आत्मतुष्टि की दिशा में आगे बढ़ने का मार्ग खोज लेता है, ममा। हम भी यही चेष्टा कर रहे हैं। याद करने से अधिक कठिन भूल जाना होता है। खैर ममा, भूली बिसरी यादों के साथ मैं पत्र को विराम दे रहा हूं और कह नहीं सकता कि आपका जवाब आने तक मैं जगह न बदल लूं। उधर प्रिप्रेशन लीव हो रही है जिससे कि रास्ते बंद हो चले हैं। पापा को प्रणाम, सरोजिनी और बारीन को याद करना तुम्हारा अरविंदो...ममा यहां सबने मिलकर मुझे अरविंद से अरविंदो बना डाला है। यह भी बड़ा ही दिलचस्प किस्सा है।

पत्र बंद। कागज पर रोशनाई से बने चित्रों की माया दिमाग पर न्यूजरील-सी सक्रिय हो उठी। सरोजिनी ने चादर उतार फेंकी थी। वह उसे उठाने के लिए उठी और उसे चादर उढ़ाकर बिस्तर पर आ लेटी। उसको अचम्भा निगले जा रहा था। कृष्णधन झूठ नहीं बोलता। पर सच क्या है? अपने बच्चों के प्रति वह इतना निर्मम तो नहीं हो सकता? फिर?...उसने एक गहरी सांस लेकर करवट बदली। बाहर वर्षा होने लगी थी। उसका मन हुआ कि वह जोर से चीखे। चीख-चीखकर सबको घोरतम अन्याय और अत्याचार की इस कहानी को सुनाए जो नदी के बहते पानी की तरंगों पर छप चुकी है।

"लता, अपने बच्चे सयाने हो रहे हैं। वे अब अपनी उंगली पकड़कर चलने वाले नहीं रहे हैं।"

"फिर भी, कृष्णधन, बच्चे कितने भी बड़े हो जाएं, परंतु मम्मी-पापा के लिए तो वे छोटे ही रहेंगे। क्या तुम्हें यह बात याद नहीं रहती।"

"अच्छा तैराकी सिखलाने वाला उस्ताद वह होता है जो सीखने वाले को बिना बताए पानी में ढकेल देता है। वह चीखता-चिल्लाता है कि "मुझे बचाओ। मैं डूबा।" उस्ताद कहता है, "हाथ-पांव चलाते रहो। विश्वास करो फिर तुम डूब नहीं सकते और ऐसा ही होता है।"

"इसका मतलब, कृष्णधन?" स्वर्णलता पूरे ध्यान से उसके चेहरे को पढ़ने की कोशिश करने लगती है, साड़ी के पल्लू को पुनः सिर पर लेती हुई।

"मैं एम.डी. करने विदेश गया था। तब तक तुम मेरे जीवन में आ चुकी थी। कई बार मैं कड़की में आया। क्या करूं? किसे लिखूं? जिद तो मेरी थी कि एम.डी. करूंगा, विदेश जाकर पढूंगा। मैंने तुम्हें भी नहीं लिखा और न आज तक कभी तुम्हें यह बताया कि मैंने वहां पार्ट टाइम जॉब किया था। लता, विदेश में सबसे अच्छी बात यह है कि वहां किसी काम को छोटा-बड़ा

नहीं माना जाता है। न काम के लिहाज से वहां व्यक्ति का कद छोटा-बड़ा होता है। जॉब की वहां कमी नहीं होती, करने वाला चाहिए।"

"तो" स्वर्णलता उसे घूरती रह गई।

"तो यह माई डियर लता, वे वहां के जीवन के आदी हो चले हैं, वहां की जीवन शैली में ढल चुके हैं और उनके लिए चिंता करने की हमें कोई खास जरूरत नहीं है।"

"तुम कैसे बाप हो?"

"पाँच बच्चों को जन्म देने के बाद तुम उस अनपढ़ और कम दिमाग वाली अधेड़ औरत की तरह पूछती हो, जिसने सारी रामायण सुनने के बाद पूछा था कि सीता का पति कौन था?"

"तो क्या तुम मेरी तुलना उस अधेड़ औरत से करना उपयुक्त समझते हो, कृष्णधन?"

"तुलना नहीं, सिर्फ दृष्टांत देना चाहता हूं, ताकि तुम्हें मेरे पर भरोसा करना आ सके।"

"वह तो है, कृष्णधन।"

"पर खंडित लता, पूरा नहीं।"

"तुम पूरा किसे मानते हो, कृष्णधन?"

"सचमुच जानना चाहती हो क्या, लता?"

"तो क्या हमारे बीच कुछ झूठमूठ भी है, कृष्णधन?"

"है तो नहीं, लता, पर हो सकता है?"

"पर क्यों?"

"क्योंकि संशय इसी ताक में घात लगाए रहता है कि कब व्यक्ति अपने इत्मीनान की परीक्षा लेने का मन बनाए और कब वह झटसे छलांग लगाकर अपने मंत्र फूंकने लगे?" कृष्णधन ने दरवाजा खोला और झट से बंद किया। न बाहर वाला अंदर झांक सका और न अंदर वाला बाहर। स्वर्णलता खामोश रह गई, क्योंकि बात विश्वास की थी और कृष्णधन विश्वास में एकदम खरा इंसान था।

संवाद बंद। वह उठकर किचन की ओर बढ़ गई और कृष्णधन अपने दवाखाने की ओर। न फिर संशय रहा और न दुश्चिंता का कोई सूराख। एक बार जब शरीन की सालगिरह मना रहे थे, तब स्वर्णलता ने कहा था, "कृष्णधन, आज ही की तारीख को...तुम्हें याद आ रहा है कि मैं किस की बात कर रही हूं?"

“किसकी, लता?”

“तुमने क्या अपने दिमाग पर जरा-सा भी जोर देने की कसम उठाई है।”

“उठाई भी होती तो तुम उसे निभाने नहीं देती। खैर छोड़ो इन टोटकों को और उस पते की बात का मुखड़ा सुना डालो, जिसके बोल की ओर तुमने अभी-अभी संकेत किया है।”

“मनमोहन को पहचानते हो।”

“क्यों, क्या हुआ उसे?”

“पहले पहचानने की बात करो।”

“लता, जबरदस्ती तिल को पहाड़ मत बनाओ। वह अपना मझला पुत्र है...तो?”

“और क्या जानते हो उसके बारे में?”

“पहेली नहीं, लता। यह तुम्हें कभी-कभी क्या हो जाता है कि तुम रहस्यमयी होने लगती हो।”

“तुम डॉक्टर हो, तुम्हारे हाथ में जादू है तो फिर तुम्हीं बताओ, यह क्या मरज है और इसे किसने दिया है?” स्वर्णलता का स्वर गंभीर रहता।

“पापा, पापा अब तो सब लोग आ चुके हैं। मेरे दोस्त भी, अब केक काट लिया जाए।”

“तुम दोस्तों के बीच रहो, हम अभी आते हैं।”

“क्या वे बातें फिर नहीं हो सकती हैं, लता?”

“नहीं, कृष्णधन। फिर नहीं।”

“तो कुछ तो बोलो, मेहमान आ चुके हैं।”

“क्या बोलूं, कृष्णधन? किससे बोलू?...कुछ नहीं बोला जाता।”

“प्लीज, लता।”

“आज के दिन इसी तारीख को...इसी माह में अपना मनमोहन भी हुआ था। तब कैसे फ़ख़ के साथ कहते थे एक तारीख को अपने यहां दो-दो बच्चों का जन्मोत्सव! है न आश्चर्य की बात, लता।”

“ओह! फॉर दि गॉड सेक...। मैं तो भूल ही गया था।”

“भूलना बच्चे भी जानते हैं, कृष्णधन।”

“तुम ठीक कहती हो पर अब तो...”

“अब तो क्या? उसकी भी बर्थ पार्टी मनाएंगे। तुम यह घोषणा करोगे।”

“पर केक तो...।”

"केक प्रॉब्लम नहीं है, कृष्णधन। तुम पहले मनमोहन के नाम से मोमबत्तियां बुझाओगे और फिर उन्हीं या नई मोमबत्तियों को जलाकर बीरू केक काटेगा।"

"वंडरफुल आइडिया, ममा। यू आर सो ग्रेट। अब चलो। चलो पापा।"

दोनों चल पड़े। दोनों का मना लिया गया जन्मोत्सव एक साथ। ओह! अब क्या हो गया है? अरविंद तो सबसे छोटा है। सब बच्चे बिखर गए। वे कम-से-कम आपस में एक छत के नीचे तो रहते हैं। वे तो उसके कलेजे के टुकड़े हैं। क्या-क्या मुसीबत झेल रहे हैं! वहां कौन है उनका? यही तो कारण था कि उसने जिद की थी। वह नहीं चाहती थी कि बच्चे बाहर पढ़ने जाएं। बच्चों को घर के संस्कार चाहिए। उसका प्यार चाहिए। तभी तो उनकी परवरिश में चार चांद लगते हैं। उनके भीतर का निर्माण होता है। वे अंदर से पुख्ता होते हैं, परंतु कृष्णधन के सामने उसकी एक नहीं चली। कई-कई बार इस विषय पर चर्चा हुई। उनकी दादी ने भी चाहा था कि बच्चे यहीं पढ़ें, सात समंदर पार पढ़ने नहीं जाएं।

वह नहीं माने। किसी की नहीं सुनी। बच्चों के कैरियर को लेकर वकालत करने लगे। वह कह रहे थे, "लता स्त्री हमेशा दिल से सोचती है।"

"और पुरुष सिर्फ दिमाग से, कृष्णधन।"

"हां, यही कारण है कि पुरुष सदा पौरुष पक्ष का हिमायती होता है।"

"और स्त्री।"

"हां, और स्त्री। लता। चूंकि वह मुलायम नेचर की होती है, उसमें प्रेमत्व की प्रधानता है, वह करुणामयी होती है और ममता की मूर्ति है।"

"क्या ऐसा होना, कृष्णधन अनुपयुक्त है?"

"नहीं लता, यह बात नहीं है।"

"तो फिर क्या बात है?"

"क्या बताऊं, लता? कैसे बताऊं?...साहसी, दुर्धर्ष संघर्षी, मजबूत, निडर, जुझारू वगैरह-वगैरह। वह विषम परिस्थिति में हिम्मत नहीं हारता, लड़ता है। फिर भी...लता, यह समझाने से संभव नहीं है, ऐसा मुझे लगता है। स्वयं के अस्तित्व को पहचान देने के लिए वह खड़ा होना है।" कृष्णधन अपने आपको समझाने की दृष्टि से कहता गया।

स्वर्णलता समझती रही कि पुरुष होने का दंभ हटाए नहीं, हटेगा। नारी को ईश्वर ने जन्मदात्री बनाया है, भक्षण नहीं, संरक्षण के लिए परंतु यह

विषय बहस का नहीं है। न बहस से मकसद तक पहुंचा जा सकता है। वह पुनः अपने में लौटने लगी। सोचने लगी कि वह विरोध क्यों नहीं कर सकी? ऐसा विरोध जिससे उसके होने और बच्चों को अपने पक्ष रखने के लिए कृष्णधन को तैयार होना पड़ता। यह शीत युद्ध कभी थमने का नहीं है, परंतु हर बार नारी को अहिंसावादी होने के कारण अनचाहे मौन रह कर पुरुष के अस्तित्व के सामने झुकना ही पड़ा है। क्या यह पुरुष होने की पहचान नहीं है, जो नारी को चुपचाप रेखांकित होने को विवश करती है। आने दो, कल-परसों कृष्णधन को वह संभावनाओं के कुहासे को हटा कर पारदर्शी वातावरण तैयार करने के लिए पहल करेगी। पूछेगी कि क्या पौरुष को अर्थ विषम परिस्थितियां ईजाद कर उनसे लड़ने के लिए संतान को निहत्था छोड़ देना है? नहीं, अब कोई मां अभिमन्यु को यह इजाजत नहीं देगी कि वह अकेला अनेकानेक नर वीरों के छलना प्रपंचनाओं का चक्रव्यूह तोड़ने के लिए पहल करे। उसे अपने वीरोचित गुणों के प्रदर्शन के लिए प्रतीक्षा करनी पड़ती है, तो वह करेगा। तब तक करेगा जब तक वह चक्रव्यूह रचनाकारों की मायावी ललकार के लिए संपूर्ण अनुकूलता को अपने में अनुभव नहीं होने देगा। इस चलित चित्र की अनुप्रेरणा से स्वर्णलता शक्ति की आदिदेवी का अपने में अनुभव करने लगी और इसके साथ ही उसने करवट ली और चादर ऊपर तक खींच ली।

24

लंबा-चौड़ा परिसर। बादामी कलर से लिपा-पुता जो भवन वहां नजर आता है, वह क्षेत्रफल में बड़ा नहीं है। छोटा कह देने का अनुभव नहीं है पर कुल मिलाकर वह देखने में सुंदर लगता है किसी कवि की नवकृति-सा सम्मोहक। वह भवन परिसर के बीचोंबीच है। उसके हर तरफ लॉन हैं। हालांकि वह परिसर बड़ा इसलिए लगता है कि उसके बीच का भवन ठीक-ठीक है। उसे छोटा कह देना अन्यथा भी नहीं है। इस प्रकार के सुविधाजनक मतांतर उसके बारे में शायद हर एक के मन में नहीं उठते हों, क्योंकि अन्य भवनों की अपेक्षा वह निश्चय ही छोटा है। वह जगह शांत लोगों का प्रतीक भी लगती है, क्योंकि यहां रहने वाले आपस में संवाद नहीं करते। वहां, दरअसल चुप्पी भी चुप-सी लगती है।

यह भवन उसी मेहरबान गिब्स का है, जिसके यहां अरविंद ने कुछ समय बिताया था और बहुत चैन पाया था। उसे पता होता कि उस दिन भी विनय भूषण नहीं आ पाएगा, तो वह गिब्स के प्रस्ताव को अस्वीकार नहीं करता।

उसके एक सप्ताह बाद अचानक अरविंद का सामना गिब्स से हो गया। अजीब इत्तिफाक था वह। वह मकान की तलाश में, स्कूल के माली द्वारा दिए पते पर जा पहुंचा था। उसने स्कूल के माली का जैसे ही जिक्र किया, वैसे ही उसका मालिक कह उठा, "सॉरी, हमारा लड़का लंदन लौट रहा है, वह यहीं रहेगा इसलिए...।" वह यह सुनकर कुछ देर बैठा रहा कि तभी अंदर से गिब्स निकल आई। नमन हुआ। माली कह उठा, "आप दोनों एक-दूसरे को जानते हैं।"

अरविंद कुछ कह पाता कि इससे पहले ही गिब्स ने कहा, "क्यों, क्या बात है?"

"आपको मकान चाहिए, दरअसल आप अकेले हैं, पेइंग गेस्ट बनकर रहना चाहते हैं।"

"ओह! यह बात है।" गिब्स ने अरविंद की ओर देखा। अरविंद की निगाहें फर्श पर गड़ी हुई थीं। वह पूछ रही थी, "शाकाहारी पर कोई आपत्ति है क्या, अरविंद?"

अरविंद चुप रह गया।

"ठीक है, तुम मेरे साथ चलो, मकान देख लो। उसकी मालकिन मैं हूं।"

अरविंद सोच में पड़ गया।

"तुम्हें कोई एतराज है क्या?"

"किसलिए?"

"चुप हो इसलिए।"

"चलें।" अरविंद ने धीरे से कहा। घर पहुंचने पर गिब्स ने कहा, "तुम्हें उस दिन अपनी समस्या का जिक्र करना चाहिए था।"

"सॉरी...।"

"आगे कुछ तो कहो।"

"क्या?"

"संबोधन और क्या?"

"क्या कहूं?"

"तुमने कुछ सोचा है क्या?"

"नहीं।"

"तो तुम्हें हमें आंटी कहना चाहिए।"

"यस सर आंटी।"

"नो सर, यस मैडम, आंटी।"

"मैडम और आंटी।"

"नहीं सिर्फ आंटी।"

"धन्यवाद, आंटी।"

"जानते हो, संबोधनों के पीछे कैसा वैविध्यपूर्ण अर्थ संसार है, सामाजिक संबोधन है और सरोकार है।" गिब्स आगे कह रही थी कमरा खोलते हुए, "तुम यहां रह सकते हो, अरविंद। तुम इस कमरे से जब तक जान पहचान करो, तब तक मैं लंच तैयार कर लेती हूं।"

"लंच नहीं।"

"अरे भाई, पेइंग गेस्ट बनने जा रहे हो। उसमें ब्रेक फास्ट, लंच, डिनर आदि सब है। लंच भी पसंद आना चाहिए, वरना कमरे का अच्छा होने से क्या?" गिब्स यह कहकर चली गई, रुकी नहीं।

कमरा साफ-सुथरा। शालीन। खिड़कियां आदमकद जैसी। उन पर कांच जड़े हुए। परदे भी शानदार डिजाइनदार। छत ऊंची थी। लेट्रीन-बाथ संलग्न।

कमरे के सामने सदाबहार लॉन। लॉरल (सदाबहार झाड़ी) लैवनडर, (हलके बैंगनी रंग के खुशबूदार फूलों वाली झाड़ी) गुलाब के पौधे आदि का आकर्षक परिदृश्य। क्या ऐसा मकान उसके भाग्य में है? यह सोचते हुए, अरविंद ने पिपरमिंट की एक गोली मुंह में डाल दी।

अरविंद का माथा यहां आकर ठनका- क्या देना होगा? उसकी खस्ता जेब क्या उसे बर्दाश्त कर पाएगी? क्या वह उस सड़े कमरे से आकर सीधे यहां रहने लगेगा। निस्संदेह उसकी मालकिन भली, समझदार, उदार और सहृदय है।

अरविंद ने सोचना बंद कर देना चाहा, क्योंकि उसके आगे का सोच स्वर्ग को नरक में बदलने वाला था। इसी समय गिब्स ने कमरे के अंदर प्रवेश किया। वह पिनफॉर (कपड़ों को खराब होने से बचाने वाला ढीला-ढाला वस्त्र जो कपड़ों के ऊपर पहना जाता है।) पहने हुए थी। वह बोली, "कमरा पसंद आया। उस कोने में एक मेज एवं दो कुर्सियां और लगवा दी जाएंगी ताकि तुम आराम से, इत्मीनान से और सहूलियत से अध्ययन कर सको?"

"जी, आंटी।"

"तो लंच पर चलें।"

"ठीक है।"

"सुस्त क्यों हो रहे हो, अरविंद?"

"मैं शायद आपकी उम्मीद के अनुसार पे मास्टर नहीं हो सकूँगा।"

"वह तो नजर आ रहा है।"

"फिर?"

"पहले लंच ले लिया जाए। मुझे तेज भूख लग रही है।"

लंच हुआ। स्वादिष्ट। जायकेदार। अब पहली बार वह उसके ड्राइंग रूम में था। सजा-सजाया ड्राइंग रूम भव्यता का प्रतीक था। गिब्स पूछ रही थी, "कब से आ रहे हो, अरविंद?"

"वो आंटी...वो।"

"जो तुम्हारी पॉकेट अलाउ करे, अरविंद। दरअसल मैं कभी मनी माइंडेड नहीं रही। पेइंग गेस्ट भी पहली बार रख रही हूं और वह भी अपनी च्वाइस का। तुम रुपए-पैसे पर मत जाओ। जो तुमने दूसरी जगह देने का मन बनाया है, वह दे देना।"

"मुझे भय लग रहा है।"

"क्यों, अरविंद?"

"मेरी पॉकेट..."

"डोंट वरी, अरविंद। तुम चुपचाप यहां चले आओ, मैं कुछ ही समय में इस कमरे को रहने लायक बनवा दूंगी।"

"फिर भी, आंटी।"

"एक बार आ जाओ। तुम्हें मालूम पड़ जाएगा कि तुम्हारी आंटी का हृदय कैसा है? उसकी कथनी करनी में कैसा तालमेल है।...है भी या नहीं।..टेंशन नहीं लेना। हमने जिंदगी को इतने छोटे-छोटे खानों में पहले ही बांट दिया है कि और बांटने की हिम्मत नहीं होती। और वे भी अब लगभग एअर टाइट है। जाओ, अरविंद अपना सामान लेकर आ जाओ, आज और वह भी अभी।"

गिब्स की भाषा में आदेश था, परंतु प्यार भरा। अरविंद लौट पड़ा। पैदल ही वह लौट रहा था। सात-आठ मील उसे पैदल चलने में जरा-सी भी परेशानी नहीं होती थी। बस में पैसे लगते। पैसे इतने थे कहां? वह तो

एक-एक फार्दिंग का लेखा-जोखा रखता था। मितव्ययिता उसका पहला लक्ष्य था।

लंदन में मिकडैली सर्कस आया हुआ था। उस सर्कस की बड़ी धूम थी। लगभग सारा स्कूल उसे देख आया था, लेकिन उसने उधर का ध्यान भी नहीं किया। एक सहज भाव उसके मन को मार्ग दिखाता चल रहा था कि उसे इधर-उधर नहीं देखना-झांकना है। नाक की सीध में चलते जाना है। उसके लिए हर पल का महत्त्व है। फिर उसे चयन विधा में कुशलता प्राप्त करनी है। हर चीज उसके लिए नहीं है। मृग-मरीचिकाएं अंतहीन हैं।

समय किसी की प्रतीक्षा नहीं करता। जो समय की मितव्ययता में दक्ष होने लगते हैं, उनके सामने से राह के संकट स्वतः अदृश्य होने लगते हैं। जैसे मकान की समस्या। क्या ऐसा संभव था कि जिसकी उसे बहुत-बहुत तलाश थी, वह स्वयं चलकर उसके सामने आ खड़ा होता और कहता, "मैं मकान हूं। बड़ा नहीं तो इतना छोटा भी नहीं हूं कि उसमें तुम अकेले न समा सको। मेरे चारों ओर सुंदर प्राकृतिक वातावरण है और वह भी एकदम शांत, आकर्षक, सादगी संयुक्त।" पर यह हुआ। इसके लिए उसने कोई प्रयास नहीं किया था। सब कुछ स्वतः ही हुआ था। कई ऐसे प्रसंग हैं, जो बारंबार उसे ईश्वर की ओर ढकेलना चाहते हैं और ईश्वर की ओर नहीं मुड़ने पर विगत कर्मों पर उसका ध्यान खींचते हैं, जिनसे भाग्य बनता है। भाग्य अदृश्य जीवन फल का प्रणेता है।

नहीं, वह निर्णय फिर लेना। इसके लिए अभी उम्र पड़ी है। वे दार्शनिक प्रश्न हैं, चिंतन की गहराई चाहते हैं। इतनी गहराई जिसकी कल्पना नहीं की जा सकती। उसे खयाल पड़ता एडविन आर्नोल्ड का 'लाइट ऑफ एशिया' जो महात्मा बुद्ध का काव्यात्मक जीवन चरित्र है। स्वयं एडविन आर्नोल्ड ने स्कूल के सभागार में उसके कई प्रसंगों का प्रभावी ढंग से काव्य पाठ किया था। वह उस चर्चित काव्य को मंत्र मुग्ध होकर सुन रहा था, उस काव्य को वह कई बार पढ़ चुका था। एडविन आर्नोल्ड से वह पूछ रहा था, 'लाइट ऑफ एशिया' की प्रेरणा आपको कहां से मिली?

"मन से, हृदय से। पढ़ते-पढ़ते मन थक गया। आकाश पक्षी विहीन हो चुका था और मैं शून्य से टंगे आकाश को तटस्थ भाव से देख रहा था। मुझे लगने लगा कि आकाश रंगहीन हो चला है। मात्र एक दूधिया रंग बच रहा है। तभी मुझे एक बड़ा पक्षी, जिसने अपने डैन पहली बार खोले थे और

जो उड़ता हुआ नाच रहा था, मेरे सामने से गुजरा। उसके फुर्तीले डैनों की फरफराहट पियानो की मंद-मंद आवाज की याद दिला रही थी। वह अकेले अपने में सारी दुनिया को समेटे, तल्लीन होकर नाच रहा था, गा रहा था। हां, उसने ही मुझमें अपने नन्हे तथा कोमल पंखों से यह प्रेरणा भरी और कहा तू जिस शांति की तलाश में निकला है, वह तेरे सामने है। अंधेरा बढ़ चुका है परंतु आंखों की रोशनी उसे देख पा रही है, ठीक मेरे चमकीले डैनों की तरह, जिन्हें अंधेरा चाहकर अपने एकांत तथा एकच्छन्न साम्राज्य में मिला नहीं सका। तू स्वीकृत कर... स्वीकृत कर... और मेरी तरह सारी दुनिया के लिए डैने फैलाकर उड़- शांतिदूत बन।" मुझे इस काव्य ने अभिभूत कर लिया और मेरी मेज पर गौतम नाम की एक पुस्तक पड़ी हुई थी जिसे मैं उसी दिन पूरा करके पुस्तकालय लौटाने जानेवाला था। मेरी निगाहें फिर से उस पर ठहर गई और यह चमकीले सुनहरे डैनों वाला बड़ा पक्षी नामालूम मुझे गौतम बना लगने लगा।...सच यह है कि इन चीजों को तर्क द्वारा नहीं समझा जा सकता। वस्तुतया ये बातें तर्कसंगत हैं भी नहीं। जब हम इन बातों के लिए तर्क संवाद उठा बैठते हैं, तब मुझे लगता है कि वह नदी हमने सुखा डाली है और अब उसकी दूर तक बिछी रेत चादर पर चर्चा व खोज करने के दावे कर रहे हैं।"

अरविंद के दिलोदिमाग, जेहन और अंतरात्मा से एडविन आर्नोल्ड का वह जादू कभी नहीं उतरता था। उसे वह अपने जीवन प्रसंगों में भी सहज भाव से उभरता हुआ पाते थे। सोचते थे कि कभी वह भी घने अंधियारे में चमकीले-सुनहरे पंखों वाले किसी बड़े पक्षी को उड़ाएंगे ताकि दुनिया अपनी खोह से बाहर निकल कर सुनहरे प्रकाश की अप्रतिम अनुभूति से भर उठे।

वह रुके। उन्हें रुकना था। फेरिंग्डन स्ट्रीट का वह शाकाहारी रेस्तरां उन्हें रोक लेता था। जब तब वे तीनों भाई वहां भोजन के लिए आ चुके थे। आश्चर्य यह था कि वहां भारतवासियों की अपेक्षा यूरोपीय समुदाय के लोग ज्यादा आते थे। आज तो उसका पेट भरा हुआ था। दूसरे, उसके पास पैसे भी नहीं थे और वह स्वादिष्ट भोजन करके लौट रहा था। समय आज उसके चंगुल में था, वह समय के नहीं, यह अनुभूति उसे लिबरल क्लब तक ले पहुंची। विनय भूषण कमरे में था।

अरविंद ने सारा ब्योरा कह सुनाया। विनय भूषण ने कहा, "कल चलेंगे। कल साथ में, मैं भी तुम्हारा सामान ले जाने में हाथ बटाऊंगा। तुम्हारी

मालकिन जिसकी तुमने इतनी प्रशंसा की है, से मिलूंगा। उसके बाद मैं तुम्हें अपना ठिकाना भी दिखला दूंगा।"

"ठीक है, भैया।" आज उसे दा के स्थान पर भैया बोलना अच्छा लग रहा था।

"तुमने इस प्रस्ताव को इतने ठंडे लहजे में क्यों स्वीकार किया?"

"क्योंकि हम आज यानी इस कमरे रूपी पोत में आखिरी रात साथ-साथ बिताएंगे। यह कमरा हमारे संकट का चश्मदीद गवाह है।"

"और हमारे संरक्षण का भी। उन संकटों के दिनों में हमने यहीं शरण पाई थी। वे दिन हमारे लिए सबसे महत्त्वपूर्ण हैं।"

"हां भैया। उन दिनों को हम भूलना चाहें तो नहीं भूल सकते। उन संकटों से हमें नए-नए और ठोस अनुभव हुए। हम जान सके कि संकट की घड़ियों को कैसे शांत चित्त होकर बिताया जा सकता है।"

"हमारे में मनमोहन ही ऐसा था जो इन संकट के दिनों में जब-तब पुरानी बिल्डिंग के प्लास्टर की तरह उखड़ता रहा। उसमें सब्र-जब्र का अभ्यास कम ही रहा। तुमने कभी शिकायत नहीं की। मुझे याद नहीं पड़ता है कि तुमने इन संकट के दिनों को कभी संकट माना। सदा सामान्य दिन। दिन उगा और ढल गया। रात पढ़-सोकर गुजार दी। जो मिला, पाकर मस्त हो गए। कभी शिकायत दर्ज नहीं कराई।"

"हां दा, ऐसा ही हुआ।"

"क्या तुमने इस पर कभी नहीं सोचा। उस दिन भी नहीं जब वह भूरा कुत्ता, तुम्हारे हिस्से की ब्रैड को मुंह लगा गया था। मेरे उठने से पहले उसका यह दुष्कर्म मुझे बेचैन कर गया। उस दिन भी मनमोहन ने कमरे का दरवाज बंद नहीं किया था, जबकि मैंने उसे दरवाजा बंद करने के लिए जोर देकर कहा था।"

"तो क्या हुआ, दा? उसकी मन-स्थिति अनुकूल नहीं होगी। उसका एक परचा जो बिगड़ गया था, जिसके लिए वह इस डिब्बे को दोष देता था- मालगाड़ी का चारों ओर से बंद डिब्बा। यानी वह कमरा।"

"यह कमरा उसे कई बार उत्तेजित कर जाता था, लेकिन हमने इसके लिए कभी उसे दोष नहीं दिया, जबकि हकीकत में इस कमरे तक पहुंचाने में उसकी ही भूमिका थी।"

"वह बूढ़ी दादी तो उससे कभी बात भी नहीं करती थी। चिढ़ती थी।"

"और दोनों के चिढ़ने का कारण नदारद था। ऐसा क्यों होता है?"

"शायद मनोवैज्ञानिक कारण था।"

"क्या हम इसे भी तकदीर तक घसीट ले जा सकते हैं?"

"तकदीर एक फालतू शब्द है। मनगढंत खोज। जो है नहीं, उस सामने की जिद का नतीजा है, दा।" अरविंद ने कुछ गहराई में उतर कर कहा।

"तुम सोचते हो, अरविंद, लेकिन मैं ऐसा नहीं सोच पाता।"

"यही अच्छी बात है, भैया। तभी सोच में भी तड़का लगता रहता है। क्या अब तक हमें ठंड ने अपना परिचय नहीं कराया?"

"बातों में यह पता ही नहीं चला कि ठंड का प्रकोप तेज हो चुका है। चलें, अब सो जाएं।"

"हमें बातें करते हुए काफी समय हो चुका है।"

"फिर भी मन होता कि इस अध्याय को अधूरा छोड़ दें।"

"वर्तमान से अतीत प्यारा होता है। उसके लिए अतीत का अच्छा-बुरा कोई मायने नहीं रखता। वर्तमान उसे तटस्थ दृष्टि से देखता है। जैसे वह उसका कभी हिस्सा ही न रहा हो।" अरविंद तह पलट देता। हलकी हवा उठकर जहां की तहां बैठ जाती। वह बिन कहे, बिन गुड नाइट बोले, अपनी-अपनी खोली में उतर जाते। अब ठंड का उन्हें एहसास होता और वे दोनों मुंह ढक लेते। चौतरफा अंधेरा छा जाता।

25

आज सूर्य बीमार लग रहा था। उससे ठीक से चला भी नहीं जा रहा था। उसमें ताप नहीं था। शायद वह भी ठंड से कांप रहा था और बारंबार गठरी की शक्ल में तब्दील हो जाता था।

समय ने छलांग लगाना शुरू कर दिया था। उसे किसी युवा हिरन की तरह देखा जा सकता था। अरविंद ने कभी नहीं सोचा था कि समय इतनी जल्दी पुराने वस्त्र उतार कर नए व सुंदर वस्त्र धारण कर लेगा। वह ग्लैडस्टन शैली की कलफदार कॉलर वाली कमीज और उस पर दोहरे पल्लेवाली वास्केट पहने हुए था। उसके हाथ में चमड़े के दस्ताने थे। गहरे रंग की धारीदार पेंट में वह जंच रहा था। सिर पर रेशमी टॉप हैट लगा रखा था। कोई अनुमान लगा सकता था कि इतनी जल्दी सड़क छाप समय सिविल

लाइन्स के भद्र जन-सा विनम्र और शालीन नजर आने लगेगा?

गिब्स से वह तीन महीने से कहता आ रहा था, "आंटी, कुछ समय और चाहिए।"

"तुम चिंतित नहीं हो, अरविंद, सारा ध्यान अपनी पढ़ाई पर रखो।"

"वह तो रखता हूं, आंटी, परंतु..."

"जानती हूं, तुम्हें परंतु बहुत परेशान करता है।" इसका अर्थ है कि मैं आंटी नाम की हूं, यथार्थतः नहीं।"

"नहीं, आंटी ऐसा कुछ नहीं है।"

"निष्ठा, ईमानदारी और वचनबद्धता ऐसे गुण हैं जो नेक इंसान को ले डूबते हैं और शैतान की किस्मत खोल देते हैं, क्योंकि शैतान इन गुणों का मुखौटा लगाए घूमता है और वक्त आने पर अपने असली रूप में प्रकट हो जाता है। अरविंद, मेरा पैसे से नहीं, व्यक्ति से मोह है। तुम अच्छे नंबर से स्कॉलरशिप लेकर सामने आओगे तो वह मेरे लिए गौरव की बात होगी। तुम थोड़ी देर के लिए वर्तमान क्राइसिस को विस्मृत कर दो कि तुम्हें सब कुछ अभी चुकाना है। इसे आगे के लिए ले जाओ, तब तुम चुकाने लायक ही नहीं बल्कि उससे बहुत ऊपर होंगे और तब आज को चुकता करते हुए नम आंखों से याद करोगे कि "यह मेरा वह अतीत है, जिस पर आज मुझे गौरव है और मैं जिसके ऋण से कभी उऋण नहीं हो सकता।" समझे, अरविंद। काल को एकाकी दृष्टि से नहीं, संपूर्ण दृष्टि से देखो। उस संपूर्ण दृष्टि से जिसमें अतीत, वर्तमान और अनागत अलग-अलग नहीं बल्कि एक हों- संपूर्ण एक। संपूर्ण दिक्काल।" गिब्स कब दार्शनिक होने लगती थी और कब सामान्य घरेलू महिला, यह कहना या इसे अलग-अलग कहना- समझना कठिन था।

"आंटी, आपने सचमुच हमें जीने और जीने देने की संपूर्ण दृष्टि दी है।"

"तुम हमारी प्रशंसा ही करोगे कि कुछ मतलब की बात भी।"

"क्या अब भी हमारे मध्य मतलब बना हुआ है?"

"सच अरविंद, तुम ऐसा सोचने लगे हो।" गिब्स एकदम खुश हो उठी। उसकी आत्मा के तार तरंगित हो उठे। वह कह रही थी, "समझ की गहराई में उतरकर व्यक्ति जब अपने आपको भूलने लगता है, तब वह सर्वात्मा की अनुभूति से लबालब होता है मेरी और तुम्हारी तरह।"

"वह तो आपको ज्ञात ही है कि मैं ग्रीक और लैटिन की स्कॉलरशिप परीक्षा में बैठा था।"

"उसमें तुमने सर्वोत्तम स्थान पाया था, हालांकि यह तुमने मुझे कभी नहीं बताया, क्योंकि मुझे तुम्हारी सफलता पर उत्सव मनाने का दौरा पड़ जाता और तुम अपनी विदेशी आंटी को ऐसा सुअवसर देना नहीं चाहते थे।"

"नहीं, आंटी, यह बात कतई नहीं है।"

"तो क्या है?"

अरविंद सोचता रह जाता कि किन जन्मों के ये फल हैं कि...। कौन चाहता है इतना! यह सब क्या माया है? कौन बताए? किससे पूछे।

"वह मैं जानती हूं, पगले, तू कभी नहीं बता सकता। सच का यही अपराध है कि उसे कभी-कभी संकोची हो जाना पड़ता है। संकोच भी इसलिए कि उसे शर्मिंदगी घेरती है, लिहाज सताता है और एहसान सिर पर सवार होने की आशंका तोड़ता है। है न यही सच।"

अरविंद को लगता कि वह किसी मनोविश्लेषक के सामने है। वह उसके मन के अंतर्मन को पढ़ रही है। वह मात्र श्रोता है। अपने बारे में श्रोता बनकर तटस्थ बने रहना हर एक व्यक्ति के बूते की बात नहीं है।

"मुझे उच्चस्तरीय क्लासिकल स्कॉलरशिप की पहली किस्त मिली है- 40 पौंड- छह माह के लिए। वर्ष में कुल अस्सी पौंड मिलेंगे।"

"तो?"

"आपका उधार चुका सकता हूं, आंटी।"

"इतनी जल्दी क्या है?"

"पौंड मिले हैं। मैं इनका सदुपयोग करना चाहता हूं। कुछ पौंड मुझे अपने बड़े भाई मनमोहन को भी देने हैं। उसकी हालत ठीक नहीं है। कुछ राशि केंब्रिज में प्रवेश लेने के लिए बचाकर चलना है।"

"सारा हिसाब जोड़ लिया है।"

"जोड़ना पड़ा है, आंटी।"

"तुम मुझे भारत जाकर भी रुपया भेज सकते हो।"

"एक बार हिसाब चुकता हो जाए। फिर जरूरत हुई और आपको उचित लगा तो, पुनः उधार ले लूंगा।"

"मेरा उधार चलने दो, अरविंद ताकि तुम्हें याद रह सके कि तुम्हारी कोई आंटी भी है।"

"प्लीज आंटी, एक बार मुझे उधार से मुक्ति मिल जाए...।"

"मुक्ति ही है, अरविंद।"

"मैं समझ सकता हूं, आंटी। फिर भी आप मुझे यह हिसाब भी समझने दो। प्रत्येक मनुष्य का अपना स्वभाव है। कृपया मेरी खुशी के लिए, आंटी।" अरविंद ने विनम्र भाव से लिफाफा गिब्स की ओर बढ़ा दिया। गिब्स कुछ नहीं बोली। अरविंद उठकर अपने कमरे की ओर मुड़ गया। प्रति माह का उसका व्यय ढाई-तीन पौंड से अधिक नहीं था। कमरा उसे बहुत सस्ता दिया था। भोजन-नाश्ते पर माह में जो व्यय हुआ है, उसका आधा लेती थी। नो प्रॉफिट नो लॉस पर।

"मे आई कम, मैडम जेल?"

"ओह मडाना, माई स्वीट सिस्टर। फ्रांस से कब आई?"

अरविंद चौंका। मैडम जेल तो फ्रेंच वर्ड है- अविवाहित महिलाओं-कन्याओं के लिए प्रयुक्त होता है।

"तू अभी तक नहीं सुधरी, गिब्स। मैं मडाना कहां हूं- कुंवारी मरियम, ईसा की मां। तू कब छोड़ेगी यह उपहास-उलाहना।"

अरविंद जहां का तहां खड़ा रह गया। उसके पास से आइवि (एक लता) ऊपर की ओर फैलकर दीवारों पर भी छाई हुई थी।

"अरविंद, इधर आ जाओ। तुम्हें एक मौलिक और दबंग शख्सियत से मिलती हूं।"

अरविंद जैसे ही पास आया वैसे ही गिब्स ने कहा, "अरविंद, मैट्रिक का छात्र सेंटपॉल स्कूल का।...और आप शी डिजर्टेड हर हसबैंड एण्ड चिल्ड्रन।.. .पति और बच्चों को छोड़कर फ्रांस में, पेरिस में, आ बसी हैं। मादाम राशेल जो रूस में जर्नलिस्ट थीं, अब वह पी रोड पर रहती हैं। पेरिस में और विश्वविद्यालय में पढ़ाती हैं। कभी-कभी हास्य नाटकों में मुख्य भूमिका भी निभा लेती हैं।" वह अभी भी हैट लगाए थी गहरा बादामी रंग का। उसकी आंखों में तेज चमक थी और उसके पतले होंठ लाल थे। उसके कपोलों की तरह। आज तुम अरविंद की वह कविता सुन सकोगी जो 'लंदन टाइम्स' में छपी है।"

"नहीं... मुझे कुछ नहीं मालूम।"

"तुम बैठो, अरविंद। ध्यान रखना भाग न जाए।" गिब्स इतना कहकर मुस्करायी। अरविंद ने कहीं कोई कविता नहीं भेजी थी।

"तुम्हें फ्रेंच आती है।"

"सीख रहा हूं।"

"जर्मनी?"

"वह सीख रहा हूं। गेटे के दुखांत नाटक 'फाउस्ट' को अभी खत्म किया है।"

"तुम नाटक करते हो।"

"नहीं।"

"नाटक में रुचि है।"

"हां, थोड़ी बहुत।"

"क्या पसंद करते हो?"

"कविता और निबंध।"

इसी समय गिब्स आ गई। उसके हाथ में एक पत्रिका थी। अरविंद को तसल्ली हुई कि वह अखबार लेकर नहीं लौटी। राशेल ने पूछा, "यह क्या है?"

"मैगजीन, राशेल।"

"तुम तो अभी कह रही थी कि ..."

"सिर्फ अरविंद के लिए..."

"क्या मतलब?"

"मतलब, मैं पढ़कर सुनाती हूं। यह कविता लैटिन भाषा में है। शीर्षक है 'सुनहरे डैनों वाला पक्षी'। इतना कहकर गिब्स चुप हो गई और अरविंद की ओर कनखियों से देखने लगी। अरविंद ने लैटिन में यह कविता लिखी है, परंतु उन्होंने उसे छपने कहीं नहीं भेजा था। आठवें दशक के उत्तरार्द्ध और नवें दशक के पूर्वार्द्ध में लंदन में साहित्यिक वातावरण तेजी से गर्मा रहा था। उसी का असर था कि अरविंद लैटिन में कविता और निबंध लिखता है। कई भाषाएं लैटिन से निकली थीं-जैसे फ्रेंच, पुर्तगाली, इतालवी आदि। उससे वह यूरोपीय भाषाएं सीखने में गति बना सका। उसी से उसकी अंग्रेजी अच्छी हो सकी।" वह देख रहा था कि गिब्स के हाथ में जो पत्रिका है, वह बुकलेट (छोटी-सी पुस्तिका) मात्र है।"

राशेल बीच में ही बोल पड़ी, "गिब्स, मेरे पास समय कम है।"

"तेरे पास समय ज्यादा, कब हुआ है? तू हमेशा समय की निर्धन रही है। हां, तो बोल, मेरी समय के पार जाने वाली नीली चिड़िया, तुझे क्या चाहिए?"

"लीक् (प्याज की तरह की एक सब्जी) चाहिए, चाहे बची ही क्यों न

रह गई हो। अरविंद तुम तो लीक का आनंद लेते होगे। वैसे भी तुम्हारी आंटी भोजन तैयार करने में एक्सपर्ट नंबर वन है।...यदि कभी तुम उसके साथ चर्च गए हो तो पाया होगा कि वह नेव की चौथी पंक्ति में बैठती हैं। तुम 'नेव' नहीं समझे- चर्च का मध्य भाग जहां श्रद्धालु स्थान ग्रहण करते हैं।...अरे, मैं भी कैसी बावली हूं कि तुमसे चर्च की बात कर उठी।"

"अब अपनी यह बकझक बंद भी कर। यह चट्टो हैं, खाती कम है और खाने पर बात अधिक करने बैठ जाती है।"

"हां तो...।" अरविंद की ओर देखकर राशेल ने कहा, "सॉरी, अरविंद, हमें 'लीक' से ज्यादा अब तुम्हारी कविता सुननी है। हां, गिब्स तुम बताओ, क्या बताने वाली थी?"

"यह थॉट है। मात्र बुकलेट (पुस्तिका) एक सोसाइटी की मासिकी ...जस्ट लाइक रिपार्ट। उसमें यह समाचार है। अरविंद अब ध्यान देने की तुम्हारी बारी है।...युअर इनोसेंस वाज क्लीयर फ्रॉम दि वेरी आउटसेट।...तुमने वहां कविता पढ़ी थी न।"

"सुनहरे डैनों वाला पक्षी। यही न।"

"हां।"

लिखा है- सेंट पॉल स्कूल का मेधावी छात्र और नवोदित कविता अरविंद ने सुनहरी डैनों वाला पक्षी के कविता पाठ से समां बांध दिया। प्राय: कवियों को कविता याद रखने और सुनाने की बीमारी होती है, इसलिए लोग बाग उनसे बचना चाहते हैं, परंतु अरविंद में कविता को दिल की किताब में उतार कर रखने की आदत है। मुझे आज तक इस बात की हवा तक नहीं लगने दी कि महाशय इतने घुन्ने हैं।"

"चलो भाई, आंटी का मन रख दो।" कुछ सोचकर राशेल कहती, "यह वीर रस की कविता तो नहीं है न, अरविंद!"

"हो तो क्या तू सुनना पसंद नहीं करेगी?" गिब्स के तेवर बदले।

"अरे भाई, यह बात नहीं है।"

"तो क्या है?"

"मैं दिल की मरीज हूं न।"

"तू दिल की मरीज कब से हो गई, राशेल?...झूठ नहीं।"

"जब से पेरिस आ गई, दुनिया के साहित्य, कला, संगीत के केंद्र में। पेरिस एक सुहाना शहर है बुद्धिजीवियों के लिए। वहां की हवा-पानी में

जादुई असर है सामान्य मिट्टी को मूर्ति में ढालने का। तुमने अरविंद, पेरिस देखा है क्या?"

"नहीं।"

"जनाब तो दोबारा साउदेम्पटन बंदरगाह भी नहीं गए, जहां इंग्लैंड की धरती पर पांव रखने के लिए पहली बार उतरे थे।"

"क्या यह सच है, अरविंद?"

"जी, यह सच है।"

"अरविंद को घूमने से एलर्जी है, राशेल।"

"और तुम्हें प्रेम से।"

"खैर छोड़ो भी, इस हाशिए की बातों को। हां तो अरविंद वह कविता सुना दो। तुम्हें यह जानकर प्रसन्नता होगी कि राशेल भी एक अच्छी और जानी पहचानी कवयित्री है।...तुम्हें मदद मिल सकती है।"

"उसे कविता पढ़ने दो। डायरी रखते हो क्या, अरविंद?"

"हां, परंतु मुझे अपनी और दूसरों की कविता याद कर लेने में कोई प्रयास नहीं करना पड़ता।"

"यह तो अच्छी बात है। खासकर कवियों के लिए। हां तो अरविंद...फिर मुझे भी जाना है। मैं तो कुछ समय निकाल कर इधर चली आई। लंदन आऊं और गिब्स से नहीं मिलूं, यह तो कभी हो नहीं सकता। तो.."

राशेल का स्वर जितना महीन, मधुर और संगीतमय था, उतना ही उसकी मुद्राओं से बनने वाला आकर्षण भी।

अरविंद ने खखार कर अपने गले की जांच की। वह ठीक था, साथ दे सकता था। उसने मन ही मन वह कविता दोहरानी शुरू की जैसे तबला वादक, हारमोनियम, बजाने वाला, गिटारवादक, सितारवादक वाद्यों को शुरू में संवारने का प्रयास करता है।

अब उसके होंठों पर हरकत शुरू हुई। उसकी मुख मुद्रा बदली और आंखें अधमुंदी-सी होने लगीं। उसका ध्यान सामने की ओर था। जहां एक तितली बराबर किसी को तलाशती घूम रही थी। वह सुनाने लगा–

पता नहीं, तुम कब से, इतिहास से पहले से,
आसमान को नापने के लिए
जानने के लिए उसकी अन्तर्गाथा
पीढ़ियों से अथक, अनवरत प्रयत्न कर रही हो

कि कभी तो उस बंद किताब के पन्ने फड़फड़ाएंगे
रहस्यमय मुस्कराकर, अदब से, अपने को बयां करेंगे!
पर नहीं लगता है कि मन्सूबों का सूरज
अंतर में छिपाए अग्नि सुमन की पंखड़ियां
प्यार से, अंदाज से खोलकर, निर्द्वन्द्व हो,
मुझ थके हारे बंद डैनों को थपथपाकर
उन पर अपने सुकोमल हाथ फेरकर कहेगा
उठो, ओ सोनेवाली, सुनहरे डैनों वाले पक्षी
मैं जानती हूं कि तुम्हारी पीढ़ियां गई हैं
रहस्यमय इस दलदल में, थककर, हारकर!
यह सोने, सुस्ताने और हार मानने का समय नहीं है
जय ने स्वयं कपाट खोलकर तुम्हें बुलाया है
रोशनी ने दूधिया चादर फैलाकर सपने बिछाए हैं
सारा घर-आंगन उत्सव की खुशी से महक उठा है
दिग् दिगन्त हाथ में पुष्प लिए आतुर हैं
स्वयं जय हाथ में माला लिए स्वागतार्थ खड़ी है
उठो, आंखें खोलो, हे सुनहरे डैनों वाली पक्षी!
तुम आगे बढ़ो, छुओ, टटोलो और कहो
उस अज्ञात अन्तर्गाथा की किताब को खोलकर।
वह तुम्हारी जिज्ञासा की प्यास को मिटा देगी
बशर्ते सदियों की प्रतीक्षा के बाद तुम
अपने सचेतन होने का विश्वास उसे दिला सको
ओ सुनहरे डैनों वाले पक्षी यह सिर्फ तुम्हारे लिए
और आखिरी बार स्वर्णिम अवसर है
तुम फिर से, हवा से डैने भरकर मुस्कराते हुए
अनन्त आसमान के क्षितिज पर बैठे
उल्लसित ओ' उत्कंठित हो, जा सको उसके पार
जो तुम्हारे महकती आकांक्षाओं के लिए दरबार सजाए हुए हैं।
बहुत देर कर दी तुमने अमिय के सर्वाधिकारी
अब मेरे सुनहरे डैनों को सुन्न किया जा चुका है
ताकि मैं किसी के मुकुट की शोभा बढ़ा सकूँ

बन सकूँ किसी अप्रतिम साम्राज्य का दमकता हुआ सूर्य
और दे सकूं, अपनी असहज कुर्बानी का प्रखर सुबूत
उठो, उठो, ओ सुनहरे डैनों वाले पक्षी, मेरे भाग्य!

कविता खत्म थी। अभी तक कविता वातावरण में अनुगूंज रही थी। कविता का कभी अंत नहीं होता यदि वह कविता है और गंगा की अनुभूति देने की उसमें अद्वितीय क्षमता है। राशेल सोचे जा रही थी अरविंद की कविता के प्रत्येक चरण पर कितना आह्लाद है और अवसाद है कि मन में कि समंदर छोटा पड़ जाए और अनंत आसमान मुट्ठी में सिमट आए। वह कुछ क्षणों को चुपचाप गुजरता हुआ देखकर एक जगह रुकी और बोली, "अरविंद, तुम में कविता अपने केश सूखाने तक सोचती जा रही है कि उसके केश कब सूखेंगे और कब उनसे मतवाली समीर उठकर सारे अग-जग को गंधमय कर जाएगी!... तुम्हें प्रतीक्षा है समय के उस अनंत के दिक्काल की जो अपने सुनहरे डैनों को खोलने में संकोच की सीमा नहीं लांघ पा रहा है।...तुम्हारी जैसी आदत कुछ-कुछ मुझे भी है कि मुझे तुम्हारी कविता याद हो गई, अब मैं उसे वायलिन धुन में जज्ब कर लूंगी।"

गिब्स के पास कहने के लिए शब्द नहीं थे। वह शब्दों के बीहड़ जंगल में अकेली चलती चली जा रही थी। पीछे मुड़कर भी नहीं देख रही थी कि कुछ है जो छूट गया है। वह कह उठी, "अरविंद, तुम इतने गहरे गोताखोर हो, यह तो मुझे अब मालूम पड़ा है। आओ, चलो, तुम भी राशेल के साथ उसकी मनपसंद लीक का स्वाद चखना और कुछ चीजें बनाई हैं जो तुम्हारे देश में बहुप्रचलित हैं और चटकारे लेकर खाई जाती हैं।"

यों वे सब उठे। सबसे पीछे अरविंद उठा। उसे भूख नहीं थी। उसने भूख को मार-मारकर अपने अनुकूल उसी तरह बना लिया था जैसे सरकस वाले शेर-चीते को भूखा रखकर, अर्द्ध पेट भोजन देकर और कोड़े बरसा कर उसे अपनी लाइन पर ले आते हैं। उसमें खाने के प्रति पहले जैसी इच्छा शक्ति नहीं रही थी। हालांकि गिब्स ने उसमें जीने की एक नई ललक को कुछ इस तरह पैदा किया था कि वह अपनी तरफ मुंह बाये देखता रह जाता था। इस समय वह अपने कमरे में पहुंचकर आराम करना चाहता था, लेकिन उसे अपने से लड़ना पड़ रहा था तो सिर्फ इसलिए कि राशेल को बुरा नहीं लगे। वह कुछ देर में लौट जाने वाली है। संभ्रांत और हंसमुख महिला। उसे

विश्वविद्यालय में होने का जरा-सा भी गुमान नहीं है। यह एकदम सहज और सबके अप्रोच की कलात्मक अभिव्यक्ति है, बिना किसी विकार और बोझ का पूर्वाग्रह उठाए।

26

पेइंग गेस्ट बनकर। माह गुजरते गए। तुम में मेरी रुचि बढ़ने लगी। मैं नहीं समझ सकती कि वह रुचि मुझसे क्या चाहती थी? जब मैंने तुम्हें परखा और जाना-समझा कि तुम एक खूबसूरत इंसान हो, निष्पाप हो, झील-सा तुम्हारा मन है, सहजता तुम्हारे रोम-रोम में है, तब मेरा मन बदला और मैंने पाप के विचार को खर-पतवार की तरह निकाल बाहर फेंका। मेरे से यह पाप बना, उस रात जब मैं तुमसे मदिरा पीने के लिए आग्रह-पर-आग्रह किए जा रही थी, मेरे मन में पाप था। पाप का था वह आग्रह। मुझे पता नहीं यकायक वह क्या भूत सवार हुआ कि मैं अपने को रोक नहीं सकी। तुमने ठीक ही कहा था तब कि तुम मुझे आंटी मानते हो, इसके अलावा कुछ और नहीं।

मेरे पर नशा सवार था। आज जब मैं उस अप्रिय और हठवादी संवाद को याद करती हूं तो बहुत तकलीफ होती है मन को। क्या मन धोने का कोई उपाय है? जो उपाय मैं जानती थी, वे सब कर चुकी, परंतु उनसे मुझे अभी तक शांति नहीं मिली। मुझे तुम्हें पत्र लिखने का एक यह भी कारण है और दूसरा यह भी कि तुम एक दो दिन में जगह न बदल लोगे। आसक्ति कहूं इसे या मोह अथवा निश्छल मन का आग्रह, यह मैं नहीं जानती।

तब मैंने कहा था, "अरविंदो, आंटी एक औरत का नाम है और स्त्री-पुरुष के बीच एक ही आदि रिश्ता है और वही शाश्वत रिश्ता है। शेष उनके बीच जितने भी रिश्ते हैं, थोथे हैं, और कृत्रिम हैं। तभी इतिहास में ऐसे उदाहरण मिलते हैं कि जिनसे संबंधों की मर्यादा स्त्री-पुरुष के बीच टूटती रही है, चाहे फिर वह संबंध भाई-बहन का हो, देवर-भाभी का हो, जेठ-जिठानी का हो, मां-बेटे का हो। उससे कोई फर्क नहीं पड़ता।"

तब तुमने कहा था, "पर मुझे पड़ता है आंटी, क्योंकि मैंने तुम्हें स्त्री से ऊपर का दरजा दिया, तुम्हें सच्चे मन से आंटी माना, अपनी संरक्षिका माना है। स्त्री चाहे वह कोई भी हो, जब आपसी संबंधों को अपने बीच स्थापित कर लेती है तब वह स्त्री नहीं रहती। स्त्री से बहुत ऊपर उठ जाती है।

वह पुरुष की संरक्षिका बन मां के बराबर पहुंच जाती है। मां से ऊपर वह आदि शक्ति बन जाती है। जहां बाजार उनके बीच नहीं रहता और न शरीर की महत्त्वाकांक्षाएं रहती हैं। मैं नहीं चाहता कि आप उस गरिमामयी पद से जरा-सा भी नीचे आएं।...मैं आपकी भावनाओं का सम्मान करते हुए आपसे प्रार्थना करता हूं कि इस समय मुझे जाने दें और बाद में नशा उतर जाने के बाद, खुमारीशून्य दिलोदिमाग से सोचें कि उचित-अनुचित, मान-अपमान, पाप-पुण्य, अधर्म-धर्म वगैरह-वगैरह क्या हैं?"

मैं तुम्हें हारी थकी, क्रोधावेश भरी, शाप देने की मुद्रा में तनी, जाते हुए घूरती रही, क्योंकि नशा मुझे भी कंपाने लगा था। मैं कांप रही थी। सुना है, पाप कांपता है। पाप के संबंध अंदर-ही-अंदर ऐसे कांपने लगते हैं कि कभी-कभी उनका कांपना अखबार की सुर्खियों का कारण बन जाता है। कहां चर्च के देवता तुल्य पादरी का भयावह आचरण जो किसी सीमा को नहीं मानता था और राजी अथवा गैरराजी नन बनी नवकिशोरियों के सम्मान से खिलवाड़ करने में नहीं चूकता था और कहां तुम बिना किसी उच्च धार्मिक पद पर आसीन हुए स्त्री की मर्यादा-सम्मान के संरक्षक बने स्थिर खड़े हो। मेरे नन न बनने के पीछे सबसे बड़ा कारण यही था।

समाज सेविका बनकर भी मैंने पाया कि उनके बीच में आपस में मर्यादाएं भग्न करने की, प्रकट-अप्रकट कोशिशें जारी रहती हैं। कहते हैं कि स्त्री-पुरुष के बीच एक ही प्राकृतिक संबंध है- आग और घी का। दोनों का साथ रहना लाजिमी है, ताकि दोनों मर्यादा के नीचे अमर्यादित होकर चुपचाप बहते रहें। तुमने अपने आचरण से यह गलत साबित कर दिया, अरविंदो। तुम नहीं जानते कि तुम मेरी दृष्टि में कितने ऊंचे हो गए हो-कदापि ईसा से नीचे नहीं।

तुम्हें मेरे पत्र लिखने का एक कारण यह भी है कि क्या तुमने अपनी आंटी को माफ कर दिया या नहीं। यदि तुम इसके बाद भी अपनी आंटी के पास बने रहे तो मैं धीरे-धीरे अपने पाप से प्रायश्चित कर, फिर से उन्मुक्त हो और सहज हो, साथ-साथ रह पाऊंगी। तब मुझे पाप नहीं होगा। तब मुझे कभी नशे की जरूरत नहीं पड़ेगी और तब मुझे अपनी निगाहों में गिरने का अपराध बोध नहीं सताएगा। अब यह निर्णय लेना तुम पर है। मुझे तुम्हारे निर्णय की आहट का इंतजार रहेगा। तुम्हारी आंटी।

अरविंद के सामने से एक पूरी फिल्म ही गुजर गई, जिसमें काल की

अनंत संभावनाएं सक्रिय थीं। वह वही तो आंटी हैं, नेह प्रेम की उदारता में आबद्ध प्यार की मंगल कामनाओं का प्रदीप लिए।

अरविंद ने उनके पत्र का उत्तर नहीं दिया था। क्या देता? जाए या ना जाए के अंतर्द्वद्व के बीच फंसा वह अपने प्रति न्याय करने पर आमादा हो रहा था। क्या कविता कानून से ऊपर है? क्या न्याय से भी ऊपर कोई न्याय है, जहां कोई तीसरा चश्मदीद गवाह नहीं है। फिर भी जहां पूरा सत्य मिलता है, क्या उसके बाद उसके साथ पुनः सहज होकर रहना उनके पत्र का उत्तर नहीं है। वह उठा। उसने याद किया आंटी के उस पत्र को और डायरी के बीच में से उठा लाया। पत्र वही था। वह पत्र उसके लिए बाइबल जैसा था।

अरविंद के सामने उस पत्र के साथ था ब्राइटन का सैरगाह के लिए विख्यात वह बंदरगाह जो हर पर्यटक का बहुत गर्मजोशी से स्वागत करता है। तब वह उसका पत्र पढ़कर स्तब्ध रह गया था। काश, इस बीच वह अपने रहने की कहीं और व्यवस्था कर पाता। उसने कोशिश शुरू कर दी थी, लेकिन तब तक उसे कोई मकान नहीं मिल पाया था। हालांकि गिब्स स्वयं उसके कमरे में सुबह-सुबह कॉफी लेकर पहुंची थी और रात की दुर्घटना जो घटने से बच गई थी, के लिए सॉरी बोली थी। उसका उसने कोई उत्तर नहीं दिया था। उसे ताज्जुब तो इस बात का था कि उसके बाद वह गहरी नींद में तत्काल डूब गया था। तीसरे दिन उसने आग्रह किया कि ब्राइटन चलोगे, अरविंद।

क्या यह सब कुछ इतनी जल्दी भूल गई? शायद इस बहाने वह कुछ कहना चाहे। उसने यह जानते हुए यह प्रस्ताव किया था कि वह इनकार कर देगा। अथवा उसके मन में अभी भी कुछ पक रहा है, क्योंकि स्त्री बदले की भावना पर उतर आए तो वह हर सीमा का उल्लंघन कर सकती है। यहां तक कि वह पागलपन के दौर से भी गुजर सकती है। उसने कह दिया, "ठीक है। कब चलना है?"

"अभी, इसी वक्त।"

"ऐसे ही।"

"क्यों, क्या कुछ अदलना-बदलना है?"

"नहीं।"

"तो चलें।"

"चलो।"

ये संवाद बिना पंख के उड़ रहे थे। आंधी में उड़ उठे सूखे पत्तों की तरह। वह भी जानना चाहता था, स्त्री चरित्र के गोपनीय आचरण को!

वह पत्र पढ़कर इतस्तत: निगाहें फैलाए देख रहा था। कई जोड़े थे। उनमें उन्माद समुद्र की लहरों का उछाल ले रहा था, लेकिन उसकी दृष्टि गिब्स को ढूंढ रही थी जो उसे कहीं नजर आ रही थी। वह उठा। चौंका। वह पर्स अपना वहीं छोड़ गई थी। वह पर्स को उठाकर चलने लगा। फिर रुक गया यह सोचकर कि वह यहीं लोटनेवाली है। यदि उसने यह स्थान छोड़ दिया तो...सब गडमड हो जाएगा। वह फिर वहीं आकर बैठ गया। सामने आज का 'डेली टेलीग्राफ' पड़ा था। उसमें गुमशुदा लोगों के लिए कोई कॉलम नहीं था। यह कब आकर उसे चौंका देगी, हर क्षण वह इस अंदेशे से घिरा अपने को तलाश रहा था।

खाली बैठे समय गुजारना दुर्गम पहाड़ पर चढ़ने जैसा हो जाता है। असमझे उसने उसका पर्स खोला। उसमें कुछ पौंड थे। कुछ शिलिंग। साथ में एक कागज था। उसने न चाहते हुए भी, शालीन भद्रता को नजरअंदाज कर उस कागज को निकाल लिया। खोला। उस पर यह संदेश था- अरविंद, मैं लोट रही हूं। मैं तुम्हें यहां यह पत्र देने के लिए ही लाई थी। घर में हिम्मत नहीं हो रही थी कि यह पत्र दे सकूँ, क्योंकि तब हमारे तुम्हारे बीच कोई संबंध नहीं रह गया था। तुम तेजी से मकान ढूंढने में समय बिता रहे थे और मैं पछतावे के लिए हर तरह से अपने आपको तैयार कर रही थी। सवाल यह प्रमुख था कि बात स्त्री-पुरुषों के संबंधों के केंद्र में थी। एक भरा पूरा सवाल था, जिसका उत्तर किसी के पास नहीं था, सिवा हमारे-तुम्हारे। घटना-दुर्घटना के परे का संसार, पूर्व का और बाद का, एक संपूर्ण चरित्र गढ़ने की दिशा में आगे बढ़ने के बारे में सोचने लगता है। मेरे साथ ऐसा ही हो रहा है।

कितने ही पृष्ठ फाड़े। अपना लिखा निर्ममता से काटा और फाड़ा। वे कारण डस्टबिन से बाहर पड़े हैं एक गैर जिम्मेदाराना मानव चरित्र का अति उत्तेजनापूर्ण प्रत्येक क्षण कितना आहत पहुंचा सकता है, मैं इस अनुभव की त्रासदी से गुजर रही थी।

तुम जल्दी में कोई निर्णय लो जैसा तुम कर भी रहे थे, मैंने उचित समझा कि अपनी ग्रंथियों में उलझी अंतर्कथा को व्यक्त करने की एक और आखिरी कोशिश करके देख लूं। वह मैं कर चुकी हूं और इसके बाद मैं तुम्हारा सामना तत्काल नहीं कर पा रही हूं और न ऐसा करना उचित लग

रहा है, क्योंकि तात्कालिक प्रतिक्रियाएं किसी नदी के बारे में ऐसे सोच का परिणाम होती है, जो या तो नदी में बाढ़ आने के वक्त का होता है अथवा उसके लगभग सूख जाने की स्थिति का। दोनों ही स्थितियां अराजकता मूलक तथा संवेदना शून्य जैसी हैं। मैं इतने सारे सोच-विचार के गलियारों में नंगे पांव अथक तथा निरंतर चलते-चलते इस मुकाम पर पहुंच सकी हूं कि तुम्हें पत्र पढ़ने और उसके बाद सोने को पूरा समय दे सकूँ। यही कारण है कि तीन-चार दिनों के लिए अपनी मित्र राशेल के साथ फ्रांस जा रही हूं ताकि तुम बिना किसी दबाव, परेशानी और तनाव के किसी निर्णय पर पहुंच सको। इस बीच यदि तुम अपने पूर्व निश्चय पर ही कायम रहते हो, तो बिना मेरे लौटने का इंतजार किए जा सकते हो और घर बंद कर उसकी चाबी लेकर बॉक्स में डाल सकते हो और यदि तुमने अपना फैसला स्वेच्छा से बदला तो हमारा प्रयास रहेगा कि हम पुनः दो व्यक्तियों की बीच की मानसिकता से उभरने के लिए संजीदगी से आगे आ सकें।

नहीं, वह ऐसा नहीं कर सकता था क्योंकि पश्चात्ताप से बड़ा कोई दूसरा ऐसा उपाय उसकी दृष्टि में नहीं था जो व्यक्ति को सत्य के मार्ग पर चलने के लिए अन्तःप्रेरित कर सके। उसके लिए सत्य सह जीवन के संबंधों की वह सच्चाई है, जो गोपनीयता के लिए कुछ नहीं छोड़ता। धीरे-धीरे वे सामान्य होते गए। सच्ची आत्माओं के बीच ऐसा कुछ नहीं बचता जो पारदर्शी न हो। आज वे पल आ गए थे, जब सोना पूरी तरह तप कर कंचन बन चुका था। अब उसे उसका वह पत्र लौटा देना चाहिए, जिसकी उनके बीच जरूरत नहीं रही थी। पर कैसे? वह तो जाते हुए उसको बिदा नहीं कर सकेगी। प्यार की झिलमिलाती बारीक किरण के मन में आत्मीय सरोकार की निगूढ़तम ऊष्मा कभी बुझती नहीं है।

उसने टेबल लैंप का स्विच ऑन किया। पैड खोला। पेन उठाया। संबोधन पर अटका रह गया। काफी समय सोच के दरिये को रेंगने दिया। अचानक उसने लिखा- आरदणीया, बहुत दिनों से मन में यह द्वंद्व चल रहा था कि आपके पत्र को लौटा दिया जाए। न लौटाने का अब कोई कारण दिखलाई नहीं पड़ रहा था।

अब हमारे बीच छिपने-छिपाने को कुछ नहीं बचा। जो है, दर्पण की तरह है। अब उस पत्र की क्या जरूरत है? इसके साथ तुम्हारी आत्मा को उन स्वरों को ससम्मान संलग्न कर रहा हूं।

मेरी इच्छा अवश्य थी कि चलते हुए मिलना हो पाता तो...कुछ भी नहीं कह सकता कि क्या होता या कुछ भी नहीं होता? इस समय मैं उसके संबंध में अनुमान नहीं लगाना चाहता, परंतु इतना अवश्य अनुभव करता हूं कि तुम्हारे अवदान की अंत: ऊर्जा मेरे साथ लंबे समय तक रहेगी और घने अंधकार में उम्मीद का प्रकाश दीप नहीं बुझने देगी।

बहुत संभव है कि हम फिर से दरिया के दो किनारे बने अंतर्मुखी चेतना के साथ एक-दूसरे का अनुभव कर सकें। मुमकिन यह भी है, ऐसा कुछ न हो, जिसके संबंध में कच्ची भावुकता अपनी टिप्पणी दर्ज कराती हो। खैर, अब मैं आपसे बिना मिले जा ही रहा हूं। फिर भी, कहीं-न-कहीं से आपकी आंखें, मुझे लग रहा है, पीछा कर रही हैं।

आपकी शुभकामनाएं मेरा मार्ग अवश्य प्रशस्त करती रहेंगी, इन भावनाओं के साथ, अरविंद। उसने पत्र लिफाफे में रखा और उसी के साथ चाबी भी। और चलते वक्त उसके कमरे को नम आंखों से देखता हुआ वह धीरे-धीरे आगे बढ़ा और लेटर बॉक्स के पास रुककर उसने चारों ओर देखा कि कहीं से उसकी चोर आंखें तो उसे निहार नहीं रही हैं। नहीं, उसने मन में यह विचार पक्का कर लिया और लिफाफा धीरे से लेटर बॉक्स के हवाले कर दिया।

टैक्सी इस वक्त सिनसांग (यहूदियों के प्रार्थना भवन के पास) से गुजर रही थी, जहां उसके लाख चाहने पर भी प्रार्थना सभा में भाग लेना तो दूर रहा उसको देखने तक की अनुमति नहीं मिली थी। उसका मन कुछ-कुछ गुमसुम-सा था, पर शांत और सोच के किनारे खड़ा दूरस्थ से आते हुए पोत को देख रहा था।

27

वातावरण बदला। परिस्थितियां पलटीं। समझ की खिड़की से धूप झांकने लगी और हवा दबे पांव आने लगी। विचारों ने संयम धारण किया और अंतर्दृष्टि ऑफ आर्क, मेज्जिनी आदि पर जा टिकी। अब अरविंद एकदम शांत चित्त होकर अपने लक्ष्य की ओर बढ़ रहा था।

पिताजी का पत्र आया। उन्होंने खुशी जाहिर की, क्योंकि उसने लैटिन तथा ग्रीक में शानदार अंक प्राप्त किए थे। वह आई.सी.एस. के प्रत्याशी विद्यार्थी होने के कारण उसे दो वर्ष के लिए साठ पौंड प्रतिवर्ष की छात्रवृत्ति पाने का पात्र मान लिया गया। पिताजी यही तो चाहते थे। उन्होंने पत्र में

लिखा भी था- अरविंद, तुम्हारे लिए यह स्वर्णिम अवसर है कि तुम आई. सी.एस. होकर भारत लौटो, ताकि तुम्हारा स्वागत यहां एक राजकुमार की तरह हो और हमारा परिवार समाज में उच्च स्थान पा सके। अब तक वह क्लासिकल ट्रिपोज के प्रथम भाग में अच्छे अंक पाकर उत्तीर्ण हो चुका था। उसका विषय क्षेत्र भी बढ़ा था- अब वह भारतीय इतिहास, कानून, राजनीतिक अर्थव्यवस्था, अमेरिका का राज्य विप्लव आदि के साथ अंग्रेज, फ्रेंच, इटैलियन आदि साहित्य का अध्ययन भी कर रहा था।

अब उसमें प्रबलता सक्रिय हुई थी। जहां उसे एक कमरा मिला था, वहां उसका क्षेत्र कॉलेज की गतिविधियों से आगे बढ़ा था। अब कमरा सुविधाजनक था। पढ़ने के लिए भरपूर सुविधाएं थीं। भारत के बारे में जानकारी एकत्र होने लगी। वहां के विद्यार्थियों ने 'इंडियन मजलिस' की नींव रखी ताकि भारत के हितों पर बातचीत हो सके और जागरूकता बनी रह सके। अरविंद उसके सचिव बनाए गए।

यहां उसने कविताएं खूब लिखीं, खूब पढ़ीं। सांग्स टु मिटिला (मित्तिला के प्रति गीत) उसकी कविताओं का संग्रह छपा। उन्हीं दिनों में 'इलनी की डाइन' अधूरा नाटक लिखा जो गद्य में काव्य का उदाहरण था। आज एक माह के बाद 'इंडियन मजलिस' की बैठक हो रही थी। उसमें केशवराव, गणेश देशपांडे, खासीराय यादव, एम. के. गांधी, मजरुलहक, सच्चिदानंद सिन्हा, मोहम्मद शफी आदि आमंत्रित थे। पूरी तैयारी की गई। एक कमरे में यह बैठक हुई। मजरुल हक और सच्चिदानंद नहीं आए थे। अरविंद के सचिव बन जाने पर उसको कठिनाई शुरू हुई। उस दिन भारत की आजादी को लेकर गर्मागर्म बहस हुई। मोहनदास कर्मचंद गांधी केवल इतना ही कह पाए कि भारत को शीघ्र आजाद कराया जाना आवश्यक है। इतना विशाल देश। जनसंख्या भी खूब! राजा-महाराजा भी ढेर सारे। फिर भी मुट्ठी भर अंग्रेजों का वह गुलाम।

केशवराव, गणेश देशपांडे ने जोर देकर कहा था, "खून मुहं लगे शेर से पशु को बचा ले जाना दुष्कर कार्य है। हमें जानना चाहिए कि आजादी हमने क्यों खोयी? उन कारणों से भारत का मुक्त करना हमारा नैतिक दायित्व है।"

"हमारा राजनीतिक दायित्व भी है कि हम अपने देश की आजादी के लिए जी-तोड़ प्रयास करें।" केशवराव, गणेश देशपांडे ने आजादी के लिए सीधी कार्रवाई पर जोर दिया।

"हम यहां रहते हुए भारत की आजादी के लिए क्या कर सकते हैं, सोचना यह चाहिए। एक साल में बीसेक बार बैठकें हो जाती हैं। प्रस्ताव पारित किए जाते हैं, परंतु फिर होता यह कि हम अपने को जहां-के-तहां पाते। इससे क्या लाभ?"

खासीराव यादव का बरीक स्वर गूंज रहा था।"

"कोरी बातों से काम नहीं चलेगा।" एक विद्यार्थी का तीखा स्वर था, "हमें कुछ करना पड़ेगा। रिस्क लेना पड़ेगा।"

"भारत अशिक्षा, गरीबी, हारी-बीमारी आदि महामारी का शिकार है। सदियों से वह आजादी की चेतना से दूर होता जा रहा है। बुझी हुई आग को कुरेदने में समय लगेगा।" महम्मद शफी की भारी आवाज गंजने लगी। अरविंद चपचाप सनते रहा। सोचते रहा कि कुछ होने की तैयारी है, परंतु दिशा नहीं मालूम। फिर होगा क्या? कैसे होगा? वह डेढ़ वर्ष से इस कार्यक्रम में सक्रिय था। बोला भी था, लेकिन जिज्ञासा की अन्तश्चेतना के आचरण के लिए और समझने की दृष्टि से। सच यह था कि सब में जोश था और कुछ कर पाने की हार्दिक इच्छा भी थी, परंतु हो कुछ नहीं पा रहा था सिवा संशय की सुई घूमने की प्रतीक्षा के।

प्रो. प्रे. जो अरविंद को करीब से समझती थी और जब तब उसे सलाह दे दिया करती थी, नहीं चाहती थी कि उसका भविष्य बिगड़ जाए। उसे ज्ञात था कि वह इंडियन मजलिस का हाल ही में सचिव बना है। अभी तक वह अपने अंग्रेजी नाम अक्रौयड का प्रयोग कर रहा था, अब उसने उस छद्म नाम के माध्यम को भी तिलांजलि दे दी थी।

"अरविंदो, ठहरो।" प्रो. प्रे. ने टोका।

"यस प्रोफेसर।" अरविंद ने कहा।

"कल-परसों छुट्टी थी, परंतु तुम कॉलेज में नजर नहीं आए। कहीं बाहर गए थे।"

"नहीं तो, था तो यहीं परंतु..."

"कुछ काम था।"

"अध्ययन संबंधित था।"

"नहीं, प्रोफेसर।"

"तो?"

अरविंद क्या बताए और कैसे बताए?

"तुम नहीं बताना चाहते तो कोई बात नहीं है। मैंने भी यह प्रश्न मात्र तुम्हें उलझाने के लिए किया था। शायद तुम यह जानना चाहो कि ओ.बी. आई मीन प्रो. आस्कर ब्राउनिंग...अपने किंग्स कॉलेज के..."

"जी हां, प्रो. जी. डब्ल्यू. साहब ने उनसे मुझे मिलाया था।"

"पर कल-परसों में नहीं।"

"हां, प्रोफेसर चार दिन पहले, मनडे को।"

"उन्होंने मुझसे भी कहा था शायद तुमसे भी यही कहा होगा कि तुमने स्कॉलर परीक्षा में श्रेष्ठतम उत्तर दिए थे। विशेषतया शेक्सपियर और मिल्टन की तुलना वाले निबंध में तुमने असाधारण प्रतिभा, योग्यता और शैली का परिचय दिया है। उस पर प्रथम दृष्टि से तुमने समीक्षा कर विषय को नवीनतम ऊंचाइयों तक पहुंचाया है। क्लासिकल उत्तर में तुम्हें महारत हासिल है। जानते हो, अरविंद ऑस्कर ब्राउनिंग की शोहरत दूर-दूर तक ऐसे महान् साहित्यकार-आलोचक के रूप में है जो दूसरे की प्रशंसा में एक वाक्य मुश्किल से बोलते हैं। उन्होंने तुम्हारी दिल खोलकर तारीफ की है। इसका अर्थ समझते हो कि यू आर ए ब्रिलियंट स्टूडेंट एण्ड योर कैरियर इज सो ब्राइट कि..।" ये कहते-कहते वह भावुक हो चली थी अपने स्वभाव के अनुसार। वह खखार कर कहने लगी, "ऑक्सर ब्राइनिंग का इतना कहना ही बहुत कुछ है कि वह मानते हैं और मुझसे कहते हैं कि ही कॉमेंटेड देट ही केम अक्रॉस सच एक्सलेंट पेपर्स एण्ड एसे। इसलिए..."

"इसलिए क्या प्रोफेस़र?"

"हालांकि मुझे किसी की परसनल लाइफ में हस्तक्षेप नहीं करना चाहिए।"

अरविंद ने देखा प्रे चुप हो गई है। कदाचित् यह मेरा संकेत चाहती है। वह स्थान जहां पर वे दोनों खड़े हुए थे, डूबी संध्या के कारण झुटपुटे में, अनपहचाने से लग रहे थे, क्योंकि सारे चित्र धुंधले हो रहे थे। हवा शांत थी। पहचान का अनपहचाना बनने लगना कुछ अलग हटकर बयान करने लगता है। उस बयान को कोई नहीं जान पाता है, ऐसा लगता है, जबकि वास्तव में ऐसा होता नहीं है। उस सन्नाटे की दहलीज पर खड़े वे दोनों एक-दूसरे को देखते हुए अनदेखा करते जा रहे थे। अरविंद ने पथराई हुई निःस्वतता को तोड़ते हुए पूछा, "आपको हस्तक्षेप करने का पूरा हक है, प्रोफेसर, कहिए चुप मत रहिए।"

हालांकि सुनी-सुनाई बात पर ध्यान नहीं देना चाहिए।" प्रे का गुलाबी चेहरा उस झुटपटे को चमका रहा था, क्योंकि स्ट्रीट लाइट प्रकाश फैलाने लगी थी। उसकी कुछ-कुछ लंबी गरदन, हलका-सा लंबा चेहरा और बंकिम नयन उसके सम्मोहक रूप के साक्षी थे।

उसने कंधे पर झूल रहे अपने कुंतलों को जरा-सा ठीक करते हुए आगे कहा, "परंतु शक का जरा सी भी अनमनी इजाजत मिल जाए तो वह पांव फैलाकर आराम के मूड में आ जाता है। फिर उसे अपने स्थान से हिलाना कठिन है।...सुना है कि इंडियन मजलिम की गतिविधियों में तेजी आई है। क्यों, क्या यह सच है?"

"मैं उसका सेक्रेटरी हूं, प्रोफेसर।"

"और यह मंजलिस इंडिया को आजाद कराने के लिए एड़ी से चोटी का प्रयत्न कर रही है। इसने एक बुकलेट भी निकाली है।"

"जी हां, उसका संपादन भी मैंने किया है।" अरविंद ने सहज स्वीकारा। झूठ क्यों बोले? वह भी जानती है कि अरविंद न झूठ बोल सकता है और न उससे कुछ छिपा सकता है। प्रे पूछ रही थी, "तुम जो कर रहे हो, क्या वह उचित है?"

"इसमें अनुचित क्या है?"

"शायद तुम्हारा कैरियर, अरविंद।"

"वह क्यों?"

"वह इसलिए कि तुम्हें स्कॉलरशिप मिली है। तुम इंडियन सिविल सर्विस की भी तैयारी कर रहे हो। इसके लिए तुम्हें एक कमरा भी मिला है और अनुकूल वातावरण भी। प्रे ने रुक-रुक कर कहा। उसने चेस्टर की जेब में हाथ दे रखे थे।

"समझ तो रहा हूं पर अब?"

"अब से मतलब?"

"व्हाइट हाउस की काली सूची में तुम्हारा नाम लिख जाने से तुम्हारे बेहतरीन अकादमिक कैरियर पर फुलस्टॉप लग सकता है। प्लीज टेक इट सीरियसली। तुम स्वयं समझदार हो। तुम आई.सी.एस. हो गए तो तुम्हारे लिए भी अंग्रेज अधिकारियों के समान सारे दरवाजे खुल जाएंगे। प्रे की दृष्टि अरविंद के भाव-शून्य चेहरे पर थी। शायद वह सब कुछ जानता है। उसे कदाचित् परिणाम की चिंता नहीं है। प्रे ने कहा, "मुझे तुम्हें आगाह करना

था, अरविंद। मैं नहीं चाहती कि तुम जैसे विलक्षण विद्यार्थी का भविष्य कच्ची भावुकता के कारण धूमिल हो जाए।"

"मैं आपकी इस अनुकंपा का कैसे धन्यवाद करूं, प्रोफेसर। मैं नहीं जानता कि मेरे साथ ऐसा क्यों होता आ रहा है कि हर अनुकूल स्थिति अचानक प्रतिकूल बनती जाती है। पता नहीं कैसे मुझमें देशभक्ति की सनक सवार हुई! क्या आप मेरे स्थान पर होती तो आप क्या निर्णय लेती?"

"कैसे?"

"अपना केरियर देखती या अपने देश के सम्मान, उसकी मर्यादा और उसके गौरव के बारे में निर्णय लेती।"

"इस समय तुम्हारे ऊपर अतिशय भावुकता छाई हुई है। अतिशय भावुकता कर्त्तव्य पथ पर चलने में व्यवधान बनती है। जो सवाल तुमने उठाया है, वह निश्चित ही एक बहुत बड़ा सवाल है, जो तुम्हारे मजलिस से सॉल्व होने वाला नहीं है। तुम उच्च पद पर बने रहकर भी इस समस्या के समाधान में अपनी तटस्थ भूमिका निभाकर मदद कर सकते हो।" प्रे का स्वर सधा हुआ था और उसकी यह धारणा पुख्ता हो रही थी कि जीनियस के साथ यही अभिशाप है कि वह कभी भी अपने स्वतंत्र निर्णय की सूली पर चढ़ सकता है।

"मैं पुनर्विचार करने के लिए प्रयत्न करूंगा, परंतु वादा नहीं, क्योंकि ठीक से मैं भी नहीं जानता कि...फिर भी, जहां तक सोचने का सवाल है, पुनः सोचे जाने पर मुझे कोई आपत्ति नहीं है।"

"तुम उन्नीस वर्ष के नवयुवक हो। यह उम्र भावावेश में जन्म लेती है। खैर, ईश्वर तुम्हारी मदद करे, मुझे एक पार्टी में जाना है।"

प्रे चली गई। अरविंद ने उसकी ओर जाते हुए नहीं देखा। शायद प्रे भी नहीं मुड़ी। आशंकाएं दूरी बढ़ाती हैं। उसने क्या सोचा होगा?

अरविंद का ध्यान स्ट्रीट लाइट की जगमगाहट की ओर गया। आसमान तारों से भरा था। तारे शांत थे। मानो किसी गंभीर मसले पर आम राय बनाने के लिए वह एकत्र हुए थे। वह हिला। उसने चारों ओर दृष्टि डाली। ऊंचे-ऊंचे देवदार गहरे मौन थे। पत्ते झपकी ले रहे थे। सन्नाटा खाई में उतर कर शत्रु पर निगाह गड़ाए हुए था। निश्चित रूप से रात भारी हो चली थी। अरविंद पहले मोड़ से अभी आगे बढ़ा ही था कि सतीश खन्ना सामने पड़ गया। उसने पूछा, "तुम खन्ना इधर?"

"हां, अरविंद। आज रात दस बजे।"

"क्या है?"

"लोटस एंड डैगर (कमल और कटार) की आपातकालीन बैठक है डॉ. सान्याल के यहां।"

"तुम हाथ में डैफलिन (लंबी सी डंडी वाला एक पीला पुष्प) क्यों लिए हो?"

वह मुस्कराया और बोला, "अरविंद, तुमने अभी तक प्रेम पथ पर एक कदम नहीं बढ़ाया है और मैं आधा रास्ता तय कर चुका हूं। वह मेरा इंतजार कर रही है। अच्छा, चलता हूं।"

ओह! यह दूसरी बैठक! इधर कुआं और उधर खाई। यह सब इतनी जल्दी कैसे हो गया। वह भारी भरकम भाषणों से उकताने लगा था। वहां बहुत बढ़-चढ़कर बातें होतीं। विश्वविद्यालय में भारतीय मूल के विद्यार्थियों की वह संस्था थी, इसमें विशेष रूप से क्रांतिकारियों को आमंत्रित किया जाता था, विश्वविद्यालय में पढ़ने वाले विद्यार्थी यह शपथ ले चुके थे कि ब्रिटिश भारत में वे किसी सरकारी पद को स्वीकार नहीं करेंगे।

"वह शपथ समारोह भव्य था। भव्य इस दृष्टि से कि उसमें बाईस नवयुवकों ने यह शपथ ली थी कि वे सरकारी नौकरी में किसी भी पद को स्वीकार नहीं करेंगे, जब तक भारत स्वाधीन नहीं हो जाता, परंतु ऐसा नहीं हुआ। शपथ लेने वालों में से कई विद्यार्थी सरकारी नौकरी में उच्च पदों पर चले गए और लोटस और डैगर की तरफ फिर कभी रुख भी नहीं किया। यह तो उसकी समझ में आ रहा था कि अग्निपथ के हमराही बिरले ही हो सकते हैं। अब यह तलवार उस पर भी लटकी हुई है, क्योंकि आई.सी.एस. की वह तैयारी कर रहा है।

उस दिन वह अपने कमरे में नहीं लौट सका। रात को लोटस एंड डैगर की मीटिंगें देर तक चली और उनमें से कुछ को सान्याल साहब के यहां ही रात गुजारनी पड़ी। आज की सभा के मुख्य वक्ता देशपांडे थे। उनके भाषण से पूर्व इस समस्या पर चर्चा शुरू हुई कि इस संस्था को उन सदस्यों से गहरा आघात पहुंचा है, जो ब्रिटिश भारत में नौकरी अथवा सेवा न देने की शपथ लेकर उसकी सेवाओं में चुपचाप उच्च पदों पर जा पहुंचे हैं। उन्होंने यह भी मुनासिब नहीं समझा कि इस संस्था को सूचना देते।

सौरभ सोलंकी लॉ का छात्र था। उसने यह प्रश्न उठाया कि जिन

विद्यार्थियों ने शपथ उठाई है, वे उन नौकरियों की तैयारी नहीं करें और उनसे संबंधित ऐसी किसी परीक्षा में न बैठें, जिनसे ब्रिटिश भारत में उच्च पदों पर आसीन होने की संभावना हो।

सीधा इशारा अरविंद पर था। फिर भी वह चुप रहा, क्योंकि उसे ज्ञात था कि वहां उपस्थित सदस्यों में से ब्रिटिश भारत की सेवा में जाने के लिए कई प्रयत्न कर चुके थे और वर्तमान में भी कर रहे थे। सलीम खां ने तत्काल कहा, "इस तरह जोर-जबरदस्ती करने से राष्ट्र भक्ति और राष्ट्र सेवा के व्रत में कामयाब नहीं हुआ जा सकता। यहां सब स्वतंत्र हैं और अपनी आत्मा के निर्णय को मानने वाले प्रबुद्ध विद्यार्थी हैं।"

"तभी तो हममें से कतिपय ऐसा दुस्साहस कर सके कि उन्होंने इस संस्था को इत्तिला करना भी अपनी तौहीन समझा।" रमेश तलवार का तीखा स्वर आया।

"नहीं।" अरविंद ने कहना जारी रखा, "शर्मिंदगी। इस कारण उनमें संस्था में आने का साहस नहीं हुआ।"

"आकर वे क्या करते?" सलीम जो लॉ का छात्र था, कह रहा था, "उनके पास कहने के लिए क्या था? दूसरे, यह संस्था इस बात की गारंटी नहीं देती है कि इस तरह से देश स्वतंत्र हो ही जाएगा। यहां सब कुछ स्वेच्छित है। इस संस्था से जुड़ना और अलग होना। फिर शंका उठाकर वातावरण को कमजोर बनाने का प्रयास नहीं होना चाहिए।"

सलीम खां की बहस से प्रायः सभी सदस्य अंदर-ही-अंदर संतुष्ट थे। अरविंद ने स्पष्ट कर देना उचित समझा और वह कहने लगा, "प्रबुद्ध सदस्यो, सबको ज्ञात है कि मैं आई.सी.एस. की तैयारी भी कर रहा हूं और बी.ए. की पढ़ाई भी। मैं स्वेच्छा से यह दोनों काम कर रहा हूं। आप सब जानते हैं कि आई.सी.एस. की परीक्षा पास कर लेने पर मुझे क्या निर्णय लेने के लिए बाध्य होना पड़ेगा? चूंकि यह संस्था यहां के विद्यार्थियों तक सीमित है तो जाहिर है कि यहां की तालीम पूरी करने के बाद हम लौट जाएंगे और शायद बिखर भी जाएंगे। तब उनके सामने यह संस्था नहीं होगी। फिर तो वे स्वतंत्र होंगे कि जो उनका मन चाहे करें, तब उन्हें कौन रोकेगा? तब वे किसको सूचना देंगे? फिर भी, इस संस्था के माध्यम से आसाधारण और समर्पित विद्यार्थियों के सामने एक मंच है वे उसका प्रयोग कर सकते हैं। हमारी सबकी सोच में अपना देश आ रहा है। हम सोच रहे हैं कि यही सोच हमारे आचरण का स्वतंत्र हिस्सा बनेगा। हमें सोच बदल भी सकती

है और ऐसा भी हो सकता है कि सरकार में उच्च पद पर पहुंच जाने के बाद उससे यकायक इस्तीफा दे बैठें। यह संस्था हमें आत्म-विवेचन के लिए अवसर प्रदान करती है और पाठ्यक्रम से बाहर की तैयारी करने के लिए एक मंच देती है। फलत: हमें ताक-झांक से ऊपर उठकर अपने सदस्यों के प्रति आदर-भाव बनाए रखना चाहिए।"

अरविंद ने सर्वथा नवीन संस्थिति का अंत: विश्लेषण कर डाला। एक बार फिर से संस्था के लक्ष्य को स्पष्ट किया जा सका। अब सब लगभग चुप थे, क्योंकि सबको राहत मिल रही थी और संस्था के चरित्र को आचरण निभाने की स्वतंत्रता। दरअसल स्वतंत्रता व्यक्ति स्तर से लेकर समाज तथा राज्य स्तर तक अपने मन्तव्यों के मंत्र गढ़ती है और सदा नवीन ऊर्जा संपोषित करती है। उस शांत वातावरण में संभावनाओं के वायवी किले बनने से थम जाते हैं।

देशपांडे ने भी अपने वक्तव्य में इसी बात पर जोर दिया कि उन्हें कूपमण्डूक नजरिए से बाहर आकर सोच और चिंतन को खुला मंच देने की भरसक चेष्टा करनी चाहिए। कोई देश स्वतंत्र होकर भी अपने लोगों के द्वारा शोषित हो सकता है, अत्याचार और अन्याय झेलने के लिए विवश किया जा सकता है। चेतना का राज्य हो, चेतना द्वारा चेतना के लिए हो, क्योंकि चेतना सार्वभौमिक होती है तथा स्वावलंबी भी।

यह सोचकर वह अपने मन को ढांढ़स बंधाने लगा कि गति मतिभ्रम के चक्कर में न पड़ जाए, आनंद का लोप न होता जाए और दारुण विपक्ष और अस्तित्व की निरर्थता सार्थक अभिव्यंजना को न निगल जाए। उसके सामने काला सागर फन फैलाए लपलपा रहा था। कहीं दूर खड़ा लंगर डाले पोत तट की ओर आने के लिए सिंग्नल की प्रतीक्षा में ऊब रहा था। इन दृश्यों को उलटते-पुलटते वह सो गया।

28

एक लंबे अर्से बाद कृष्णधन की चिट्ठी मिली। उस समय वह अपने साथियों से घिरा हुआ था। उसे सब तरफ से आई.सी.एस. परीक्षा पास करने पर बधाई मिल रही थी। घुड़सवारी की परीक्षा तो खाना पूर्ति थी। वह बी.ए. आनर्स की पढ़ाई एक साल पहले छोड़ बैठा था। ऑक्सर ब्राउनिंग ने कहा था, "अरविंद, तुम्हें अपनी पढ़ाई पूरी करनी चाहिए।"

"सर, मैं उसका सारा कोर्स तीन माह में ही पूरा कर चुका हूं। अब उससे आगे मेरे लिए कुछ करने को नहीं है।"

"तो क्या हुआ, बी.ए. (आनर्स) की डिग्री तो अभी तक तुम्हें नहीं मिली है।"

"मुझे उसकी जरूरत अनुभव नहीं होती।"

"क्यों?"

"मेरा योग्यता में विश्वास है, न कि कागजी डिग्रियों में।"

"फिर भी डिग्री-डिग्री है, अरविंद।"

"नहीं।" कहकर प्रे ने प्रवेश किया, "नहीं इसलिए कि अरविंद का लक्ष्य डिग्री हासिल करना नहीं है बल्कि ज्ञानार्जन है। उसके लिए न समय के रथ के साथ-साथ चलना आवश्यक है और न उसके पीछे-पीछे, बल्कि उससे आगे, बहुत आगे।"

"मुझे भी यही लगता है, मिस प्रे, अरविंद का लक्ष्य कुछ और ही है जो हमें क्या, अभी उसे भी नजर नहीं आ रहा है।"

"नहीं, मेरा लक्ष्य जीवन है, मानवता है और परस्पर सौहार्द आचरण का आदान-प्रदान है। हमें किसी भी कैद में नहीं पड़ना चाहिए। संपूर्ण मुक्ति हमारी हर सांस का अक्षय मंत्र बनना चाहिए।" अरविंद धीरे-धीरे ऐसे कहता जैसे उसमें आकर कोई दार्शनिक बोल रहा हो।

"उम्र के साथ लक्ष्य भी बदलेगा।"

"मेरा लक्ष्य तब बदलेगा जब मैं बदलूंगा।"

"बदलना सबको पड़ता है।"

"मैं आपसे पूर्णतया सहमत हूं।"

"फिर असहमत होने के लिए तुम्हारे पास क्या है?"

"जो तुम्हारे पास नहीं है।"

"कृपया गुत्थियों को जन्म मत दो।" प्रे का स्वर था।

अचानक यहां आकर संवाद प्रशांत। कोई प्रश्न प्रतिप्रश्न नहीं। अरविंद का मन गहरे में उतरकर सुस्ताने लगा। सबके मन में उसे लेकर प्रश्न उठ रहे थे। उसने नहीं चाहा कि वह उन प्रश्नों को उत्तर तक ले जाए।

अरविंद ने केम्ब्रिज छोड़ दिया। वह लंदन लौट आया। वहीं लौटा गिब्स के पास, उसी कमरे में जहां वह पहले रुका था। वह कमरा ज्यों-का-त्यों साफ-सुथरा और सामान्य सा लग रहा था। सामान्यता ही उसका आंतरिक अक्षय सौंदर्य था।

गिब्स ने नहीं पूछा कि वह बी.ए. आनर्स के आखिरी साल पूरा किए बिना क्यों लंदन लौट आया? वह मौन थी। उसकी आंखों में जिज्ञासा नहीं थी। उसके होंठों पर किसी गीत की हसरत-आकांक्षा नहीं थी। उसी ने बताया था, "मुझे घुड़सवारी की परीक्षा अभी देनी है।"

अगस्त, 1892 में वह आई.सी.एस. की परीक्षा में उत्तीर्ण हुआ था। गिब्स ने कहा था, "वह तो तुम हो ही जाओगे।"

"कैसे?"

"तुम्हारे लिए घुड़सवारी सीख लेना कोई कठिन कार्य नहीं है।"

"कार्य कोई मुश्किल नहीं होता।" मुश्किल व सहज तो इरादा होता है। इरादा पाक हो और साफ हो तो मंजिल सामने नजर आती है।

"मंजिल की चिंता उन्हें नहीं सताती, अरविंद, जिनके इरादों में कोई खोट नहीं होता, कोई चालाकी नहीं होती और पाखंड नहीं होता।" गिब्स का स्वर अनायास भारी होने लगा। उसने नहीं पूछा कि दो बरस तक क्या वह लंदन नहीं आया और आया तो उनसे मिलने क्यों नहीं आया? वह शांत रही बिना किसी गहन जिज्ञासा के। उसने सोच लिया था कि वह अरविंद से आलतू-फालतू कोई सवाल नहीं करेगी।

"तुम तैयार हो जाओ, मैं डिनर तैयार करती हूं।"

"तुमने अपने लिए तो..."

"नहीं। मैंने अपने लिए अभी तक कुछ नहीं बनाया।"

"क्या आप प्रायः ऐसा करती हैं।"

"नहीं जानती।"

"जानने की उत्सुकता नहीं रही, क्या इसलिए या इसके पीछे कोई और कारण है।"

"कारण से आगे भी कुछ है अरविंद, शायद बहुत कुछ।" गिब्स दार्शनिक स्वर में कह गई।

"यदि मैं कहूं कि मुझे भूख नहीं है या मैं खाकर आया हूं तो?"

"मैं विश्वास नहीं करूंगी।"

"क्यों?"

"क्योंकि मुझे भूख लग रही है।"

"ठीक है।"

"क्या सूप भी लोगे?"

"क्यों, क्या तैयार है?"

"मुझे चलना चाहिए।" कहकर गिब्स चल पड़ी। अरविंद ने टाई की गांठ ढीली करते हुए उनके जाने की पदाहट पर ध्यान दिया। गति संतुलित थी किसी निपुण वाद्यवादक की तरह।

उसे केम्ब्रिज जल्दी छोड़ना पड़ गया और बिना बताए। मोह क्यों? जगह तो बदलती रहती है। ठीक उसके साथ वातावरण और संपर्क सूत्र-पारस्परिक संबंध अंतर्संबंध भी।

पोत लंगर डालकर तो नहीं पड़ा रह सकता। पोत में जैसे यात्री अदलते-बदलते रहते हैं, उतरते-आते रहते हैं, परंतु पोत अपनी यात्रा में हर पड़ाव, मोड़, ठहराव के बाद के संधिस्थलों को तटस्थ देखकर रह जाता है। एकदम समुद्र की अर्न्तमुखी शांत तरंग चेतना के समान।

वह जैसे को तैसा, बूट खोलकर पलंग पर आ लेटा और ऊपर से कंबल ले लिया। लेटने के कुछ देर बाद उसे अनुभव हुआ कि वह थक गया है, उसका शरीर टूट-सा रहा है और रीढ़ की हड्डी तनावग्रस्त है, उसने आंखें बंद कर ली, फिर भी, अंधेरा नहीं हुआ। वह एकदम अंधेरा चाहता था। उसका मन नहीं हो रहा था कि वह उठे और उठकर स्विच ऑफ करे ताकि बाहर से वह इत्मीनान पा सके कि अंधेरा हो गया है। कभी-कभी, जब वह सब ओर से अपने-आपको अंदर की ओर मोड़ता चला जाता है और उसका स्नायु तंत्र सिमटने सा लगता है (यह पता नहीं है कि वास्तव में ऐसा होता है या नहीं) तब उसकी कोशिकाएं गहन नीरवता की तलाश में कहीं दूर, धीरे-धीरे ओझल हो जाना चाहती है, ठीक वैसे ही जैसे समुद्र में मछलियां सोती हैं, लहरें निढाल होकर एक तरफ पड़ी रह जाती हैं और दूसरी लहरें उसका चार्ज संभाल लेती हैं। क्या मनुष्य की नींद के साथ भी ऐसा होता है!

अचानक वह तमस जो दार्जिलिंग से उसका पीछा कर रहा था, धीरे-धीरे उठकर फैलने लगा। यादों के संसार को ढक लेने के लिए उसने अपनी रफ्तार पहले से तेज कर दी और चौतरफा से चढ़ाई शुरू कर दी। तमस की आंखें अशांत थी, कुछ-कुछ भयावह और आक्रमक थीं। उसकी हरचंद यही कोशिश रहती थी, बचपन से लेकर आज तक, जबकि वह अब युवा हो गया है, अब उस पर भय काबिज हो जाए। वह यह भूलता था कि बचपन का अरविंद अब भय को ललकारने और पीछा ढकेलने के लिए तैयार हो चुका है-उसका जबड़ा सुदृढ़ है, उसकी भुजाओं में तैरने की, तैर कर नदी पार करने

की अद्‌भुत शक्ति है, उसकी मांसपेशियां (मसल्स) मजबूत हैं, बलशाली हैं, हर दरोदीवार को तोड़ने और उसके पार जाने की गजब की शक्ति रखती हैं।

इस समय उसने तमस से लड़ने के इरादे से अपने हाथों में 'मिटन' (एक तरह का ऐसा दस्ताना जो चारों उंगलियों को एक साथ और अंगूठे को अलग से ढकता है) पहन लिया है और अंधेरे के कुहासे को ललकारने के लिए तैयार हो गया।

तमस आगे बढ़ रहा है, फैल रहा है और सारे वातावरण को अपनी पकड़ में लेने के लिए धीरे-धीरे शिकंजा कस रहा है। कदाचित् उसे इत्मीनान है कि इस अदृश्य महायुद्ध का वह अकेला ही शूरवीर व महानायक है, जिसे कोई पराजित नहीं कर सकता, चाहे वह कितना भी ताकतवर क्यों न हो? वहां उसकी ताकत और उसकी तैयारियां ऐन मौके पर स्वतः परास्त होने लगेंगी। हैं! अरविंद फिर से, बिना लड़े, पूरी तैयारी के बावजूद भी, बिना कहे-कहलाए, स्वतः हथियार डाल रहा है और 'मिटन' को भी उतार रहा है।

निस्संदेह आई.सी.एस. में वह ऊंचे दरजे से पास हुआ था और घुड़सवारी जैसे सरल सवाल को, बुलविच में हल करने के बजाय उसके पार्श्व से दूर निकलता जा रहा है। सफेद और कुछ-कुछ भूरे रंग का युवा घोड़ा, शान से खड़ा उसकी ओर भरे मन से देखे जा रहा है और अचानक वह गेटे की तरह छंद पढ़ने लगा है- ओ मेरे युवा सवार, मैं यहां बुलविच में तेरे इंतजार में खड़ा हूं, जाने कब से मैं तेरा इंतजार कर रहा हूं कि एक दिन तू आएगा और फिरंगियों के आसमानी गरूर के शीशे पर पत्थर मारकर चकनाचूर कर डालेगा। वह दिन मेरा होगा, सिर्फ मेरा और मैं इस खुशी में पागल हुआ बुलविच के चक्कर पर चक्कर लगाने लगूंगा।

तू उस तमसीय सोच के पंख नोच डाल जो तुझे बूट से फीते की तरह बांधे हुए है। कभी न सूरज ढलने वाले इस अनंत साम्राज्य के पोत में सूराख कर दिखा दे ताकि वह सपने देखना बंद करे। उसके उपसंहार के लिए उलटी गिनतियां शुरू हो चुकी हैं।

"बटलर तुझे दुःख है। दुःख एक आम शब्द है, मैं कहना चाहूंगा कि तू अवसाद की बेला में अपने को असहाय पाकर हतप्रभ हुआ है। नहीं, मेरे दोस्त, तुम और मैं हर

अवसाद के क्षणों में जीवन के गीत या कोरस गाने के लिए हैं। ठीक पतझड़ में वसंत की तरह।"

"परंतु साथी, तेरे जाने के बाद ग्रीक के इन दिनों की कौन याद कराएगा। कौन यूनानी साहित्य के अथाह और अनंत सागर में डुबकी लगवाएगा? कौन अपनी कविताओं से इंद्रधनुषीय अनुभूतियों को लहराएगा? ...कोई नहीं, ना! इसलिए मैंने चाहा था कि तुम एक साल रुको और कोर्स से बाहर की दुनिया की यहां रहते हुए अनुभूति करो, लेकिन तुम नहीं माने और हमारे बीच के स्वप्न अधूरे के अधूरे रह गए।...तुम यह अच्छी तरह जानते थे कि मैं जानता हूं कि तुम 'इंडियन मजलिस' और 'लोटस एंड डैगर' में शिरकत करते हो और भारत से ब्रिटिश भारत के पांव उखाड़ने के लिए नए मंच गढ़ते हो...तुमने उस रात यह स्वयं माना भी था।"

"हां, माना था और तुमने यह भी बताया था कि तुम्हें किसने मेरी जासूसी करने पर लगाया है।"

"तो...? मैं चाहता तो तुम्हारा पत्ता बहुत पहले काट सकता था और तुम्हें मिली ये सारी सुविधाएं छिन सकती थीं, जिनकी जैसा तुमने बताया भी था, तब तुम्हें बहुत आवश्यकता थी। तुम्हारे पास कुछ माह पूर्व तक इंग्लैंड की बेदर्द और सख्त ठंड से बचने के लिए कोट तक नहीं था। तुम स्वेटर पहनकर शीत का मुकाबला करने की नाकामयाब कोशिश करते थे।"

"हां, यह सब सच है, बटलर भाई।"

"मैंने तुम्हें रोका था क्या, या तुम्हारी शिकायत दर्ज करवाई थी?"

"नहीं। उलटे तुमने कहा था कि प्रत्येक देश का यह जन्मसिद्ध अधिकार है कि वह स्वाधीन रहे। वे देश जो दूसरों को पराधीन बनाते हैं, उनमें मेरा देश इस समय शिखर पर है और मुझे उसके इस आचरण पर गहरा दुःख इसलिए है कि मनुष्य की मनुष्य को गुलाम बनाने की चेष्टा मनुष्यता के एकदम प्रतिकूल है।" अरविंद ने तेजी से कहा और इसके साथ उसने बैठने का रुख बदल लिया।

बटलर ने खिड़की के सामने आ लटकी उस पत्ती की ओर ध्यान से देखा जो हवा के थपेड़े खा-खाकर खिड़की के शीशे पर इधर-से-उधर नाच रही है, परंतु गिर नहीं रही है। दूसरे शब्दों में कहें कि हवा अपनी शक्ति के प्रदर्शन के लिए उसे गिरने नहीं दे रही है। ऐसा ही शायद शक्तिशाली देश कमजोर देश के प्रति रवैया अपनाए हुए हैं।

बटलर को गहरे सोच में डूबा हुआ देखकर अरविद के मन में हलका सा संदेह कुलबुलाया और वह पूछने लगा, "बटलर, तुमने क्या सोचा?"

"मुझे उसके प्रति क्या सोचना चाहिए था जो मेरे देश की जड़ों को छाछ पिलाने के लिए जी तोड़ कोशिश कर रहा था।" बटलर ने एक सांस में कह डाला।

"मैं तुम्हें रोकूँगा नहीं, बटलर। मुझे कभी परिणाम ने नहीं डराया। न मेरी तुम्हारे प्रति इस बदले हुए रवैये के कारण नाराजगी होगी। अपने-अपने देशहित के चिंतन का सवाल जहां उठता है, वहां कोई भी अपने देश के प्रतिकूल नहीं जा सकता है।" अरविंद ने इस बार मध्यम स्वर में कहा।

"परंतु अरविंद, मुझे दुःख है।"

"परंतु मुझे नहीं है। तुम वही करो, बटलर, जो तुम्हारी अंतरात्मा तुम्हें अनुमति दे।"

"करना भी मुझे वही है, अरविंद।"

"तो करो, बटलर। मैं परिणाम भोगने के लिए तैयार हूं। कहीं नहीं भागूंगा और न उससे इनकार करूंगा जो सच है।"

"सजा।"

"मैं तो सामान्य इंसान हूं, बटलर, स्वयं ईश्वर के प्रतिनिधि ने स्वेच्छा से सजा पाकर क्रूस पर लटकने में जरा-सी हिचकिचाहट नहीं की थी।"

"पर मैं तुम्हें सजा दिलाने के पक्ष में नहीं हूं। आखिर सवाल अंतरात्मा का है और मेरी अंतरात्मा तुम्हें गुनहगार नहीं मानती है। तुम एकदम निर्दोष हो, अरविंद।" बटलर ने इस बार उस छिपकली को टकटकी बांध कर देखा जो अपने शिकार पर घात जमाए थी और सोचा कि वह क्या उसे चट कर जाएगी? परंतु ऐसा न होता देखकर बटलर ने राहत की सांस ली और कहा, "अरविंद, तुम्हारा राज, राज बना रहेगा, मरते दम तक किसी पर जाहिर नहीं होगा। अब तुम मेरी ओर से अपने गंतव्य की ओर बढ़ने के लिए स्वतंत्र हो।"

अरविंद को नहीं मालूम कि उसकी सांस जोर-जोर से चल रही थी और तमस उस पर से तथा उसके दृश्यमान संसार से अपनी काली छाया को समेट कर अंतर्ध्यान हो चुका है। गिब्स लौटी थी और उसने देखा था कि अरविंद गहरी नींद में सो रहा है। उसने पदचाप भी तेजी से की थी, लेकिन उसकी बेखबर तथा हतचेतन नींद पर उसका कोई असर नहीं हुआ था। उसने पांव कुछ-कुछ पेट की ओर मोड़ लिए थे। शायद उसे ठंड लगने लगी थी। गिब्स ने आगे बढ़कर उस पर एक कंबल और डाल दिया।

वह वहां से गई नहीं। वह चुपचाप उसे देखने लगी। उसने दो-तीन बार

लेटने की मुद्रा में हलका-सा परिवर्तन किया। उसने आगे बढ़कर लाइट ऑफ की और जीरो वाट का बल्ब जला दिया। बाहर जाकर वह पानी लाई। यथास्थान पानी रख दिया। वह लौटने ही वाली थी कि उसने अरविंद को बड़बड़ाते हुए सुना। वह बड़बड़ा रहा था...काली छाय... विकराल छाया...हटो, तुम्हें हटना ही होगा...मेरा देश...मैं योग्यतम तेरा बेटा...किसी सेवा करूं.... नौकरशाही के दरबार में...ओह! मां...दृष्टि से...शक्ति , मां...हा...हा...हा...काला तमस... हा...हा...हा...तंबू उखाड़ कर...हा...हा...हा-हा...। फिर शांति। चिर शांति। कोई स्वर नहीं। कोई आहट नहीं। सिर्फ गहरी नींद और गहरा थका वह नवयुवक। वह लौटने लगी। उसने कितनी मेहनत से उसके लिए, उसकी पसंद का भोजन बनाया था। वह भूखा था। रास्ते में उसे खाने की आदत नहीं है, लेकिन उसके भाग्य में भूख लिखी है। भूख से तृप्ति नहीं। भूख का केवल नशा! तृप्ति की कोई रेखा नहीं है। फिर से भूख, खालीपन और अपने से बराबर लड़ते रहने का महाभारत, अथाह समंदर, बहुत ऊंचे विकराल पर्वत और मार्गहीन खतरों से घिरे पथ का अनुमान देते रास्ते। रास्तों का भ्रम उपजाते रास्ते। मृगतृष्णाओं से भरा सहारा का रेगिस्तान, अंधड़, आंधी और क्रंदन करती हवाएं। टूटती बिखरती आसमान की कुंवारी गंगाएं और उलटा पड़ा पाताल! पतझड़ ही पतझड़! पतझड़ का वसंत और तृप्त सन्नाटा। बेखबर मारक मौसम! अब गिब्स उस कमरे को बाहर से कुंडी लगाकर बंद कर रही थी। नहीं करे तो नामालूम हवाओं के तूफान कब उस दरवाजे को पीछे ढकेल कर अंदर घुस आएं और सब कुछ तहस-नहस कर जाएं। उसने अपनी सोच से घबरा कर कुंडी चढ़ा दी, पलटकर भी उस ओर नहीं देखा और चुपचाप आगे बढ़ गई।

29

अरविंद बुलविच में घोड़ा दौड़ाने नहीं गया। कारण वह यह ठीक से निश्चित नहीं कर पाया कि उसे घुड़सवारी की परीक्षा देना क्यों जरूरी है? वह घुड़सवारी का अनुभव कर चुका था। उसे घोड़े पर बैठने-उतरने में कोई तकलीफ नहीं हुई थी और न घोड़े को मोड़ने-चलाने में। वह गति की पहचान कर उसके अनुसार उसे चलाने में मात नहीं खा सकता था। पिता के पत्र की रोशनाई उसके चारों ओर वातचक्र में उड़ते सूखे पत्तों की तरह

हाहाकार मचा रही थी। वह दोहरा रही थी उसके पिता कृष्णधन के संदेश को- तू एक बार आई.सी.एस. होकर भारत आ जा। यहां तेरी उच्च पद पर आसीन होने की व्यवस्था कर ली है।...सब जान गए हैं कि मेरा तीसरे नंबर का बेटा आई.सी.एस. की लिखित परीक्षा में ऊंचे अंक लेकर पास हो चुका है। बस, घुड़सवारी की मामूली-सी परीक्षा शेष है कि राजमुकुट समारोह शुरू। मैं सबकी दृष्टि में उन सबकी दृष्टि में भी जो मेरी ख्याति से बेतरह चिढ़ कर मेरे प्रति षड्यंत्र रच रहे थे, अति सम्मान का पात्र हो चला हूं।... मुझे याद है और आज भी ऐसे दृश्य सामने आ जाते हैं, जिनका कारण भारत से डॉक्टरी की परीक्षा पास कर नौकरी में आना रहा है। वही शख्स जब डॉक्टरी की बाहर से डिग्री (चाहे वह एम.डी. हो या एम.एस.) लेकर आता है तो उसका सम्मान 'क्रेज' और रुतवा अपने आप सातवें आसमान को छूने लगता है।...गौरांग बिरादरी का शासक तबका भी आई.सी.एस. के लिए पलक पांवड़े बिछाता नजर आता है।...मैं तुझे इस अनोखे और चमत्कारपूर्ण ओहदे पर देखकर अपनी सारी ग्लानि, कठिनाइयों और अपमान को एक जोरदार तमाचा लगाना चाहता हूं, जिसकी आवाज दूर-दूर तक सुनाई पड़ सके।

क्या कुछ है उसको लेकर। जब अरविंद घुड़सवारी के लिए नहीं पहुंचा और उसे इस कारण आई.सी.एस. के लिए अयोग्य करार कर दिया गया तब प्राथेरो और जेम्स कॉटन ने उपनिवेश कार्यालय को कड़ा पत्र लिखा। उन्होंने लिखा कि उनके विचार से उच्चाधिकारी वर्ग की अदूरदर्शिता का इससे घटिया उदाहरण दूसरा नहीं मिलेगा। भारत सरकार को इतने श्रेष्ठ नवयुवक को केवल इसलिए गंवाना पड़ा कि वह घुड़सवारी के लिए समय पर नहीं पहुंचा या उसने घुड़सवारी नहीं की।

नौकरशाही की इस कोताही को नजरअंदाज नहीं किया जा सकता। चाहे ऐसा करना कायदे-कानून की दृष्टि से समीचीन हो, परंतु इससे भारत सरकार को बहुत बड़ी हानि हुई है।

जेम्स कॉटन अरविंद और उसके दोनों भाइयों को पिछले पाँच वर्ष से जानते थे। वह यह भी जानते थे कि अरविंद अपने दोनों भाइयों की आर्थिक मदद भी करता है और स्वयं आर्थिक तंगी में रहता है। उन्होंने कसकर लिखा कि वह अपनी पढ़ाई और गुजारे के लिए अपने घर से किसी प्रकार की सहायता न पाकर स्वयं के बलबूते पर जीवन यापन कर रहा है। उसके पिता एक सिविल सर्जन हैं और वहां उनकी प्रतिष्ठा शिखर पर है, परंतु वे

पर्याप्त सहायता उपलब्ध नहीं कर सके और कुछेक सालों से कुछ भी नहीं भेज सके। ऐसी विषम परिस्थितियों में अरविंद जिस जीवटता का परिचय दे सका है, वह उसके श्रेष्ठ चरित्र का अद्वितीय उदाहरण है। उसके केस पर पुनर्विचार होना चाहिए। यदि उसे एक अवसर और प्रदान किया गया तो मैं बलविच की यात्रा और उसके प्रशिक्षण का सारा व्यय उठाने के लिए तैयार हूं।

इन पत्रों का असर हुआ। उन्हें एक अवसर स्टेट सेक्रेटरी ने और दे दिया, परंतु यह सूचना अरविंद को समय पर नहीं मिली, फलतः यह प्रयास भी सफल नहीं हो सका।

बटलर ने भी अरविंद के पक्ष में वातावरण तैयार किया था, परंतु वह सब कार्रवाई काम में नहीं आई। वह किसके सामने अपना मन खोले कि वह क्या और क्यों चाहता है?

गिब्स ने कहा भी था, "तुम्हें घुड़सवारी का इम्तहान भी जरूर देना चाहिए। फिर चाहो तो आई.सी.एस. ज्वॉइन मत करना।"

"तब मेरे पिताजी को बहुत सदमा पहुंचेगा। शायद वे इस सदमे को बर्दाश्त नहीं कर सकेंगे और कुछ अप्रिय हो गया तो, आंटी, मैं अपने को कभी माफ नहीं कर सकूंगा।"

"मुझे तुम्हारे इस निर्णय से आपत्ति है, अरविंद।"

"क्यों आंटी?"

"वह इसलिए कि हमें अपने आचरण को पारदर्शी बनाए रखना चाहिए। अपनी जिंदगी से न्याय करना जीवन को समझने के लिए अत्यंत आवश्यक है, जितना मुझे तुम्हारे बारे में ज्ञान है, उसके आधार पर मुझे लगता है कि तुम्हें ऐसा कोई कदम नहीं उठाना चाहिए जिससे तुम्हें बाद में अवसाद घेरने लगे। सच्चाई और निष्ठा के जीवन जीने का संकल्प न केवल तुम्हें दिशा-निर्देश देगा, अपितु उस अनुभव से समाज को भी बहुत लाभ पहुंच सकेगा। आगे तुम्हारी इच्छा।" गिब्स ने अपनी बात को विराम देते हुए कहा।

"फिर मुझे क्या, करना चाहिए?"

"यह तुम अपने से पूछो। उससे उत्तर लो कि वह क्या कहता है?"

"जो आपने अभी कहा है। कभी मैंने झूठ बोला था और सोचा था कि वैसा करने से नुकसान नहीं है, तात्कालिक लाभ भी है, परंतु धीरे-धीरे मेरी समझ में यह आ गया कि उससे मेरा चित्त कुछ-कुछ बेचैन रहता है और

मेरे सोचने में तनाव आने लगा है।" अरविंद ने आत्म विश्लेषण करते हुए धीरे-धीरे कहा।

"तो फिर जो भी कुछ करो, वह अपनी जीवन निष्ठा से करो और अपने संपूर्ण आत्मविश्वास से।"

"मैं पिताजी की महत्त्वाकांक्षी भावना से घबरा रहा हूं और इसलिए मैं उन्हें कुछ भी लिखने की स्थिति में नहीं हूं सिवा घुड़सवारी की परीक्षा से बाहर होकर आई.सी.एस. से छुटकारा पाने के।"

"तब तो यही ठीक है, अरविंद।"

"मुझे कुछ भी कहना नहीं पड़ेगा।"

"सच यही है कि तुम अपनी मातृभूमि की सेवा का पक्का मन बना चुके हो।"

"अभी तो यही है, आंटी।"

"आगे..."

"मैं बहुत आगे की नहीं सोच पाता हूं।"

"अभी तो तुम 'इंडियन मजलिस' और 'लोटस एण्ड डैगर' में भी सक्रिय रहे हो। तुम्हारे पास दो संस्थाओं का अनुभव है।"

'लोटस एण्ड डैगर' तो बंद हो गई। 'इंडियन मजलिस' भी तितर-बितर सी हो रही है। फिर, वहां बुद्धिजीवियों की ऐसी दखल है जो भाषणों तक सीमित है। सच यह है कि मुझे इन संस्थाओं ने देश की स्वाधीनता पर गहराई से सोचने की ओर अवश्य अग्रसर किया है। पर क्या भाषणबाजी से कोई देश स्वाधीन हो सकता है, यह प्रश्न अभी तक उत्तर की प्रतीक्षा में है? अभी तक मैं उन व्याख्यानों से भारतीयता क्या है, यह नहीं समझ सका हूं।" अरविंद ने गंभीर होकर कहा और दूर तक जहां तक दृष्टि देख सकती थी, देखा कि वहां सन्नाटे के धूमिल चित्र बन और मिट रहे हैं।

"तब...?"

"मैं भारत लौटूंगा। भारत को जानूंगा। वहां की संस्कृति से जुडूंगा। अभी तो मैं अपनी मातृभाषा तक नहीं जानता, आंटी।"

"जो तुम्हें उपयुक्त लगे, अरविंद।"

"काम बहुत से हैं परंतु मैं अपने आपको फैलाऊंगा नहीं। किसी निर्णय लेने तक पूरी तैयारी करूंगा।"

"तुम्हें समय को नजरअंदाज करने की आदत पड़ने लगी है।"

"क्यों, आंटी?"

"दीवार घड़ी क्या बजा रही है?"

अरविंद ने दीवार घड़ी की ओर अनमने मन से देखा। कुछ पल यों ही बीत जाने दिए कि वह उछल पड़े।

"क्यों, क्या हुआ?"

"वो...आंटी...वो बड़ौदा के गायकवाड़ से मिलने का समय मैं ले चुका हूं।"

"कब?"

"समय हो चुका है।"

"नहीं।"

"क्यों?"

"क्योंकि मैंने दीवार घड़ी आधा घंटा आगे कर दी थी, ताकि रात को तुम जल्दी सो जाया करो।"

"और सुबह, आंटी।"

"तुम्हें जल्दी उठने की आदत नहीं है।"

"थैंक्स, आंटी, आपकी इस मेहरबानी के लिए शुक्रिया।"

"जल्दी जाओ।"

"मैं यह गया।" कहकर अरविंद ने तेजी से कदम बढ़ाए। गिब्स ने यह नहीं पूछा कि वह क्यों जा रहा है? उसने सुना भर था कि बड़ौदा के गायकवाड़ अर्थात् महाराजा नवयुवकों को योग्यता के आधार पर चुनते हैं और अपने यहां नौकरी देते हैं। अर्थ का संकट तो उसके सिर पर हर समय नंगी तलवार की तरह लटका ही रहता है।

क्या लगाव हो जाता है अज्ञात, अनबूझ और अनपहचानी आत्माओं से? अरविंद के प्रति उसका झुकाव चाहे संरक्षिका के बतौर जैसा क्यों न हो, लेकिन उसमें उसका हृदय अधिक है। कहीं गहरे में है। प्रेम का अनुकंपन देह-आत्मा दोनों में जब उतरकर रचने पचने लगता है, तब चेतना अपनी सुध-बुध खोने लगती है। जब से उसे अरविंद से स्पष्ट तथा सटीक उत्तर मिल गया, तब से वह एक नई दिशा की ओर बढ़ने लगी। भाव लोक के चित्त-निवास में रहकर वह स्व अनुभूतियों के हर्षोत्सव में रस मग्न होने लगी।

अरविंद चला जाएगा। वह पीछे मुड़कर नहीं देखता। उसकी अंतर्यात्रा का लक्ष्य शायद अभी उसके सामने खुलकर नहीं आया है परंतु है कुछ-कुछ अगोचर को गोचर लाने की ओर। उसके मन में पाप नहीं है, उसका चित्त

निर्विकार है और उसका भाव लोक समर्पण प्रवाह में अनुरत है। जब से उसने यह कहा है कि वह अपने देश लौट जाएगा, क्योंकि उसे अपनी मातृभूमि की याद कचोटने लगी है, तब से वह पा रही है कि वह अपने स्वप्न से दूर जा रही है। उसका चित्त अपने में नहीं रहता। उसे अवसाद घेरता है, बादल आ जाते हैं, बिजली चमकती है और गरजती है, पर वह अपने में अनुद्विग्न बनी रहकर उसे निहारते हुए भी नहीं निहार पाती।

उसे आशा नहीं थी कि यदि अरविंद लौटेगा तो लंदन में उसके यहां ही आएगा। उसने वादा किया था। वह वादा निभाना बखूबी जानता है, लेकिन अब? उसके सामने अज्ञात सहारा का रेगिस्तान है चारों ओर, हर दिशा में, हर पल। अब वह पुनः कैसे कह पाएगी कि जब भी लंदन आओ तो उसके पास ही आना। जाने वह किस कर्म अनुपालन में दत्तचित्त हो उठे। कर्म की भी अपनी बानगी है। उसमें खुद्दारी है और गहरी सच्चाई है। वह मर कर जीना जानता है। वह जीकर नहीं मरता। पगला, अभी से छोड़ने के रस में आलुप्त होने लगा है, आगे न जाने वह इस महोत्सव को कैसे मनाएगा?

कितनी देर हो गई उसे खड़े-खड़े। कुछ पता नहीं चला। न यों ही वहां खड़े होने का उद्देश्य और न वहां से चलने की सुध। उसे याद है जब गोथे (गेटे) पर लंदन में संगोष्ठी थी। अरविंद ने उसे यह सूचना दी थी और पूछा था (शायद दूसरी बार) चलिएगा। वह चली थी। हां, उसके साथ चली थी। मन उछल पड़ा था।

एक अधूरी-अधूरी शाम जो अचानक रात में बदल गई। जरमन कवि गोथे (गेटे) के सम्मान में उनकी अनुपस्थिति में काव्य प्रेमियों ने आयोजित की थी। वह बिना चांद की रात। चांद को वह उस हॉल में उतार लाई थी, जिसमें साठ-सत्तर मनीषी श्रोता उपस्थित थे। कविताएं सुनी थीं गोथे की, एक नदी के शांत प्रवाह-सी और वे दिलोदिमाग में उतरती गई थीं। कोई आहट नहीं। एक अनूठा जगत्। सारे जगत् से अलग। आत्मलीन मन-पारखियों का जगत्। कुछ प्रश्न हुए थे अत्यंत आत्मीयता लिए- उनकी कविता के जीवन से संबद्ध, कछ गहरे, बिंब-प्रतिबिंब से परे के, जिन्हें वह नहीं समझ पाई थी। अरविंद ने भी प्रश्न किया था कविता जगत् के लिए जहां जगत् का कार्य व्यापार, लेन-देन, बाजार और बाजार की आपाधापी नहीं है, कवि उसे कैसे रचता है, उस जगत् में रहते हुए जहां स्वार्थ का व्यापार हर क्षण चलता है, कभी बंद नहीं होता।

वहां सब मुक्त-उन्मुक्त थे। सब भले जन थे। सब में जिज्ञासा थी। अचानक एक स्वर उठा और अरविंद से कविता पढ़ने के लिए आग्रह करने लगा। उसे अरविंद ने बताया था कि वह नहीं जानता कि ऐसा क्यों हुआ? वह तो आमंत्रित भी नहीं था। उसे पता भी नहीं था कि बिना आमंत्रण-पत्र दिखलाए वहां हॉल में, कोई नहीं जा सकता। वह लौटने वाला ही था। उसे साथ लाकर किसी अज्ञात सोच से ग्रस्त होकर वह अपने पर क्रोध करना चाहता था कि तभी किसी ने उसके लिए सिफारिश कर दी और वह ससम्मान उस गोष्ठी में सम्मिलित हो गया। फिर भी, वह खुश नहीं था। न वह उसकी ओर देख पाता था। उसने फ्रेंच भाषा में संवाद छेड़ा था बहुत धीमे स्वर में, "अब सब कुछ ठीक हो चुका है।"

"मुझे नहीं मालूम था। मैंने तो 'बेलमेट गजट' में पढ़ा था।"

"तो क्या हुआ?"

"मुझे आपको कष्ट नहीं देना था।"

"अब तो दे चुके हो, अरविंद।" गिब्स ने अरविंद के मन के चुटकी भरी थी।

"'डेली न्यूज' में इस तरह की काव्य गोष्ठियों पर टिप्पणी पढ़ी थी।"

"अच्छी लगी होगी बिलकुल ओटमील की लपसी की तरह।" गिब्स मुस्कराई।

"कह नहीं सकता। काश, हमें लौटना पड़ता तो तुम्हें कैसा लगता?"

"जैसे हम किसी आलीशान होटल से डटकर और मन पसंद भोजन करके बाहर आ रहे हैं।"

"गलत। आप उपहास कर रही हैं।"

"नहीं, विनोद भर।...तुम सामान्य रहो।"

"मुझसे कभी-कभी ऐसी मूर्खता कैसे हो जाती है?"

"किसी ज्योतिषी से पूछा जाए।"

"क्यों?"

"वही ऐसे अगोचर और अज्ञात प्रश्नों का उत्तर दे सकता है कि कभी-कभी मेधा का पांव क्यों फिसल जाता है?"

"तुम्हें मजाक सूझ रहा है।"

"गलत, अरविंद, हमें मजाक सुझाया गया है।"

"मैंने।"

"हमने अभी परीक्षा परिणाम घोषित नहीं किया है। फिर तुम्हें रिजल्ट कैसे मालूम पड़ा?"

"अब हमें शांत हो जाना चाहिए।"

"सोचना पड़ेगा।"

"क्या!"

"तुम्हारी तबीयत ठीक नहीं है।"

"मेरी तबीयत को क्या हुआ है?"

"मैं डॉक्टर नहीं हूं। यह तो डॉक्टर ही बतलाएगा।"

"जैसी आपकी मरजी।"

"मैं यहां तुम्हारी मरजी से आई हूं।"

"समझा।"

"तो यह भी समझिए कि आज की इस गोष्ठी के सभापति माननीय सर एडविन आर्नल्ड हैं। वे अच्छे कवि हैं। वैसे भी कवि शायद अच्छे होते हैं। यदि वे नकचढ़े न हों। आप नहीं हैं।"

"क्या!"

"नकचढ़े।" गिब्स को बहुत आनंद आ रहा था इस अटूटे संवाद में। वह आगे कह रही थीं, "मैं उन्हें जानती हूं। उनसे मिली भी हूं। वे बैजवाटर में रहते हैं। तुम चाहोगे तो इस सभा के बाद मैं तुम्हें उनसे मिला सकती हूं।"

"मुझे किसी से नहीं मिलना।"

"वे दार्शनिक कवि हैं। महात्मा बुद्ध के भक्त हैं। उन पर उनका 'लाइट ऑफ एशिया' काव्य बहुत चर्चित है।"

"तब ठीक है।"

"क्या ठीक है?"

"यही कि तुम यहां ऊब महसूस नहीं करोगी।"

"कभी नहीं।"

"क्यों?"

"क्योंकि तुम ऐसा होने नहीं दोगे।"

"समझ सकता हूं कि तुम ऐसा क्यों और किसलिए कह रही हो?"

"अधिकार से, अरविंद और कैसे?"

"किस अधिकार से?"

"तुम उससे मुझे वंचित नहीं कर सकते।"

"पर किससे?"

"यही कि मैं तुम्हारी मालकिन हूं।"

"क्या यह सब इसी समय के लिए रख छोड़ा था?"

"खीजना छोड़ो। अब गोष्ठी शुरू हो रही है। भूल जाओ इस नॉटी संवाद को और यू हैव टू नेसल यूअर हैड ऑन...ऑन...इट इज नॉट पॉसिबल टू से मी कि...ऑन माई शोल्डर एण्ड रीच द जेनिथ (पराकाष्ठा) और सुनो कि जाइलफॉन (लकड़ी का बना एक वाद्य) मधुर संगीत बिखेर रहा है नव वसंत की आंतरिक कल्पना-सा मौन धारण किए।"

"यह तुम्हें कैसे मालूम?"

"तुम्हारी कविता से?...कृपया अब हमें दूसरों पर कृपा करनी चाहिए। वे हमें नहीं, उन्हें सुनने आए हैं।" गिब्स में कहां से इतनी जबरदस्ती और जिंदादिली उतर आई तारों की छांह सी कि वह चहक उठी, किसी अज्ञात सूखी नदी में अचानक आए पानी के बहाव से।

अरविंद का नाम पुकारा जा चुका था। वह उठ रहा था और गिब्स होंठों पर सहज मुस्कान लिए अपनी नीली झील-सी गहरी आंखों से देखते हुए कह रही थी, "नील नदी के किनारे, सेक्मेथ के सामने या एल्पस की हरी-भरी पहाड़ियों पर अथवा रॉकी पर्वतमालाओं पर लहराती सांवली धूप पर गुनगुनाती शांत नदी के मर्म को छू लेने वाली अंतरंग संगीत लहरियों से जन्मी अपनी कविताओं में से कुछ सुनाना और हो सके तो सूखे पत्तों पर मदमाता वसंत...और जो तुम्हें जंचे वह।"

अरविंद ने उनमें से एक भी कविता नहीं पढ़ी। एक उनींदी कविता को, दूरस्थ देखते हुए पढ़ डाला, जहां केवल कविता रहती है, एकाकी सन्नाटे में नदी की लहरों पर और नदी के पार देखते व अनुमान लगाते हुए कि उधर से कोई आने वाला है। अब थोड़ी ही देर में उसकी पदचाप सुनाई पड़ने लगेगी।

सचमुच सबको लगा कि उनमें नदी प्रवाहमयी हो उठी है और किसी के आने की पदचाप सुनाई पड़ने वाली है। गिब्स ने रास्ते में पूछा था, "अरविंद, तुममें स्वप्निल कल्पनाओं का मार्मिक आलोक कैसे उनींदा हो उठता है कि जिससे कविता एक ओर रह जाती है और श्रोता नदी बन बहने लगता है निरंतर अबाध और आलुप्त हुआ। समूचा वर्तमान, सामयिकता के पल प्रति पल ऐसे ओझल हो जाते हैं जैसे पूर्व में उनका अस्तित्व ही नहीं था। गिब्स अपने कमरे में लौट आई। उसने अंदर से चटखनी नहीं चढ़ाई।

कौन आएगा? सन्नाटा तो अंदर-बाहर सब ओर पसरा पड़ा है। अब उसे कौन तोड़ेगा? अनब्याही नदी का सूखता स्रोत उसमें उतरता रहा और वह आराम कुरसी पर उसका हत्था थामे, आंखें मींचे और अपने को शिथिल छोड़े, भावशून्य होने लगी।

30

जनवरी की बारह तारीख, सन् उन्नीस सौ अठानवे की पूर्व दोपहर। आकाश साफ। सूरज निकला हुआ। हवाएं ट्रैफिक जाम की तरह ठहरी हुई। एस.एस. कार्थागे जहाज चलने के लिए तैयार खड़ा।

अरविंद ने वहां लगभग चौदह वर्ष बिताए थे। उसने लंदन-मैनचेस्टर को मन-ही-मन धन्यवाद दिया। उसके पास डच पादरी खड़ा हुआ अपने श्रद्धालुओं के विदाई अभिवादन का हाथ हिलाकर जवाब दे रहा था और बहुत से यात्री थे जिनके परिवार वाले, मित्र आदि हाथ हिला-हिलाकर अपनी शुभकामनाएं व्यक्त कर रहे थे। केवल अरविंद था, जो जहाज के भीतर अपने कमरे में लौटने लगा था। वह सीढ़ियों से उतरने लगा तो किसी ने उसे पुकार लिया, परंतु अरविंद उसे नहीं पहचान सका। वह इतालवी भाषा में कह रहा था, "ऊपर आओ, बंदरगाह छोड़ने का दृश्य बहुत लुभावना होता है।"

"सॉरी दोस्त, मैंने आपको पहचाना नहीं।"

"हर एक जन के भाग्य में अरविंद होना नहीं लिखा है, मित्र। मैं मेंडेज हूं, इस नाम को मेरे परिवार वाले, मित्र और मेरे दुश्मन जानते हैं।"

"तुम्हारे दुश्मन?" अरविंद में दिलचस्पी बढ़ी। वह कहने लगा, "मैं तुम्हारे साथ आता हूं।"

"क्या मुझे बिस्के की खाड़ी तक तुम्हारा साथ यादगार रह सकेगा।" मेंडेज ने अपने धुंघराले बालों पर हाथ फेरकर कहा। साउदेमटन बंदरगाह का दृश्य पलट रहा था। अरविंद ऊपर लौट आया। मैंडेज ने मुस्कराते हुए कहा, "मैंने जानबूझकर तुम्हारे नाम के साथ कवि महाशय नहीं लगाया, क्योंकि शायद तुम्हें भी इस प्रकार के संबोधन से चिढ़ हो जैसे सर एडविन अर्नाल्ड को है।"

"मुझे नहीं मालूम।"

"मालूम तो मुझे भी नहीं था पर एक पगले इंसान ने मुझसे कहा, "तुम

सर अर्नाल्ड को कवि कहकर पुकारो।...क्यों भाई?"

"क्योंकि वे कवि हैं और कवि को कवि कहना उन्हें अतिरिक्त सम्मान देना हुआ।" "तो क्या तुमने उन्हें?"

"कवि कहकर जैसे ही पुकारा कि सर ने तेज स्वर में कहा, "यू चीट, यंगमैन... और बहुत कुछ कह डाला जो एक प्रसिद्ध कवि के लिए शोभा नहीं देता था। तब से मैंने किसी को भी उसके पेशे के नाम से नहीं पुकारा। अभी तुम्हें भी..."

"तुम्हें कैसे मालूम है कि...."

"तुम कवि हो। यही न। मालूम है, मित्र। मैंने लंदन के मेयर हॉल में तुम्हारी कविताएं सुनी थीं। मेरी समझ में तो वह कम ही आई थीं, क्योंकि साहित्य में मैं औसत दरजे का श्रोता हूं- अपनी पत्नी के कारण आना पड़ा था जो शादी से पूर्व मेरे एक बच्चे की मां बनी थी और जिसने बाद में मुझसे शादी करने से यह कहकर इनकार कर दिया था कि उसमें यौनेच्छा के प्रति वितृष्णा हो चली है। अब उसे पति की आवश्यकता नहीं है और कभी हुई तो वह उसे पत्र लिखकर सूचित करेगी कि वह शादी के लिए तैयार है। दरअसल वह सिर से पांव तक साहित्यिक अभिरुचि की शख़्सियत है। यों मुझे अकेले लौटना पड़ रहा है और मैं अपनी नई नौकरी पोर्टसाइद में शुरू करूंगा।

बिस्को की खाड़ी के बाद, परंतु इस समय मुझे बिस्को की खाड़ी उतरना है।" मेंडेज ने तेज हवाओं में लहराती पताकाओं की ओर देखते हुए सामने आ रही नवयुवती की ओर देखा। उसकी चाल में मस्ती थी और उसके नाक-नक़्श तीखे थे।

"क्या तुम इंग्लिस्तानी हो मित्र।"

"नहीं।" मेंडेज ने बेफिक्री से कहा, "मेरी मां ईरान की थी और पिता स्पेन के। उनमें भी तलाक हुआ था।"

"मुझे अपनी कहानी सुनाने का मतलब, दोस्त।"

"आप कवि हैं। मेरी महबूबा डेनिस भी कवयित्री है और मैं समझता हूं कि तुम भी इस पोत में अकेले यात्रा कर रहे हो।"

"फिर?"

"शायद तुम मेरी कुछ मदद कर सको, क्योंकि एक कवि दूसरे कवि को अपेक्षाकृत किसी और को अधिक समझ सकता है। विल यू लाइक टू

हैल्प मी?" मेंडेज ने सीधा प्रश्न दाग दिया। अरविंद जहाज की धड़कनों पर उछलती लहरों को देख रहा था- फैनोज्ज्वल लहरें किसी उत्सव में बहक रही थीं।

"क्या तुम्हें कुछ समय का साथ देना नापसंद है ठीक डेनिस की तरह, जिसने कठोर शब्दों में कह दिया था- यू मे गो, मेंडेज। इट इज माई फाइनल एण्ड लास्ट डिसिजन।"

"क्या मैं कुछ दिन तम्हारे पास रह सकता हं? यहां मेरी जान-पहचान का कोई नहीं है।"

"तो तलाश कर लो।"

"हाऊ?"

"जैसे मुझे तलाश कर लिया था और मां बना दिया। इस धंधे में मर्दो की कोई सानी नहीं है- दे आर एक्सपर्ट्स।"

"तुम प्यार को धंधा कहती हो।"

"मां मुझे बनना पड़ा है, मेंडेन, तुम्हें नहीं। इससे पहले तुम मुझे अलविदा कहो या कुछ दिन और मेरे साथ मौजमस्ती करो, मैंने तुम्हें टाटा कर दिया। अब भूल जाओ कि तुम्हारी जिंदगी में कोई डेनिस आई थी या तुम किसी डेनिस को अपनी जिंदगी में लाए थे।"

"हाऊ कैन आई फॉरगेट?"

"ऐज आई कुड...।" इट इज वेरी सिंपल...गो एण्ड ट्राई अगेन...बिकॉज मेनी डेनिस आर इन दि वर्ल्ड।

"व्यंग्य मत करो, डेनिस। मैं नहीं आ सका, मेरी मजबूरी समझो।"

"मुझे कुछ नहीं सुनना-सुनाना।"

"वह मेरा भी...।"

"व्हाई नॉट? है। पर कैसे? हाऊ यू केन प्रूव?...भावुकता में मत बहो। अपने तीर तरकश में रखो।...यू आर नॉट माई हजबेंड।"

"फिर मैं क्या करता? कुछ दिन होटल में रहा भी परंतु उसने मुझसे मिलने से इनकार कर दिया।"

"अब तुम लौट रहे हो।"

"अकेला।"

"तो फिर से जिंदगी शुरू करो।"

"मैं उससे बहुत प्यार करता हूं।"

"यानी तुम उसके बिना नहीं रह सकते।"

"हां, मित्र- यही सच है।"

"तो तुम्हें कविताएं करनी होंगी।"

"व्हाट ए फन! मैं और पोयट्री..."

"तो पाइपर बनो।"

"यानी बैगपाइप को बजाने वाला।"

"मजाक मत करो, मित्र।"

"अब तक हमारा पोत लंदन से दूर निकल चुका है। उधर देखो... कुछ पक्षी पोत पर सवार होकर हमारे सहयात्री बन चुके हैं।"

"वे अगले बंदरगाह पर फुर्र से उड़ जाएंगे और किसी लंदन जाते शिप पर सवार होकर फिर लंदन पहुंच जाएंगे।"

"इस संबंध में तुम्हारी जानकारी गहरी है।"

"मुझे ज्यादातर शिप से यात्रा करनी पड़ती है। इस उदास यात्रा में कहीं तो मन टिकाना होता है।"

"क्या तुम्हारी मुलाकात डेनिस से पोत में हुई थी?"

"क्या तुम ज्योतिषी भी हो?"

"कवि जन्मजात ज्योतिषी होता है।"

"ओह! आई सी! तो तुम भविष्यवाणी कर सकते हो?"

"नहीं, मैं अभी कवि नहीं बना हूं बल्कि, कवि बनने की कतार में खड़ा हूं इसलिए..." अरविंद ने धीरे से कहा और नीचे उतरने के लिए आगे बढ़ने लगा।

"फिर मिलने में कोई एतराज तो नहीं है।"

"नहीं है।"

"तो क्या मेरी समस्या के समाधान में कुछ मदद कर सकोगे? हाल ही में डेनिस की कविताओं का एक संकलन आया है। वह मेरे पास है। खरीदकर लाया हूं- देखना चाहोगे।"

"जरूर, मेंडेज, जरूर।" कहकर वह तेजी से सीढ़ियां उतर गया। मेंडेज बुरा युवक नहीं है। दिल का नेक लगता है। पढ़ाई-लिखाई में उसकी कम रुचि है। वह अपने को अभिव्यक्त नहीं कर पाया है। अपना कमरा खोला और कमरे के अंदर प्रवेश कर गया। उसका मन कुछ-कुछ उदास था। उसकी आंखें नम थीं। उससे कहते कुछ नहीं बन रहा था। बारंबार वह कमरे के

चक्कर लगाकर लौट जाती थी। अनेक भूली-बिसरी यादों को ताजा कर जाती थी। अरविंद ने ही कहा, "आंटी आप नाटक करने लगी हैं, यह अच्छा है।"

"हां, मैंने भी सोचा कि पहाड़-सा दिन किसके सहारे गुजारूं इस बहाने मन भी लग जाता है और अलग-अलग चरित्र करने के कारण उन चरित्रों में जीना भी पड़ता है। दूसरे के चरित्र को अपने में जीकर दर्शकों के मन में यह बात बैठा देना, चरित्र अभिनेता के लिए जरूरी है कि वह उस नाम से पहचान बना सके, जिस नाम से उसने अन्य चरित्र को दोहराया है। यों मुझे नाटक भी पढ़ने पड़ते हैं और अपने चरित्र के साथ पूरा-पूरा न्याय करने के लिए जी-तोड़ मेहनत भी करनी पड़ती है। कभी तुम भी कोई नाटक देना।"

"हां, लिखा तो दूंगा।"

"क्या नाटक नहीं लिखते?"

"कोई पूरा नाटक नहीं हुआ।"

"ऐसे कितने नाटक लिख डाले हैं?"

"दो, आंटी, सिर्फ दो- एक 'इलनी की डाइन' और दूसरा जिसका नामकरण नहीं हो सका है।"

"क्या ऐसा भी होता है?"

"क्यों नहीं, आंटी। कई बार छोटी-छोटी कविताओं का नामकरण करने में कई-कई सप्ताह लग जाते हैं। हो सकता है, ऐसा मेरे साथ हो, क्योंकि मैं अभी पूरी तरह कवि कहां बना हूं। अभी तो जब-तब कुछ-कुछ लिख जाता हूं।"

"तुम्हारी कभी कविता की पुस्तक छपे, तो अपनी आंटी को अवश्य भेजना। मुझे नहीं लगता कि तुम फिर कभी इधर आओगे, परंतु तुम्हारी कविता की पुस्तक तो हमारे तक पहुंच सकती है। यदि तुम्हें अपनी आंटी की यह छोटी सी बात याद रही तो।"

"मैं वादा नहीं करूंगा, परंतु कोशिश अवश्य करूंगा।" अरविंद ने ठीक से सोचे बिना ही कहा। उसने डॉ. वाकर से अवश्य कहा था, "कभी मैं इंग्लैंड आया तो आपके दर्शन लाभ का मोह नहीं छोड़ूंगा और अपने सेंट पॉल स्कूल में कुछ समय बिताऊंगा बशर्ते आपने अनुमति दी तो।"

"अवश्य, अरविंदो, यू हैव टू कम श्योर। यहां तुम्हारी जिंदगी का एक अहम् पार्ट सदा सजीव रहेगा। यू कॉट फोरगेट। काश, तुम आई.सी.एस. बनकर जाते। लेकिन, इतना अवश्य है कि तुम आई.सी.एस. से बहुत ऊपर उभर कर दुनिया के सामने आओगे।"

बटलर नहीं मिल सका। उसके लिए अरविंद ने चारेक घंटे वहां और बिताए। प्रे से वह मिल पाया। प्रे उसे अपने घर ले आई। पूछा, "हालांकि लंच का टाइम गुजर चुका है, फिर भी जब भूख लगे तब लंच-डिनर। देअर इज नो हार्ड एण्ड फास्ट रूल फॉर लंच एण्ड डिनर।...सैलवेशन (मुक्ति) नहीं। वी कैन प्रे फॉर दि सैलवेशन ऑफ द वर्ल्ड। (हम विश्व की मुक्ति के लिए प्रार्थना कर सकते हैं।) लेकिन...। बोलो, क्या कहते हो? लंच बनाना नहीं है, तैयार है।"

"बचा लेफ्टओवर्स।"

"नो बचा हुआ भोजन नहीं।" इस पर वह खिलखिला पड़ी।

"तब?"

"आज हम लंच लेना भूल गया।"

"लाइब्रेरी में कोई नई किताब आई होगी, जो तीन माह तक इश्यू नहीं हो सकती।"

"यस, अरविंदो।"

"आप कितना पढ़ेंगी और कब तक?"

"जब तक हर बार, हमें यह योनि मिलती रहेगी और हम इस नौबल कर्म से जुड़े रहेंगे, तब तक।... सच अरविंदो, हम टीचर बनकर...."

"नो टीचर...यू आर प्रोफेसर।"

"नहीं अरविंदो, ऑल आर टीचर्स। दे आर नो डिसटेन्स बिटवीन टीचर एण्ड प्रोफेसर। वी आर इक्वल।...तो बोलो, यों ही हो जाए फेअरवेल पार्टी।"

"जस्ट लाइक ए न्यू ईयर्स ईव पार्टी।"

इस पर प्रे की मुस्कान महक उठी और अरविंद की आंखें चमक उठीं। "ओ.के.।" और लंच हो गया। प्रे पूछने लगी, "लंच इन नो गुड।"

"व्हाई?... क्यों प्रोफेसर प्रे? वेरि वेरि गुड... लजीज। दरअसल मैं डॉ. विल्सन के यहां लंच ले चुका था।"

"फिर?"

"आपने लंच नहीं किया था।"

"सो देना था साथ। परोपकार।"

"नो परोपकार, प्रोफेसर। ...रियली इट इज ए फेअरवेल पार्टी।"

"जानती हूं, तुम्हारे मन में दूसरे के लिए अथाह प्रेम है।"

"बिकॉज लव इज लाइफ।"

"एण्ड लाइफ इज लव।"

"इट इज यूअर इनट्यूशन (सहज बुद्धि से ज्ञात विचार)?"

"ऑफकोर्स।"

"अब तो तुम जा रहे हो, अरविंदो।...कल ना।"

"हां, कल प्रोफेसर।"

"नो प्रोफेसर, से प्रे। ऑनली प्रे। इट इज एनफ टू मी एण्ड माई सेटिसफेक्शन।"

प्रे का स्वर नम्र और आर्द्र हो उठा। अरविंद उसकी बड़ी-बड़ी आंखों की ओर देखने का साहस नहीं जुटा सका। पता नहीं उनमें ऐसा क्या है, जिससे वह जब कभी प्रे से एकांत में मिला, घबराने लगा। एक बार वह मिल्टन पढ़ा रही थी, डूबकर। वह आगे की सीट पर बैठा हुआ था। अचानक वह रुकी और कुछ सोचकर बोली, "सैटर।...डू यू नो अबाउट सैटर?..." क्लास शांत थी। उसने हाथ उठाया। प्रे ने कहा, "बोलो।" वह कहने लगा, क्लास पर उड़ती हुई दृष्टि डालते हुए, "ग्रीक और रोमन कथाओं में वन देवता के लिए प्रयुक्त शब्द जो आधा मानव और आधा पशु होता है।" तभी पीरियड बज गया। प्रे उसे घूरती हुई पुस्तकें उठाकर उन्हें छाती से लगाए आगे बढ़ गई।

इस वक्त वह सहज मुस्कान बिखेरते हुए बोला, "प्रे, नाउ एम आई करेक्ट?"

प्रे मुस्कराई। उसकी आंखों में कुछ-कुछ हुआ। उसके गुलाबी होंठों पर कंपन आकर ठहरा और फिसल गया। उसने कई बार कहा था, कॉलेज के बाद हम दोस्त हैं, सिर्फ अच्छे दोस्त, नथिंग एल्स...नो प्रोफेसर, नो स्टूडेंट। समझे अरविंदो। इस जीवन को बांट-बांट कर धीरे-धीरे दफनाओ नहीं, उसे पूरे विश्वास, आस्था, साहस और प्रार्थना के साथ समर्पित भावनाओं से छलकने दो।"

अब वह उठा। वह बोली, "ठहरो!"

वह रुक गया। वह एक पुस्तक लेकर आई और कुछ देर टकटकी बांधे देखकर बोली, "यह सिर्फ तुम्हारे लिए है- इट इज ऑनली फॉर यू। दि बुक फॉर क्रिएशन से आगे कल ड सैक।"

"फ्रेंच वर्ड। गोकि बंद गली।"

"जस्ट ए क्विजीन्।"

"यानी भोजन बनाने की शैली। इज इट ऑल सो ए फ्रेंच वर्ड!"

"हां।"

"मे आई से... टू डे दि क्विजन इज एक्सीलेंट।"

"ये किताब पढ़ना।"

"कोई खास बात।"

"व्हाट ए लाइफ! व्हाई इज लाइफ... जिंदगी मिलती है- सिर्फ एक बार। यदि चूक गए तो..."

"तो?"

"तुम इस किताब को पढ़ना।"

"पाने के लिए या चूकने के लिए।"

"यह तुम पर निर्भर है, अरविंद।"

"तो मुझे अब चलना चाहिए।"

"आए भी तुम अपनी मरजी से थे और जा भी तुम अपनी मरजी से रहे हो। एम आई करेक्ट?"

फिर कहां रुकना हुआ। वह घर के बाहर तक आई, कैम्पस के बाहर तक नहीं आई। सिर्फ अपने मकान के दरवाजे की दहलीज पर खड़ी-खड़ी टुकुर-टुकुर देखते रही। पता नहीं कब तक?

अरविंद को लगा कि अंधेरा हो चुका है। उसने खिड़की से झांका। अंधेरा और सागर एक रंग और एक लय में आ चुके थे। वह पलंग पर लेट गया। तकिया आगे खींचकर और पांव नीचे लटकाते हुए उसने आंखें बंद कर लीं और अंधेरे को बरकरार रहने दिया। उसके साथ कोई छेड़छाड़ नहीं की। अब सागर की सुगंध उसमें गहराने लगी। नमकीन हो उठा उसका जायका और मिजाज। सागरीय यात्रा में यह खारापन तो बराबर बना ही रहता है, जब तक यात्रा पूरी नहीं हो जाती। अथाह नीला-हरा और काला होता सागर एकदम आसमान की परछाई बना हिल डुल रहा था। परछाइयों के हिलने-डोलने का यह अनुभव मन को अपने से बांध रहा था। उसे याद आ रहा था कि आज उसे गिब्स ने डटकर भोजन कराया था। उसके मना करने पर कहा था, "फिर तुम्हें गिब्स कहां कह सकेगी कि थोड़ा और अरविंद। इस मनुहार के सामने उसकी एक नहीं चली या कहिए कि उसने हथियार डाल दिए।"

यदाकदा हिचकोले खाता जहाज उसे अपने स्वभाव की याद दिला जाता था। उसने करवट बदलनी चाही तो टांगे इनकार कर गई। देह के अंगों की आपस में तनातनी पर उसे हंसी आने को हुई पर आई नहीं। वह जस का

तस तृप्त मगरमच्छ-सा पलंग पर, पाटी से चिपटा, आंखें बंद किए पड़ा रहा। उसने निर्णय ले लिया और स्वयं को सुना भी दिया कि वह आज डिनर नहीं लेगा।

31

आज की सुबह खुशनुमा नहीं थी। आकाश बादलों से घिरा था। हवाएं बेकाबू हो रही थीं। उजाले का अंधेरा लपलपा रहा था। अरविंद ज्यादा देर तक बाहर नहीं रह सका। हवाओं ने उसे अंदर-बाहर, सब तरफ से तीखी नमकीन गंध से भर दिया। उसने सुना कि कप्तान किसी से कह रहा है कि मौसम बिगड़ सकता है। प्रकृति ने अचानक अपने तेवर बदल लिए हैं और वह जैसे-जैसे समय गुजारता जा रहा है, जबकि प्रकृति कठोर और क्रूर होने पर तुली जा रही है।

"तूफान का अंदेशा है।"

यकायक बादल हिमधवल होकर गरजने लगे। वह व्यक्ति बोला, "इसे क्या समझा जाए, कप्तान।"

"मैं ऊपरी खुले ब्रिज पर जा रहा हूं।"

"कहीं कुछ।"

"जैसे।"

"छेद होना।"

"मेरी कप्तानी में आज तक ऐसा नहीं हुआ कि जहाज में छेद हो जाए या आग लग जाए। मेरा पंद्रह वर्ष का निरापद अनुभव है। मेडल भी मुझे मिले हैं। महाशय, आप चिंता का बोझ अपने दिमाग से उतारकर मेरे पर आने दें।"

"मैं भी लगभग बीस वर्ष से समुद्री यात्रा कर रहा हूं। कई बार मैं उन विकट अनुभवों से गुजरा हूं जो मैंने शिप यात्रियों की पुस्तकों में पढ़े हैं। मुझे लगा है कि पृथ्वी से सागर में विकटता का एहसास कुछ तेज होता है।"

"यह सच है, महाशय। फिर भी आप जहाज से यात्रा कर रहे हैं।"

"कोई चारा नहीं है।"

"फिर मेरे लिए आप क्या कहेंगे?"

"नौकरी का दबाव।"

"मेरी हॉबी, महाशय। मैंने अपने को नौकरी के दबाव से पूरी तरह मुक्त कर लिया है। मैं चुम्बकीय आंधियों का सामना कर चुका हूं। उन चुम्बकीय आंधियों का जिनके बारे में मैं पहले नहीं जानता था, परंतु हर दुर्घटना में मैं शिप को सही सलामत निकाल लाया हूं।"

"मुझे डर लग रहा है।"

"शायद बेहद ठंडी हवाओं से आपका बदन कांप रहा है। कृपया अपने केबिन में पधारें।"

अरविंद को भी ठंड की अनुभूति होने लगी, परंतु वह एक सर्वथा नए विषय से जुड़ रहा था। यदि वह भी अपने केबिननुमा कमरे में जा बैठा तो वह इस अनुभव से वंचित रह जाएगा। कप्तान ऊपरी खुले ब्रिज से उतर कर अपने केबिन में भागा। फिर लौटा और दूरबीन का लैंस फोकस करने लगा। अचानक सर्च लाइटें अंधेरे को उलटने लगीं। एक सर्च लाइट ब्रिज कक्ष पर थी और दो गलही पर।

अब कप्तान पाइप में तंबाकू भर कर माथे पर उभर आईं सलों को ठीक कर रहा था। चारों ओर रोशनी के तिरैंदे नजर आ रहे थे। 60-70 दिगांश पर कुछ जलता हुआ सा दिखलाई पड़ रहा था। निर्जन क्षितिज के दृश्य बंधों से निगाहें नहीं हट रही थीं।

यह सब क्या हो रहा है? क्या उसे कप्तान से पूछना चाहिए?...उसने चारों ओर दृष्टि दौड़ाई। कहीं कोई नजर नहीं आया। फिर उसे भी अपने दरबे में लौट जाना चाहिए। तभी आसमान में एक दगदगाया हुआ पुच्छल तारा टूटता हुआ दिखाई पड़ा। क्या वह अपने पोत की तरफ आया था? तभी उसने क्लिक की आवाज सुनी। वह घूमा। मेंडेज ने कहा, "मि. अरविंद, क्या मैं आ सकता हूं यदि आप कविता तलाशने के मूड में न हों।"

उसने हाथ हिलाकर आने की अनुमति दे डाली। मेंडेज फैशनेबल पोशाक में था, एकदम चुस्त और तरोताजा, कल की तरह सुस्त, उदासीन, उन्मना और अवसाद लिए नहीं था। मेंडेज ने सिगरेट निकाली। लाइटर से सुलगाई। और पूछा, "डू यू लाइक स्मोक, मित्र?"

"नो।" अरविंद ने दृढ़ता से उत्तर दिया, जबकि वह कभी-कभी स्मोकिंग करने लगा था। इस वक्त भी उसकी इच्छा हुई थी, जबकि मेंडेज ने सिगरेट सुलगाई थी परंतु नामालूम क्यों उसने इनकार कर दिया। मेंडेज पूछ रहा था, "आपको कोई आपत्ति तो नहीं है।"

"नहीं।" अरविंद ने कुछ सख्त स्वर में कहा और सोचा कि उसने फिर गले में घंटी बांध ली। लेकिन कहीं, बहुत भीतर, उसमें डेनिस का चरित्र, उसके नाक नक्श, उसका सौंदर्य और विशेषत: उसकी मतवाली आंखें उसके सामने किसी काल्पनिक चित्र-सी घूम गई।

मेंडेज खुश नजर आ रहा था। उस पर बिगड़े मौसम का कोई दुष्प्रभाव नहीं था। न वह अधीर था, न क्रोधावेश में था और न निराशा में था। जैसे उसकी सारी उलझन दूर हो गई है तथा उसमें जीने के प्रति आत्मविश्वास लौट आया हो।

अरविंद ने कहा, "यहां शोर है, हलचल है। क्यों नहीं तुम मेरे केबिन में चलते?"

"क्या आपको रेडियो संदेश के बारे में मालूम है?"

"नहीं, क्यों, क्या है?"

"उप कप्तान कुछ हड़बड़ाहट में बाहर आया था और कह रहा था, "डॉक्टर नताशा, लगता है मुसीबत आकर ही रहेगी।"

"कौन नताशा?"

"अपने जहाज की डॉक्टर, नव नियुक्त, आकर्षक और सुंदर। सदा मुस्कराता उसका गुलाबी चेहरा। वह कह रही थी, "डोंट वरी, उप कप्तान। वह आए, हम उसके स्वागत में तैयार हैं।"

"यह मजाक की घड़ी नहीं है, डॉक्टर। आपरेटर ने विपत्ति की आशंका जतलाई है।" लहरें गरज उठी हैं। वे शिप के ऊपरी भाग को छूने का प्रयत्न कर रही हैं।

"उप कप्तान, धरती छोड़ते वक्त, चाहे आसमान में उड़ो या समुद्र में तैरो, एअरप्लेन से यात्रा करो या शिप से। एयरक्रैश या शिपरेक (तूफान में या टकरा कर जहाज का डूबना या विध्वंस होना) के लिए हमें तैयार रहना चाहिए। वह देखो, सामने, ऐल्बट्रॉस (सफेद रंग की एक समुद्री चिड़िया) फुदक रही है। वी हैव टू अलर्ट। डोंट ट्राई टू शर्क यॉर रिस्पौन्सबिलटि (उत्तरदायित्व से भागना)। प्लीज डू स्ट्रगल।" डॉ. नताशा ने शांत स्वर में और प्रसन्न चित्त मुद्रा में धीरे से कहा।

"डॉक्टर, आपने हाल ही में यह पद संभाला है। यहां धरती नहीं है, समुद्र है और समुद्र के अपने उतार-चढ़ाव हैं, अपना तंत्र-मंत्र है और अपना जीवन कर्म-धर्म है।"

"समझ सकती हूं, उप कप्तान, आपके लंबे अनुभव ने चिंताग्रस्त बनाया है और बहुत कुछ स्वाभाविक भी है।" नताशा स्पोर्ट्स सूट में थी। टोपी उसके साथ में थी। वह कह रही थी, "आपने रक्षा जैकेटों के लिए हुक्म दिया है कि तैयार रखें। नौकाएं भी डेक पर किसी को नहीं जाने दें। ... 20-22 समुद्री मील प्रति घंटे की रफ्तार से अपना जहाज आगे बढ़ रहा है।"

"हां, वह तो सब है।"

"निस्संदेह मैं तजुरबेदार नहीं हूं, लेकिन मैं डरती नहीं हूं। कैसी भी विषम से विषम परिस्थिति सामने आए, मेरा हौसला, मेरी चेतना और मेरा विवेक स्थिर रहता है, उप कप्तान। और मैं समझती हूं, निडरता के सामने डर नहीं ठहरता। जीने की प्रबल इच्छा मौत को पीछे धकेल देती है।" डॉ. नताशा इतना कहकर डेक की तरफ बढ़ गई।

"मि. अरविंद।"

"और तुम इधर आ निकले?"

"तुम्हें देखा तो मन हुआ।"

"अब तुम्हें अंदर आकर बैठ जाना चाहिए।"

"ताकि लाइफ बेल्ट की जरूरत नहीं पड़े।"

"क्या तुम्हें मौत से डर लगता है, मेंडेज?"

"लगता था परंतु अब नहीं। बिलकुल नहीं, अरविंद। कुछ देर में यह जहाज अथाह समंदर में समा जाएगा। हम लोग कुछ समय के मेहमान हैं। फिर डेनिस की याद किसे आएगी। वाह! क्या गजब की सिचुएशन है। सबके साथ एक साथ जल समाधि।"

"इज इट योर न्यू स्किट् (प्रहसन)?"

"नो ब्रदर, इट इज रिऐलटि। मैं डिनिस के बिना जिंदा नहीं रहना चाहता। अफसोस उसके पास मेरी मृत्यु का समाचार पहुंचाने वाला कोई नहीं है।"

"नहीं, ऐसा कुछ नहीं होने वाला। डॉ. नताशा की बात पर डटे रहें कि मौत को भी जीतने नहीं देंगे। शी इज टू बोल्ड।"

"मेरी सारी शक्ति जाती रही है। उसने मेरी मर्दानगी को भी ललकारा था। कहा था- "तुम जाहिल हो, हिंसक, क्रूर और... और इम्पोटेंट (नामर्द)... मैं समझा था कि उस रात मैंने कुछ जबर्दस्ती कर दी थी, यह उसी का गुस्सा है।... अब उसने मुझे इनकामपोटेंट (अक्षम) सिद्ध कर ही दिया। यह मेरी बर्दाश्त के बाहर की बात है, अरविंद।"

अरविंद समझ गया कि वह युवती मानवती है, स्वाभिमानी है और अपनी हैसियत बरकरार रखना चाहती है- पति को अपने ऊपर हावी नहीं होने देना चाहती है। हमबिस्तर होने में भी उसकी मरजी नजरअंदाज नहीं की जा सकती। वह कहने लगा, "मेंडेज, तुम्हें कुछ समय इंतजार करना चाहिए। सब्र से काम लो और अपने पर नियंत्रण बनाए रखने की आदत डालो तो तुम्हें स्वयं अपने में परिवर्तन का अनुभव होने लगेगा।"

"मैं निराश हो चुका हूं।"

"निराशा को आशा में बदलने की पहल करो। डेनिस को आत्मीयता में डूबकर पत्र लिखो। कुछ महत्त्वपूर्ण अवसरों पर उपहार भेजना मत भूलो। इस बीच अपने प्रेम का इजहार कतई नहीं करना। अपने बच्चे के लिए कुछ भेजो। उपहार में उसे कविता की पुस्तक भेजना। तुम उससे जितना दूर रहोगे, उतना ही उसके मन में तुम्हारे बदलने की बात घर करने लगेगी। प्यार हवस का नाम नहीं, यह तो इंतजार में पलता है, त्याग से पनपता है और समर्पण से खिलता हुआ सुगंध देता है।"

"यहां तो मात खा जाता हूं, अरविंद। मेरे पास वाक्जाल नहीं है- शब्दावली भी नहीं है। इस दृष्टि से आई एम वेरि पुअर।"

"कोशिश करो, सब ठीक हो जाएगा। यह तुम्हारे धैर्य का इम्तहान है। मेरी शुभकामनाएं तुम्हारे साथ हैं।"

"इट मीन्स, आई हैव टू गो।"

"शायद, मेंडेज।"

"ओके दोस्त। चलता हूं।" मेंडेज चला गया। अरविंद सोचता रह गया कि प्यार में अहम् और जोर-जोरी क्यों! वह ठीक से नहीं जानता, लेकिन उसे कई बार लगा अवश्य था कि प्रे मन-ही-मन उसे चाहने लगी है। उसका यह कहना क्या यह संकेत नहीं था कि भारतीय पति पत्नी के प्रति संवेदनशील हैं। उनमें एक स्थायी रिश्ता है- पूरी जिंदगी निभाने का।" वह कुछ बोला नहीं।

बात जैसी उठी थी, उसी तरह बैठ भी गई। वह लौट आया। कई दिनों तक सोचता रहा। वह जब कभी उससे एकांत में मिला, घबराया अवश्य। 'इलनी की डाइन' के संवादों में जब वह मेलेंडर से यह कहलवाता है तब यहां प्रे के सुडौल-नुकीले पयस्वी उरोज होते हैं। यथा... वक्ष के भीतर से झांकते पयस्वी उरोज, नींद से फूले रक्त नयन, वसंत के फुसलाते हुए चुंबन के नीचे अलग हुई गुलाब की पाँच पंखड़ियों वाले तेरे हाथ, तेरा कटि भाग

कभी न पिघलने वाली गरम बरफ का महाद्वीप। या... जब तू लजाते हुए गुलाब की नक्ल करती है तो, मैं कसम खाकर कहता हूं, तेरा रंग उस सच्चे रंग से ज्यादा सुंदर होता है। तू सौंदर्य से भी ज्यादा सुंदर होती है।... यह सब क्या है? क्या उसने उसके सौंदर्य को गहराई में डूबकर अनुभव नहीं किया है? क्या उसके युवा चित्त पर प्रे का अतिशय भावपूर्ण चेहरा, आंखों से गुलाबी मौन निमंत्रण, अरुणाधरों से रस स्निग्ध सम्मोहन और बातचीत से अंतस्पर्श की तीव्र अनुभूति का उद्वेलन अपना प्रभाव नहीं छोड़ पाया है?

अरविंद का ध्यान पल भर के लिए लेडिबर्ड (एक लघुकाय उड़ने वाला कीट, जिसके लाल रंग पर काले चिह्न होते हैं) की ओर गया। वह ठीक है कि वह मौकापरस्त नहीं है। उसने उस शाम जब, वह उसके साथ गार्डन में घूमते हुए हो लिया था तब उसके मन में कविता गुनगुनाने लगी थी। वह रह-रहकर झील की तरफ बढ़ता जा रहा था। उस वक्त वह कविता से संचालित हो रहा था। उसकी खुली आंखें लगभग बंद थीं, क्योंकि वह बाहर न देखकर अंतर्मुखी हो गई थीं। उसमें झील की सदाबहार उन्मुक्त अंतरंगता समाती जा रही थी, जो उसे यह सोचने के लिए राजी करने पर तुली थी, "सौंदर्य स्फूर्त देह संस्पर्श से मादक तथा आकर्षक होता है। मन का स्फूर्त आलिंगन की अनुचेष्टा का उद्वेलन! अधर-अधर से न मिले तो क्या, अंतः अधर तो उस अज्ञात रसपूर्ण मिलन की अनुभूति से गद्‌गद हुए जा रहे थे। उसके गले में झूमता लॉकेट, उसके खुले उन्मत्त और तने उरोजों की गड़न और मादक त्रियक चितवन क्या उसे पागल नहीं बना रही थी।"

"तुमने कुछ कहा, अरविंद?"

अरविंद चौंक पड़ा और सोचने लगा कि क्या वह हृदय को सुनने में सक्षम हो चुकी है? उसने कहा, "यह झील कितनी सुंदर है?"

"क्या तुम इस कम्बरलेंड झील की बात कर रहे हो, अरविंद।" प्रे ने उसके मन से हृदय में उतरते हुए प्रश्न-चिह्न लगाया।

"हां, प्रे। इसी कम्बरलेंड झील की।"

"क्या कभी-कभी मनुष्य को सहज और अज्ञात झूठ से आनंद की अनुभूति नहीं होती है?"

"कैसे?"

"मानों वह झूठ निःस्वार्थ हो, कल्पना प्रेरित हो और स्वप्न-आकांक्षाओं के अंतरंग में डूबा हुआ हो तो?"

"आपका आशय है कि काव्यमय झूठ।"

"तुमने ठीक समझा।" प्रे कहना चाहती थी कि "तुमने अपने को छिपाने का असफल प्रयत्न किया। प्यार अंगार होता है। सिर्फ दो प्रेमी उस पर चल सकते हैं। उसके लिए सहमति की लौकिकता नहीं, साथ चलने का मदहोश उद्वेलन चाहिए जो अग-जग से परे का हो।"

"प्रायः समझ ऐसे मौकों पर धोखा दे जाती है।"

"तुम्हारे साथ कभी ऐसा पहले भी हुआ है, अरविंद, या यह तुम्हारा पहला पहला अनुभव है।"

"मुझे नहीं मालूम।"

"जिंदगी वहीं से प्रारंभ होती है, अरविंद, जहां से हम मालूमात की सीमाओं से परे निकलने लगते हैं। वहां जगत् व्यवहार और व्यापार की क्रियाशीलता निश्चेष्ट हो जाती है। कविता का वही तो स्वर्ग है, वही तो आन्दोत्सव है- गोथे (गेटे), कीट्स, शैली आदि का वही तो अंतः जगत् है, जहां हर एक नहीं पहुंच सकता जैसे एवरेस्ट माउंटेन पर। फिर भी, हम उससे बचकर जीना चाहते हैं, यानी अपने साथ छलना करते हैं, द्वेष रखते हैं और छिपाने का व्यापार करते हैं।... यह क्या तुम्हें भी अनुभव होता है?"

"मैंने कभी इतनी गहराइयों में उतरने का प्रयत्न नहीं किया, प्रे।"

"फिर तुम में कविता कैसे जन्म पा लेती है?" प्रे ने रुककर अरविंद को पूरी खुली आंखों से देखा। वह झील को अपने में अनुभव कर रहा था। कहीं गहरे में जाकर मानों झील ज्योत्सना स्नान कर रही हो। कोई उससे कह रहा था कि कोमल देह की नग्नता जितनी निष्पाप है, उतनी ही वस्त्रावेष्टित देह नहीं। उसमें एक शब्द उछला- देहान्तरण। अस्तित्व के प्रति स्नायुगत सीमा से परे कुछ ऐसा सम्मोहक अन्तर्ध्यान है जो ध्यान को तंद्रा से जगाकर लोकान्तरण के लिए प्रेरित करता है। सत्य का उदार संकट, सत्योन्मुख अंकुरित स्वप्नेच्छा का उच्छ्वास अभ्यंतर का यह कैसा आचरण है, जो अधरों से नहीं, अन्तः चक्षुओं से अभिव्यक्त होता है। अनुभव से परे के अननुज्ञात अनुभव उसे परिमल रोमांच से भर जाते हैं, वह ठगा-सा रह जाता है अपने अंतर्मन की अज्ञात अनुभूतियों से। वह सचेत होकर कहने लगा, "प्रे, मैं कवि नहीं हूं।"

"यानी तुम यह कहना चाहते हो कि ये कविताएं तुम्हारी नहीं हैं, किसी और की हैं।"

"काश, मैं यह कह पाता। सच तो यही है कि तब मैं कहीं और होता हूं, शायद अपने से दूर, जिसे मैं अनुभव करता हूं, परंतु बयां नहीं कर सकता। बताना आता नहीं है या कहूं उसे बताया नहीं जा सकता या कुछ और... वह शब्दातीत-सा लगता है, जिसे देख रहा होता हूं, अनुभव कर रहा होता हूं, परंतु छू या पकड़ नहीं पाता। उन अज्ञात लम्हों में क्या कुछ घट-अघट जाता है, कुछ पता नहीं रहता।"

"सिर्फ कविता के न, अरविंद।"

"शायद यही हो।"

"जानते हो कविता प्यार की प्रेरणा है। उससे जन्मती है, उसी के साथ-साथ बहती है और उसी में अपने को विसर्जित कर आनन्दालोक में विचरण करती है।" प्रे का ध्यान उसके गहरे काले घुंघराले और दो भागों में विभाजित रेशमी केशों पर अटका रह गया।

"नहीं जानता। काश, मैं कविता भूल पाता।"

"तो तुम अरविंद नहीं रह पाते, ब्राउनिंग के चहेते न बन पाते और अपने को भूलकर आत्मसात नहीं कर पाते।"

"हां, प्रे।"

"मैं बहुत देर से देख रही थी कि तुम यहां न झील में हो, न गार्डन में और न अपने में। तुम्हारी आंखें खुली हुई हैं, लेकिन वे कहीं और हैं और उस ओर के कपाट खुलने की प्रतीक्षा में आतुर हुए जा रही हैं। ऐसे क्षणों में मुझे गोथे (गेटे) के काव्य सृजन की अन्तर्प्रक्रिया की अनुभूति गहरी होने लगती है, अरविंद।"

"कीट्स मिल्टन, शेले, प्रौमीथियस अनबाउण्ड आदि को पढ़ाते या परस्पर तुलना करते हुए आप एक व्याख्याकार और क्रिटिक से ज्यादा उनके अंतरंग मित्र की हैसियत से बिना क्रिटिकल रिमार्क पास किए या क्रिटीक (समालोचना) का परिचय दिए, कहीं इतने गहरे में डुबकी लगाने लगती हैं कि सारी क्लास हतप्रभ सी आपके अंदर झांकती रह जाती है। इसे ब्राउनिंग ने काव्यात्मा का जुनून कहा है।" अरविंद अपने को रोक नहीं पाता। वह महीन और मतवाली हवा में पंख खोलकर उड़ते हुए तैरने लगता।

अब गार्डन लगभग खाली हो चुका था। शीत का प्रकोप बढ़ गया था। लगता था कि हिमपात शुरू न हो जाए। उन दोनों में से किसी के पास छतरी भी नहीं है। वहां आस-पास कोई ऐसी जगह भी नहीं है, जहां भागकर बच

सकें। कहीं ऐसा हो गया तो...। सन्नाटा कुतूहली हो उठा। प्रकृति रोमांच से भर गई। परंतु ऐसा कुछ नहीं हुआ। उलटे धूप ने अवगुंठन उठाकर अपनी प्यार भरी मुस्कान बिखेरते हुए झांका।

जहाज पहले से शांत था। लहरों की उछाल का शोर कम था। अरविंद को भूख लग आई थी। उसने रात को भी भोजन नहीं लिया था। वह जैसे बाहर निकला उसके सामने शायद वही डॉ. नताशा थी, जिसका मेंडेज ने वर्णन किया था। वह पूछ रही थी, "क्या मैं युवा कवि अरविंद घोष से मिल रही हूं?"

"डेफिनेट, मिस ...।"

"डॉ. नताशा, इस जहाज पर ड्यूटी है अपने यात्रियों के स्वास्थ्य और उनके मंगल को बरकरार बनाए रखने के लिए ...मिस मैं ही हूं।"

"मिलकर प्रसन्नता हुई। ...क्या आपको भी भूख लगी है?" अरविंद ने अपनी भूख के सामने हथियार डालते हुए तत्परता से पूछा।

"रात को आपने भोजन नहीं लिया था।"

"हां, इच्छा नहीं थी।"

"और अब है उस पर टूट पड़ने की- बेचारे भोजन की तो आज शामत आई समझो।"

इस पर एक हलका-सा ठहाका गूंज उठा। वह बोली, "मैं इसी कारण आप से मिलने आ रही थी कि रास्ते में आपके दोस्त मेंडेज मिल गए। बड़े मिलनसार नवयुवक हैं। बातों-ही-बातों में उन्होंने बताया कि इस जहाज पर सातवां अजूबा भी है।"

मैंने पूछा, "वो क्या?"

वह बोला, "एक कवि। नवयुवक कवि।"

"कौन?"

तब उसने इस शर्त पर आपका नाम बताया कि मैं उसका नाम इस संदर्भ में बीच में नहीं लाऊंगी।

"और आपने वादा तोड़ दिया।"

"वादा किया ही इसलिए जाता है, मि. अरविंद।... जानते हो न?"

"नहीं जानता।"

"कभी तुमने किसी से वादा किया है क्या?"

"नहीं।"

"अपनी याददाश्त पर जरा जोर डालो, याद आ जाएगा, क्योंकि यह उम्र वादे और कसमों के नाम लिखी होती है। उन वादे और कसमों के नाम जिनका मतलब हम नहीं जानते तथा जानना भी नहीं चाहते।" डॉ. नताशा ने कुछ सोचते हुए को धीरे से पूछा, "उस टोटके को तो जानते होंगे, तुम।"

"किस टोटके को, डॉक्टर।"

डॉ. नताशा तनिक आंखों ही आंखों में मुस्कराई और धीरे से बोली, "कि वादे तोड़ने से उसकी उम्र बढ़ जाती है।"

"और कसम तोड़ने से भी, यही न।"

"हां, यही।"

"आपकी जानकारी के लिए यहां यह बतलाना जरूरी है, डॉक्टर, अभी तक मैं हवा का शिकार नहीं हुआ हूं।"

"तो अब हो जाएंगे।"

"पता नहीं। इस समय मुझे बहुत जोर से भूख लगी है।"

"यू मे गो, अरविंद।" डॉ. नताशा ने पीछे हटते हुए कहा, "मुझे अगला पेशेंट देखना है। उसकी कॉल आई हुई है। जाइए, फिर मिलेंगे। तुम्हारा मूड हुआ तो कविता सुनेंगे। मेरी कविता सुनने में रुचि है।" इसके साथ ही वह आगे बढ़ गई और अरविंद डाइनिंग हॉल की ओर आगे बढ़ गया।

32

समुद्री रात। चांदनी चारों ओर- क्या ऊपर, क्या नीचे, हर तरफ। नीला समुद्र चांदनी में सोता हुआ शांत। कहीं कोई पास या दूर का संकेत नहीं। डेक पर चहलकदमी करते प्रायः नवयुवक-नवयुवती। अकेले भी लोग। उनके कोई साथ नहीं। मेंडेज उतर चुका था।

कोई वायलिन बजा रहा था। डूबकर प्यार से। शायद किसी की याद में। वह नजर नहीं आ रहा था। लेकिन अरविंद का अनुमान था कि वह दमदार नवयुवक होगा जो अपने प्यार के लिए रोज की तरह डूबकर स्वर लहरियां को लयबद्ध शैली में बिखेर रहा है। काश, वह भी कोई वाद्य साथ ला पाता। उसने कुछ सीखा ही कहां था? बटलर कहता था, मजलिस-वजलिस छोड़ो, गिटार-सिटार से मन लगाओ। जब कविता साथ नहीं देगी, तब वह हमसाथी बन जाएगी। कोरी भाषणबाजी से न तुम्हारा देश स्वाधीन हो पाएगा और न

तुम अपनी आजादी की अन्यतम अनुभूति कर पाओगे।...तुम एक मेधावी छात्र हो। प्रोफेसर्स की निगाह में उन्हें तुमसे आशा भी है। मैं उनके जजमेंट को ज्यों-का-ज्यों मान भी लेता हूं, तब भी, दोस्त, मुझे यह जरूरी लगता है कि तुम किसी क्लब को भी ज्वॉइन कर लो।"

"बटलर, अपनी नसीहत अपने पास रखो। सुना था कि इंगलिस्तानी बेहद रिजर्व नेचर के होते हैं।"

"तो?"

"परंतु तुम तो..."

"मैं प्युओर इंगलिस्तानी नहीं हूं। मेरी मां जर्मन थी और प्रोटेस्टेंट भजनों को कई भाषाओं में अनुवाद करके अपना गुजारा करती थी। मेरे डैड रशियन थे। उन्होंने अपने खर्चे से दो सोनाट प्रकाशित किए थे। वे मानते थे कि मात्र सदाचारी ही न्यायप्रिय होते हैं। वे कलीतिन परिवार से थे। उन्होंने तरह-तरह के रोज (गुलाब) उगाए थे। उनके पीछे प्रिय रोज (पीले रंग के जंगली फूल) की कतार थी। प्राय: कहते थे कि ये गठजोड़ आदि और आधुनिक संस्कृति का है जो एक संपूर्ण इतिहास तक ले जाता है। अब कुछ समझे कि मैं बातें ढेर सारी क्यों करता हूं और वह भी सिर्फ तुमसे ही।"

इस समय समुद्री लहरें तनिक मौज मस्ती में आई। हवाएं भी नमकीनी रस तेजी से बिखेरने लगीं। वायलिन की मधुर आवाज कहीं खो सी गई। अरविंद दिन-रात उस अथाह, अछोर और अनन्त नीली-हरी जल राशि के मैदान को देखता रहता था। सोचता रहता था कि द्वीपों पर लोग क्या सोचकर आ बसे? कैसे वे समुद्र में तैरती अनगिनत प्रजातियों की नाना रंग की मछलियों से परिचय पा सके। नारियल के रेशों को भिगाने के वास्ते तट के निकट अनेक गड्ढे उनकी ईजाद है, जिनमें सागर की लहरों से पारदर्शी पानी भरता रहता है। सूखी तूना मछली का तो वर्षों तक कुछ नहीं बिगड़ता।

"हैलो, अरविंद, डेक पर अकेले क्या कर रहे हो?" डॉ. नताशा ने मुस्कान बिखेरते हुए पास आकर कहा।

अरविंद ने मुड़कर देखा और पूछा, "आप डॉक्टर...यहां।"

"अचरज है, क्यों?"

"नहीं, आप टेबल टेनिस ड्रेस में हैं, यों।"

वह मुस्करायी और बोली, "सोचा था कि पार्टनर मिल जाएगा, लेकिन ...तुम्हें शौक है क्या?"

"नहीं... नहीं। खेलों के प्रति मैं अपने मन को स्थिर नहीं कर पाया।"

नताशा ने पूछा, "हैमबर्गर पसंद है क्या।"

"यह क्या है?"

"खाकर देखो तो।" उसने हैमबर्गर का एक पीस निकाला।

"पर यह है क्या?"

"बहुत लजीज है- जायकेदार। मैंने स्वयं तैयार किया है।" डॉ. नताशा ने चहकते हुए कहा।

"और यहां।"

"हां, किचिन मेरी हॉबी है।...तो लो। उसने उसकी ओर हाथ बढ़ाकर कहा।

"पर यह है क्या?"

"साफ नजर आ रहा है- पावरोटी है।"

"और उसमें कुछ भरा लगता है।"

"मांस का पका हुआ टुकड़ा। अ टाइप ऑफ सैंडविच।"

"धन्यवाद। अभी मैं कुछ नहीं लूंगा।"

"आर यू वेजीटेअरियन (शाकाहारी)?"

"ऐसी बात नहीं है।"

"फिर क्या बात है?" डॉ. नताशा ने पूछा।

"गोपनीय कहूं तो चलेगा।"

"चलेगा नहीं, दौड़ेगा।"

डॉ. नताशा खाती रही। बीच में रुककर बोली, "मुझे नियम तोड़ने से आनंद मिलता है। हमारी इच्छा कहीं खाए-पीएं, कब खाए-पीएं? टोकना-रोकना क्यों?"

"सचमुच आप जिंदादिल हैं, डॉक्टर।"

"यह आपने क्या लगा रखा है। हम क्या आपको बूढ़े नजर आते हैं?" नताशा ने तनिक तेज स्वर में कहा।

"नैवर, डॉक्टर।"

"हमें, तुम कहकर संबोधित करो। अरविंद यों रास्ता अच्छा कट जाएगा और मजे से। पता भी नहीं चलेगा कि हम पानी के घने जंगल से गुजर रहे हैं।"

"चलिए, तुम कह दिया।"

"शाम को कोई खास काम कर रहे हो क्या?"

"अभी मैं कुछ नहीं कह सकता।"

"एक शाम हम तुम्हारी कविता के नाम रखवाना चाह रहे हैं।"

"अभी ऐसा कोई कार्यक्रम नहीं रखवाएं। मैं इसके लिए तैयार नहीं हूं।"

"सोचने के लिए वक्त पड़ा है, जल्दी नहीं है। मैं एक गजल-गीत कार्यक्रम तैयार कर रही हूं।"

"तुम गजल लिखती-गाती हो क्या?"

"नहीं।"

"मैं दूसरों की गजल पढ़ती हूं और अपना लिखा गीत सुनाती हूं- गाकर भी।

इसलिए सोचा कि...यहां चार कवि और मिल गए। उनमें एक प्रौढ़ महिला भी है। स्पेन की प्रसिद्ध कवयित्री।"

"पहले मैं दूसरे कार्यक्रम देख लूं। फिर भी, मैं अपने को तैयार नहीं कर पाऊंगा।"

अरविंद ने इस नीरस टॉपिक को बदलकर कहा, "हम किसी मुसीबत में फंसने वाले थे।... क्या हुआ?"

"वह तो अब भी है और बंबई पहुंच जाने तक रहेगी। यह महासागर है। यहां अनेक दुर्घटनाएं हुई हैं। जहाज का मलबा तक नहीं मिला।"

"हां... तुम ठीक कह रही हो।"

"वह मैं नहीं जानती। मैं इतना जानती हूं कि जोखिम उठाना ही जिंदादिली का नाम है...जब पैदाइश को जश्न मनाते हो तब मृत्यु का मातम क्यों? जश्न है तो दोनों का और मातम है तो दोनों का। पर नहीं, यह सरल सी बात किसी के पल्ले नहीं पड़ती।" डॉ. नताशा अत्यंत सहज भाव से कह गई।

अरविंद सोचता रह गया कि उसमें तनिक-सा तनाव नहीं, न उखड़ापन। एकदम सहज-स्वाभाविक। वह पूछने लगा, "तुम्हारी यह नौकरी?"

"स्वेच्छा से। मैंने एम. एस. किया है। चाहे जहां इससे ज्यादा पैसे पा सकती थी।"

"फिर?"

"हॉबी। जानने की इच्छा। जहाज पर एक तरह से सारा विश्व उभर आता है। सबकी संस्कृति, सभ्यता, रीति-रिवाज, भाषा आदि अलग-अलग। फिर भी, सब एक। एक-दूसरे के प्रति सद्भाव, सम्मान और प्यार-स्नेह। विश्व को समझना है, तो जहाज को समझिए, सारा विश्व समझ में आ जाएगा।"

"पर कब तक, डॉक्टर?"

"कब तक से तुम्हारा आशय, अरविंद?" नताशा ने हैमबर्गर खत्म कर उसके कागज को न चाहते हुए समुद्र की जहाज से टकराती लहरों पर फेंक दिया। वह कागज समुद्री लहरों पर काफी देर तक उछाल खाता रहा।

"इस नौकरी से, डॉक्टर।"

"अभी नौकरी शुरू की है। मन में जोश और उछाल है। अभी तो मेरा प्रशिक्षण काल शुरू हुआ है। सच यह है कि मैंने इस बारे में अभी कुछ नहीं सोचा है। मैं समझती हूं, मैं इस विषय पर अभी से सोचकर अपना समय नष्ट नहीं करना चाहती।"

"क्या सोचना और वह भी भावी जीवन को लेकर, बुरा होता है?"

"शायद मुझे कहना चाहिए- हां।"

अरविंद में दिलचस्पी बढ़ी। उसे लगा कि नताशा मात्र सुंदर तथा आकर्षक युवती मात्र नहीं है और वह ऊपर से जितनी सहज-सरल दिखलाई पड़ती है, अंदर से उतनी सरल और भोली नहीं है। उसने पूछा, "पर क्यों?"

"अरविंद हर चीज की एक सीमा है। मुझे लगता है कि अधिक खाना और अधिक सोचना क्रमशः देह और मन के लिए हानिप्रद है।"

"परंतु भविष्य।"

"अरविंद, भूमध्य सागर जा रहा है। अदन जा रहा है। शायद लालसागर में प्रवेश करने वाले हैं। मेरा भूगोल का ज्ञान जरा कमजोर है। मैं ये उदाहरण बतौर बता दे रही हूं और भी स्थान आएंगे। वे आएंगे ही, फिर मैं उनके बारे में क्यों सोचूं। सोचने में शक्ति लगती है। मैं शक्ति व्यर्थ में व्यय करूं और क्यों अपने शांत दिमाग को परेशान करूं। सो, मिस्टर अरविंद, अपना सिद्धांत बना है कि कम खर्च में अधिक सुविधाएं बटोरो और कम सोच से अधिक अच्छी और पूरी स्वाधीनता की नींद निकालो। तुम कभी लंदन में बॉण्ड स्ट्रीट में गए हो।"

"हां गया हूं। वह बहुत महंगी और शौकीनों की जगह है।"

"डर गए।"

"नहीं अपनी जेब के अनुसार चलना जरूरी था। व्यर्थ में वहां जाकर समय नष्ट करने से क्या लाभ। उससे तो मन और खराब हो सकता है।"

"पर हुआ तो नहीं।" नताशा ने अर्थ-भरी दृष्टि उस पर टॉर्च की रोशनी की तरह फेंकी।

"कैसे होता?"

"क्यों?"

"वहां मेरा चौथाई मन लगता था, अतः उधर दो-तीन बार के अलावा कभी गया ही नहीं।"

"कोई डर तो तुम्हारे मन में नहीं बैठा हुआ है, अरविंद?"

"कतई नहीं, डॉक्टर।"

"स्त्री को डरावना मानते हो क्या?" यह प्रश्न अचानक उछली शार्क मछली-सा चमकदार था।

"क्यों?"

"क्योंकि मैं पुरुष से नहीं डरती। फिर उससे संकोच क्यों करूं?"

"किस बात में?"

"बात ही नहीं, हालात में भी।"

"कैसी सुहानी सुबह चुपके से आगे बढ़ती जा रही है?" अरविंद ने सोचा तथा दृष्टि को दूसरी दिशा में मोड़ा और देखा कि उसकी पतली टांगे लंबी और बेहद खूबसूरत हैं। उसकी छरहरी देह पर वे खूब जंचती हैं।

अब उन दोनों के पास बात करने के लिए कोई विषय नहीं रहा, सिवा नमकीन हवाओं के सहने के। अरविंद ने यही उचित समझा कि वह वहां से चल पड़े। डॉ. नताशा ने कहा, "दोपहर के बाद मिलिए मेरे केबिन में आकर।...मैं तुम्हें भुने हुए केले, थोड़ा-सा मांस (स्ट्यू- सीझा हुआ मांस) काली सेम और चावल का टेस्ट कराना चाहूंगी।...यह गरीबों का सुंदरतम आहार है, परन्तु तुम तो मांस... खैर कैन वाली बीयर भी मिलेगी... समुद्र के शराब और गोश्त पुराने साथी हैं। सेहत की दृष्टि से भी और मिजाज को खुशनुमा बनाए रखने के लिए भी।" इससे पहले कि अरविंद मुड़े, डॉ. नताशा ने यह कहते हुए मुड़ना शुरू कर दिया कि उसके डैड शतरंज के अच्छे खिलाड़ी हैं। और जब वे देर तक खेलते हुए अपने सामने वाले खिलाड़ी से यह कहते हैं कि यह शह और यह मात, तब मुझे लगता है कि किसी राजा ने किसी देश को पैरों तले कुचल डाला है।

डॉ. नताशा चली गई। अरविंद न चाहते हुए भी वहीं खड़ा रहा। वह देखता रहा– अनन्त जल भूमि पर निर्जन सन्नाटा। उनके जहाज, चंद लोग, छोटी-बड़ी चाह के साथ, उत्साहित, कम उत्साहित मन से अनजाने लोगों के बीच उठने-बैठने की विवशता को मुस्कराहट से उछाल रहे हैं अनसोचे।

जिधर दृष्टि घुमाओ जल-ही-जल। धरती कहीं नहीं नजर आती। धतरीवासी के लिए एकदम कई सप्ताह-माह के लिए धरती से अलग हो जाना और जंगल में राह भटके राही के समान मानसिकता से जूझना कितना कष्टप्रद है! कितना गहरा। कितने सौ फेटम गहराई लिए, गल्फ घास का अंधेरा-उजाला, उड़न मछलियों का कुतूहल संसार, सैकड़ों फैटम नीचे की मछलियां।

टूना मछली...यह शायद कप्तान ने बताया था कि वह सूर्य के प्रकाश में चांदी-सी चमकती है, हालांकि यह मछली ज्यादा गहराई में नहीं रहती है। डॉल्फिन बड़ी मछली होती है। वह चौंका।

पास खड़े व्यक्ति ने उसे बताया, "ऊपर देखो, मैन ऑफ वार पक्षी..." वह बराबर अपने लंबे काले डैनों से आकाश में चक्कर लगाता हुआ अचानक समुद्र पर टूटता है किसी उछाल लेती मछली को झपट कर निगल जाने के लिए।

ज्ञान अथाह है, अछोर है। वहां एक से बढ़कर एक ज्ञानी-विज्ञानी हैं। वह अपने से जरा से ज्ञान के कारण मेधावी मान लिया गया, जबकि वहां मेधावी से भी आगे की कोई श्रेणी हो तो वे हैं...विलक्षण मेधावी। वह धीरे-धीरे लोटने लगा। सारी चहल-पहल को पीछे छोड़कर, क्योंकि अब तक डेक भरने लगा था और आवाजें सम्मोहन मुक्त होकर बीच-बीच में ठहाके लगा रही थीं।

33

"हैं" अरविंद चौंका। चहल-पहल के पंख लग गए। वह उड़ने लगी। एक लंबी यात्रा का अंत हो रहा था। 12 जनवरी, 1893 की दोपहर से लेकर 6 फरवरी, 1893 को वह अपोलो बंदरगाह आ लगा। लगभग छब्बीस दिन समुद्र के साथ रहकर मैदानी इलाके की ऊर्जा को तरस से गए थे। लोगों के पंख लग चुके थे। हंसी बेलगाम हो चली थी। अरविंद, अकेले यात्रा कर रहा था, वह अकेले ही अपोलो बंदरगाह पर उतरेगा। उसे कोई लेने आने वाला नहीं है। वह कितना अकेला है, उस मेले में जिसमें गले मिल-मिलकर खुशियां लुटाई जा रही थीं। उसने सोचा कि वह मेले के उतार के साथ बाहर आएगा। तब तक भीड़ छंट चुकी होगी। वह अकेला ही उतर सकेगा।

वह यों ही बाहर निकला। डेक तक गया। वहां से दृष्टि दौड़ाई। उसे कहीं डॉ. नताशा नजर नहीं आई। उसने कितना सच कहा था, "दोस्त, यहां किसी को किसी की प्रतीक्षा करने में समय नहीं गंवाना चाहिए। जब समय ही किसी की प्रतीक्षा नहीं करता तो फिर हमें किसकी प्रतीक्षा करनी हैं। यह एक भ्रम है कि हम साथ हैं, घनिष्ठ से भी हो चले हैं, पर कितनी देर के लिए। जरा मुकाम आने दीजिए वे यह गए कि वह। सारी घनिष्ठता टाटा या बाई-बाई में ऐसे बह गई जैसे वर्षा में बालू बह जाती है। कोई एक पल वहां नहीं ठहरा। उसने इधर-उधर चारों ओर देखा, नताशा कहीं नजर नहीं आई। जहाज ठहरा क्या कि सब उड़न छू। वह किसके लिए ठहरती? कौन था वहां उसका? उसने कहा भी था कि मोह बंधन है। बंधन अपनी आजादी खोना है। एक बार आजादी गई, फिर गुलामी का अनुभव तीव्र से तीव्रतर होने लगेगा। इसलिए मैंने तय किया है कि मैं शादी नहीं करूंगी। शादी भी एक बंधन हैं खासतौर से स्त्री के लिए। फिर वह स्त्री कितने भी उच्च सभ्यता-संस्कृति वाले देश की हो, कितने भी आजाद ख्याल की हो और कितनी पढ़ी-लिखी हो, एक बार वह पत्नी बनी नहीं कि धीरे-धीरे उसकी आजादी छिपने लगेगी। वह अपनी इच्छा से किसी को मित्र भी नहीं बना सकेगी और न कहीं जा-आ सकेगी। पुरुष औरत को अपनी पूंजी समझकर अपनी मन-मर्जी से इस्तेमाल करने की कोशिश करने लगता है।"

और तब प्यार गीली लकड़ी की तरह धुआं दे उठता है।"

"पुरुष इतना बुरा है क्या, डॉक्टर?"

"जरूरी नहीं है कि सब स्त्रियों के साथ ऐसा होता हो। मैं अपनी बात कर रही हूं।"

"कोई कड़ुवा अनुभव...।" अरविंद ने अधूरा वाक्य खिड़की से परदे की तरह खिसका दिया।

"कतई नहीं, अरविंद और कभी होगा भी नहीं।" नताशा ने दृढ़ता से कहा।

अरविंद अपने सोच पर मुस्कराया। वह क्या-क्या गोरखधंधा शुरू कर देता है, बिना किसी से पूछे और बिना किसी के चाहे। वह बंदरगाह से बाहर आया। उसने अपनी धरती को मन-ही-मन नमन किया। अपनी धरती अपना देश! कितनी मनोरम कितनी सुहावनी। एकदम शस्य श्यामला। समुद्र से आगे बढ़ते हुए उसके पांव एक जगह ठिठक कर रुक गए। उसने पुनः चारों ओर देखा। अब भीड़ छंट चुकी थी। नताशा कहीं नहीं थी। शायद अब

वह नताशा को तलाश भी नहीं रहा था।

चौदह वर्ष का वनवास- अपनी धरती से कटे रहने का मलाल! एक सुदीर्घ अंतराल! कैसे इतना लंबा समय बीत गया, कुछ पता ही नहीं चला। अब अतीत किसी फिल्म की तरह रह गया था। वह तब बालक था और अब जवान है। उसका कद लंबा है, देह गठीली है। मूंछे उग आई हैं कब से। टाई बांधता है। सूटेड-बूटेड है।

अरविंद को एक प्रकार की आध्यात्मिक अनुभूतियां घेरने लगीं, जिनसे वह बराबर दूर रहता आया था। इतना दूर कि वे कभी उसे छू नहीं सकी थीं।

यह उसे क्या हो रहा है! वह तमस में भागता हुआ नजर आ रहा था, जो दार्जिलिंग के स्कूल से इंग्लैंड तक उसका पीछा कर रहा था। उसमें शांति उतर रही थी, एकदम चांदनी की तरह हौले-हौले हिमपात-सी। वह यह निश्चित नहीं कर पा रहा था कि बंबई (मुंबई) में वह कहां ठहरे? किसके पास ठहरे? देशपांडे बंबई आ चुका था। उसके पास उसका पता नहीं था। सराय या धर्मशाला अथवा कोई सस्ता होटल कहां? वह विक्टोरिया में बैठा हुआ था, अचानक उसकी दृष्टि एक होटल पर पड़ी। उस पर लिखा हुआ था किफायती और आरामदायक ठहरने की एकमात्र जगह। उसने विक्टोरिया रुकवाई। उतरा। होटल के रिसेप्शन काउंटर पर पहुंचा। गनीमत थी कि कम्बाइंड लेटबाथ का एक कमरा एक व्यक्ति के लिए खाली हो रहा था। आधे घंटे में। वह रूम चार्ज अपने अनुसार जानकर वहीं उतर गया।

आधे घंटे उसने स्वागत कक्ष में पड़े सोफे पर आराम किया। पता नहीं उसे वहां कैसे नींद आ गई। उसकी आंख खुली तब एक घंटे से ऊपर हो चुका था। वह उठा और अपने कमरे में आया।

कमरा आरामदायक था। वह नहाया। जी भर कर नहाया। उसे लगा कि वह बहुत दिनों बाद पहली बार नहाया है। कपड़े धोए। तन-मन हलका हुआ। भूख सताने लगी। पेट भर खाना खाया। चावल भात। आलू मटर की सब्जी और पुदीने की चटनी, आम का अचार तथा सलाद (प्याज, ककड़ी, टमाटर, खीरा और नींबू)। उसने चटकारे लेकर भोजन किया। दो मिस्सी रोटी भी ली और उसके बाद अपने कमरे में आकर सो गया। आंख खुली तो स्ट्रीट लाइटें जल चुकी थीं।

वह उठा। मुंह-हाथ धोए। कोरी चाय पी। फिर पैदल ही बिना किसी से पूछे बाहर की ओर मनमानी दिशा में चल पड़ा। विज्ञापन देखता रहा। कुछ

जोड़े जो शायद बाहर से पहली बार शहर घूमने आए थे, अपनी मौज में थे, घर और अपने शहर–कस्बे की नैतिकता से मुक्त होकर। उनमें चुलबुलापन था और उत्तेजना से भरपूर उनका मन था।

"क्या करना है?" उसने अपने से मन से पूछा। उत्तर था लापरवाही से, वही जो लंदन छोड़ते वक्त तय किया था। तब बड़ौदा के महाराज सयाजी राव गायकवाड़ विद्वानों के शरणदाता थे और कर्मठ, कर्त्तव्यपरायण तथा निष्ठावान व्यक्तियों की तलाश में रहते थे। वह यह मानकर चलते थे कि ऐसे योग्यतम, निःस्वार्थी और समर्पित व्यक्तियों के प्रशासन में आ जाने से उनका राज्य दिन दूनी और रात चौगुनी उन्नति कर सकता है– भौतिक दृष्टि से भी और नैतिक दृष्टि से भी। लंदन की वह शाम कितनी खुशगवार थी। रात में तारे खिले थे और सड़कों पर रंग-बिरंगी रोशनी थी। वातावरण में महक थी।

वह पुस्तकालय में बैठा हुआ था कि उसकी निगाह डेली न्यूज पर जम गई। भारतीय विद्यार्थियों के नाम आज की संध्या। कोई भी विद्यार्थी उनसे रात के 7 से 8 के बीच में मिल सकता है। गिब्स ने ओटमील की लपसी बनाई थी, जौ के आटे से। उसने फोन किया। उसे उनसे मिलने की स्वीकृति मिल गई। समय भी तय हो गया। तब अंग्रेजी इंग्लैंड की राष्ट्रभाषा थी, सारे योरोप की नहीं।

गिब्स ने आधे घंटे घड़ी तेज कर रखी थी ताकि रात को जल्दी सोया जा सके और सुबह भी जल्दी उठा जा सके। थैंक्स माई डियर स्वीट आंटी, वह याद नहीं दिलाती तो आज की स्मृति में एक स्थाई सपना नहीं होता और न कोई ठौर-ठिकाने का प्रबंध।

वह समय पर पहुंच गया। वहां उसने अपना नाम दर्ज पाया और उसके सामने समय जो निर्धारित हुआ था, उससे आधा घंटे आगे का। शाही भव्य पोशाक, ऊपर ढीला-ढाला अंगरखा, पट्टा, पगड़ी, स्वर्ण रत्न जड़ित मूठ की छड़ी, गले में कीमती कई हार– ये थे महाराज सयाजी राव गायकबाड़ तृतीय। चमकीले गहरी आंखें, हृष्ट-पुष्ट देह, मुखमंडल पर तेज और गंभीर व्यक्तित्व। वे पूछ रहे थे, "अरविंद घोष, आप हैं?"

"जी महाराज।"

"आई.सी.एस. छोड़ दी।"

"वो घुड़सवारी की परीक्षा...?"

"नहीं देने के कारण से।" "जी, महाराज।"

"आप युवा हैं। कद-काठी भी ठीक-ठाक है, भाल उठा हुआ है, आंखें दमकती हुई हैं और मन से वह हठी हैं। जो एक बार ठान लिया, वह करके ही मानेंगे। फिर घुड़सवारी की परीक्षा न देने का कारण?" सयाजी राव गायकवाड़ ने परखने का सिलसिला निष्ठा से शुरू किया।

"हां, यह सही है कि मैं घुड़सवारी की परीक्षा देता तो पास हो जाता।"

"यानी आई.सी.एस. हो जाते– बड़े रुतवे वाले अधिकारी।"

"मेरे पिता डॉ. कृष्णधन घोष भी मुझे आई.सी.एस. देखना चाहते थे।"

"लेकिन आप नहीं बनना चाहते थे, परंतु इसका कारण?"

"कुछ देर तक अरविंद सोचते रहा। आखिर वे भी तो महाराज हैं और महाराज और सम्राट सभी की एक बिरादरी है। फिर! फिर क्या। वही जो आग अंदर सुलग चुकी थी और 'इंडियन मजलिस' और 'लोटस एण्ड डैगन' में व्यक्त हुई थी कि "हम कैसे परतंत्रता की कैद से मां को स्वतंत्र कराएं। कोई हमारी मां को बेइज्जत करे और हमें अपनी नौकरशाही के सिरमोर बनाकर बैठाना चाहे तो मां का वह पुत्र ऐसे सम्मान को कैसे स्वीकार कर सकता है? हमें हर स्थिति में, जैसे भी हो, स्वतंत्रता चाहिए। अंगारे से सुलग-धधक रहे ये विचार उसको ब्रिटिश-भारत की नौकरशाही का कैसे एक नगीना हो जाने देते। वह खखार कर कहने लगे, "क्षमा कीजिए, महाराज, मैं सत्य पर अडिग रहने के लिए अपने आप से वचनबद्ध हूं। मेरा देश जिन्होंने पराधीन बनाया हुआ है, उनके यहां मैं सेवक नहीं बन सकता, कदापि नहीं। किसी कीमत पर नहीं।"

"तो क्या आप राष्ट्र भक्ति से प्रेरित हैं?"

"हां, महाराज। एकदम प्रेरित हूं। मेरा राष्ट्र धरती का एक टुकड़ा नहीं है। हम जिस शक्ति को भारत भवानी भारती कहते हैं, वह तीस करोड़ मनुष्यों की शक्तियों की जीवंत एकता है। मैं उस धरती का पुत्र हूं। अपने अतीत पर गर्व, वर्तमान के लिए कष्ट और भविष्य के लिए भावावेश मेरी प्रेरणा का स्रोत है।" उसे लगा कि वह कुछ ज्यादा ही बोले जा रहा है, अतः रुक गया।

"भारत तो लौटना ही होगा।"

"वह भी बहुत जल्दी।"

"वहां कहां से यात्रा शुरू करने का विचार है?" महाराज सयाजी राव गायकवाड़ ने पूछा, "माना कि मेरे में आग है, परंतु अभी दिशा तय नहीं है। दरअसल मैं अभी भारत को जानता-पहचानता भी नहीं हूं। मेरे पिताजी ने

मुझे पूरी तरह से अंग्रेज बनाना चाहा। सात वर्ष की अवस्था से इंग्लैंड की आबोहवा में रच-बस गया हूं। जो थोड़ा बहुत भारत के बारे में जाना-समझा वह मजलिस के लेक्चरों से और उसमें उठी बहस मुबाहिसा की बदौलत।"

"तो?"

"अभी मुझे अपने देश को जानना-समझना है। धधक रही आग में अभी नहीं कूदना है। पहले मैं अपने देश, उसकी सभ्यता, संस्कृति और साहित्य का अध्ययन करूंगा। पुनः बांगला भी सीखूंगा। फिर मैं सोचूंगा कि मुझे क्या करना चाहिए?"

"और इस सबके लिए कुछ तो करना ही होगा।"

"हां, जरूरी है।"

"क्या करना चाहोगे?"

"नौकरी?"

"कहां?...अपने स्थान कलकत्ता या बंगाल में या वहां के आस-पास।"

"नहीं, केवल वहां ही क्यों? संपूर्ण भारत में जहां मिले, वहां।"

"कुछ व्यवस्था हुई है क्या?"

"अभी तक कहीं नहीं। मैं घर जाकर पिताजी पर अपना भार नहीं डालना चाहता हूँ।"

"भारत लौटने पर पहले अपने घर कलकत्ता जाओगे- अपने माता-पिता, भाई-बहन और सगे-संबंधियों से मिलोगे।"

"नहीं, महाराज। मुझे पहले नौकरी की तलाश है। जहां नौकरी मिल जाएगी, पहले वहां जाऊंगा। घर का क्या! जहां इतने वर्ष बाहर बिताए, वहां कुछ माह और सही।" अरविंद ने अपना मन खोलकर रख दिया।

महाराज सयाजी राव गायकवाड़ अरविंद के बोलने के अभ्यास, शब्द चयन, निर्भीकता, निष्कपटता और साहस से बहुत प्रभावित हुए। गजब का आत्म-विश्वास, सद्विवेक और समझकर कार्य करने के प्रति ललक के वे मुरीद हो गए। वे बोले, "हमारे यहां कार्य करना पसंद करोगे?"

"क्या कार्य?"

"आपकी योग्यता के अनुसार आपको कार्य करने का अवसर मिलेगा। शेष आपके कार्य करने की क्षमता और कौशल पर निर्भर है।"

"अवश्य करूंगा।"

"क्या वेतन चाहोगे?"

अरविंद को वेतन के बारे में कुछ अता-पता नहीं था। उसका काम बड़ौदा में कितने में चल जाएगा, इसका उसे कोई अनुमान नहीं था। क्या बताए? उसने कह दिया, "यह मैं आप पर छोड़ता हूं। मुझे मोल-भाव करना नहीं आता। मैं जनता की, उसके हित में सेवा कर सका और राज्य की उससे खुशहाली हुई, यही मेरे संतोष के लिए काफी है। पढ़ने का शौक है। किताबें खूब खरीदूंगा और क्या चाहिए मुझे।"

महाराज सयाजी राव गायकवाड़ अरविंद की नेक नियती, पारदर्शी व्यक्तित्व और स्पष्टवादिता से अंदर-ही-अंदर बहुत खुश हुए और बोले, "फिलहाल हम आपको दो सौ रुपए देंगे।"

"ठीक है।"

"तो आप के लिए बड़ौदा राज्य में नौकरी पक्की। चाहे जब आ सकते हो।"

तो अब वह चलकर देखें कि क्या होता है? महाराज को यह सब याद भी रहा है या नहीं। उसने उन्हें कभी चिट्ठी-पत्री भी नहीं लिखी। अब भी उन्हें कोई पूर्व सूचना नहीं दी। वह किससे पूछे कि उसे ऐसी हालत में क्या करना चाहिए?

वह रास्ते में से लौट पड़ा। जो करना है, उसे ही करना है और अब तक वही तो करता आया है। कल वह बड़ौदा के लिए ट्रेन पकड़ेगा। यहां रहकर तो उसे कुछ करना नहीं है। वह होटल में आ गया। फिर वह नहाया। नहाने से उसका मन ताजगी से भर गया। वह शांत मन से, धीरे-धीरे उस होटल के भोजनालय की तरफ बढ़ा। एक सर्वथा अनपहचानी, अनजानी और असमझी दिशा की ओर, जीवन को नए कर्म क्षेत्र में पदार्पण करने के लिए।

34

यात्रा का कभी समापन नहीं होता। वह निरंतर नदी के पानी के बहाव की तरह चलती रहती है। वह किसी के लिए कभी रुकती नहीं और न किसी का कभी इंतजार करती है। समय ही यात्रा है कभी समाप्त न होने वाली यात्रा। समय ही वह जीवन है, जिस पर मृत्यु का वश नहीं चलता। इक्कीस वर्षीय नवयुवक, विलायत में पढ़ा, विलक्षण प्रतिभा के लिए पहचाना गया और बहुत कुछ कर गुजरने के लिए तत्पर अनुभव करता हुआ- वह बड़ौदा

स्टेशन पर खड़ा हुआ सोच रहा है कि लगभग अब तक उसके साथ उतरे मुट्ठी भर यात्री प्लेटफार्म से नदारद हो चुके हैं।

छोटा-सा स्टेशन। झपकी लेता या नींद निकालता स्टेशन! यह क्या हुआ कि वह मौन खड़े होकर अपने अंदर सिमटते जा रहा है। वाक धारा अंतर्मुखी होने लगी है। सुना भर था कि जब गाय अपने मालिक की ज्यादतियों से नाराज होकर अपना दूध स्वयं पीने लगती है, तब उसका मालिक परेशान होता है। कारण जानना चाहता है। गाय! एक शब्द सहसा उछलता है, लेकिन वह तो किसी से नाराज नहीं है। खद से भी नहीं। फिर शाप?

"ओ अक्रौयड बंधु...इधर आओ।"

किसने पुकारा? कौन उसके अंग्रेजी नाम के बारे में जानता है? यह नाम तो इंग्लैंड में उसके नाम के स्थान पर तब जुड़ा था, जब वह इंडियन मजलिस का सचिव था। और बहुत जल्दी उसने अपने इस अंग्रेजी नाम का त्याग भी कर दिया था। फिर भी वह अपनी जगह से नहीं हिला।

"ओ ऑरो मास्टर।" इस बार उसका चौंकना स्वाभाविक था, क्योंकि ऑरो तो उसका घर का नाम था। उसने देखा सामने से तेज गति से आने वाले व्यक्ति को...पास आकर उसने बहुत गर्मजोशी से स्वागत करते हुए कहा, "अरे मोशाय, तुम यहां।"

"नो मोशाय- बैरिस्टर बापू राव मजूमदार, मेरे दोस्त। अकेला खड़ा किसका इंतजार कर रहा है? क्या तुझे यहां कोई लेने आने वाला है?"

"हां।"

"कौन?"

"जो सामने खड़ा है वो और कौन!"

इस पर दोनों ठहाका लगा उठे। बापू राव मजूमदार ने फबती कसी, "तूने अभी तक अपनी आदत में सुधार कोई नहीं किया। वहीं का वहीं है। वह हंसी-ठहाका, व्यंग्य और दूसरे का मन जीतने की अद्‌भुत कारीगरी।"

"अब बातों से पेट भरता रहेगा या भाभी के हाथ का खाना खिलवाएगा। बड़ी जोर की भूख लग रही है।"

"क्यों न लगेगी बापू राव मजूमदार, जो सामने खड़ा है। होटल या रेस्तरां होता तो भूख रफूचक्कर हो गई होती कभी की। चल, अब साथ आ।" कहकर एक बैग उसने उसके हाथ से ले लिया। बाहर खड़ी घोडागाड़ी पर दोनों सवार हो गए। घर आ गए। उसने सारा किस्सा कह सुनाया कि वह वहां किस लिए आया है?

अरविंद रोज उठता। पढ़ने बैठ जाता। घर की याद आती। मां स्वर्णलता का चेहरा उसकी आंखों के सामने ठहर जाता। मां ने उसे पत्र दिया था, जो डाक की गड़बड़ी से एक माह बाद मिला था। उसने लिखा था– "प्रिय ऑरो, तुम ठीक–ठाक हो, यह जानने की चिंता सताती है। वहां तुम तीनों कैसे रहते होंगे, क्या करते होंगे? अर्थ संकट सबसे बड़ा संकट है। उसका कैसे सामना करते होंगे?

मेरी कुछ समझ में नहीं आता। तुम्हारे डैडी पर परोपकार का बुखार ऐसा चढ़ा है कि उन्हें घर का भी ध्यान नहीं रहता। ऐसा नहीं है कि उन्हें तुम्हारी चिंता नहीं है। चिंता तो बहुत है। वे कहते हैं कि उनके लड़के साहसी हैं प्रतिभाशाली हैं. कर्मठ हैं और जुझारू हैं। वे बिना नहरनी के भी नाखून काट सकते हैं। वे अपनी व्यवस्था स्वयं कर लेंगे। उन्हें क्या कहूं? दिन–रात मरीजों की सेवा में लगे रहते हैं। कुछ कहती हूं तो कहते हैं, "तू नहीं समझ सकेगी कि मेरी पढ़ाई का क्या अर्थ था? मैं क्यों विदेश में एम.डी. करने गया? मात्र डॉक्टर बनने नहीं और न पैसा बटोरने।"

"और भी तो डॉक्टर हैं एक अकेले तुम्हीं तो डॉक्टर नहीं हो। वे तो यों तुम्हारी तरह मरते खपते नहीं हैं। ठाठ से रहते हैं। उन्हें खर्च की तनिक भी चिंता नहीं है।"

"हां, नहीं है, मैं यह बात जानता हूं।"

"तो फिर ये फकीरी ओढ़ने की चाहत क्यों?"

"तो सुन, लता। आखिरी बार सुन। मेरी पढ़ाई पर जो खर्च हुआ है, वह समाज से आया है। यानी वह सबका है। तो मुझे सबके प्रति वफादारी निभानी चाहिए कि नहीं।"

"नहीं, कतई नहीं।"

"क्यों?"

"पहले घर के प्रति तो वफादारी निभा लो। बाहर का नंबर तो बहुत बाद में आता है और वह भी न के बराबर।" वह उन्हें समझाती होती, लेकिन उनका भूत नहीं उतरता।

तुझे सात वर्ष का देखा था। तब से अब दसेक वर्ष हो रहे हैं...शायद इससे भी ज्यादा। अब तू जवान हो रहा है। तेरे मूंछे भी आने लगी होंगी और दाढ़ी भी। मेरे भाग्य में तेरे किशोर और वयस्क होने के मनमोहक रूप देखना नहीं लिखा था। सब कुछ भाग्य पर निर्भर है– आज और आने वाला कल भी।

तुझे मैंने उनके पत्र में लिखवाया था कि तू और तेरे दोनों भाई बढ़ती उम्र के साथ अपनी-अपनी फोटो अवश्य खिंचवा लिया करें। तुम्हारा अतीत तो मैं देख नहीं सकती, परंतु तुम्हारे भेजे फोटोज से मैं अपने मन को अवश्य तसल्ली दिला सकूँगी।

"और क्या लिखूं, ऑरो। मन तो बहुत चाहता है, परंतु शब्दों और वाक्यों की अपनी सीमा और मर्यादा है। और तेरे लौटने पर जानूंगी कि तेरे पिताजी ने तुम लोगों को क्या बनवाया है? तुम्हारी शुभचिंतक स्वर्णलता।"

पत्र अरविंद की आंखों के सामने आ ठहरा। उनका एक-एक शब्द वह सुन रहा था। ओह! यह उसने क्या किया? अभी भी कुछ नहीं बिगड़ा है, वह चाहे तो यहां से सीधे कलकत्ता लौट सकता है। उसने अपने मित्र से इस विषय पर चर्चा की और उसके मित्र बापू राव मजूमदार ने कहा, "ऑरो, तुम ऐसा गलती कभी नहीं करना। कुछ समय नौकरी में बिताओ तदुपरांत अवकाश लेकर घर हो आना। दो पैसे पास में होंगे तो घर पहुंचना भी अच्छा लगेगा।"

इस तरह अरविंद ने 8 फरवरी, अठारह सौ तिरानवे से 17 फरवरी का समय अपने आप से लड़ने में बिता दिया और 18 फरवरी को वह बड़ौदा महाराज के दरबार में उपस्थित हुआ। महाराज सयाजी राव गायकवाड़ ने उसे तत्काल पहचान कर कहा, "मि. अरविंद, हमें आपकी प्रतीक्षा थी। कब आए?"

"आठ फरवरी को, महाराज।"

"कोई बात नहीं, हम आपकी हाजिरी आठ फरवरी से मान लेंगे। हमारे दीवान से आपको कार्य के बारे में जानकारी मिलेगी।" उसे स्टांप, सर्वे, रेवेन्यू आदि में जल्दी-जल्दी बदल कर काम मिलता रहा। एक बार तो उसे लगा कि काम लेने का यह कैसा तरीका है कि वह किसी काम को ठीक से समझ भी नहीं पाए कि उससे पहले उसका विभाग बदल दिया जाए। क्या महाराज उसके कार्य से संतुष्ट नहीं हैं जो जल्दी-जल्दी उसको नया काम दिया जा रहा है और पुराने काम पर से हटाया जा रहा है।

वह अपने मित्र के घर से नए किराए के मकान में आ चुका था। वह दिन-रात पढ़ता। लैंप की पीली रोशनी में रात-रात भर पढ़ता। मच्छर उसे काटते रहते, परंतु वह मच्छरों की परवाह नहीं करता और पढ़ने में इतना डूब जाता कि उसे याद भी नहीं रहता था कि खाना खाया या नहीं। आश्चर्य तो यह कि वह बैठक देखने वाले को एक समाधि जैसी प्रतीत होती। वह सम

में रहता। एकांत में भी एकांत खोज लेता। आवाज भी उसकी आज्ञा बिना अंदर नहीं जा सकती थी। घमासान शोर, हुड़दंग, हो-हल्ला हो रहा हो, परंतु उसके चित्त पर उन सबका कोई असर-प्रभाव नहीं पड़ता था।

उसे स्वयं अचरज होता कि इतनी एकांतात्मकता, घनी भूतता, नीरवता और आत्मलीनता उसमें कैसे समा जाती है कि कोई प्रश्न उसे उद्वेलित नहीं करता, न कोई बाह्य आकर्षण उसको छेड़ पाता।

वह कार्यालय से आया। कार्यालय वह सफेद पगड़ी पहन कर जाता था, उसके गले में सूट से मैच करती नेकटाई होती थी और ब्राउन शू। उसे कभी-कभी गोल टोपी लगाने की भी इच्छा होती तो वह लगा लेता था।

आते ही उसने पहला काम तो यह किया कि कार्यालय पहनकर गए इंगलिस्तानी कपड़े उतारे, हैंगर पर सावधानी से टांगे और मुंह-हाथ धोकर तुरंत सफेद-धोती-कुरता पहना। घर पत्र डाला था। उसी का घर से उत्तर आया था।

पहले उसने खाना खाया। फिर वह तख्त पर आ लेटा। कठोर बिस्तर रहता था तख्त पर। आधेक घंटे के बाद उठा। पुनः मुंह पर पानी के छपके मारे। राइटिंग टेबल के सामने कुरसी पर आ बैठा। पत्र खोले। पढ़े। उत्तर देना जरूरी हुआ तो दूसरा पत्र उठाए बिना उसका उत्तर लिखा। पुनः पढ़ा। बंद किया। टिकिट लगाए और एक ओर रख दिया। आए पत्र पर उत्तर भेजने का दिनांक लिखा और दूसरी ओर रख दिया। यदि किसी पत्र का उत्तर बाद में देना होता था तो उस पत्र को एक पीले रंग की फाइल में रख देता था। कितनी शांति से, सहज मन से और कलात्मक शैली में वह यह काम निबटाता था कि लगता वह कोई अति गुरु गंभीर कार्य में व्यस्त है।

अंतिम पत्र खोला, वह घर से था। कोना फटा हुआ था। वह ठहर गए। अवश्य कोई दुखांत समाचार है। मृत्यु की ओर संकेत था, जिस पर वह जब तब सोचता हुआ शून्य में आ ठहरता था। पता नहीं कि वह शून्य उनमें चक्कर खा रहा था या वह शून्य के। अचानक शून्य स्थिर हो जाता। निष्पंद हो जाता। ध्वनि रहित हो जाता। रंगविहीन हो जाता। धीरे-धीरे वह शून्य होने लगता और अंत में शून्य हो जाता। शून्य बना रहता। शून्य में उठती एक रश्मि। गेरुए रंग की, धीरे-धीरे अरुण लौ बन उसमें आंख खोलने लगती।

उसे नहीं पता कि यह क्यों होता है? भारत में और वह भी बड़ौदा आने पर उसमें ऐसा होने लगा। रंगहीनता उनमें उतरकर आलोक सी फैल जाती।

एक महीन ध्वनि मौत का अवगुण्ठन हटा कर संकेत देती, "अरविंद, उठो।" वह सुनता या नहीं सुनता, उसे कुछ पता नहीं चलता सिवा इसके कि फिर कोई आलोक दार्जिलिंग के गहन और विस्तृत तमस की तरह उसे और सारे अग-जग को अपने में समेटता जा रहा है।

आलोकरहित आलोक, उजालायुक्त तमस, ध्वनिहीन ध्वनि, कर्मयुक्त अकर्म, चेतनायुक्त निश्चेतना और न जाने क्या-क्या दृश्य-अदृश्य, साकार-निराकार और पता नहीं। अद्‌भुत आश्चर्य। यह अचानक अपने में लौटता। सामने वही था दुखांत त्रासदी का उद्वेलन लिए।

"हा! हा!! कृति का कृतिकार नहीं रहा। पिता डॉ. कृष्णधन घोष! अब!"

अब क्या! दिगंत डोल गया उसमें। मृत्यु का पहला प्रहार! जब सात वर्ष का था तब उन्हें देखा, अब वे नहीं रहे। किसे देखेगा?

मां विधवा। गहरा संकट। कितनी अपार खुशियां। हर्षोन्माद! उसका लड़का आई.सी. एस. हो जाए। उसके स्वागत में गर्मजोशी से तैयारियों की अद्‌भुत योजना। बंबई (मुंबई) आए थे कि अपने बेटे को घर ले जाने के लिए। कोई समाचार नहीं था उनके पास। और जो था, वह कच्चा-पक्का। लौट आए तो और निराश होकर। अकेले बंबई से कलकत्ता लौटे थे मुंह छिपाए। स्वर्णलता ने सहारा दिया था, "थकते क्यों हैं? निराश नहीं होना। वह हमारा बेटा है, हमारे पास ही लौटकर आएगा। आकांक्षाओं के साथ उड़े तो हाथ निराशा आएगी। उसका आना सहज-स्वाभाविक है। जहां इतने वर्ष बिताए, वहां कुछ समय और सही।"

"तू सच कहती है, ऑरी की मां। मोह अंधा होता है। वह स्वयं ही आएगा। अवश्य आएगा।"

अरविंद कैसे उन्हें आई.सी.एस. में चयन नहीं पाने की सूचना देता! उसने सोचा था कि वह घर जाएगा और धीरे-धीरे उन्हें सूचना देगा। मां-बाप को अपने क्यों को लेकर अपने बच्चों पर अपनी महत्त्वाकांक्षा नहीं थोपनी चाहिए। वह उनके समूचे विकास का सबसे बड़ा व्यवधान सिद्ध होता है। वह उन्हें कैसे समझाए! भारतीय शिक्षित मां-बाप में यह रोग कुछ गहरा ही व्याप्त होता जा रहा है।

पत्र वारीन ने लिखा था कि मां दिन-रात रोती रहती है। पहले वह उसे याद करती थी। अब वह किसी को याद नहीं करती। हर किसी को पहचानने से भी इनकार हो जाती है। उसकी याददाश्त पर मानों वज्रपात हुआ हो।

पत्र समाप्त था। उसे जाना था। अभी, तत्काल जाना चाहिए परंतु कैसे? वह महाराज के पास आया और वह दुखद वृत्तांत कह डाला। वे बोले, "चिंता मत करो, अरविंद। इस संसार से एक दिन सबको विदा लेनी है। हमें, तुम्हें भी और ईश्वर को भी- राम-कृष्ण को भी लेनी पड़ी। ईसा, मुहम्मद साहब, गुरु नानक आदि सबको। यह जीवन की एक सहज प्रक्रिया है। ईश्वर आपको और आपके संतप्त परिवार को इस वज्रप्रहार सहने की शक्ति दे और हुतात्मा को शांति मिले, यही प्रार्थना है।"

उनके जाने का प्रबंध करवा दिया गया। रिजर्वेशन हो गया। कल सुबह की ट्रेन पकड़नी है। कैशियर (खजांची) उन्हें कुछ रुपया भी दे गया। वह अपनी शेष दिनचर्या को यथावत् बनाए रहा। मित्र भी आए, उससे मिला भी परंतु उनसे कुछ कहा नहीं अन्यथा उनको शोक मनाने का सिलसिला बड़ौदा से शुरू करना पड़ जाता। वह प्रतिदिन की तरह रात को सोया। सुबह समय पर उठा। पढ़ा भी और सुबह की दिनचर्या से फारिग भी हुआ। इतने में मोटर गाड़ी आ गई और वह चल पड़ा।

35

तीसरे दिन दोपहर को कलकत्ते से देवघर और देवघर से चार मील दूर स्थित रोहिणी गांव अरविंद पहुंचा। स्वर्णलता वहीं रह रही थी और वहीं उनके साथ बारीन और उनकी बहन सरोजिनी थीं। एक बार सारा वातावरण शोकमय हो गया। लोगों का आना शुरू हुआ। सबमें जिज्ञासा भी थी कि अरविंद बहुत प्रतिभा संपन्न इनसान है। आई.एस.सी. में वह बहुत अच्छे अंक लेकर पास हुआ था।

सारा गांव उसके आने के समाचार से रोमांचित हो उठा। सबके मन में यही धारणा थी कि वह बनेगा तो बहुत बड़ा अफसर। गांव के भाग्य जाग जाएंगे। रास्ते में बहुत से लोगों से उसकी रामा-श्यामा होती रही। यूरोपियन ड्रेस पहने देखकर लोगों में उत्सुकता गहराने लगती है और वे उसे इस प्रकार से देखते हैं, मानों कोई देवता उनके यहां पधार रहा है। जब वह घर में पहुंचा तब मां सोयी हुई थी। बारीन कहीं गया हुआ था। सरोजिनी अपनी किसी सहेली से बात कर रही थी।

चारों ओर गहराता सन्नाटा था। नीम के घने और बड़े वृक्ष के नीचे बाइस्कोप दिखाने वाला खड़ा बच्चों को चित्र दिखाते हुए कॉमेन्ट्री करता जा रहा था।

वह चुपचाप अंदर चला गया। मां के पलंग पर जा बैठा चरणों की ओर। देखता रहा, मां कितनी कृशगात हो गई है। उसका गुलाबी मुखमंडल रक्तहीन-सा हो गया है। उसकी आंखों के नीचे कालापन उभर आया है। उसके रक्ताभ अधर हलका-सा पीलापन लिए सफेद पड़ गए हैं। उसकी मां कितनी सुंदर थीं। और अब! वह कांप-सा गया। वह आंखें बंद करके कुरसी पर बैठा रहा। लंबी यात्रा की थकान ने उसकी देह को चकनाचूर कर दिया था। उसके ठीक पीछे डैड का फोटो सुनहरे फ्रेम में लगा हुआ था। उस पर माला थी।

"भैया, तुम कब आए?" कहकर सरोजिनी ने अरविंद की नींद उचाट दी।

"सरोजिनी, यह सब कैसे हुआ?"

"बस हो गया। कैसे क्या अपना भाग्य ही खराब था। पिताजी बंबई से लौटे थे। कुछ-कुछ निराश थे। मां ने उन्हें बहुत समझाया। वह तुम्हें लेने, मुंबई पहुंच गए थे। पर तुम नहीं आए थे। सदमा यहां से शुरू हुआ। उन्होंने बाहर जाना बंद कर दिया। सुबह टहलने जाते थे, वह भी छोड़ दिया। अंदर-ही-अंदर घुटने लगे और उस मनहूस दिन, दुपहर के बाद खबर मिली थी बैंकर्स-गिंडले एण्ड कंपनी से कि इंग्लैंड से रोमानिया जहाज में भारत के लिए श्री अरविंद घोष यात्रा कर रहे थे। वह जहाज अंधड़-तूफान में फंसकर पुर्तगाल के किनारे के पास आता-आता डूब गया। उसमें कोई यात्री नहीं बचा। बस यह जानकारी जैसे ही उन्हें मिली, वे अचेत हो गए। जब तक डॉक्टर आया तब तक उनके प्राण-पखेरू उड़ चुके थे।"

"आह! कहीं मां..."

"नहीं जगेगी उसे नींद की गोली खिलाकर सुलाया है।" चारेक बजे उनकी तंद्रा टूटेगी।

"लेकिन मेरा पत्र।"

वह पुराने पते पर पहुंचा था। दो एक माह बाद यहां पहुंचा। रिडायरेक्ट तो हुआ था, पर गांव में डाक पहुंचने की व्यवस्था का ईश्वर ही मालिक है। तुम्हारा पत्र पाते ही तुम्हें बारीन ने उत्तर दिया था।

"हां, उसी पत्र से तो..."

"पिताजी ने अंत समय में सिर्फ तुम्हारा ही नाम लिया था। एक बार आंखें खोलकर चारों ओर देखा था। पता नहीं कुछ क्षणों के लिए अचेतावस्था

कैसे टूटी और फिर कैसे वे ऐसे अचेत हुए कि न आंख खोली और न होंठ।"

"मेरे भाग्य में उनके दर्शन करना नहीं लिखा था।" कुछ देर बाद अरविंद ने पूछा, "और ममा...एकदम ऐसी कैसे? उन्हें क्या हुआ? कैसे हुआ? और कब?"

"मैं पहले खाना लगाती हूं, भैया। तुम नहा-धोकर आ जाओ। शेष बातें तो बाद में होती रहेंगी।"

अरविंद भी शायद यही चाहता था। छोटा-सा घर। पुराना-सा घर। कहीं-कहीं से प्लास्तर उखड़ा हुआ था। यह कैसे हुआ! वह जब खाना खा रहा था, तब बारीन भी आ गया। चरण छुए। हालचाल पूछे। बारीन बता रहा था कि पिताजी ने जिनके लिए दिन-रात एक किया, घर फूंक तमाशा देखा। उनके बाद कोई काम नहीं आया। कर्ज के बोझ से दबे हम लोग क्या करते, मां ने आभूषण बेच डाले। जो था, वह सब बिक गया। अंत में सिर छिपाने के लिए गांव आ गए।

"कितना कष्ट पाया। मुझे कुछ नहीं पता चला। मां को जगने दो, पूछूंगा।"

बारीन कुछ कहना चाहता था कि सरोजिनी ने उसे इशारे से रोक दिया।

तभी मां जाग गई। अरविंद मां के पास आ बैठा और कहने लगा, "मां, मैं आ गया हूं तेरा नीलचंद्र...ऑरो...अरस्तू...।"

स्वर्णलता ने घूरकर देखा। पहचानने का प्रयत्न किया। उसके पपड़ीनुमा होंठ खुले और बंद हुए। उसकी बड़ी-बड़ी आंखों में चमक उठी और तुरंत चपला-सी निःशब्द बुझ गई। उसने भरसक चेष्टा की और अंत में मुंह फेर लिया।

"मां, क्या तू अपने ऑरो से इतनी सख्त नाराज है। होना भी चाहिए, सारा दोष मेरा है। मैं हूं तेरा असली गुनहगार। मैं अंग्रेजों की गुलामी करना नहीं चाहता था। उनके लिए काम नहीं कर सकता था। यह सच है कि मैं चाहता और घुड़सवारी की परीक्षा देता तो आई.सी.एस. हो जाता, लेकिन मैं नहीं चाहता था। फिर मैं वह सूचना देकर पिताजी की आशा-आकांक्षा पर पानी नहीं फेरना चाहता था। क्या पता पिताजी पर उस समाचार से क्या बीतती। इसलिए मैंने तय किया कि मैं बिना सूचना दिए घर लौटूंगा और धीरे-धीरे उन्हें विश्वास में लेकर सब कुछ बता दूंगा। पर मेरा दुर्भाग्य, मां

मुझे क्षमा कर दे! क्षमा, मां।" अरविंद कहते रहे और सोचते रहे कि मां ने सब सुन लिया है और उसे क्षमा भी कर दिया है। मां के होंठ तनिक कांपे। उनकी आंखें चमचमायी, परंतु वे कुछ नहीं कह सकी। बारीन ने अपना मुंह दूसरी ओर घुमा लिया। सरोजिनी ने कहा, "भैया, मां ने कुछ नहीं सुना, कुछ नहीं समझा।"

"यह कैसे हो सकता है? वह मुझे देख रही हैं। पहचान रही है। अभी, थोड़ी देर में वह मेरे सिर पर हाथ फेरेगी और कहेगी, "तू आ गया है, ऑरो, अब मुझे चिंता नहीं। सब ठीक हो जाएगा।" न बारीन ने कुछ कहा और न सरोजिनी ने। मौन पिघलकर पथराने लगा। धूप आंगन से फिसलती हुई बाहर चली गई। अरविंद उठ खड़ा हुआ। मां को पेशाब जाना था। सरोजिनी उसे पकड़कर बाथरूम की ओर बढ़ गई।

"भैया, मां हममें से किसी को नहीं पहचानती और न कुछ कहती है। पिताजी की मौत से ऐसी गूंगी हुई कि आज तक नहीं बोल सकी। लाख चाहा पर कुछ नहीं हुआ। सब हार गए।"

"मैं कोशिश करता हूं...डॉक्टर क्या कहते हैं, बारीन?"

"विक्षिप्त बताते हैं उन्हें।"

"उपाय।"

"दवाएं चल रही हैं। जिस दुर्घटनावश वह विक्षिप्त हुई हैं, उसी प्रकार से किसी अज्ञात-अनहोनी घटना के आघात से शायद वे वर्तमान में लौट आएं...पर कब? वे चुप रह जाते हैं। मानों कुछ बोलते नहीं सिवा इसके कि महाचंडी पर विश्वास रखो।" बारीन ने विस्तार से बताया।

"मैं डॉक्टरों से भी मिलूंगा।"

"मां आ गई हैं, भैया।"

अरविंद अंदर चला आया। सरोजिनी ने मां के हाथ मुंह धुला दिए थे। धोती बदल दी थी। सफेद रंग की धोती बिना किनारी वाली और उसी रंग का सलूका था बाहों वाला। उसकी चोटी कर दी थी। मां पर कुछ-कुछ चमक लौट आई थी।

अरविंद मां के सामने बैठ गया था। सरोजिनी से चाय भरा कप लेकर वह मां के होंठों से लगाकर पिलाने लगा था। मां पीने लगी थी। रोज की तरह उसने ना-नुकर नहीं की थी और न ही चाय पीने के बाद मुंह फेर कर यह बतलाया था कि अब वह चाय के घूंट नहीं भरेगी। कई बार तो वह मुंह

में चाय भरकर कुल्ला कर चुकी थी। धोती खराब कर ली थी। परंतु आज तो वह चुपचाप चाय के बूंट भर रही थी और अपनी बड़ी-बड़ी आंखों से कभी चाय और कभी उसे देख रही थी। पूरी चाय पी डाली और पास पड़े नेपकिन से स्वयं अपना मुंह भी पोंछ लिया। यह आश्चर्य जनक घटना थी। अरविंद पूछ रहा था, "मां, दाल-भात ठीक रहेगा।"

मां ने देखा, सुना नहीं। देखकर समझा कि कुछ कहा गया है पर किससे, इसके लिए उसकी आंखें चारों ओर घूम रही थीं। उसने मां का हाथ अपने हाथ में ले लिया और प्यार से कहा, "तेरा ऑरो, मां।"

मां ने पुनः चारों ओर घूरा। मानो अरविंद ने उससे नहीं, किसी और से कहा हो और वह उस और की तलाश कर रही हो। अरविंद का मन अंदर-ही-अंदर हा-हाकार कर उठा। उसमें दिशाएं उलट-पुलट गईं। उसके लिए अनागत का सद्यः निर्मित दुर्ग एक ही भूकंप के झटके से ताश के पत्तों की तरह बिखर गया।

आहत सन्नाटा घायल मगरमच्छ की तरह सूखे तालाब में पड़ा हर आहट पर नजर रखे था। वह बूढ़ा अजगर कांटों भरी झाड़ी से लिपट कर लहूलुहान हो गया था। अरविंद ने एक बार और कोशिश की। यों उसने सात दिन वहां बिता दिए। डॉक्टरों से वह मिला। परंतु उसकी मां टस से मस नहीं हुई। वह पूछने लगा, "अपन सब साथ चलें।"

"ऐसी हालत में क्या चलना ठीक रहेगा।"

"परंतु यहां रहने से क्या लाभ है?"

"अपनी जान-पहचान और नाते रिश्तेदारी बहुत काम आती है।" बारीन कह रहा था।

"और सबसे ऊपर यह है कि मां नहीं जाएगी। वह बोलेगी कुछ नहीं परंतु अपनी जगह से हिलेगी नहीं, भैया। हमने पहले भी कोशिश करके देखी थी, परंतु...रहना तो यहीं पड़ेगा।"

अरविंद इस विकट समस्या के सामने क्या करे? वह गांव से बाहर निकल गया। घूमता हुआ सोचता रहा। नियति क्या है? पापा ने सारा जीवन दूसरों की सेवा में लगा दिया था और मां ने भी जहां तक बना दूसरों की सेवा से कभी परहेज नहीं किया था। फिर उनके साथ ऐसी दर्दनाक घटना क्यों घटी? वह नदी के पास से लौटना चाह रहा था कि उसे उसी गांव के वैद्य मुकुंद गांगुली आते हुए नजर आए। लौटते हुए वह उन्हीं से चर्चा करता

आ रहा था। वह कह रहे थे, "अरविंद, तुम्हारे पिताजी के साथ वही हुआ जो दशरथ के साथ हुआ था। अंतर कुछ भी नहीं है। दोनों को पुत्र वियोग ले बैठा। काश, तुम तब आ गए होते तो?"

"तो क्या होता?"

"कुछ नहीं होता। होता वही जो राम रच राखा, लेकिन तुम तब उसका कारण नहीं होते। यह संसार है। इस संसार का सारे का सारा सोच रुढ़ीवादी और दकियानूसी है। हमारे सोच को इसी कारण घुन लगा है। कौन निकालेगा उन्हें उनको इस जंग खाए सोच से बाहर? जब तक यहां के जन मानस में क्रांतिकारी परिवर्तन नहीं आएगा और उसका आधुनिक सोच नहीं बनेगा, तब तक लाख आंदोलन उठा लो या क्रांति का बिगुल बजा लो अथवा भाषणों की नुमायश सजा लो। कुछ नहीं होगा। वही ढाक के तीन पात।"

"आप कहां से आ रहे हैं?"

"एक जलसे से।"

"क्या था वहां?"

"कुछ युवा नौजवान हथियारों के बल पर देश आजाद कराने पर बल दे रहे थे।"

"तो?"

"मुझसे नहीं रहा गया। मैंने कह डाला पहले अपने घर में तलाश करो कि वहां कितनी स्वतंत्रता है? क्या हम अंग्रेजों से पहले गुलाम नहीं थे? अपने इतिहास पर निगाहें डालो तो जान सकोगे कि हम आज के नहीं, कम-से-कम एक हजार वर्ष से गुलामी भोग रहे हैं। इस गुलामी के बीज बहुत गहरे हैं। उनसे सबसे अधिक हमारी सोच पंगु हुई है। सोच की कैद से मुक्त हुए बिना आजादी का हर प्रयास अधूरा है। और मान भी लो, हम आजाद हो भी गए, तो हमारे ही अपने भाई हमें अपना गुलाम बना लेंगे।" वैद्यराज मुकुंद गांगुली अपनी उम्र से बहुत जवान लग रहा था। अरविंद को उसका साथ अच्छा लगा। वह पूछने लगा, "फिर, वैद्यराज?"

"अपना समाज कुबड़ा है। पहले उसे सोच के कुबड़ेपन से बाहर लाओ। क्रांति-व्रांति नहीं पहले शांति का सुदर्शन चक्र घुमाओ।"

"कौन घुमाएगा?"

"हम सब मिलकर और कौन!"

"कैसे?"

"कुरीतियों को तोड़ो। असामाजिक कार्य-कलापों से उसे बाहर लाओ। विधवाओं से शादी रचाने वाले क्रांतिकारी सामने आएं। अनपढ़ों को साक्षर और नई दिशा में मोड़ने वाले आगे आएं। मृत्यु भोज बंद हो।...तुम्हारा भाई भी उन क्रांतिकारियों में से एक है जो हत्या और बल के बूते देश को आजाद कराना चाहते हैं।"

"क्या बारीन?"

"हां वही।...यह जुनून है, पागलपन है। मुगलों के खिलाफ कहां गया था उनका यह जुनून? क्या वे बाहर से नहीं आए थे?"

"आए थे।"

"फिर उनको गले क्यों लगा रखा है? क्या वे हमारे लिए घातक नहीं हैं। वे भी पिटे हैं इसलिए हमारे साथ आ मिले हैं। जब भी अवसर मिलेगा, वे छिटककर हम से अलग खड़े हो जाएंगे!"

"लेकिन वे तो..."

"कुछ नहीं वे तो। वे हमारे को आज नहीं कल नुकसान अवश्य पहुंचाएंगे। बंगाल को ही ले लो। वे हमसे अलग खड़े हुए हैं। हम पहले उनके गुलाम थे। हमारे जो राजा-महाराजा थे, चाबुक उनकी भी अपनों पर ही पड़ती थी।"

"परंतु हमें कोई तो रास्ता तलाश करना होगा।"

"कौन-सा? क्या क्रांति का। क्या मारा-मारी का? उससे क्या होगा? राजा-महाराजा भी यही तो करते आए हैं। हर शासक अपने पांव मजबूत बनाए रखना चाहता है। जनता का राज्य लाना बच्चों का खेल नहीं है। इसके लिए वैसी विवेकशील और सुदृढ़ इरादों वाली जनता चाहिए। वैसी जनता कहां से लाओगे? जनता के राज्य नाम पर भी कुछ दिग्गज महाबली ही राज करेंगे। भ्रम मत पालो। स्वप्न मत बांटो। जनता एक बार सबल हो उठी, उसका विवेक जागृत हो उठा, उसमें साहस-बल और न्याय के प्रति निष्ठा जाग गई तो कैसा भी राज्य हो, किसी का भी राज्य हो, वह राज्य जनता का ही होगा।" मुकुंद गांगुली इतना कहकर रुके और बोले, "अरविंद बेटे, तुम तो स्वर्ग में रहकर, ज्ञान-ध्यान से परिपूर्ण होकर सात समंदरपार से आए हो। मैं तुम्हारे सामने क्या-क्या बचकानी बात कर बैठा। सब बेकार है।...तुम तो अपनी मां को देखो।"

"क्या करूं?"

"इलाज मैंने भी किया था। विक्षिप्तता है उन्हें। फिर भी, वह कभी-कभी चेत में आ जाती हैं। गहरे आघात से उनकी वाणी जाती रही, वह लौट आए तो वे जल्दी ठीक हो सकती हैं। अब डॉ. बोस का इलाज चल रहा है।"

"वो तो सब है पर, यहां..."

"साथ ले जाना चाहोगे, क्या?"

"सोच तो यही रहा हूं, परंतु..."

"वे जाएंगी नहीं। इसका अर्थ जानते हो कि से पूर्ण विक्षुप्त नहीं हैं। उनकी याददाश्त को अवश्य गहरी चोट पहुंची है। शायद तुम्हें मालूम नहीं और हो भी कैसे सकता था, तुम तो बाहर थे, पराई धरती पर। उनकी हालत तुम्हारे पिता डॉ. कृष्णधन के सामने से ही खराब होने लगी थी। मैंने कहा भी था कि डॉक्टर वह तुम्हारी बीवी है, कुछ करो। वे कहते थे, "बच्चों को विदेश से लौट आने दो। सब ठीक हो जाएगा।" इस बीच वे भी चल बसे। वह भी अचानक...वह प्रसंग तो बहुत अनिष्टकारी और अप्रिय है...अच्छा मैं चलूंगा, तुम्हें तो सीधे जाना है। कब तक यहां हो?"

"एक-दो दिन और।"

"नौकरी का प्रश्न है। नौकरी भी नई-नई है। आते रहा करो। आओ तो मिलना नहीं भूलना। मेरे से जो बन पड़ेगा, मैं अवश्य करता रहूंगा। अच्छा तो..."

"प्रणाम, वैद्यराजजी।"

वैद्यराज मुकुंद गांगुली मुड़ लिए, बरगद का पेड़ बीच में पड़ता था, वहीं से दो रास्ते फटते थे, अलग-अलग दिशा में। अरविंद हलकी सी राजनीतिक गतिविधियों की जानकारी पाकर देश की आजादी के जटिल प्रश्न पर सोचता हुआ अपने घर की ओर मुड़ गया।

36

महाराज सयाजीराव गायकवाड़ ने अरविंद को जहां भी लगाया, वहीं से उसका परिणाम आश्चर्यजनक सुखद प्राप्त हुआ। असंतोष खत्म हुआ। कार्य करने की क्षमता में सुधार हुआ, गति बढ़ी और कार्य करने की शैली भी बदली। आकर्षक हुई। वे देख रहे थे कि उनके पास हर माह पेटियों पर पेटियां आती रहती थीं। उनमें अंग्रेजी, फ्रेंच, जर्मन, रूसी आदि भाषाओं के

उपन्यास होते और कविता संग्रह। उपन्यासों पर उनका ध्यान सबसे अधिक था। मानव चरित्र और समाज का अध्ययन करने के लिए उससे बेहतरीन तरीका दूसरा नहीं था। वह उपनिषद, वेद, रामायण, गीता आदि का अध्ययन भी जारी कर चुका था। इतना अध्ययनशील, नीति-नियम का पक्का, लंगोट का सच्चा और इतना धेले के प्रति उदासीन और इतना सहज इंसान उन्होंने पहले नहीं देखा था।

जब महाराज गायकवाड़ को यह ज्ञात हुआ कि वह संस्कृत अपने आप सीख रहे हैं बिना किसी की मदद लिए, तब उनके आश्चर्य का ठिकाना नहीं रहा। बंगला वह एक शिक्षक से सीख रहे थे और संस्कृत अपने आप से। उनके इन दैवी गुणों के कारण महाराज गायकवाड़ ने उन्हें अपने व्यक्तिगत कार्यों को भी सौंपना शुरू कर दिया और उनसे दिन-पर-दिन अंतरंगता स्थापित करते गए। आश्चर्य कि वे उन्हें जो भी कार्य सौंपते चाहे वह कार्य उनसे संबंधित होता अथवा नहीं, लेकिन न वह उस काम के लिए इनकार होते और न कार्य के अतिशय बोझ की शिकायत करते। एकदम शांत, निरुद्विग्न, निर्मल और सहज। ऐसे प्रतिकूल अवसर पैदा करके उन्होंने देखा, जिसमें व्यक्ति धैर्य खो सकता था और उत्तेजित हो सकता था, परंतु पता नहीं वह किस मिट्टी के बने थे कि तनिक भी धीरज नहीं त्यागा और रत्ती भर भी आवेश, क्रोध में नहीं आए। सहज और सम बुद्धि से कार्य करते रहे और अध्ययन करने में तनिक भी शिथिलता नहीं बरती।

अरविंद के इक्के-दुक्के अनुपम ही तो मित्र थे, वे भी हैरान थे। उनमें से अनुपम पाटलीवाला उससे पूछता रहता था, एक बार नहीं, अनेक बार कि वह कुछ बोलता क्यों नहीं? इतना पढ़कर वह क्या करेगा? बूढ़ा हो जाएगा, परंतु किताबों का पहाड़ तब भी उसे मुंह चिढ़ाएगा और कहेगा, "बेटे अरविंद, तुम तो इतनी जल्दी हार गए। हो सकता है कि एक न एक दिन कोई व्यक्ति एवरेस्ट पर अपने देश की ध्वजा फहरा दे और धरती की सबसे ऊंची चोटी पर चढ़ जाए, लेकिन ऐसा कभी नहीं हो सकता कि कोई अकेला मानुष या उस जैसे कोई पढ़ाकू इस संसार की सारी पुस्तकें पढ़ सके। फिर तुम दिन-रात किताबों के प्रति इतना पागल क्यों बने हुए हो?"

वह सहज मुस्कान बिखेर कर मौन रह जाता। कोई उत्तर नहीं देता और जब पाटलीवाला उत्तर पाने के लिए सत्याग्रह कर बैठता तब वह मात्र इतना ही कहता, "मित्र, मैं स्वयं नहीं जानता कि मैं ऐसा क्यों करने पर तुला हूं?

यही सच है और मैं इस सच के अंतर्मन को जानने के लिए किताबों की दुनिया को जितना बनता है, कुरेदता जा रहा हूं। हो सकता है जैसा तुम्हारा विचार है कि उससे मुझे कुछ नहीं मिले या मैं उनके सामने थक जाऊं, हार मान लूं या बूढ़ा हो जाऊं। इसका मुझे तनिक भी बुरा नहीं लगेगा परंतु उनको पढ़ते हुए मैं जितना एकाग्र, तटस्थ और आवेश शून्य अपने को पाता हूं उतना शायद किसी अन्य विधि से संभव न हो। हो भी तो वह विधि मैं जानता नहीं हूं और जानने की मेरी इच्छा भी नहीं है।"

"एक विधि है।"

"क्या?"

"योग, अरविंद, योग।"

"मुझे क्या करना होगा उसके लिए, पाटलीवाला?"

"निर्जन एकांत में जाना होगा।"

"वह मेरे वश का नहीं है, पाटलीवाला।"

"क्यों नहीं है? उससे तुझे आंख फोड़ने वाली इस क्रिया से मुक्ति मिलेगी। तेल के लैंप की रोशनी से आराम मिलेगा और मच्छर जो तेरे पर अपने विषैले डंकों से भयावह आक्रमण कर परास्त हो चुके हैं, उन्हें शांति मिलेगी। फिर तू सब कुछ जान सकेगा। जैसे गणेशजी ने जाना था।"

"क्या जाना था गणेशजी?"

"शॉर्ट कट।"

"कैसा शॉर्ट कट?"

"एक समय की बात है। देवताओं में इस विषय पर खलबली मची कि उनमें सबसे सक्षम, योग्य और श्रेष्ठ देवता कौन है? सब देवता मिलकर ब्रह्मा के पास पहुंचे। ब्रह्मा ने उन्हें विष्णु के पास भेज दिया और विष्णु ने उद्विग्न तथा आवेश में आए देवताओं की भीड़ को संबोधित करते हुए कहा, "मेरे प्रिय और सम्मानीय देवराज, आपका यह जानना आवश्यक है कि आप में श्रेष्ठ कौन है? पूजा में सबसे पहले किसे स्थान मिले?"

देवगण की सभा में शांति छा गई। सबने अपनी-अपनी शक्ति बल का स्मरण किया। सोचा कि विष्णु क्या निर्णय सुनाते हैं। और यदि उनके अनुकूल निर्णय नहीं हुआ तो इसकी शिकायत वे ब्रह्मा से करेंगे।

विष्णु देवताओं के मन को पढ़ चुके थे। वे आ बैल मुझे मार की उक्ति अपने पर क्यों दोहराने दें, अतः आगे कहने लगे, "आप सब अपने-अपने क्षेत्र में श्रेष्ठ हैं।"

"पर इसमें सर्वश्रेष्ठ कौन है, आदरणीय विष्णुजी, यह प्रश्न वर्षों से हम देवगण के मन को बेचैन किए है। अंततोगत्वा इसका निर्णय हो, यह अत्यंत आवश्यक हो गया है। धरती लोक भी इस कारण मनमानी कर बैठता है और कभी-कभी उनमें इस मुद्दे को लेकर युद्ध तक होने लगता है।"

"देव लोकाधिपति का कथन उचित है, महाप्रभु विष्णुजी। हमें समाधान चाहिए," समवेत स्वर और तीव्र हुआ, "हमें समाधान चाहिए।"

विष्णु को ब्रह्माजी की चालाकी पर बड़ा क्रोध आया। जैसे ही उन्होंने आंख बंद कर ब्रह्मा का ध्यान लगाया तो क्या देखा कि ब्रह्मा अपनी पत्नी से कह रहे थे, "अब विष्णु के गले में घंटी बंधी होगी। देवताओं में कौन श्रेष्ठ है?"

"तुम्हें ऐसा नहीं करना था, स्वामी।"

"तो क्या करता? उनमें किसे सर्वश्रेष्ठ घोषित करता? जिसे भी घोषित करता, शेष सबका विरोधी हो जाता।"

"आप भी क्या डरते हैं?"

"हां, मैं डरता हूं।"

"वह क्यों?"

"क्योंकि सारे नियम कायदे हमारे सीमित हैं और हमने स्वेच्छा से उनको माना भी है। फिर उनका उल्लंघन कैसे कर सकते हैं! कोई भी नहीं कर सकता है और जो करेगा, उसे दंड मिलेगा। यह कारण है हमारे डरने का?"

विष्णु ने अंतर्कथा की गोटी को समझते हुए कहा, "देवताओं, आप सबको मेरा, एक सुझाव है और वह यह है कि आप महादेव के पास जाएं। वे तटस्थ हैं और किसी लेन-देन में नहीं हैं। पक्षपात तो वे कर नहीं सकते। उन पर किसी का भी प्रभाव काम नहीं कर सकता तो कृपया आप लोग उनके पास जाएं।"

महादेव तपलीन थे। उनसे बहुत आग्रह-अनुग्रह किया। प्रार्थना की। उनके साथ जटिलता यह रहती है कि उन्हें संसार में लाना अत्यंत दुष्कर कार्य है। वे अपनी मस्ती में अंतर्लीन बने रहते हैं। सारे राग-द्वेषों से दूर हैं। उनसे डर यही है कि वे जहां तत्काल प्रसन्न होकर वरदान दे डालते हैं वहीं उसी रफ्तार से अभिशाप भी। कामदेव तो भुक्त भोगी हैं।

उनके इन्हीं गुण-अवगुणों के कारण कई बार देवलोक पर संकट मंडरा चुका है। यहां तक कि वे स्वयं भी वरदान देकर अपनी सुरक्षा के लिए

भागते रहे हैं और अंत में विष्णुजी ने मोहिनी रूप धारण कर भस्मासुर से जान छुड़ाई।

महादेव ने आंख खोली। आने का कारण जाना और कहा, "आप सब पुरुषार्थी हैं, शक्ति संपन्न हैं। सभी श्रेष्ठ हैं। फिर सर्वश्रेष्ठ के चक्कर में, क्यों पड़ रहे हैं? पर देवतागण नहीं माने तो वे कहने लगे, "मेरी समझ में इसके लिए एक प्रतियोगिता आती है। वह आप में से सर्वश्रेष्ठ कौन है, का निर्णय करेगी।"

"हम तत्पर हैं।"

आप प्रतियोगिता की घोषणा करें। घोषणा हो गई कि जो ब्रह्मांड के चक्कर सबसे पहले लगाकर लौटेगा, वह आप में सर्वश्रेष्ठ होगा। सब देवता अपने-अपने तीव्र गति से चलने वाले वाहन लेकर निकल पड़े।

अकेले गणेश रह गए, जिनका वाहन चूहा था। वे परेशान हो उठे कि वे कैसे इस दौड़ में भाग लें। महादेव तो उनके पिता हैं। उनसे ही कोई उपाय पूछें। वे उनके पास आए। देखा कि वे तो तप में लीन हैं। माथा पकड़कर बैठ गए। एक बार तो वे अपनी जिद का परिणाम भोग चुके हैं। हाथी का सिर उस जिद की ही निशानी है। अब वे क्या करें? कैसे जगाएं उन्हें? उनका क्रोध और उनकी प्रसन्नता दोनों ही दो अतियां हैं।

अचानक उनके मन में आया जब दूसरा दिन ढल रहा था कि क्यों न वे महादेव की परिक्रमा लगा लें। ब्रह्मांड उनमें ही बसता है। वे ही ब्रह्मांड के स्वामी हैं। उन्होंने ऐसा ही किया। सब देवता लौट आए। इंद्र बहुत प्रसन्न नजर आ रहे थे। हलचल बढ़ी। महादेव ने आंखें खोलीं। एकदम शांति छा गई। उन्होंने पल पर ध्यान लगा कर कहा, "आप में वैसे सभी श्रेष्ठ हैं परंतु जहां प्रश्न सर्वश्रेष्ठ का सामने आता है, वहां मुझे कहना पड़ता है कि वह गणेश हैं।"

गणेश का नाम सुनकर सारे देवता हताशा से भरकर किंकर्त्तव्यविमूढ़ रह गए। उनके सामने किसी में बोलने का साहस नहीं था। सब देवता पुनः ब्रह्माजी के पास पहुंचे। वे उनकी पीड़ा को समझ गए। इंद्र कह रहे थे, "जब आपके यहां पक्षपात होने लगेगा, तब सारी दुनिया का क्या होगा?"

ब्रह्माजी ने उन्हें समझाया, "यह बात कतई नहीं है कि महादेव पक्षपात करें। गणेशजी उनके पुत्र अवश्य हैं, परंतु उन्होंने उनका पक्ष लिया हो, यह बात मानने योग्य नहीं है। तनिक ठंडे दिमाग से सोचो तो आप लोगों को

सारी बात समझ में आ जाएगी।" कुछ रुककर ब्रह्माजी ने कहा, "महादेव, इस ब्रह्मांड के जनक हैं। आपको ब्रह्मांड ने जनक की परिक्रमा लगानी थी। आप सारे ब्रह्मांड में दौड़ लिए और गणेशजी ने ब्रह्मांड के जनक की परिक्रमा लगाकर सारे ब्रह्मांड की यात्रा पूर्ण कर ली। आप लोग शब्दार्थ प्रेरित रहे, जबकि गणेशजी भावार्थ प्रेरित। इस कारण गणेशजी इस प्रतियोगिता में सर्वश्रेष्ठ रहे। यह प्रतियोगिता वाहन की नहीं, बुद्धि-विवेक की थी।...अब आप लोग राजी-खुशी लौट जाएं। विवाद से मन मैला न करें।"

"तो यह है शॉर्टकट, पाटलीवाला।"

"हां।"

"तुम्हारा या गणेशजी का।"

तुम किसी की भी मानो, पर याद रखो, तुम जिस प्रकार से पुस्तक कर्म में दत्तचित्त हो, वह देवताओं के वाहन की प्रतियोगिता है, असली प्रतियोगिता तो गणेशजी की है। अब यह तुम्हें सुनिश्चित करना है कि तुम किस मार्ग को अपनाकर आगे बढ़ना चाहोगे?

अरविंद इसी कारण तो पाटलीवाला से इतना घुल-मिल गया था कि पाटलीवाला की समझ में कहीं-न-कहीं गणेशजी विराजमान रहते थे और उसे भारतीय इतिहास, पुराण और भूगोल की अच्छी जानकारी थी, मौलिक सोच था। वह पूछने लगे, "तो मुझे...।"

"निर्जन में जाकर योग साधना में जुट जाना चाहिए।"

"पर निर्जन मिलेगा कहां?"

"ऐसे बहुत से स्थान हैं?"

"जैसे..."

"अरे, बड़ौदा राज्य में निर्जन स्थानों का क्या टोटा है? एक ढूंढ हजार मिल जाएं। बस, एक बार अपना मन तो बना।"

"पर कैसे, पाटलीवाला?"

"तारीख बता, फिर मैं तुझे निर्जन स्थान पर भिजवा दूंगा। मेरे पास एक सप्ताह बचा है, फिर मैं पोलैंड चला जाऊंगा।"

"जब देखो तब जनाब हवाई घोड़े पर सवार होकर आते हैं।"

"मतलब की बात कर। बोल निर्जन पसंद है या नहीं। उत्तर सिर्फ हां या न में।"

"तो सुन, ऐसा कोई स्थान नहीं है, जो निर्जन हो।"

"हुआ तो।"

"अरे भाई, वहां मैं होऊंगा, फिर वह निर्जन कैसे रहेगा।" अरविंद ने उसे छेड़ा। "तब तू जाने और तेरे काम।"

"नाराज हो रहा है क्या?"

"नहीं पर तुझे पुस्तकों की दुनिया से बाहर लाने का मन होता है। दुनिया बहुत हसीन है, बहुत रंग-बिरंगी है और बहुत बड़ी है। उपन्यास में जो तेरी तलाश है या धर्मग्रंथों में से जो तू ढूंढ निकालना चाहता है, वह तुझे दुनिया घूमने पर मिलेगी। घर में बैठकर नहीं। मैंने जो कुछ पाया है, वह घूमकर, जानने-पहचानने और अनुभव करने से।" पाटलीवाला सहज ढंग से कहता जा रहा था।

वह रहने वाला बड़ौदा के पास के एक गांव का है। मैट्रिक तक पढ़ाई की है। सात-आठ भाषाएं जानता है। खासा बिजनेस है। बंबई, अहमदाबाद, हैदराबाद आदि में उसका बिजनस फैला हुआ है। वह दोस्तों का दोस्त है। भारत में कम, विदेश में अधिक रहता है। वह आगे कह रहा था, "अरविंद मैं तुम्हारी पढ़ने की गति का मुरीद हूं। तुम शायद एक घंटे में दो सौ पृष्ठ न केवल पढ़ लेते हो, बल्कि उन्हें अपनी मेमोरी में ज्यों-का-त्यों बैठा भी लेते हो और वह भी चाहे चारों ओर ढोल बजे या बाजा अथवा शोरगल हो पर तुम्हें इससे कोई फर्क नहीं पड़ता। तुम्हारी तल्लीनता रत्ती-भर भी भंग नहीं होती।" पाटलीवाला एक सांस में कहता चला गया।

"नहीं, ऐसी कोई बात नहीं है। ...सुनी-सुनाई बात पर विश्वास नहीं करना चाहिए।"

"और आंखों देखी बात पर?"

"तूने मुझे कहां देखा? कब देखा?"

"मैंने नहीं, मेरी पत्नी का यह ऑब्जर्वेशन है। उस दिन मेरे यहां तुम आए थे। शिशु उत्सव का आयोजन था।"

"हां...हां...जिस दिन तुम्हें जरूरी काम से बाहर जाना पड़ा था। सवा एक घंटे बाद लौटा था। घर में तेज ध्वनि पर आर्केस्ट्रा बज रहा था। नाच-गान चल रहा था और तुम मेरे स्टडि रूम में बैठे हुए एडविन आर्नोल्ड कृत सोंग सेलेस्टियल- दिव्य संगीत भगवद्‌गीता का भाषा अनुवाद पढ़ रहे थे। मेरी पत्नी की वह बेहद पसंद वाली पुस्तक है। तुम उसे पढ़ गए। पढ़कर उसे एक तरफ खिसका दिया। उसमें उत्सुकता जगी कि जिस पुस्तक को वह एक सप्ताह में पढ़कर ठीक से नहीं समझ पाई, उसे तुमने आनन-फानन

में कैसे पढ़ डाला। उसका अंग्रेजी, फ्रेंच, गुजराती और संस्कृत पर गहरा अधिकार है। उसकी भी मेमोरि शार्प है।"

"हां...हां, वह मेरे पास आई थी। वह भी उत्सव को छोड़कर और पूछा था, क्या यह पुस्तक पूरी पढ़ डाली है, भाई साहब?"

"हां, इसमें अचरज जैसा कुछ नहीं है। पढ़ना था, पढ़ डाली। पुस्तक रोचक है, डूबकर लिखी हुई है और गीता के पाठकों को अंतर्दृष्टि देती है।"

"आप तो गीता पढ़ चुके होंगे, भाई साहब?"

"नहीं, मैंने पहली बार 'गीता' का अनुवाद पढ़ा है। अब गीता भी पढ़ूंगा। संस्कृत मैं सीख चला हूं, स्वयं सीखी है।"

अब क्या था श्रीमतीजी को उनके इस कथन पर विश्वास नहीं हुआ कि वह इस पुस्तक को आद्योपांत पढ़ गए हैं। समझना तो दूर रहा। श्रीमतीजी ने श्रीमद्भगवद्गीता के एक श्लोक को पढ़कर सुनाया था। वह था :

कार्यकरणकर्तृत्वे हेतुः प्रकृतिरुच्यते ।
पुरुषः सुखदः खानां भोक्तृत्वे हेतुरुच्यते ॥

अरविंद ने कहा। मैंने व्याख्याकार की हैसियत से कहा था कि श्रीमद्भगवदगीता के 13वें अध्याय का 20वां श्लोक है, जिसमें श्रीकृष्ण अर्जुन को समझा रहे हैं कि कार्य अर्थात्, नभ, वायु, अग्नि, जल तथा धरिणी और शब्द, स्पर्श, रूप, रस, गंध और कारण यानी पंच महाभूत, अहंकार, बुद्धि तथा मूल प्रकृति तथा दस इंद्रियां, एक मन तो क्षेत्र का स्वरूप है और धृति- इस तरह के विकारों के सहित क्षेत्र उत्पन्न करने में हेतु प्रकृति कही जाती है तथा जीवात्मा सुख-दुःख भोगने में हेतु कहा जाता है और इससे आगे है-

पुरुषः प्रकृतिस्थो हि युङ्क्ते प्रकृतिजापगुणान ।
कारणं गुणसङ्गोऽस्य सद्सदयोनिजन्मसु ॥

"बस...बस...वास्तव में यह पुस्तक आपने आद्योपांत पढ़ी ही नहीं समझी है।... क्यों भाई, यह प्रमाण कम है या कुछ और प्रूफ चाहिए।"

"नहीं...नहीं, पाटलीवाला और कुछ नहीं। मैं 'मेमोरेबल' (स्मरणीय) चीजें नहीं भूलता हूं। वे 'मेमोराइज्ड' (कंठस्थ) हो जाती हैं।"

"यानी बिना ध्यान योग लगाए तुम मेडिटेशन में सिद्धहस्त हो चले हो। इसलिए कहता हूं कि योग विद्या भी जान लो ताकि बिना पुस्तकें पढ़े, वह सब जान सको, जिसकी तुम्हारे अंतर्मन को चाह है।"

"सोचता हूं।"

"अच्छा दोस्त चलता हूं और श्रीमती की ओर से मराठी या दक्षिण भोजन के लिए आमंत्रित करता जाता हूं। इस सप्ताह कभी भी आ टपकना, वह सबसे ज्यादा प्रसन्न होगी।" पाटलीवाला इतना कहकर लौटने लगा। उसका आना-जाना सदा हवा के झोंके की तरह होता है। वह देखता रहा कि पाटलीवाला जा रहा है। उसने प्रेम विवाह किया था- कोर्ट मैरिज। तब वह पेरिस में थी। तब उसे परिचित कराया था एक मित्र ने। कहा था, "शी इज माई फास्ट फ्रेंड मैडमवजेल (अविवाहित युवती के नाम के आगे लगने वाला एक फ्रेंच शब्द) मंजरी विडवालकर। फाइन आर्ट्स के फाइनल में हैं। संगीत की विशेषज्ञ-विशेषकर भारतीय संगीत में गहरी रुचि है। आप लोग गपशप कीजिए, मैं तैयार होकर आती हूं। फिर क्या था कि प्रथम दृष्टि की प्रेम पहचान धीरे-धीरे शादी के दरवाजे पर दस्तक देने लगी। अब उनके प्यारा सा एक शिशु है। यह सोचते हुए वह उठे और खिड़की पर से परदा एक ओर खींचा और खिड़की खोल दी। मस्त हवा स्कार्फ-सी लहराती हुई सारे शरीर-मन को रोमांचित कर गई। एक पल के लिए उसमें फुरफुरी-सी हुई और फिर अज्ञात स्पन्दनमयी सुगंध उसमें समाती चली गई। सामने जो दरख्त थे, उनमें से एक पीपल का, तीन जामुन के और दो आम के वृक्ष थे। उन पर अठखेलियां कर रहा था चिड़ियों का दल। वह दत्तचित्त होकर प्रकृतिस्थ होता गया। उसे लगने लगा कि वह भी उन चिड़ियाओं में से एक है। उसमें आसमान में उड़ने का कंपन हुआ और उसे लगा कि अस्पर्शी तरंगें उसमें गिटार की दूर से आती ध्वनि समाती जा रही है। इसी समय उसे याद आया कि महाराजा ने उसे बुलाया है और रात्रि भोज उसे उनके साथ लेना है। वह खिड़की बंद कर, उन पर परदे खींच कर अंदर की ओर धीरे-धीरे मुड़ गया।

37

आज महाराजा सयाजी राव गायकवाड़ गंभीर सोच में थे, कहीं बहुत गहरे में डूबे हुए। कई बार बैठे से खड़े हुए, टहलने लगे और फिर कुछ सोचकर बैठ गए। क्या अनागत वर्तमान की संतान है या अतीत की। अतीत जिया हुआ इतिहास है। वर्तमान का हर पल-प्रतिपल देखते-ही-देखते अतीत होता जा रहा है। इतिहास बनने की इस प्रक्रिया पर वे सोचते-सोचते थक

गए थे। सम्राट जार्ज पंचम भारत में आए हुए थे। साथ में उनकी रानी मैरी भी थी। उनका दिल्ली में प्रतिदिन भव्य स्वागत हो रहा था। इस क्रम में सभी राजा-महाराजाओं को दिल्ली पहुंचने का निमंत्रण मिला था। उसमें सयाजी राव गायकवाड़ का जाना भी जरूरी था।

उन्हें भी सम्राट जार्ज पंचम को सलामी देनी थी। दरबार का शिष्टाचार उन्हें सता रहा था। क्या करें? क्या नहीं? न निगले बन रहा था, न पचाए। अधरझूल में झूलता उनका चित्त बेचैनी का अनुभव कर रहा था। वे महाराज हैं अपनी प्रजा के। उनकी प्रजा जब उन्हें सलामी देती है, तब उनका चित्त फूला नहीं समाता। क्या प्रजा में कोई ऐसा भी ठिकानेदार या पटेल अथवा जमींदार है, जिसका मन सलामी देने में उनकी तरह कचोट रहा हो? होगा अवश्य! प्रतिष्ठा की अंतर्दृष्टि यही तो मंत्र फूंकती है कि सत्ता में बने रहने के लिए वह सब कुछ करना पड़ता है, जिसे करने की मन इजाजत नहीं देता है और आत्मा अंदर-ही-अंदर कोसती है।

सूचना मिली कि सरदेसाई साहब बैठक में आ चुके हैं। प्रसिद्ध इतिहासकार और पुरातत्व विशेषज्ञ। महाराज ने आदमकद दर्पण के सामने खड़े होकर अपने को घूरा। गले में पड़ी स्वर्ण, हीरे और मोती की मालाओं को जरा ठीक किया और दीवानखाने की ओर बढ़ गए। कुछ-कुछ मन में आया। क्या आया? यह वह ठीक से अनुमान नहीं लगा सके। मन बदला और दीवाने खास की ओर चले गए। वहीं मावलंकर को भी बुलवा लिया।

सरदेसाई ने महाराज का मुजरा किया इधर-उधर की बातें शुरू हुईं। अंततोगत्वा महाराज सयाजीराव गायकवाड़ ने पूछा, "यह राजपाट, ठाटबाट, शान-शौकत, रुतबा-रुआब इत्यादि की क्या जरूरत है?"

"सम्राट, महाराज, जागीरदार, ठिकानेदार आदि के होने का यही मतलब है। यह भी एक क्रम है।"

"अर्थात् क्रम के अनुसार अपने से बड़े को छोटा सलामी देता है।"

"बेशक! क्रम का यही अर्थ है।"

"निस्संदेह सलामी देने वाला छोटा होता है।"

"बेशक, महाराजा। जब कभी दरबार किसी खुशी के लिए जुड़ता है तब उसके अधीन मातहत आदि को उसमें भाग लेने के लिए आना पड़ता है, ताकि उनसे बड़े को यह इत्मीनान हो सके और दूसरे भी यह जान सकें कि सलामी देने वाला उनके अधीन है।"

"यह तो अपमानजनक स्थिति है।"

"है भी और नहीं भी है।"

"वो कैसे?"

इसी समय महाराजा सयाजी राव गायकवाड़ को सूचना मिली कि श्री अरविंद घोष पधार गए हैं। उन्होंने कहा, "उन्हें यहीं बुला लाओ।" फिर सरदेसाई की ओर मुखातिब होकर कहने लगे, "मि. घोष वही सज्जन हैं, जिनके बारे में हम आपसे कई बार चर्चा कर चुके हैं।"

"विलक्षण प्रतिभा के धनी, सर्वगुण संपन्न, रत्ती भर भी स्वार्थी नहीं और विद्वान।"

"अभी आप स्वयं देख लेंगे कि मि. घोष क्या हैं? उनकी योग्यता-क्षमता क्या है?"

अरविंद घोष ने नमन किया और संकेत पाकर वह बैठ गया। महाराज गायकवाड़ ने कहा, "सरदेसाई, आपने तो और उलझन में डाल दिया।"

"वह कैसे, महाराजा?"

"अपमानजनक है भी और नहीं भी है", यह कहकर महाराजा गायकवाड़ ने कहना जारी रखा, "अर्थात् सरदेसाई?"

"अपनी शक्ति तोलकर।"

"क्या मतलब?"

"छोटा सत्ताधीश बड़े सत्ताधीश को सलाम करने नहीं पहुंचेगा तो यह बड़े सत्ताधीश का न केवल अपमान होगा बल्कि सब राजा-महाराजा, मनसबदार, ठिकानेदार आदि जिन्हें वहां आमंत्रण योग्य समझा था, वे सोचने लगेंगे कि उन्हें भी नहीं आना चाहिए था। यह अब बड़े सत्ताधीश की नाक का प्रश्न बन जाएगा और सबकी दृष्टि इस पर टिक जाएगी कि अब उसका क्या होता है?"

"अर्थात् युद्ध।"

"युद्ध। युद्ध के अतिरिक्त दूसरा चारा नहीं होगा। यहां विचारणीय यह है कि बड़ा सत्ताधीश इतना सक्षम है कि वह युद्ध कर सके।"

"यदि वह युद्ध में हार जाता है तो?"

"वह आप अच्छी तरह जानते हैं कि... फिर विजेता क्या कर सकता है? राजा-महाराजा को और कैसे अपमानित कर सकता है, कुचल सकता है। जनता को किन विषम परिस्थितियों से गुजरना पड़ सकता है।"

"इसका अर्थ हुआ कि वह सलाम देने जाएं।" महाराजा गायकवाड़ ने सोचते हुए कहा और अचानक उन्होंने अरविंद घोष से पूछ डाला, "आपका क्या विचार है?"

"सरदेसाई साहब ने उचित विवेचन किया है।" अरविंद घोष ने सहज में कह दिया। कुछ देर रुककर आगे कहा, "वह बात दूसरी है कि सलाम करने वाला शिवाजी हो। आखिर राज्य का अपना सम्मान है। जब उसका महाराजा ही पराधीन हो, तब प्रजा का मनोबल, साहस निर्भीकता, दृढ़ता आदि को आहत पहुंचता है। उससे चरित्र पर खतरा मंडराता है और नैतिक मूल्यों में गिरावट आ सकती है।"

महाराजा सयाजी राव गायकवाड़ आश्चर्य से अरविंद घोष की ओर देखते रहे। सरदेसाई ने मौन तोड़ा और कहा, "मि. घोष का विवेचन बहुत ठीक है, परंतु वास्तविक संदर्भ यदि पता चल जाए तो टू दि पॉइंट, उसी दिशा में स्पष्ट विचार किया जा सके।"

महाराजा सयाजी राव सोच में पड़ गए। उन्होंने उचित समझा कि वह अपनी बात एक प्रसंग से जोड़कर प्रस्तुत करें। उन्होंने कहा, "सरदेसाई, एक बार वायसराय बहादुर ने सब राजा-महाराजाओं को भोज पर आमंत्रित किया। इसमें हमें भी सम्मिलित होना था। हम गए भी। वहां शराब का दौर शुरू हुआ। प्रत्येक राजा मनपसंद शराब का प्याला उठा रहा था और शिष्टाचारवश वायसराय बहादुर के प्याले से अपना प्याला स्पर्श कराकर 'जामे सेहत' के लिए पी रहा था। हम तो शराब छूते तक नहीं हैं, यह बात हम पहले ही बता चुके थे। इसी कारण हमारे लिए शरबत के प्याले की व्यवस्था करने का निर्णय हुआ था, परंतु वह व्यवस्था वहां नहीं हो सकी। अब हम क्या करें! यदि प्याला नहीं उठाते हैं तो न केवल उनका बल्कि साम्राज्य का अपमान माना जाएगा। आखिर हमने निश्चय कर लिया कि हम शराब का प्याला नहीं उठाएंगे और नहीं उठाया।"

"फिर?" सरदेसाई ने महाराजा को चुप देखकर पूछ लिया।

"फिर क्या! हलचल। राजनीति। हम लोग आपस में कहां संगठित हैं। उलटे एक-दूसरे के अपमान का अवसर हाथ से नहीं जाने देते हैं।"

"जैसा राजा वैसी प्रजा। कहावत यों ही प्रकाश में नहीं आई है।" सरदेसाई ने कहा।

"हमारे भी अनेक अंग्रेज मित्र थे। उन्होंने हमारी सहायता की और वस्तुस्थिति अवगत करवा कर उस तूफान को शांत किया, लेकिन अब!"

"अब क्या है?"

वायसराय के स्थान पर सम्राट जार्ज पंचम हैं और न्यौता उनकी ओर से मिला है।

"आप जाना नहीं चाहते।"

"हां, सरदेसाई।"

"उसका परिणाम?"

"बुरा होगा।"

"फिर?"

"फिर, क्या करें?" महाराजा गायकवाड़ ने कहा, "मि. घोष, आपका क्या विचार है?"

"आप जाएं।"

"और शिष्टाचारवश सम्राट जार्ज पंचम को सलामी दें?"

"यह डेकॉरम (शिष्टाचार) का प्रश्न है।"

"नहीं, यह गुलामी का प्रतीक है।"

"यह परंपरा भी है।" सरदेसाई ने कहा।

"तभी हम गुलाम हुए हैं।" सयाजी राव गायकवाड़ का गंभीर स्वर था।

"आजादी का अलख यहीं से जगना चाहिए, जो कदापि संभव नहीं है। सदियों में महाराणा प्रताप कोई हुआ तो हुआ, अन्यथा सदियां गुजर जाती हैं।" अरविंद घोष ने कहा।

"फिर क्या किया जाए?"

"जब प्रजा पसीने नहीं सुखा पाती हो तब किसी को भी यह अधिकार नहीं है, चाहे वह कोई क्यों न हो, वह यूडीकोलोन, यानी कोलोन (जर्मनी में बना एक प्रसिद्ध इत्र) का प्रयोग करें। जमीन से जुड़ें, जमीन पर रहें और जेहन के प्रति निष्ठावान् रहें, तब?" अरविंद ने बेहिचक कह डाला। सरदेसाई अवाक् रह गए। महाराजा सयाजी राव गायकवाड़ अवसन्न रह गए। अरविंद आगे कहने लगा, "महाराज, सत्य क्रूस से नहीं डरता। यदि कुर्बानी ऊपर से शुरू हो, चरित्र ऊपर वालों का सुदृढ़ तथा पाक हो और नींव की ईंट बनने का हौसला वे आगे बढ़कर दिखलाएं तो गुलामी के शिकंजे से बाहर आने में देर नहीं लगेगी। आज हाथ वे मल रहे हैं जिनके सिर गिरवी पड़े हैं।"

महाराज सयाजी राव गायकवाड़ ने तत्काल कहा, "आपसे, मैं पूर्णतया सहमत हूं, मि. घोष। हम कमजोर हैं। हम में से अधिकांश राजा-महाराजाओं

ने वही किया है, जो अंग्रेज हुकूमत कर रही है। हम सदा अपने पर ही ध्यान केंद्रित बनाए रहे हैं। पर क्या करें? हम सब भी तो एक-दूसरे के शत्रु हैं। हममें भी व्यक्तिगत रंजिश है। अंग्रेज ही क्यों, हमारे पर मुसलमानों ने भी सदियों से कहर ढाए हैं। हमने उनकी जी हुजूरी की है, अपनी बहन-बेटियों की डोली स्वयं कंधे पर उठाकर उनकी स्वर्णिम चौखट तक पहुंचाई है। तब हमारी नाक नीची नहीं हुई और अब... घिन आती है इस प्रसंग पर सोचते हुए। डर लगता है यह कहते हुए कि..."

"भावुकता की मर्यादा बनाए रखिए, महाराजा। आप दिलोदिमाग से पवित्र हैं और तहेदिल से कुछ कर गुजरने की चाह रखते हैं।" अरविंद ने तरकश से निकले तीर की पीड़ा का गहराई से अनुभव किया।

"हम जाएंगे, मि. घोष। अवश्य जाएंगे, लेकिन हम उन्हें सलामी देकर पीठ घुमाकर लौटेंगे, जो होगा, होने देंगे। राजपाट जाए तो जाए परंतु बिना पीठ दिखलाए उलटे पांव पीछे नहीं लौटेंगे। यह हमारा प्रण रहा।" सयाजी राव गायकवाड़ में जोश उमड़ पड़ा।

वे साफ तथा नेकदिल महाराजा हैं। निष्ठा उनका ईमान है।

सरदेसाई ने कहा, "महाराजा, राजनीति में भावुकता कमजोरी मानी जाती है। यहां शतरंज का खिलाड़ी चाहिए जो मौका पड़ते ही कहे और कर डाले, "ये शह और ये मात। पैदल मात! अभी आप किसी नतीजे पर नहीं पहुंचे। और सोचें, अभी आपके पास समय है और उसकी काट सोचें जैसे शिवाजी ने औरंगजेब की कैद में रहकर सोची थी और उसकी कैद से बाहर आने में देर नहीं लगाई थी। वह थी कि यह शह और यह मात। आप जल्दीबाजी नहीं करें, वक्त की नजाकत को देखें और दुश्मन चारों खाने चित्त गिरे, ऐसी चाल चलने की प्रतीक्षा करें। राजनीति का आचार्य श्रीकृष्ण के बाद कोई हुआ है, तो वह चाणक्य। राह चाणक्य की हो और कदम हमारे।"

"क्षमा कीजिए महाराजा, आपका चरित्र और कार्यशैली एकदम पारदर्शी है। ऐसे व्यक्ति उचित समय की प्रतीक्षा नहीं करते बल्कि उचित समय को अपने साथ लिए घूमते हैं। चाणक्य ने कहा भी है कि राजतंत्र में नीति नाम की कोई वस्तु नहीं होती। राजनीति का अर्थ समाज में नीतिमत्ता है यथा-राज्यतंत्रात्मक या नीतिशास्त्रात्मक मंच के सामने वाक्जाल का चक्रव्यूह नहीं रचा जाना चाहिए। उपयुक्त तथा श्रेष्ठ बातें सबकी सुननी चाहिए। चाणक्य कहता है- मंत्रकाले न मत्सरः कर्त्तव्यः।" सदैव कर्त्तव्य पथ पर आरूढ़ रहना

चाहिए, उससे लंबित न करते रहना चाहिए। कर्त्तव्य शुभ नहीं विचारता और न दीर्घसूत्रता में विश्वास करता है- कार्यान्तरे दीर्घसूत्रता न कर्त्तव्या।" अरविंद सूक्ति वाक्य में उतर आए। सरदेसाई मुंह बाए रह गए।

अब सन्नाटा तन गया। विवेक का सूर्य तमतमा रहा था। महाराजा सयाजी राव गायकवाड़ ने कहा, "सरदेसाई ने भी पढ़ा। हमें एक औद्योगिक प्रदर्शनी में भाषण देना है, जहां आम लोग भी होंगे और फिर भाषण हमें देना है। हमें किसी का भाषण पढ़ना नहीं है। वहां उनके सामने हम ही रहें, कोई दूसरा नहीं। परंतु इस भाषण से, क्यों सरदेसाई जी, क्या ऐसा लगता है कि हम इसमें नहीं हैं?"

कुछ देर चुप रहने के बाद सरदेसाई ने कहा, "भाषा शैली आपकी नहीं लगती है।"

"होनी तो हमारी चाहिए न।"

"अवश्य होनी चाहिए पर कैसे, महाराजा। मैं अरविंद हूं, आप सरदेसाई और आप...यों हम तीनों अलग-अलग हैं। तीनों की सोच, तीनों की भाषा शैली और तीनों का अंदाज निस्संदेह अलग-अलग रहेगा।"

"हमारा मतलब है कि इसकी भाषा सरल हो जाए। इसके कथन का स्तर थोड़ा सामान्य हो जाए, ताकि श्रोता अनुभव कर सकें कि वे हमें सुन रहे हैं।" महाराजा सयाजी राव गायकवाड़ ने साग्रह कहा। वे जानते थे कि अरविंद अपनी ही किस्म का सबसे अलग एक इंसान है। क्यों न हो जो आई.सी.एस. को ठोकर मार सकता है, उसे इस नौकरी को छोड़ते हुए क्या सोचना पड़ेगा- कुछ भी तो नहीं। इस कारण वे अरविंद का विशेष ध्यान रखते थे और उसे समुचित सम्मान देते थे। इस वक्त वे अरविंद की मुखमुद्रा को कनखियों से देख रहे थे।

अरविंद पल भर के लिए अटका। फिर उसने सोचा जो महाराज, उसे अपने महल लक्ष्मी निवास में समय-समय पर आमंत्रित करते रहते हैं और उसे भरपूर मान-सम्मान देते हैं, उससे क्या कहा जाए? उसने धीरे से कहा, "महाराजा, भाषण कितना भी सरल कर दिया जाए और वाक्य विन्यास भी बदल दिया जाए, तब भी श्रोता को यह समझने में देर नहीं लगेगी कि यह भाषण किसी और का लिखा हुआ है।"

अब क्या था कि पहले महाराजा ने ठहाका लगाया। उनका साथ सरदेसाई ने दिया और अंत में वह भी मुस्कराया। सरदेसाई ने कहा, "मि. घोष बात तो पते की कह रहे हैं, महाराजा।"

"परंतु भाव विचार तो इसमें आपके ही हैं, महाराजा।"

"हां-हां...हैं तो...चलो यह भी चलाकर देखेंगे, कितना लगता है और क्या इस पर क्या प्रतिक्रिया होती है, यह जान सकेंगे।"

"खूब दौड़ेगा, महाराज, आपका भाषण, क्योंकि अधिकांश श्रोता तो आपको सुनने नहीं देखने आए हैं और प्रायः होता भी यही है। आपका वहां आ जाना बहुत महत्त्वपूर्ण है" अरविंद ने अपनी टिप्पणी प्रस्तुत कर दी।

"मि. घोष का यह कथन भी बहुत महत्त्वपूर्ण है।"

महाराजा मुस्कराये। उनकी दृष्टि सामने खड़े सेवक पर जा डटी थी। वे कहने लगे, "इन बातों को हज्म करने के लिए अपने शरीर की सेहत की परीक्षा भी लगे हाथ हो जाए। हम लोगों का भोजन इंतजार कर रहा है।"

पहले महाराजा उठे, फिर सरदेसाई और सबसे बाद में अरविंद। यों हो गया आज के दिन की चर्चा का समापन। वह सोचते हुए चल रहे थे कि इतनी बड़ी स्टेट का मालिक कितना सहज, सरल और पारदर्शी है। कोई दिखावा नहीं। न कोई मान-सम्मान का प्रश्न। साथ में वे सक्षम, योग्य और दूरदर्शी भी हैं। वे अच्छे प्रशासक हैं और लोकतांत्रिक दृष्टि रखते हैं। तभी तो वह बड़ी सहजता से यह कह गए कि गोलमेज सम्मेलन का कोई परिणाम नहीं निकलेगा और देश भी जल्दी स्वतंत्र होकर रहेगा, पर देसी रियासतों का लोप भी हो जाएगा। यह उत्तर उन्होंने आगा खां को दिया था। वह कुछ रुककर आगे कहने लगे थे, "राजा-महाराजाओं का जमाना भी अतीत के गर्भ में समा जाएगा। समय परिवर्तन चाहता है और हवा भी दूसरी तरह की जोर पकड़ने लगी है। हमें भी समय के साथ चलना चाहिए, स्वेच्छा से और बिना तीन पाँच किए। ऐसी दूरदर्शिता बहुत कम में नजर आती है। अब वे तीनों डायनिंग कक्ष की ओर मुड़ रहे थे। महाराज दोनों को वहां बैठने का इशारा कर अंदर की ओर चले गए थे। अरविंद अभी बैठे नहीं थे, चारों ओर का बदला हुआ नजारा देख रहे थे। पहले आए थे तब कुछ और ही रंग-ढंग था और अब कुछ और।

38

बरसात थमने का नाम नहीं ले रही थी-मूसलाधार वर्षा थी। कई बार बिजली इतनी जोर की गर्जना करती चमकी थी कि सारा वातावरण ही चमक के साथ अन्तर्ध्यान हो गया था। कहीं कुछ नजर नहीं आ रहा था।

हवा भी तेज चल रही थी। दरख्तों और टहनियों के टूटने की आवाज सुनाई पड़ जाती थी।

इस बार ऐसी बिजली चमकी और गरजी कि समूचा बड़ौदा सिटी कांप गया। अवश्य बिजली कहीं गिरी थी। उसके बाद काफी देर तक सन्नाटा बना रहा, मात्र पास से गुजरने वालों की आवाज सुनाई पड़ती रही और यह अनुभव होता रहा कि नाला लबालब होकर तेज गति से बह पड़ा है। ऐसी घनघोर वर्षा बड़ौदा के दस वर्षीय काल में पहली बार हो रही थी। तीन दिन तक वर्षा का आक्रमण नहीं रुका और नदी-नाले, तालाब-पोखर आदि सभी छलछला आए। दिन-रात घटाघोट अंधेरा बना रहा। सूर्य देवता का दूर-दूर तक अता-पता नहीं।

अरविंद अपने कमरे में कैद होकर रह गया। उनके मित्र जो इंग्लैंड में उनके साथ थे और इंडियन मजलिस के भी सम्मानित सदस्य थे- बैरिस्टर केशवराव गणेश देशपांडे। वह बंबई (मुंबई) में अपनी प्रैक्टिस का झंडा गाड़ने में सफल हुआ था। उसका मन पत्रकारिता में भी रमता था। 'इंदु प्रकाश' मराठी में छप रहा था। उसके संचालक चाहते थे कि वह अंग्रेजी में भी छपे। यह उत्तरदायित्व, देशपांडे को सौंपा गया। देशपांडे ने अपने मित्रों को टटोला। उससे आग्रह किया कि वे इस पत्र की प्राण-प्रतिष्ठा करें। उसके लिए नियमित लिखें, और योजना बना कर लिखें ताकि पुनः इंडियन मजलिस की गतिविधियां इस पत्र के माध्यम से जन-जन तक पहुंच सकें।

अरविंद के मन में यदाकदा हलका सा विद्रोह उठता था। हलकी-फुलकी राजनीतिक गतिविधियों से वह परिचित हो रहा था और अपने मन में उठ रहे अग्नि के तूफान का अनुभव कर रहा था। हालांकि उसके मन को बटलर जैसे साथियों ने काफी तोड़ा था। क्रांति नहीं, शांति से देश की आजादी के लिए काम करने की सलाह दी थी। नवयुवक अरविंद तत्कालीन कांग्रेस की प्रस्ताव पास नीति से असंतुष्ट था। प्रस्ताव पास करने से क्या होगा? उसके मन में रह-रह कर यही कोहराम मचा हुआ था कि आग चाहिए, चाहे वह कहीं से आए। आग जलाए या न जलाए पर अंधेरे का दिल तो दहला दे। ऐसी मनःस्थिति के गुजरते हुए उसके पास देशपांडे का यह प्रस्ताव आया। उसने लिखा था, "दोस्त, ऐसा बहुत कम होता है जब चाह अपनी हो और उस चाह का सारा बंदोबस्त दूसरा अपने जिम्मे ले। अंधे को क्या चाहिए दो आंखें। 'इंडियन मजलिस' पुनः जिंदा हो सकती है, परंतु उसके लिए तुम्हें भी

अपनी जवानी निछावर करनी पड़ सकती है। याद है तुझे लंदन में फुनगियों पर से अपना आंचल खींचती वह शाम जब मात्र हम तीन जने थे कि यह संस्था अपनी अंतिम घड़ियां गिन रही है, क्योंकि स्टेट सचिव, भारत, को इस संस्था की गतिविधियों का पता चल चुका है और जिन सदस्यों को यह खबर मिली है, वे इस संस्था से किनारा करने लगे हैं। उस दिन तो गजब ही हो गया। हम तीन में गांधी था जो इस संस्था का सदस्य नहीं था और यदाकदा आया भी तो बैकबेंचर ही बना रहा एकदम निष्क्रिय। वह मेरा रूममेड था। हम दोनों स्वयं पाकी बने थे। बचत अभियान में मुझे गांधी की सूझबूझ का लोहा मानना पड़ता था। मैं मानता भी था कि बनिए की खोपड़ी हो तो इंग्लैंड को भी बेच खाए। मेरा यार क्या-क्या तरकीबें सामने रखता था। वल्लाह! मैं मजाक में कहता भी था कि इंडियन मजलिस कुछ कर पाए या नहीं कर पाए परंतु गांधी, मेरे मिट्टी के शेर, डेढ़ पसलियों के इकलौते वारिस, यदि हमने होटल छोड़ो अभियान शुरू कर दिया और जन-जन को बचत का फार्मूला समझा दिया तो इंग्लैंड की आजादी खतरे में पड़ सकती है। गांधी मन-ही-मन मुस्कराया था।"

शुरू-शुरू में तो गांधी भी छैल-छबीला बनने में किसी से पीछे नहीं रहा था। अंग्रेजियत उसके सिर पर चढ़ कर बोल रही थी- ग्लैडस्टर शैली का उसका कुलफदार कॉलर, रेशमी टॉप हैट, गहरे रंग की धारीधार पतलून, उसी से मैच खाती धारीदार डबल पल्ले की बॉस्केट, उसके ऊपर चमकीला मार्निंग कोट, हाथ में चमड़े की दस्ताने और विशुद्ध चांदी के मूठ वाली छड़ी। बाह! क्या कहना था मेरे छैले का! लंदन के सबसे फैशनेबल और महंगे टेलरों से सिलवाए गए सूट। अंग्रेजी नाच-गान सीखने में महारत हासिल करने के इरादे से ज्वाइन किया नाचघर क्लब। उस मनचले नवाब का क्या शौक था? और कहां बाद में स्वयं पाकी होकर तीन माह बाद ही पूरा माह दो पौंड में खींचने लगा! उस दिन उसने कहा था, "मित्रो, यह संस्था तो दम तोड़ चली है। हम भी चले। किसी संस्था के पास जब तक कोई पत्र हाथ में न हो और न कोई ठोस कार्यक्रम, तब तक वह संस्था मेरे जैसे नौसिखिया अंग्रेजियत के नशे की खुमारी भर बनी रह सकती है।" पत्र मैंने गांधी को भी लिखा है, परंतु उससे उम्मीद कम ही है। हां, तू अवश्य मदद कर सकता है, क्योंकि तेरे में जोश के साथ होश बनाए रखने की गजब की ताकत है और, एक खास बात तेरे में है वह तो टॉप के वकीलों में

भी नहीं है कि तू विरोध, विद्रोह और क्रांति का बिगुल बजाकर भी सरकार की कानूनी पकड़ में नहीं पड़ सकता। यह है तेरे कहने और लिखने का जादू, जिसका लोहा इंग्लैंड में सच्चिदानंद सिन्हा और हरिकृष्ण लाल को भी मानना पड़ा। तुझसे कुछ छिपा नहीं है, मेरे दोस्त। कलम उठा और 'इंदु प्रकाश' को एक क्रांतिकारी आह्वान में बदलने का बीड़ा उठा। मुझे उम्मीद है कि तुम निराश नहीं करोगे।

पत्र की भाषा में आग्रह भी था और चिनगारी का सशक्त आह्वान भी। वह उसके मन को छू गया। उठते-बैठते, लेटते-सोते उनके दिलोदिमाग में एक अदृश्य आग जलने के लिए उद्यत हो उठी।

बत्ती वाले लैंप की पीली रोशनी में वह लाल चिनगारियों की तलाश करने लगा। समय फिसलता रहा, परंतु वह अडिग बैठा रहा। उसने देशपांडे को लिखा था कि वह एक ऐसी श्रृंखला की तलाश में जुट गया है जो 'इंदु प्रकाश' के पाठकों को नई दिशा में मोड़ने की सामर्थ्य रख सके।

तीन दिन बीत गए। उनको बीतना भी था, क्योंकि भीषण वर्षा से एक पल के लिए चैन नहीं मिला। सारे रास्ते लगभग जाम जैसे कर दिए थे। कई पुलियाएं बह गई थीं। आज चौथा दिन था। सूर्य उगते हुए कदम उठ रहा था, हालांकि अभी तक घने मेघ मंडरा रहे थे। सूर्य उनके बीच में जब-तब झांक लेता था। रास्ते साफ हो रहे थे। मलबा हटाया जा रहा था। आज अरविंद ने कार्यालय जाने की तैयारी की थी कि उसी समय उसे समाचार मिला कि आज शाम को सीधे महाराजा की सेवा में उपस्थित होना है। वह रुक गया। कपड़े बदल लिए। चूंकि अभी तक घर में उजाला सकपकाया हुआ था। उसने लैंप जला लिया और वह इवान सेर्गेयेविच तुर्गनेव कृत 'कुलीन घराना' की ओर देखने लगा। कलीलिना और फ्योदोर लाब्रेत्स्की की दुःख प्रेम गाथा है वह। तुर्कनेव ने इस कृति के माध्यम से अपने युग की गहरी और विशद समस्याओं का निदान तलाशने का प्रयास किया है। वह क्या अपने समय की समस्याओं को उठाकर जनता के बीच यह संदेश नहीं पहुंचा सकता है कि उनको अपनी समस्याओं से जूझने के लिए किस कस्मि की तैयारी करनी चाहिए और कैसे उस समस्या पर काबू पाया जा सकता है?

हवा में तुनक मिजाजी रुक-रुककर पैदा हो रही थी, लेकिन उसका प्रभाव चिमनी के कारण दीपक की लौ को प्रभावित नहीं कर पा रहा था। वह अचानक ज्यों-का-त्यों ठहरा रह गया। अब उसके सामने पीली लौ वाला

चिमनी से ढका हुआ दीया था, जिसका प्रकाश मेज, मेज पर फैले कागज और पुस्तकों का टोह ले रहा था। वह मन-ही-मन कई बार दीपक और लौ के अंतर्संबंध को अंदर ही घूरने लगा। अचानक उसके मन में विचार आया- न्यू लैंप्स फॉर ओल्ड, यानी पुराने दीपकों के स्थान पर नए दीपक। एक विचार श्रृंखला उसके मन में उमड़ पड़ी। तुरंत ही उसने देशपांडे का पत्र लिख डाला। साथ में उस श्रृंखला के अंतर्गत दो लेख भी पत्र के साथ संलग्न कर दिए। पहले लेख में कांग्रेस की कापुरुषता की ओर संकेत किया और बताया कि उसका मार्ग त्रुटियों से लबालब है। न उसके नेताओं में स्वाधीनता की ललक है और न वे सच्चे मन से प्रयास कर रहे हैं। गुलामी की जिंदगी मृत्यु से भी निम्न कोटि की है।

वे अपने लेखों को पढ़ते-पढ़ते कई स्थानों पर रुकते और अपने लिखे पर पुनः गौर करते कि उससे जनता के लिए क्या संदेश बन रहा है? जब वह यह कहने लगे कि हमारा वास्तव में शत्रु कोई बाह्य शक्ति नहीं है। हमारे शत्रु हैं- हमारी बिलबिलाती हुई कमजोरी, हमारा भीरुपन, हमारी स्वार्थांधता, हमारा ढोंग और मंदबुद्धिपूर्ण भावुकता। यदि हम अंग्रेजों के बनावटी रोबदाब से चकाचौंध न हो जाएं तो हमें तत्काल यह पता लग सकेगा कि उनसे नाराज होने की कतई आवश्यकता नहीं है। हमें अपने भीतर पौरुष जागृत करना है तथा परस्पर सहानुभूति पैदा करनी है।

उनकी इस लेखमाला ने अंग्रेजों की नींद हराम कर दी। चारों ओर से उनकी लेखमाला पर ढेर से पत्र आए। कांग्रेस भड़क उठी और सरकार भी घबरा उठी। तब महादेव गोविंद रानाडे ने पहल की और संपादक तथा मालिक दोनों को समझाया कि यह लेखमाला तुरंत प्रभाव से बंद कर दें। यदि ऐसा नहीं किया तो वे संकट में पड़ जाएंगे।

इन लेखों का लेखक था-जीरो। कौन 'जीरो'? रानाडे ने कहा, "इस श्रृंखला का लेखक कोई भी हो, परंतु इतना अवश्य है कि उसकी जड़ें क्रांतिकारियों तक फैली हुई हैं। इससे पहले सरकार इस पत्रिका को बंद करे, यही जरूरी है कि आप लोग स्वयं बंद कर दें, ताकि काम भी बदस्तूर चलता रहे और सरकार की नजर भी उस पर न पड़े।"

केशवराव देशपांडे किंकर्त्तव्यविमूढ़ रह गया। क्या करें, क्या नहीं? इस लेखमाला के प्रारंभिक लेख से ही उनके पास सैकड़ों पत्र आए और एक नए उत्साह का श्रीगणेश हुआ। उसे वह कैसे बंद कर दें? उसने ही तो इस

लेखमाला के परिचय में लिखा था कि "हमने अपने पाठकों से कुछ समय पूर्व सुदृढ़ शब्दों में वचन दिया था कि हम आपके सामने वर्तमान समय में सामर्थ्यवान् लेखक तथा गहन दृष्टि रखने वाले लेखक की लेखमाला का सुप्रारंभ करेंगे, अतः उस लेखमाला की प्रथम कड़ी को प्रस्तुत करते हुए प्रसन्नता का अनुभव हो रहा है। वास्तव में इस लेखमाला में आए मन्तव्य हमारे आज के नेताओं से एकदम अलग हैं। साथ ही, अत्यंत महत्त्वपूर्ण हैं। वर्तमान में हमारे वे राजनीतिक प्रयत्न जिनसे हमने इस क्षेत्र में विशेष प्रगति की आशा की थी, निष्प्राण सिद्ध हुए। उन राजनीतिक आंदोलन के पीछे दंभ है और उनकी शैली फैशनपरस्त है। फलतः यह बहुत अपरिहार्य है कि सत्योन्मुख, सत्यपरक एवं प्रामाणिक समीक्षा पेश की जाए। यह लेखमाला इसी संदर्भ में है। हमारी इस लेखमाला के लिए हमने महान् साहित्यिक दृष्टि संपन्न, अनुभवसिद्ध और लेखन कला के दक्ष लेखकों से अनुरोध किया था। उन्होंने अपनी अत्याधिक व्यस्तताओं में से समय निकाल कर हम पर जो कृपा की है, यह लेखमाला उसी का परिणाम है। अब वह अरविंद को यह कैसे लिखे कि उनकी पत्रिका को किस संकट के अंदेशों ने आ घेरा है। केशवराव गणेश देशपांडे डूबती शाम को बड़ौदा आ गया। अरविंद को उसके आकर बैठने से ही यह ज्ञात हो गया कि उसका मित्र संकट में है। वह स्वयं ही कह बैठे, "देशपांडे इस लेखनमाला ने तुम्हें यहां आने के लिए विवश कर दिया, क्यों?"

"क्या मैं यहां किसी अन्य कारण से नहीं आ सकता हूं, आखिर मैं एक लीडिंग बैरिस्टर हूं।"

"जानता हूं, आप कैसे लीडिंग बैरिस्टर हैं और बेजोड़ पत्रकार! एकदम जिगसॉ (चित्रों) के बेतरतीब कटे-छंटे टुकड़ों से एक पूरा चित्र तैयार करने की तरह।"

"तूने, यह कैसे जाना, अरविंद।"

"तेरे चेहरे की उड़ रही रंगत से, आपके यहां अचानक आ धमकने से।"

"हां मित्र, तलवार सिर पर लटकी हुई है।"

"मजा भी वहां उतना है।"

"पत्रिका भी चलानी है।"

"डरते हुए क्या?"

"नहीं, बचते-बचाते हुए।"

"कांग्रेसी रास्ते को अखतियार करते हुए।"

"क्यों, क्या कांग्रेसी नेता सत्य से बौखला उठे हैं?"

"यह भी सच है, पर अधूरा सच।"

"पूरा सच क्या है?"

"अंग्रेजी हुकूमत भी सकपकाई हुई है।"

"क्यों भाई, वो क्यों? हमने तो अपने लोगों को पौरुष जगाने की बात कही है। उसमें उसे क्या आपत्ति हो सकती है?"

"मान्यवर, महादेव गोविंद रानाडे प्रेस आए थे।"

"मालिक को चेतावनी दे गए।"

"तू पूरी बात तो सुन पहले।"

"मालिक ने तुम्हें हिदायत दे डाली।"

"मैं भी मि. रानाडे से मिला।"

"खतरा है कि घंटी उन्होंने तेरे गले में लटका दी और तू वह घंटी मेरे गले में प्यार से बांधने आ धमका यहां और वह बिना पूर्व चेतावनी दिए। यही न।"

"कुछ भी समझ।"

"थाली के बैंगन से और उम्मीद क्या की जा सकती है? बोल, अब मुझे क्या करना है?"

"क्या बोलूं!"

"गरीब की जोरू सारे गांव की भाभी होती है। तेरे में इतनी जोफ कहां से आई है।"

"क्या बताऊं?"

"इसमें बताना क्या है। सच सामने है। पर मित्र, ये रास्ता नहीं है उस महान् लक्ष्य तक पहुंचने का। हर लड़ाई अपने से शुरू करनी पड़ती है। जो अपने से हार जाता है और कंधे गिराकर खड़ा हो जाता है, उससे कोई उम्मीद नहीं की जा सकती। तुझे याद है कि लंदन में 'इंडियन मजलिस' और 'कमल और कटार' के साथ यही हुआ था।

मैं नहीं कह सकता कि हम कब तक झुनझुने बने रहेंगे? हम कब अपने पांव पर, अपनी हिम्मत पर, अपने साहस पर, अपनी मर्दानगी पर और अपने बलबूते पर खड़े हो सकेंगे? हम कब उत्तरदायित्व ओढ़ने की समझ अपने में पैदा कर सकेंगे? हम कब अपने प्रति ईमानदार होने की शपथ दोहरा सकेंगे?

देशपांडे, यह वे सवालात हैं, जो हमारे जमीर से पूछते हैं कि बेटे तू कितने पानी में है? जब तक हम दूसरे के दिए झुनझुने बजाकर मन बहलाने की आदत से छुटकारा पाने की अपने में ताकत पैदा नहीं कर सकेंगे और इस कुबत के पट्टे को गले से उतार नहीं फेकेंगे, तब तक हमारी नेतागीरी एक स्वांग से ज्यादा कुछ नहीं होगी।"

केशवराव गणेश देशपांडे जानता था कि वह किसी को बख्शना नहीं जानता। उसूल का बंदा है, अपने उसूलों से कोई समझौता नहीं कर सकता। 'इंडियन मजलिस' की उस बैठक में जिसमें मजरुल हक ने भिगो-भिगोकर हंटर बरसाए थे और शालीन तथा सभ्यता के परदानशीनों के चेहरों को बेनकाब किया था। तब गांधी अकेला चुप बैठा रहा था, बाकी सब लोगों ने तहेदिल से उसे स्वीकार किया था। अरविंद उसका सचिव था। वह अपने को नहीं रोक सका और कह उठा, "मि. गांधी, आप इस मजलिस में आते रहते हैं, परंतु आज तक आपने कभी अपने विचार व्यक्त नहीं किए। आज तो मि. हक ने हमारी हकीकत का पर्दाफाश किया है, आप इस संबंध में क्या कहना चाहेंगे?"

"मि. घोष, मुझसे कोई अपेक्षा रखना इस समय उचित नहीं होगा, क्योंकि मैं अभी तक अपने को कुछ कहने के लिए तैयार नहीं कर सका। कानून की पुस्तकों के अलावा मैं साल्ट की पुस्तक 'अन्नाहार की हिमायत', डॉ. मिसेज एना किंग्सफोर्ड कृत 'उत्तम आहार की विधि' आदि का अध्ययन कर रहा हूं।

"और 'वेजीटेरियन' पत्रिका के लिए लेख लिख रहे हैं।" देशपांडे ने कहा।

"मुझे सलाह तो देनी नहीं चाहिए, परंतु यह अवश्य कहना चाहूंगा कि यहां हम लोग अपने देश की आजादी के बारे में संघर्ष कर रहे हैं, क्या उसके लिए आपके पास कहने के लिए कुछ नहीं है?"

"है तो पर वह कहने लायक नहीं है।"

"सुनें तो ऐसा क्या है?"

"कृपया मुझे इस वक्त क्षमा कर दीजिए।"

"क्या आप नहीं चाहते कि अपना देश आजाद हो?"

"मैं चाहूंगा तो कुछ करूंगा। फिलहाल मेरा अपना संकट है।"

"कम-से-कम पैसों में माह पर माह काटना।" बीच में देशपांडे बोल गया।

"क्या यह सच है?"

"इसमें झूठ क्या है? अपने अस्तित्व को बनाए रखने के लिए सब कुछ करना पड़ता है। आप चिंता नहीं करें आज तो नहीं, फिर कभी मैं कुछ कहने की सोच सकता हूं।"

"फिर कभी...।"

"आज को छोड़ दीजिए, बस।"

"फिर कभी नहीं आता, मि. गांधी।"

"यह अपना-अपना सोच है। मुझे इंतजार करने की आदत सी हो चली है।" "गांधी टस से मस होना नहीं जानता। गज़ब का धैर्य है।" देशपांडे कह रहा था, "मैं तो जनाब के साथ रहता हूं।"

"तो?"

"जनाब की हर अच्छी-बुरी आदत से परिचित होता जा रहा हूं।" देशपांडे ने कहा, "मुझे यह जानकर ताज्जुब हो रहा है कि जनाब को सिर्फ अपनी चिंता है और उसी उधेड़बुन में आप लगे हुए हैं।"

"क्यों नहीं, देशपांडे, मेरे आदर्श तो आप हैं।"

इस पर वे तीनों खिलखिला पड़े। अरविंद ने कहा, "चलो, इसी तरह ही सही कुछ सन्नाटा तो टूटा।"

बाद में अरविंद ने कहा था, "वह शख्स किस मिट्टी का बना है कि टस से मस नहीं होता। समय से पहले बुढ़ापा ओढ़ लेना चाहता है।"

"पर सीधा और ईमानदार है।"

"तुम्हें तो देशपांडे बहुत मानता है।"

"हां, अरविंद, तभी तो मेरी उससे पट रही है।"

इस पर वे दोनों पुनः खिलखिला पड़े। देशपांडे ने कहा, "जानता है कि वह क्या कहता?"

"किस बारे में?"

"तुम्हारी-हमारी मजलिस के बारे में।"

"यही कि यह ज्यादा नहीं चल पाएगी।"

"हां, देशपांडे, मैं जानता हूं। फिर भी, कुछ नहीं से कुछ होना ठीक है। क्या पता, किसमें वह चिनगारी काम कर जाए?"

केशवराव गणेश देशपांडे अपनी बात का पक्का, लंगोटी का खरा और सच्चा देशभक्त है। कर्मठ है और त्यागी भी। उसके अतीत के चित्त सबल

हैं। अरविंद को यह सोचते हुए आश्चर्य हो रहा था कि ऐसा व्यक्ति समझौते की दहलीज पर खड़े होकर क्यों गुहार कर उठा है?

केशवराव गणेश देशपांडे ने सारी स्थिति का सिंहावलोकन करते हुए कहा, "अरविंद, रानाडे हमारे महान् नेता और शुभचिंतक हैं। बड़े हैं। वे नहीं चाहते कि 'इंदु प्रकाश' पर आपत्ति आए और वह संकट में पड़ कर अपना वजूद खो बैठे। 'इंदु प्रकाश' ने अपनी जड़ें भारतीय समाज में जमा ली हैं। सरकार को वह फूटी आंख नहीं सुहाता है। थोड़ा-सा रुका जाए तब तक तुम समाज सुधार पर लिखो। राजनीतिक आजादी से तनिक भी कम महत्त्वपूर्ण सामाजिक उत्थान नहीं है। उन्होंने कहा है कि श्री अरविंद से भी कहो कि वह वक्त की नजाकत को समझे।"

"फिर तुमने लेखमाला शुरू करते हुए अपनी ओर बढ़-चढ़ टिप्पणी क्यों लिख डाली? मैंने तुम्हें स्पष्ट लिखा था कि इस लेखमाला के संबंध में कुछ मत लिखना। बिना संपादकीय टिप्पणी के जाने देना।"

"मुझे नहीं मालूम था, अरविंद।"

"परंतु मैं जानता था कि कुछ-न-कुछ अवश्य होकर रहेगा।"

"इस सबके लिए मैं अपने आपको दोषी मानता हूं, अरविंद।"

"नहीं...नहीं, देशपांडे, ऐसा मत सोचो। अब बताओ, तुम क्या चाहते हो?" "समाज सुधारात्मक लेख, अरविंद।"

"मसलन।"

"जेल सुधार, महिला शिक्षा, विधवा विवाह, सामाजिक पिछड़ापन, छुआछूत आदि पर लेख।"

"ठीक है, मेरी कोशिश रहेगी, परंतु वादा नहीं, देशपांडे। तू तो जानता है कि मेरी स्व-स्फूर्त कार्यों में रुचि है। फिर भी, मैं अवश्य इनमें से किसी न किसी विषय पर लिखूंगा। परंतु कितना और कब तक यह मेरी मानसिकता पर पूर्णतया अवलंबित रहेगा।"

बात समाप्त हो गई। देशपांडे लौट गया और अरविंद दो लेख भेजने के बाद ऐसा अनुभव करने लगा कि वह नहीं लिख सकेगा। मक्खी पर मक्खी मारने की उसकी आदत नहीं है। उसमें वर्तमान राजनीति में रुचि विकसित हुई थी और क्रांतिकारी कार्यक्रम संचालित करने की ओर उसका ध्यान गया था। शक्ति का प्रत्युत्तर शक्ति से। मात्र आज शक्ति की बात ही सुनी जा सकेगी। मुट्ठी भर अंग्रेजों को इस धरा-से भगाना बाएं हाथ का खेल है।

यह सोचते हुए वह उठ खड़ा हुआ और अनचाहे बाहर घूमने निकल गया। अकेला, बिना यह सोचे कि यह कोई घूमने का समय है।

39

अनुपम पाटलीवाला स्पेन, पुर्तगाल, इटली आदि देशों की यात्रा कर लौटा था। उसकी पत्नी मंजरी बिडवालकर ने आग्रह किया था कि अरविंद को भोज पर आमंत्रित कर लिया जाए। वह दिलचस्प इंसान है और ज्ञान का स्रोत है। अनुपम पाटलीवाला ने कहा था कि वह खानसामा को विशेष तैयारी के लिए कह दे। वह लौटते हुए अरविंद को साथ लेता आएगा। हुआ उलटा। अरविंद महाराजा के पास था। वह दो राउंड लगा चुका था दो घंटे के अंतराल में शाम कभी की रात में ढल चुकी थी। उसने तय कर लिया कि वह अब कहीं नहीं जाएगा। उसके लौटने का वहीं उसके कार्यालय में इंतजार करेगा। इस समय सबसे अधिक गुस्सा दीवार घड़ी पर आ रहा था, जो बराबर उसे आंख दिखा रही थी।

पाटलीवाला नींद का बहुत कच्चा था। जब उसके हाथ में कोई काम नहीं होता तो नींद तत्काल उसे अपनी गोद में ले लेती थी। वह कहीं भी सो जाता था। जैसे इस समय वह अरविंद के छोटे से कमरे की कुरसी पर बैठा-बैठा सो रहा है।

कुछ खटपट हुई। पाटलीवाला की नींद उचट गई। उसने देखा-सुना कि सामने खड़ा व्यक्ति उससे पूछ रहा है, “चाय-कॉफी, साहब...क्या लाऊं?”

“तुम्हारे वाइस प्रिंसीपल कब लौटेंगे?”

“पता नहीं, साहब, पर लौटेंगे सही।”

“यों क्यों?”

“उनकी किताबें मेज पर रखी हैं। वे एक बार लंच लेना तो भूल सकते हैं, किताबें नहीं। वे पुस्तकें स्वयं पुस्तकालय से लेकर आए हैं।”

“क्या महाराजा उनको रोज बुला लेते हैं?”

“प्राय: महाराजा का समाचार लेकर महल से कोई-न-कोई व्यक्ति उन्हें बुलाने आ ही जाता है। पर वे भी अपनी मरजी के मालिक हैं। कभी जाते हैं, कभी नहीं भी।”

"नहीं..." पाटलीवाला की आंख में मानो तिनका पड़ गया जिज्ञासा का। वह चौंककर कह गया। अचानक ऐसा हुआ।

"आपके साहब दिन भर यहां क्या करते हैं?"

"पढ़ाते हैं, पढ़ते हैं और चाय-कॉफी पीते रहते हैं।"

"और खाने में।"

"बिस्कुट, नमकीन तथा मीठे।"

"फिर वाईस प्रिंसीपली?"

"जो प्रिंसीपल कह दे, वह काम कर देते हैं।"

"और पढ़ते-पढ़ाते भी हैं।"

"प्रिंसीपल उन्हें कोई अन्य काम नहीं सौंपते। कहते हैं, वो हमारी दुनिया का आदमी नहीं है। उसे ना छेड़ा, जाए।"

"पर महाराजा तो..."

"उनका बहुत आदर करते हैं और वह भी महाराजा का। एक तरह से वे महाराजा के प्राइवेट सेक्रेटरी भी हैं।"

इसके बाद चपरासी चला गया। अनुपम पाटलीवाला मेज पर रखी उनकी पुस्तकों को उलटता-पलटता रहा। फ्रेंच, जर्मनी और संस्कृत की पुस्तकें। वह उनमें डूबा रहा। आखिर अरविंद कंधा झुकाए आया ही और उसे देखते ही बोला, "कब आया?"

"परसों। पर तू भी अजीब घनचक्कर है।"

"कब जाएगा?"

"दो सप्ताह बाद।"

"जल्दी में होगा।"

"बेशक और संकट में भी।"

"तू और संकट में। हाऊ? न तुझे अपने देश की चिंता, न अपने लोगों की। तुझे चिंता है तो सिर्फ अपने व्यापार की।"

"पता नहीं तुझे मालूम है या नहीं। आज की राजनीति के पीछे व्यापार की आंख काम कर रही है। हो सकता है कि इस कारण कोई बड़ा युद्ध भी शुरू हो जाए। अंग्रेज भारत में शासन करने के लिए नहीं, व्यापार पर एकाधिकार बनाए रखने के लिए यहां हैं। खैर, मैं कोई विद्वान् नहीं हूं। इस समय मैं संकट में हूं और मुझे तुम्हारी मदद चाहिए।"

"फिर कोई नया बहाना।"

"तू मेरे संकट को बहाना समझता है तो मैं चला, मेरे दोस्त।"

"खैर, वह भी सुनता हूं। पहले तू यह बता चाय लेगा या कॉफी।"

"ना करूं तो चलेगा।"

"हां चलेगा तो पर मेरा सिर दर्द कर रहा है।"

"यानी तुझे कॉफी चाहिए।"

"हां।"

"तो मेरे लिए ब्लैक कॉफी। जरा रुक। तू कॉफी और मिल्क अलग-अलग मंगवा ले।"

"और शुगर..."

"अपने में शायद कोई डायबिटीक नहीं है।"

अरविंद ने कॉफी मंगवा ली। फिर पूछा, "अब अपना संकट बता?"

"आई एम सफकेटिंग (सांस लेने पे कष्ट होना)।"

"तो क्या बाहर चलें?"

"कैन आई ऑपन अ विंडो?"

"व्हाई नॉट! तू बैठा रह, मैं बुलाता हूं।"

"यानी तू क्या अपनी जंघी बनियान पहनने या उतारने के लिए किसी को बुलाएगा।" पाटलीवाला ने उठकर खिड़की खोल दी।

"हां, तो अब बता।"

"तुझे कहीं जाना है क्या?"

"हां" महाराजा के साथ?

"नहीं।"

"तो किसी लड़की के साथ?"

"तू चलेगा क्या?"

"क्यों, क्या भाभी से झगड़ा करवाना है?"

"डरता है।"

"हां दोस्त, डरता हूं। शी इज माई लाइफ।...हां तो बता आगे का क्या प्रोग्राम है?" अरविंद मुस्करा उठा और बोला, "घर, मेरे दोस्त।"

"उसी दकियानूसी जिंदगी की गर्त में।"

"जो भी समझ।"

कॉफी आ गई। अरविंद ने प्यालों में कॉफी डाली। एक प्याला पाटलीवाला की ओर बढ़ाकर कहा, "शुगर अपनी पसंद की। स्वयं कॉफी में दूध डाल। शुगर भी।"

"क्या सिगरेट छोड़ दी है?"

अरविंद ने सिगरेट का पैकिट निकाला और पाटलीवाला की ओर बढ़ा दिया। अब दोनों स्मोकिंग करने लगे। ताजी हवा पायल की धुन निकालती हुई अंदर आ रही थी। हवा में ठंडक थी। अब वे दोनों कॉफी सिप कर रहे थे और ऐश ट्रे पर सिगरेट रख छोड़ी थी। सिगरेट का हलका-हलका धुआं हवा के साथ बिखर रहा था।

"अब बता क्या बात है?"

"तू मदद करेगा, प्रॉमिस करता है।"

"मेरी सीमा में होगा तो अवश्य।"

"तो सुन...मेरी तेरी भाभी से शर्त लग गई है कि मैं बिना पूछे व सूचना दिए तुझे अपने साथ रात्रि भोज पर लाऊंगा।"

"तुझे ऐसी शर्त पर रजामंद नहीं होना चाहिए था?"

"अब तो शर्त तय हो चुकी है।"

"यह तेरी नाक का प्रश्न है।"

"बेशक।"

"नाक का प्रश्न सदा परेशान करता है न।" अरविंद ने प्याला मेज पर रखकर सिगरेट उठा ली।

"करता तो है पर..."

"पर-वर छोड़ तू एक बार नाक कट जाने दे, फिर तुझे कभी नाक का प्रश्न परेशान नहीं करेगा, मेरे दोस्त।"

"वाह! वाह!! क्या कमाल का सुझाव है। मुझे तुझसे ऐसी बदनीयती की आशा नहीं थी। जरा अपनी नाक कट जाने के बारे में सोच कर तो देख तब तुझे नानी-दादी की याद आ जाएगी।"

"अच्छा भाई, चलूंगा। तुझे नाराज नहीं देख सकता। पर घर होकर जरा मुंह हाथ धो लूं। ठीक है।"

"अब जो तू कहेगा, वह चाहे ठीक हो या न हो, मुझे तो मानना ही पड़ेगा।"

कुछ देर बाद वे दोनों उठे। पाटलीवाला कार लाया था। रात के आठ बज रहे थे। काली रात थी। सर्दी की रात थी। अचानक हवा तिरछी हो उठी थी। सामने मंजरी बिडवालकर थी। स्वागत में वही चंचल, मुस्कराती बड़ी-बड़ी गहरी आंखें, उन आंखों में हलकी-सी लालिमा, सुर्ख होंठ और एक सौम्य मूर्ति का सहज आलोक। सूप चलने लगा।

बातें महीन-सी उठीं। खिलखिलाहट बीच-बीच में महकती रही। मंजरी बता रही थी कि उसने आबीटूर (हाई स्कूल की परीक्षा) जर्मन स्कूल से की थी। फिर उसके मम्मी डैडी फ्रांस आ गए। वहां भी बाहर ही पढ़ा था। वह पूछ रही थी, "आपने इंग्लैंड में पढ़कर ऐसा क्या पाया जो भारत में रहकर नहीं मिलता?"

अरविंद इस सूक्ष्म प्रश्न के लिए तैयार नहीं था। पहले वह चौंका। फिर उसने अपने को संभाला और कहा, "डैडी की इच्छा से वह वहां था।"

"नहीं। मनुष्य सदा अपनी इच्छा से संचालित होता है, चाहे वह कैदी ही क्यों न हो? कारण मनुष्य प्रशासित होने के लिए नहीं जीता है।"

अरविंद लड़खड़ाए। प्रश्न उनके मन के भीतर टेढ़ा होकर अड़ चुका था। न हां बन रहा था और न ना।

"हमारी इच्छा सदा हमारे साथ रहती है- मरते दम तक। ऊपरी दबाव अंदरूनी शक्ति पर काबिज नहीं हो सकते, जबकि लगता इसके बिलकुल विपरीत है। लगने और होने में जमीन आसमान का अंतर है। व्यक्ति सदा अपनी इच्छा का ही दास रहता है चाहे प्रत्यक्ष या परोक्ष। दरअसल हम अंधेरे में सुकून टटोलने का प्रयास करते हैं, उजाले में नहीं। उजाला हमें काटता है। हमारी पारदर्शिता के लिए खतरा पैदा करता है।"

अरविंद ने उसकी ओर देखा नहीं, बल्कि उसे ध्यान से सुना। पाटलीवाला कपड़े बदलकर आ चुका था और कहने लगा, "इस बार आपकी दो कविताएं छपी हैं एक जर्मनी में है और दूसरी अंग्रेजी में- पहली का शीर्षक है- 'हिंसा प्रारंभ कैसे होती है' और दूसरी है- "आस्था का समापन।"

"बहूत खूब, मिसेज मंजरी। बधाई है।"

"बिना सुने-पढ़े, भाई साहब।"

"सुनेंगे भी और पढ़ेंगे भी।"

"नहीं आप सिर्फ पढ़ेंगे। मेरे पास उन पत्रिकाओं की एक-एक प्रति एक्स्ट्रा है। वह मैंने बिना आपसे पूछे लिफाफे में रख दी है। पढ़कर बताइएगा कि उनमें क्या है?"

"जी हां, अवश्य बताऊंगा।"

"फिर आपने क्या सोचा है?"

"किस बारे में?"

"आपकी याददाश्त तो काबिले तारीफ है।"

अरविंद मंजरी के इशारे को समझ रहा था, लेकिन उस प्रश्न से बचना चाह रहा था।

"वही कि हमें अपनी भावी पत्नी से कब मिलवा रहे हो?"

"ताकि हम भी तैयारी कर सकें।" पाटलीवाला ने भी तुरुप का पत्ता डाल दिया। फिर आगे कहा, "तुरुप का भारी पत्ता हो तो चलो।"

"मेरे पास तो इस रंग का पत्ता है।"

इस पर सब हंस पड़े। पाटलीवाला ने कहा, "मंजरी, उठाओ, अपना हाथ बन गया।"

"हां, उठा लीजिए।"

"समझ में आया, भाई साहब, पति-पत्नी के रिश्ते का अर्थ।"

"जी हां..."

"तो अगली बार मैं आपका स्वागत अपनी भाभी के साथ करना चाहूंगा।"

"वचन चाहिए क्या?"

"कतई नहीं। वचन उनको चाहिए जिन्हें अपने पर भरोसा नहीं होता।... यह प्रसंग कहीं आपको कष्ट तो नहीं देता है?"

"नहीं।"

"देगा भी तो आपका उत्तर यही होगा। हमें ऐसे प्रश्न नहीं करने चाहिए। यह प्रश्नकर्ता की कमजोरी है।"

"जो उत्तरदाता को सशक्त बनाती है।"

"यहां मुझे शायद का प्रयोग करने के लिए आप विवश कर रहे हैं।"

"विवशता मनुष्य की नियति है।"

"ऐसा आप मानते हैं क्या?" मंजरी ने साश्चर्य अरविंद की ओर देखा।

"नहीं मानूं तो?"

"आप स्वतंत्र हैं- मानो ना मानो।"

"क्या स्वतंत्रता प्रतिबद्धता चाहती है।"

"यह डिबेट का विषय हो सकता है।"

"और यहां हम डिबेट में भाग लेने एकत्र नहीं हुए हैं।" अरविंद ने प्रस्ताव वापस ले लिया।

"क्या आपको नहीं लगता है कि पत्नी के बिना जिंदगी कहीं ठहर-सी जाती है।"

"यह मैं कैसे कह सकता हूं?"

"साहित्यकार पर योगी कल्पना से जुड़ जाता है, पर आप?"

"मुझे लगता है कि...।" अरविंद इससे आगे अटक कर रह गए।

"विवाह किया जाए।"

"हां, कल्पना कर सकता हूं।"

"पर विवाह नहीं।"

अरविंद मुस्करा कर रह गया।

"क्या तुमने कोई लड़की देख ली है?" पाटलीवाला ने कहा।

"हमें इसकी जरूरत नहीं पड़ेगी, अनुपम।"

"क्यों?"

"क्या तुम्हें पड़ी थी, अनुपम।"

"यानी हमारी तरह प्यार का सिलसिला चला रहा है।"

"यह अति व्यक्तिगत प्रश्न है जो हमारी सीमा से बाहर है, क्यों भाई साहब?"

"अरविंद, फिर मुस्करा कर रह गया।"

"खाना तैयार है।" सेवक ने सूचना दी और सबने एक-दूसरे की ओर देखा। मंजरी ने कहा, "मैं एक साइकोएनैलिस्ट भी हूँ।"

"पर अभी मैं साइकोपैथ (मानसिक रोग से पीड़ित) नहीं हूं।"

"साइक (अत्यंत आत्मविश्वास) से।" मंजरी ने कहा, "मैंने अभी साइकियाट्री (मनोरोग अध्ययन) शुरू नहीं किया है।"

"तो हमें भोजन की और प्रतीक्षा नहीं करनी चाहिए, क्यों अरविंद?"

सब उठ खड़े हुए। डायनिंग रूम की ओर चल पड़े। स्वादिष्ट भोजन की सुगंध मन में रचपच उठी। अरविंद सोच रहे थे कि विवाह से बचकर चलना ठीक नहीं हैं। मंजरी ने अरविंद को गंभीर पाकर कहा, "विवाह अभी नहीं होने जा रहा है, भाई साहब। अभी तो केवल भोजन पर ध्यान देना है। विवाह का चौप्टर बंद।" अरविंद ने कहा, "मुझे आपकी सलाह का स्वागत करने में कोई आपत्ति नहीं है।" पाटलीवाला बोल पड़ा, "मुझे तो बहुत जोर की भूख लगी है। उधर खाना लगाया जा चुका।" मंजरी ने एक प्लेट अरविंद की ओर बढ़ा दी और दूसरी पाटलीवाला की ओर और भोजन शुरू हो गया।

40

एक माह निकल गया। अरविंद गंभीरता से सोचने लगा। वह अट्ठाइस वर्ष का हो चला है। शादी हो जानी चाहिए। पर किससे और कैसे? उसने

अवकाश ले लिया। कलकत्ता जा रहा था। इस बार वह दो वर्ष बाद कलकत्ता जा रहा था। बीच में इच्छा भी हुई थी परंतु कार्याधिक के कारण उसने कलकत्ता जाने का कार्यक्रम रद्द कर दिया। अब उसके मन में एक विशेष भावना थी। मंजरी के शब्द उसके मन में घूम रहे थे कि विवाह नहीं तो क्यों और हां तो क्यों? सोचना यह भी है कि जीवन का पूर्णता का अर्थ, जैसा सुना गया है, इस पर निर्भर है भी या नहीं। व्यक्ति को तब तक विवाह नहीं करना चाहिए जब तक उसका मन या उसकी अंतरात्मा उसको अनुमति नहीं दे। कभी कोई काम आधे-अधूरे मन से, या दूसरे के कहने मात्र से नहीं करना चाहिए।

प्रो. प्रे उम्र में उससे शायद पाँच वर्ष बड़ी होगी या कम हो, ठीक से उसे मालूम नहीं था। बटलर ने अनुमान से बतलाया था। तीसरा साल उसकी नौकरी का था। बी. ए. ऑनर्स उसने अंग्रेजी साहित्य से किया था। देखने में उसकी उम्र अरविंद से कम लगती थी। लंबाई पूरी थी, छरहरी देह थी, देखने में बेहद खूबसूरत थी, हर रंग और स्टाइल की ड्रेस उस पर फबती थी। प्रायः वह चुप रहना पसंद करती थी। वह कह रही थी, "आश्चर्य, तुम बंगाली होकर बंगला नहीं जानता और भारतीय होकर महाभारत, रामायण, वेद, उपनिषद्, गीता आदि के बारे में तुम्हारे मन में कोई जिज्ञासा नहीं है। अंग्रेजी, ग्रीक, लैटिन, फ्रैंच, जर्मनी आदि साहित्य में दखल रखने की भरसक कोशिश करते हो, लेकिन संस्कृत साहित्य के प्रति तुम्हारा ज्ञान शून्य है। न तुम्हारे में उसके प्रति जिज्ञासा है, जबकि मैंने संस्कृत साहित्य, पुराण आदि अनुवाद के माध्यम से पढ़ा है। किसी देश की गुलामी का कारण अब मेरी समझ में आ रहा है, अरविंद। पता नहीं तुम लोग 'इंडियन मजलिस' में जाकर आजादी की बहाली के लिए क्या चिंतन-मनन, बहस-मुबाहिसा करते हो।"

अरविंद चुप रहा। क्या बोलता? क्या वहां आने वाले ईमानदार हैं, अपने कर्त्तव्य के प्रति संकल्पित हैं? एक-दूसरे मौके पर, जब उसने लंदन छोड़ने का पक्का मन बना लिया था तब प्रे ने कहा था, "तुम्हारा जाना पक्का हो गया है, अरविंद। मैं फैसले नहीं लेती। अब तक लिया भी नहीं था, लेकिन कल मैंने यह फैसला कर लिया कि हम मैरिज नहीं बनाएंगे।"

"जल्दी नहीं, प्रो. प्रे. जिंदगी यहीं खत्म नहीं हो रही है। लंबी उम्र पड़ी है।" जाने कैसे अरविंद कह गया। प्रे कुछ नहीं बोली।

अरविंद को उसका चुप रहना खल रहा था। पर वह क्या करे? ढांढस के लिए उसके पास जो शब्द थे, उन्हें वह चुपचाप खिसका कर अलग जा खड़ा हुआ था। सपनों की भाषा उसमें जन्म नहीं ले पा रही थी। अधरा सत्य उसके पास था। उससे क्या बनता-बनाता? जीवन उसकी सोच-समझ में बाहर होता जा रहा था। जिस विषय पर उसने एक मिनट में फैसला कर डाला था, अब वह विषय उसे अंदर-ही-अंदर कुरेद रहा था। जीवन बिना सपनों के हो नहीं सकता। इस दृष्टि से शादी भी उसके जीवन का एक सपना है। ऐसा सपना जो उसे चैन नहीं लेने देता। उसे उड़ा ले जाता है मायावी दुनिया के आंतरिक निर्जन बसंतों के उपवन में।

वह आश्चर्य अनुभव करता और मौन रह जाता। सन्नाटा गीत की अंतरंगता बिखेरता हुआ उसमें समाता जाता है। उसे मंजरी के संवाद याद आने लगते थे। उसने 'लव मैरिज' की थी और अपनी पहचान अपने नाम के साथ यथावत् रखी थी। वह गैर जाति वाले शख्स से विवाह किया था। वह कह रही थी, "भाई साहब, मैं आपको कोई सलाह देती अच्छी नहीं लगती हूं, क्योंकि..."

"आप उम्र में छोटी हैं और छोटा व्यक्ति बड़े को सलाह देने का हक नहीं रखता। यह हमारी सामाजिक पोथी का दूसरा अध्याय है। आप कहिए, अवश्य कहिए जो आपके मन में है।"

"विवाह जीवन भर का साथ निभाने का संकल्प है। साथी को पहचानने में भावुकता से काम मत लेना। भावुकता में हम दोनों भी बहे थे। पाटलीवाला ने तो अपना निर्णय भी सुना दिया था। मैंने कहा था- अभी हमें एक-दूसरे से कम-से-कम चार छह माह अलग रहने की जरूरत है, क्योंकि प्यार को परखना भी जरूरी है। कच्ची भावुकता में वह जाना ठीक नहीं है। मैं योरूप के विवाह संबंधों में उठे तूफान को देख रही हूं। जब चाहे तब तलाक।"

"तुम क्या चाहती हो कि हममें विवाह जिंदगी गलत करने लगे तो भी हम एक-दूसरे को बर्दाश्त करते रहें।"

"ऐसी स्थिति ही क्यों आए और यदि अभी से जेहन में ऐसा विचार हो तो मैं चाहूंगी कि हमें इस गठबंधन में अपने आपको नहीं बांधना चाहिए।"

"फिर प्यार?"

"एक-दूसरे के प्रति प्राकृतिक आकर्षण प्यार नहीं होता। ऐसे सूरते हाल में मुझे नहीं लगता कि शादी जरूरी है?"

"तो अभी तक हमने अपना-अपना समय ही बरबाद किया, मंजरी।"

"हां, पाटलीवाला, मैं प्यार में व्यापार नहीं देख सकती। हम अनजाने, अपरिचित एकांत में अपने जीवन के भावी पृष्ठ खोलने लगे। जो पुस्तक अभी लिखी नहीं गई, उस पर चर्चा करने लगे। गुदगुदाने की गहरी अनुभूति से नदी के पार तट पर खड़े नदी की मौजों में बह जाने के लिए मन बनाने लगे, परंतु बहे नहीं।"

"पर क्यों?"

"क्योंकि नदी एक-सी नहीं बहती और कुछ नदियां तो सरस्वती नदी की तरह अपना अस्तित्व ही परदे के पीछे ले जाती हैं।"

"और हमेशा-हमेशा के लिए, यही न।" पाटलीवाला ने बिना सोचे हुए पत्ता फेंक दिया।

पैक।" कहकर मंजरी अपने पत्ते ताश की गड्डी में मिला दिए।

"मैं कुछ समझा नहीं, मंजरी।" अरविंद ने कहा।

"पाटलीवाला को छह महीने इंतजार करना पड़ा। हमारा पत्र-व्यवहार चलता रहा। जब तक आए भी। हम घूमे भी परंतु बहे नहीं।"

"तो क्या मुझे...।"

"हां जनाब, यदि तूने मंजरी को अपनी शादी का सलाहकार बना लिया और मुझे छह माह घुमाया तो वह तुझे छह साल इस चक्रव्यूह में घुमाएगी।" पाटलीवाला ने कहा।

"तो तुम क्या चाहते हो, भाई साहब, अबकी बार कलकत्ता जाएं तो हमारी भाभी लेकर आएं।"

"हां, बेशक। प्यार थियोरी की बैसाखियां लेकर नहीं रेंगता है। वह पहली नजर में ही हो जाता है। जैसे हमारा-तुम्हारा प्यार मैंने तत्काल निर्णय कर लिया था।"

"पर मैंने नहीं।"

"तुम्हें संदेह था।"

"था तो था, पाटलीवाला। मैं अपने प्यार को आंसू बहता नहीं देख सकती। देह की जरूरत के बाद का तीन चौथाई जीवन रेगिस्तान के जलती आंधियों के हवाले नहीं करना चाहती थी। जानती-समझती थी, पापा-मम्मी को भी सुनती थी और अपने मित्रों से भी बात करती थी, क्योंकि मैंने सोच लिया था कि अपने प्यार को किसी दुर्घटना का शिकार नहीं होने दूंगी। दीया

जलाने वाले तूफान में भी दीया बुझने नहीं देते, बशर्ते कि उन्हें दीया का महत्त्व मालूम हो और उसे जीवंत बनाए रखने का आंतरिक कौशल, और संगीत की समझ हो।"

"भगवान् की नहीं।"

"नहीं...भगवान् जो चर्च, मंदिर, मस्जिद, मठ आदि में रहता है, नहीं हो सकता।"

"फिर?" अरविंद में जिज्ञासा बनी।

"मैं दरअसल भगवान् को आम संबोधन मानती हूं-अपने आप से जब गहरी निष्ठा से बात करनी हो, तब आपको अपने लिए एक संबोधन चाहिए और वह संबोधन है, भगवान्। इससे अधिक वहीं नहीं हैं पर यह भी क्या कम है कि इस संबोधन के माध्यम से हम अपने आपको टटोल सकते हैं, तलाश कर सकते हैं, अपने से संवाद कर सकते हैं और हम कितने गहरे में हैं, इसकी थाह ले सकते हैं।...इस कारण...।"

"मंजरी न मंदिर जाती है, न गिरजाघर, न मठ-मस्जिद कहीं भी नहीं।"

"जबकि पाटलीवाला शुरू से जा रहा है और आज भी जाता है, क्योंकि कोई भी व्यापार बिना भगवान् के नहीं चल सकता और उनका भगवान् मंदिर, मस्जिद, चर्च आदि में निवास करता है। वह करता भी रहेगा, क्योंकि मनुष्य भगवान् को अपने लड़ने का मुद्दा कैसे बनाएगा? उसे भगवान् को भी श्रेणीबद्ध करना है, उसे भी नंबर देने हैं और इसके लिए जिहाद छेड़ना है।...वही प्रतिस्पर्धापूर्ण वातावरण बनाना है, जो वह अपनी जिंदगी में बना रहा है।"

"हां अरविंद, यह सब मुझे मंजरी ने शादी से पूर्व ही बतला दिया था कि वह मेरी आस्था, मेरी तकरीर और मेरे दूसरों से संबंध के बीच में कभी नहीं आएगी और न अपनी आस्था, अपनी तकरीर और अपने संबंधों में आने देगी। मुझे यह अच्छा लगा था, क्योंकि मैं ऐसे साथी को अपनाने जा रहा था जिसका कण-अनुकण मिश्री की डली का प्रतिनिधित्व कर रहा था।"

"तुम भाग्यशाली हो, पाटलीवाला।"

"सच कहते हो, अरविंद।"

अरविंद सोचते हुए कह गया, "एकदम सच, मंजरी।" वह अनुभव कर रहा था कि जब अति संवेदना के क्षणों में से वह गुजर रहा होता है, तब उसका कथ्य भटकने-सा लगता है और खासकर वह मंजरी के सामने अपने आपको बेहद अकेला अनुभव कर उठता है और ऐसा ही शायद मंजरी में

भी अनकहा, अनछुआ सक्रिय हो उठता है कि वह उसके प्रति संबोधनों की डगर बदल बैठती है। वह कह रही थी, "मैं चाहूंगी, क्यों पाटलीवाला तुम भी, यानी हम दोनों चाहेंगे कि आप भी भाग्यशालियों की सूची में चमकते सितारों की तरह दमकने लगें।"

अरविंद मुस्करा उठा। मंजरी ने कहा, "आप लोग तो प्रायः विज्ञापन के द्वारा इस क्षेत्र में आगे बढ़ते हैं न।"

"ठीक से कुछ नहीं पता।"

"यानी तुम तैयार हो, मेरे दोस्त। वंडरफुल मंजरी, तुम भी कमाल की हो!"

"अपने विज्ञापन में साहब प्रिंसिपल मत जोड़ना, सिर्फ प्रोफेसर।"

"क्यों भला?"

मंजरी मुस्करायी। फिर धीरे से बोली, "वाइस प्रिंसिपल या प्रिंसिपल जैसे भारी भरकम शब्द किसी ऐसे व्यक्ति का भार ढोते नजर आते हैं, जो किसी बीतरागी की तस्वीर में मिलते हों।" कनखियों से एक बार अरविंद की ओर देखा। अरविंद स्थिर बना हुआ था। पाटलीवाला मन-ही-मन आनंद ले रहा था और अपनी पत्नी की वाक् विदग्धता पर सम्मोहित होता जा रहा था।

"आज की डाक, अरविंद।" कहकर देव चक्रवर्ती ने उसको स्वप्नलोक से नीचे धरती पर ला उतारा।

"अरविंद मुस्कराया। फिर टांग फैलाकर कहने लगा, "क्या कुछ है?"

"अभी पत्र लिफाफों में बंद हैं।"

"तो खोलो, भाई।"

"चार पत्र मिले। चारों पढ़े गए। फिर सन्नाटे ने आराम कुरसी पर बैठकर पांव फैलाए।"

कुछ समय चुपचाप खिसक गया। अरविंद ने पूछा, "क्या सोचा?"

"क्या सोचूं! मेरी शादी तो मेरे माता-पिता ने तय की थी और उनकी आज्ञा का पालन मैंने किया था। मैंने लड़की भी नहीं देखी थी।"

"तब तुझसे क्या आशा करूं?"

देव चक्रवर्ती चुप रहा।

"चलो बंधु, यह काम भी दूसरे कामों की तरह हम ही कर लेते हैं।" इतना कहकर अरविंद ने कहा, "यहां से बात शुरू करते हैं। ये कौन साहब हैं और कहां से?"

"पत्र शिलांग से है। श्री भूपाल चंद्र बसु, कृषि विभाग में उच्च सरकारी पद पर आसीन, इंग्लैंड रिटर्न, उनकी चौदह वर्षीय लड़की, अध्ययनरत। विवाह हिंदू विधि-विधान से- लड़की भारतीय संस्कृति के प्रति रुझान रखने वाली।...आना चाहते हैं।"

"आने दें। तुम उन्हें सादर पत्र लिख दो।"

"किसकी तरफ से?"

"अपनी तरफ से। यहां मेरा अब है भी कौन? बड़े भाई साहब कूच बिहार में हैं, सारो यानी सरोजिनी छोटी बहन और छोटा भाई बारीन रोहिणी गांव में, देवघर में राजनारायण बोस हैं। न मातृपक्ष से ऐसा कोई है, न पितृ पक्ष से जो इस दायित्व के लिए आगे आए। और फिर बंधु, हम तो हर ऐसे संकट से अकेले ही जूझते रहे हैं। अब यह तुम पर है और रति चक्रवर्ती पर। वह तुम दोनों की इच्छा पर है। दोनों उम्र में मुझसे बड़े हो। अब आप सोचो, क्या करना है या क्या नहीं करना है?" अरविंद ने अपनी सारी स्थिति स्पष्ट कर दी थी।

"तो अब तुम निश्चिंत रहो, बंधु। हम सब कर लेंगे।" विज्ञापन भी तो उसी ने तैयार किया था। तब भी यह प्रश्न उठा था कि विज्ञापन में घोष परिवार की लड़की की बात लिखी जाए तो उसने स्पष्ट कर दिया कि भारतीय परिवार की लड़की हो। विवाह सनातन विधि से होना चाहिए। लड़का वाइस प्रिंसिपल कम प्रोफेसर है। वेतन सात सौ पचास रहे प्रति माह है। शादी तुरंत करनी है। सब कुछ स्पष्ट पहले ही कर दिया था।

अरविंद बंकिमचंद्र के उपन्यास पढ़-पढ़कर इस नतीजे पर पहुंचा था कि वह अपनी शादी हिंदू परिवार में ही करेगा। उन्होंने बंकिमचंद्र के संबंध में एक लेख में लिखा था, जो इंदु प्रकाश में प्रकाशित हुआ था कि "बंकिमचंद्र में एक कवि की अन्तर्दृष्टि है और सबसे बड़ी बात यह थी कि वे हिंदू समाज को एक विशिष्ट नजरिए से देखते हैं। वे हिंदू जीवन में जो भी सुंदर, मृदु तथा मोहक होता था, उसका सम्मान करते थे और हिंदू नारी में जो कुछ श्रेष्ठ तथा माधुर्य भरा होता था, उसको वे सामने लाते थे। वे हिंदू नारी के हृदय के गहरे भावों, शील की दृढ़ता, मृदुता तथा प्रेम भावना का गहराई से अनुभव करते थे। ये सब चीजें उनमें तथा उनकी कृतियों में अग्नि की भांति धधकती रहती थीं और कवि तथा कला विधायक के स्पर्श के माध्यम से अलौकिता में रूपांतरित हो जाती थीं।" इस प्रभाव के सम्मोहन में बंधे वह

हिंदू लड़की से ही विवाह करना चाहते थे।

सब कुछ आनन-फानन में होता गया। भूपालचंद्र बस शिलांग से कलकत्ता आ गए। उनके साथ उनके मित्र गिरीशचंद्र बोस और रघुराज चटर्जी भी थे। अभी सुबह सुहानी थी। आकाश में हलके से बादल थे। हवा बह रही थी। गिरीशचंद्र बोस समझा रहे थे, "तुम्हारी तरह लड़का भी इंग्लैंड रिटर्न है। डॉ. कृष्णधन घोष का मंझला लड़का है।"

"उनसे तो मिल चुका हूं, बोस।"

"वे अब दुनिया में नहीं रहे।...ये कुल चार भाई और एक बहन हैं। सबसे छोटा भाई बारीन 'युगांतर' का संपादक-प्रकाशक है।"

"उसमें गोरिल्ला युद्ध, क्रांति और सरकार को पलटने जैसे विषयों पर लेख रहते हैं, बोस।"

"हां वही 'युगांतर' बसु!" गिरीशचंद्र बोस ने समझाने की मुद्रा में कहा, "अरविंद उसका ही बड़ा भाई है और जहां मैं प्रिंसिपल पद पर आसीन हूं, वहां वह वाइस प्रिंसिपल पद पर है। आई.सी.एस. में कामयाब हुआ था, परंतु घुड़सवारी की उसने परीक्षा नहीं दी।"

"क्यों नहीं दी?" गिरीशचंद्र बसु ने सवाल किया।

"क्या पता?"

"इतने ऊंची पोस्ट के लिए लगभग चयन पूर्ण हो चुका हो, वह मामूली-सी घुड़सवारी की परीक्षा में शामिल नहीं हो, यह सोचने वाली बात है।"

"यही कि वह अवश्य राष्ट्रवादी विचारधारा का है और कुछ करने की तमन्ना रखता है।"

"मैं इसके पिता को भी जानता हूं। वे भी क्रांतिकारी विचारधारा के थे। विदेश से एम.डी. करके आए तो समाज ने उसका शुद्धिकरण करना चाहा, यानी सिर को गंजा करवाकर गोबर लेपने और खिलाना चाहा। वे साफ नाट गए। समाज उनकी ओर मुंह ताकता रह गया। मुझे लगता है कि अवश्य यही कोई बात उनके लड़कों में है।"

"यह जरूरी नहीं है कि वह भी ऐसा ही हो। पाँचों उंगली एक-सी नहीं होतीं। फिर हमें जिसके बारे में सोचना है वह एक वाईस प्रिंसिपल है और वह भी एक प्रतिष्ठित कॉलेज का।" कुछ रुककर गिरीशचंद्र बोस ने टोका, "हम आगे निकल आए हैं, मुकुंद माधव भट्टाचार्य का मकान पीछे रह गया है।"

वे लौट गए। मुकुंद माधव भट्टाचार्य तैयार बैठा था। वे घर के भीतर बैठक में आ बैठे थे। भूपालचंद्र बसु ने कहा, "पंडितजी, मन में कुछ-कुछ दुविधा है।"

"शंका नहीं, बसु बाबू। हम लोग शुभ कार्य के लिए जा रहे हैं। खूब सोच-विचार कर चलो। क्यों बोस भाई?"

"पंडितजी आप जन्मपत्री बांचते हैं।"

"केवल दूसरों की।"

"अपनी नहीं क्या?"

"नहीं, बसु बाबू। मेरी शादी हुई थी तो मेरे पिताजी जन्मपत्री के लिए अड़ गए थे। मैंने उनसे कहा, 'पिताजी, मुझे लड़की पसंद है। मैं शादी करूंगा तो उसी से, नहीं तो मैं कुंआरा रह जाऊंगा।' आखिर उनको मेरी बात माननी पड़ी और बोले कि भाग्य से बड़ी जन्मपत्री नहीं है। उनका मिलान नहीं किया गया। शादी हो गई पंडिताइन और मैं आज तक मजे में हैं।"

"यानी आप भी क्रांतिकारी रहे हैं।"

"सिर्फ शादी के मामले में।"

"फिर क्या कहते हो, पंडितजी।"

"शंका शुभ काम के लिए किसी राहु-केतु से कम नहीं है।"

"मुझे क्या करना चाहिए?"

"शिलांग से यहां क्यों आए हो? और फिर अभी लड़का देखने जा रहे हो। शादी पक्की करने नहीं। आगे आपकी जैसी इच्छा।"

"ध्यान रहे, हमें वहां नौ-साढ़े-नौ के बीच में पहुंचना है, बसु।" इतने में नाश्ता आ गया।

"पंडितजी यह सब नहीं चलेगा।" भूपालचंद्र बसु ने कहा।

"देख बसु बाबू, मैं पहले आपका मित्र हूं, पंडित बाद में। यही चलेगा, क्यों बोस भाई!"

"मैं तो शुरू कर रहा हूं, पंडितजी।"

फिर क्या था, नाश्ता हुआ। सब उठे और अब वे देव चक्रवर्ती की बैठक में थे। सामने देव चक्रवर्ती बैठा था। उसकी पत्नी पानी भरे गिलास रख गई थी।

"लीजिए।" देव चक्रवर्ती ने कहा।

"श्रीमान् अरविंद।"

"मैं उनका मित्र हूं। वे भी आ जाएंगे। कुछ पूछना हो तो..." कहते-कहते देव चक्रवर्ती रुक गया।

"उनकी ओर से..."

"शंका मत कीजिए। फिलहाल मैं हूं। वे मुझे बड़ा भाई मानते हैं और इस नाते, आपके पत्र का उत्तर मैंने ही दिया था। वैसे उनके बड़े भाई कूच विहार में हैं।

"ओह!"

"हां, शादी अरविंद को करनी है। वे पूर्ण व्यस्क हैं। उनका निर्णय अंतिम है।"

गिरीशचंद्र बोस ने कहा, "हमें क्या आपत्ति होगी, चक्रवर्ती।"

"अरविंद एक सीधा सादा मानुष है। वह संसारी झंझटों को नहीं समझता। जो बात हो, वह दो टूक, बिना किसी संदेह-शंका के। उसने चाहा कि वह शादी करेगा और उसी क्रम में यह सब है।" देव चक्रवर्ती ने स्पष्ट कर दिया।

"इसका मतलब हुआ कि...।" कहते-कहते भूपालचंद्र बसु रुक गए।

"आप ठीक सोच-समझ रहे हैं। अरविंद ही सारे निर्णय अकेला लेगा और वह इस योग्य है, विवेक से भी, अवस्था से भी कि अपने निर्णय स्वयं ले सके। इसे आप अन्यथा मत लीजिए। वह सहज है और शादी के बारे में भी सहज बना रहना चाहता है। कोई घुमाव-फिराव नहीं।"

"यह अच्छी बात है।" गिरीशचंद्र बोस ने कहा, "आप श्री अरविंद घोष को बुलवा दें...."

"वे तो आएंगे ही।...आपको पत्र लिखने की मंशा भी यही थी।" कहकर देव चक्रवर्ती अंदर चला गया।

उन लोगों ने एक-दूसरे की ओर देखा। भूपालचंद्र बसु पहली शादी करने जा रहे थे। परिस्थितियां अनसोची बन रही थीं। कुछ-कुछ विचित्र थी। आखिर समाज भी सामने था। रिश्ते-नातेदार भी थे। देव चक्रवर्ती अंदर आया तो पाया कि वह पढ़ने में मशगूल हैं। उधर शादी की बात होनी है। उन्हें उसकी चिंता नहीं है। अरविंद के हाथ एक जर्मन पत्रिका लगी। पत्रिका पुरानी थी कोई तीन साल। उसमें एक लंबी कहानी थी, फ्योदोर दोस्तोएवस्की की रूसी भाषा से अनूदित 'एक अटपटी घटना' पढ़ी थी, जिसमें स्वप्न यथार्थ की गाथा कोई 72 पृष्ठ की है। इस कहानी में अब और ऐसे नहीं जीना चाहिए की ओर ही कथा हिचकोले खाते हुई बढ़ती गई। इसी पत्रिका

में एक और कहानी थी, 'इस्ट तिबतन।' उसकी नायिका कह रही थी अपने प्रेमी से, इसे पूर्व पाठक ने रेखांकित कर रखा था, "ब्रूनो श्नाइडर, हम शादी नहीं कर सकते।"

"तुम नन्हे से लोहेनग्रिन की मां हो, हेषेण।"

"वह तो मैं रहूंगी।"

"मैं उसका पिता बना रहना चाहता हूं।"

"यह संभव नहीं है।"

"क्यों हेषेण?"

"मैंने तुमसे उन अति नाजुक क्षणों में कहा था कि मुझे अभी संतान नहीं चाहिए।"

"मैंने तुम्हारा समर्थन किया था।"

"पर हुआ क्या? मैं मां बन गई। मैंने ग्रिन को अकेले ही जन्म दिया। तभी मैंने यह निर्णय ले लिया था कि मैं शेष जिंदगी पत्रकारिता और ग्रिन के पालन पोषण में लगाऊंगी।"

"और मैं, हेषेण।"

"वह मैं नहीं जानती।"

"क्यों?"

"जो व्यक्ति शादी से पूर्व विश्वासघात कर सकता है, उसके साथ शादी रचाकर अंधेरी गुफा में उजाले की कतरने ढूंढने की क्या जरूरत है?"

"क्या उसके लिए अकेला मैं दोषी हूं।"

"मैंने तुम्हें कितना रोका था और तुमसे स्पष्ट कहा था, श्नाइडर, मैं संताप के हवाले अपने को नहीं सौंपना चाहती।"

"मैं नशे में था। सारा पर्वतीय प्रदेश नशे में था। यहां तक तुम भी।"
"हमने साथ-साथ पी थी।"

"मैंने तुम्हारी तरह होश नहीं खोया था, श्नाइडर। तुम्हारी जिद और कुछ-कुछ जबरदस्ती ने मेरे नशीले हो रहे मन को मनमानी करने की छूट दे दी थी।"

"ग्रिन उसकी सजा नहीं है, हेषेण।"

"सजा का प्रश्न नहीं उठता, श्नाइडर। तुम नहीं समझ सकते उस सबको, जिसको एक नवयुवती बिना ब्याहे मां बनकर समझती है। मुझे नहीं मालूम कि ईसा की कुमारी मां ने उसे जन्म देकर कुछ समझा था या नहीं। मैं

मरियम भी नहीं हूं। न आज वह जमाना ही है....कदाचित् कभी औरत यह सोच सकती कि वह चाहे तो ऐसे बीमार, कमजोर और हिंसक समाज को आगे आने से रोक सकती है।"

"सब ऐसा नहीं सोच सकतीं। समाज भी सदाबहार नदी के प्रवाह की तरह है। वह नदी नहीं सूख सकती।" ब्रूनो श्नाइडर का चिंतन प्रखर हो उठा, "दरअसल हेषेण, हम इतने नजदीक आते चले गए कि उन अति उत्तेजित क्षणों में अपने को संभाल नहीं सके।"

"खैर, मैं इस टॉपिक पर बहस नहीं करना चाहती हूं। मेरा फैसला अटल है।"

अरविंद यहां ठहर गया। वह पहले भी ऐसे हादसे की कहानी सुन चुका है। उन लम्हों में वह एकांत और त्रस्त-सा हो गया था। उस पर एक काली छाया चील की तरह मंडराने लगी थी, लेकिन इस कहानी की नायिका को अब वह उस हादसे की नायिका के पुनर्जन्म के रूप में देख रहा था। आखिर नारी क्या है? उसने भी ऐलेसिएल, ग्वेंडोलेन, हर्मेनगिल्ड, डोरिस आदि लड़कियों को अपने अधूरे नाटक 'जंगल का सपना' में उठाया है और प्रेम प्रश्नों की हदों को पार करते-करते एक सुहावने मोड़ पर ठहर भी गया है। उनका पात्र पलियस कहता है कि, "प्रेम एक आकर्षक शिकारी है।" गांव के उस व्यक्ति से उसने ही तो कहलवाया है। क्या प्रेम शिकारी है? कल्पना को उसने कहां से ढूंढकर कहां तक पहुंचाया है। मेलेंडर, एक ग्रामीण कवि, के साथ उसका कैसा रिश्ता है। कहीं सुंदरता के कारण क्या उसके अंदर कामना का सागर ठाठे मार सकता है?...ओ प्रेम, तू ही अपराधी है, तेरा ही दोष है।...हे मधर अबोध पाप! तने ही मेरे अंग-प्रत्यंग में ऐसी अग्नि सुलगा दी...। उसका स्पर्श मेरी सारी पंखुड़ियों को सुखद पीड़ा से रोमांचित कर देता मात्र। मैं अपने सारे सौंदर्य को उसके एक चुंबन के लिए दांव पर लगा देता। आज रात तू मेरे विवाह का प्रदीप बन जा। कल्पनाओं का बेजोड़ काव्य है वह नाटक- प्रेमासिक्त अन्तर्ध्वनियों से स्नात उसका अन्तःबहिर गोचर-अगोचर, दृश्य-अदृश्य, स्पर्श-अनुस्पर्श! ओह! यह सब उसने, कामनाओं के कुमारेपन के लिए अनन्त, संगीत लहरियों से लिखा था। इसी को लेकर प्रो. प्रे. ने उससे प्रश्न किया था, "कल्पना की धरा पर अदृश्य गुलाबों के सतरंगी मन बिखेरकर तुम अपने आपको छिपा नहीं सकते।"

"क्यों छिपाऊंगा? क्या गेटे छिपा सका या कीट्स? प्रेम पर परदा कैसा?"

"यह तुमने ही लिखा है कि जरा प्रेमी पवन से पूछो कि उसने पतझड़ के उच्छ्वास पूर्व ही अरुण गुलाब की पंखुड़ियों के साथ अठखेलियां क्यों की? क्या मैं यह प्रश्न तुमसे कर सकती हूं, अरविंद?"

अरविंद का चेहरा एकदम अरुण हो उठा। उसकी आंखों में सिंदूरी रंग चुपचाप हिमपात-सा उतरने लगा और वह मानों रंगे हाथ पकड़ा गया। यह ठीक से उस अकाल्पनिक मानसिकता का वर्णन नहीं कर सकता। तब यह लंदन की कंवरलैंड झील के साथ था। था तो अकेला परंतु सामने से प्रे आ गई। सुनहरी संध्या अपने आंचल को पेड़ की फुनगियों से उठाने लगी थी और मेविस अतीव मधुर स्वर बिखेर कब कहीं छिपने की जगह ढूंढ रही थी दरख्तों की टहनियों के बीच। लेनेट उसे देखकर मुस्करा उठा था और यूनानी पौराणिक कथानुसार जिअस और हीरा की पुत्री तथा यौवन की अधिष्ठात्री देवी मद्धिम गति से आसमानी मार्ग पर लचकते हुए चली जा रही थी। हां...हां...यह सब उसका अपना कृतित्व है, अपनी जिंदगी का अंतरंग और अंतर्निहित कृतित्व है। बोलो, तो क्या प्रे...। ओह! यहां प्रे कहां है? कहां है वह मधुरतम झील! कहां है आसमानी संगीत का वह ....स्वर-संगीत! कहां से वह लेनिट पक्षी।

फिर भी, अरविंद अपने को लेकर तन्हा में, गहरे नीचे, सघन वन में, चुपचाप सबसे आंख बचाकर, सबके सामने उतरता चला जाता है। क्या उसका विवाह करना उचित है? प्रे ने कहा था, "अरविंद, जीवन में यदाकदा ऐसे निर्णायक क्षण आते हैं, जब स्वयं व्यक्ति को अपने लिए फैसला करना पड़ता है। यदि वह उन लम्हों के साथ न्याय करने से चूक गया तो आजन्म वह उन लम्हों के साश किए गए क्रूर व्यवहार के प्रति अपने को कटघरे में खड़ा हुआ पाएगा। फिर...! फिर क्या शेष रहेगा? पता नहीं, मैं भी नहीं जानती।"

वह समझ रहा था और स्वयं को भी टटोल रहा था। वहां वह जिस आई.सी.एस. अवकाश प्राप्त अंग्रेज से बंगला सीख रहा था, वह बंगला के साहित्य से अधिक परिचित नहीं था। चूंकि उसका कार्यकाल बंगाल में अधिक बीता था, इसलिए न केवल वह बंगाली भाषा का ज्ञान प्राप्त कर सका, बल्कि बंगाली समाज से भी परिचित हो सका था। वह समझता था, "बंगला साहित्य में उनके जीवन की तरह अतिशय भावुकता है। प्रेम वहां के जीवन को उपहार में मिला है। वहां की युवतियां प्रेम का अज्ञात संगीत

है।" इसी तरह बड़ौदा में भी उन्होंने बंगला को सीखने का क्रम जारी रखा। तब तो बंगला सीखना उनकी एक मजबूरी था, क्योंकि आई.ए.एस. में उन्होंने उसे लिया था, लेकिन अब कोई मजबूरी नहीं थी, अंदर की पुकार भी जो उन्हें जगा रही थी और जिसे दिनेंद्र कुमार राय ने पूरा करवाने की दिशा में प्रयत्न किया था और वह भी पूरे दो साल। एक दिन उन्होंने प्रश्न किया, "मि. राय, बंगला साहित्य मुझे गहन अंतरंग संगीत की उपज लगने लगा है। मानों उसका जन्म प्रेम से हुआ है।"

"करुणा प्रेम का संस्कार है। उसी से व्यक्ति का तन-मन एक होता है और आगे चल कर उसे आत्मेक्य की अनुभूति होती है। वे सपनों की भाषा का अर्थपूर्ण प्रयोग करना जानते हैं। प्यास की उन्हें गहरी अनुभूति है।"

अरविंद कुछ नहीं बोले। न फिर कोई अन्य प्रश्न किया। आज वह सब उनके जीवन के नए मोड़ के सामने आ खड़ा हुआ। वह कुछ बोलता नहीं मानों वह तोलने की गंभीर मुद्रा में हो, परंतु वह किसी भी विकट परिस्थिति में अपने-आपको अंधे भाग्य के हवाले नहीं करेंगे। हर परिस्थिति में वह स्वयं को खड़ा करेंगे। उसे लड़ना पड़ेगा तो वह पीछे नहीं हटेंगे, लड़ेंगे और अंतिम क्षण तक लड़ेंगे। जब हारने की चिंता न हो, तब जीत का सम्मोहन नहीं सताता।

"क्या मैं आपको कुछ याद दिला सकता हूं, मि. घोष, कि बैठक में हमारे द्वारा आमंत्रित अतिथि कब से आपकी प्रतीक्षा कर रहे हैं?"

देव चक्रवर्ती ने व्यंग्य भरी मुस्कान बिखेरते हुए कहा और देखा कि अरविंद का चेहरा कहीं खोया हुआ सा है, उसकी आंखों में भारीपन है और उसकी मुद्रा कुछ-कुछ उखड़ी हुई सी है।

"सॉरी, चक्रवर्ती, मैं...।"

"सफाई की जरूरत नहीं है। कृपया कपड़े बदल लो और आंखों पर दो-चार छपके मार कर आ जाओ। मधुर दुनिया के नव महाभारतीय कुरुक्षेत्र में।" देव चक्रवर्ती की व्यंग्य मुस्कराहट चौकन्नी थी। अरविंद उसके बाथरूम में चला गया। देव चक्रवर्ती बैठक में लौट आया। उसकी विशेषता यह थी कि उसके चेहरे से कोई कुछ पता नहीं चला सकता कि उसके अंदर क्या चल रहा है?

गिरीशचंद्र बोस ने पूछा, "आप कहीं मनींद्र नाथ चक्रवर्ती के पुत्र तो नहीं हैं।"

"हां, मैं उन्हीं का पुत्र हूं।" देव चक्रवर्ती ने मद्धिम स्वर में कहा परंतु एक शोकाकुल स्वर लहरी की अनुभूति के साथ।

"वे तो महान् क्रांतिकारी थे।"

"क्या वे अब नहीं हैं?" भूपालचंद्र बसु प्रश्न करने के बाद प्रश्न के भौंड़ेपन को महसूस करने लगे।

"उन्हें सरकार ने...। इतना कहा ही था कि सामने से एक लंबा, इकहरी देह का सांवला युवक, जिसके बाल कुछ लंबे थे और जो खादी की धोती और बंगाली शैली का कुरता पहने हुए था, आया। उसने सबको नमन किया। फिर बैठ गया। अचानक समय सोच में पड़ गया। खामोशी असहनीय होने लगी। गिरीशचंद्र बोस ने ही उस पथरीली खामोशी को तोड़ने के लिए पहल की और कहा, "मैंने ही वह विज्ञापन पढ़ा था और अपने मित्र मिस्टर भूपालचंद्र बसु को पत्र लिखा था। भूपालचंद्र बसु आप हैं।"

अरविंद ने उन्हें पुनः प्रणाम किया। गिरीशचंद्र बोस कहने लगे, "आप शिलांग में पोस्टेड हैं, उच्च पद पर। वहीं से कल रात आए थे। आपकी ही बिटिया यहां मेरे पास रहकर ब्राह्म विद्यालय में पढ़ रही है। उसका नाम है-मृणालिनी। उसके संबंध में हम आए हैं।"

"आपकी शिक्षा तो लंदन में हुई है।" भूपालचंद्र बसु ने मोर्चा संभालते हुए कहा।

"मैं इंग्लैंड में लगभग चौदह वर्ष रहा हूं। मैं वही पढ़ा हूं।"

"आई.सी.एस. में उच्च अंक प्राप्त करने पर भी...वह शायद घुड़सवारी की परीक्षा उत्तीर्ण न करने के कारण अथवा आई.सी.एस. के लिए मन के इजाजत नहीं देने के कारण...या...।" गिरीश चंद्र बोस रुकते-रुकाते भूपाल चंद्र बसु के मन के बोझ को उतारने की दृष्टि से कह गए।

"वह मेरा अतीत है, मि. बोस, वर्तमान नहीं।"

"अब तो आप बड़ौदा में प्रोफेसर हैं।"

"हां हूं और वाइस प्रिंसिपल भी हूं। अध्यापन मैं अंग्रेजी और फ्रैंच का करता हूं। थोड़ी सी दखल मेरी वहां के प्रशासन में भी बनी रहती है।" अरविंद ने अत्यंत सधे हुए स्वर में कहा।

"आप तो आई.सी.एस. होते तो प्रशासन ही संभालते। वाई द वे, आपको क्या लगता है कि जनरल प्रशासन और एजूकेशनल एडमिनिस्ट्रेशन में कोई खास अंतर है!" गिरीश चंद्र बसु की ओर कनखियों से देखते हुए भूपाल चंद्र बसु ने पूछा।

"बेशक, अंतर है। मुझे लगता रहा है जब वहां पढ़ता था और आज जब पढ़ा रहा हूं कि एजूकेशनल एडमिनिस्ट्रेशन में दिल और दिमाग दोनों की बराबर की भूमिका है, जबकि जनरल एडमिनिस्ट्रेशन में दिमाग की सर्वाधिक दखल लगती है।" अरविंद ने कुछ रुककर आगे कहा, "चूंकि मैं इंग्लैंड के वातावरण में पढ़ा हूं- लंदन में भी, मैनचेस्टर में भी। वहां मुझे लगा कि यहां की अपेक्षा कुछ ज्यादा आजादी है, खुलकर बात करने के लिए अनुकूल वातावरण है और जो खास बात है, वह यह है कि वहां परीक्षा का बोझ नहीं है और न उत्तीर्ण-अनुत्तीर्ण को लेकर कोई खास खुशी या अवसाद है। चूंकि वहां का स्टूडेंट परीक्षा से अधिक जीवन की तैयारी को महत्त्व देता है और फिर सोचता ज्यादा है, बोलता बहुत कम। शायद मितभाषी होने से संयमित रहना ज्यादा सुविधाजनक है।" अरविंद सहज हो चुके थे और भूलने लगे थे कि उन्हें किसी असहज परिस्थिति का भी सामना करना है, क्योंकि उनके लिए स्वयं शादी की पहल करना थोड़ा असुविधाजनक था।

"वह एक स्वतंत्र देश है, मि. अरविंद।"

"एजूकेशन पर देश की स्वतंत्रता या परतंत्रता का कोई असर नहीं होता, क्योंकि शिक्षा कभी परतंत्रात्मक नहीं होती और न परावलंबित। वह स्वयंभू है। अपने को दूसरों के साथ जानना-समझना उन्हें बोधगम्य बनाना वहां के वातावरण की एक ऐसी चारित्रिक सहज आस्था है, जो इंसानियत की फसल को पूरा फूलने-फलने का अवसर देती है।" अरविंद को अच्छा लगने लगा था, क्योंकि वह जड़ को सींचने लगे थे।

"हम वैसा वातावरण नहीं दे पा रहे हैं। कहीं कुछ लगता है कि...।" गिरीशचंद्र बोस अपनी आदत के अनुसार गंभीर विषय पर आते-आते अल्प विराम, अर्द्धविराम पर आकर दूसरे को पूर्ण विराम देने के लिए आमंत्रित करते थे। तब वह ग्रीक के किसी दार्शनिक को अपने में उठता पाते थे।

"हम भी बहुत कुछ दे पा रहे हैं, मि. बोस। वह सब जो स्वाधीनता और पराधीनता को अर्थगम्य बनाता है। दरअसल यही वह मोड़ है, जहां त्रिवेणी के मिलने का स्वप्न लिया जा सकता है और दिया जा सकता है। स्वप्न परिंदे यदि खुला आकाश पा जाएं, तो वे अपने पंखों में ताजा हवा भर कर उड़ने लगेंगे। उस गोताखोर की तरह जिसने कभी समुद्र की गहराई के बारे में नहीं सोचा, उसके रंग-उत्पाद पर ध्यान नहीं दिया, क्योंकि उसका जेहन उस अलिखी पुस्तक के करीब होता था, जिसके लिखने की उन्हें

ही शुरुआत करनी थी। आकाश और समुद्र मुझे सदा पर्यायवाची होने का एहसास देते रहे हैं। क्यों मि. बसु, आप कब तक किनारे पर खड़े रहेंगे?"

भूपालचंद्र बसु असोचे सोचे जा रहे थे कि ऐसे दार्शनिक व्यक्ति के साथ क्या मृणालिनी के जीवन डोर बांधने का निर्णय लेना उचित होगा? मृणालिनी अभी बहते पानी के उस बहाव से भी नहीं गुजरी है, जो बहने के स्थान पर डुबकी लगाकर उसकी गहराई के आस्वाद को अपने से अनुभव कर लेना चाहता है। फिर भी भूपालचंद्र बसु ने कहा, "मैं तो नेचर के साथ रहता हूं, जिसे पढ़ने की नहीं, अनुभव करने की जरूरत होती है। अनुभव होने का सुख शायद परिंदे के पंख खोलकर हवा भरने की प्रक्रिया की प्रतीक्षा नहीं करता।"

"क्योंकि अनुभव होता ही संज्ञानात्मक संबोध है।" अरविंद ने गहराई से आवाज दी।

"हमें समन्वय के साथ चलना चाहिए।"

"यही न बोस, जो भारतीय और पाश्चात्य दृष्टिकोण के पुल का काम कर सके। क्या पुल होना जरूरी है?...पुल न बन सके तो...।"

"पुल की संभावना में भी ऐसा बहुत कुछ है जो नहीं होने से, निस्संदेह बेहतर हो सकता है। एजूकेशन में जिसकी जरूरत भी है।"

"न हो तो हम बना भी सकते हैं, क्योंकि शायद वह हमारे होने की जरूरत हो। जब नदी मिलती है, तो अपने निरभिमानी चरित्र की तमाम इयन्ताओं व आस्तित्व के होम करने की उत्कट लालसा के मनोबल से। बल अपना हो तो पाट के चौड़े और नदी के गहरे होने या तेज बहाव की आशंका नहीं सताती। सदा सताना अपने से शुरू होकर अपने पर खत्म होता रहा है।" अरविंद ने गहरे गोताखोर की कल्पना से जोड़कर अपने को देखा।

"मुझे यह अच्छा लगा कि आप में संभावनाओं से आगे भी ऐसा कुछ है, जो वर्तमान की जिंदगी को बहुत दूर तक महसूसता है।"

"मुझे मालूम नहीं है।" अरविंद धीमे से दीपदान कर जाते और नदी में बहते हुए उसे तटस्थ दृष्टि से देखते रह जाते। हालांकि उनमें तटस्थता निरपेक्ष नहीं होती। सापेक्ष की वह तैयारी करती है एकदम कल्पना के यथार्थ की तरह।

"हमें शायद यह याद रखना है कि हम एक दार्शनिक कवि की सीमाओं में प्रवेश कर चुके हैं, जहां से लौटना हमारे हाथ में नहीं रह पाता है।" इस

बार मुकुंद माधव भट्टाचार्य ने अपनी दखल दर्ज करवाई। इस पर सबके चेहरे पर प्रसन्नता की लहर दौड़ गई। देव चक्रवर्ती ने भी कहा, "मुझे आप लोगों की रसात्मकता ने बहुत सम्मोहित किया।"

"आप कविता भी करते हैं। निश्चित वे कविताएं भी आपके व्यक्तित्व की तरह गहरी होंगी।" भूपालचंद्र बसु ने गति की लयात्मकता के संदर्भ को ज्यों का त्यों जोड़े रखा। अब खिड़की पर के परदे नदी की लहरें बनने लगे थे। रोशनी में इजाफा हुआ था। अंदर बैठे भी सूर्य की उपस्थिति का अनुमान लगाया जा सकता था। अरविंद ने कहा, "करता तो हूं पर अपने लिए। जो कि अपने से संवाद करने के लिए। तब मुझे नहीं पता चलता कि मैं वहां दार्शनिक होने लगा हूं। मैं यह जानने के मुगालते में कभी नहीं रहता कि मुझमें रवींद्रनाथ ठाकुर बनने के स्वप्न हैं और हो भी नहीं सकते, क्योंकि मैं अनुकरण का अभ्यासी नहीं हूं।"

"अनुकरण मौलिकता सोख लेता है।" गिरीशचंद्र बोस ने कहा।

अब नाश्ता लगने लगा था। वहीं पर जहां पर वे सब बैठे सामूहिक एकांतता का सुख ले रहे थे।

"मैं यह तो नहीं कहूंगा, क्योंकि मौलिकता में भी समाज की उपस्थिति बनी रहती है। हमारा एकांत भी समाज को उस नदी की कलकल की तरह सुनता रहता है जो पास में नहीं है। फिर भी उसकी उपस्थिति अपने एहसास को बनाए हुए है।" अरविंद धीरे-धीरे कह गए।

"हम में से कोई कवि नहीं है मात्र मेरे।" मुकुंद माधव भट्टाचार्य ने सहज भाव से कहा।

"आप कविता करते हैं?"

"नहीं मिस्टर अरविंद, मझे रेडिमेड कविता चयन करने की आदत है। मैं उन कविताओं का आस्वाद अपनी कविता समझकर लेता हूं। दरअसल पंडिताई मेरा धंधा है। इस धंधे में यजमान की थाह लेने से ही अक्ल को फुसरत नहीं मिलती।" मुकुंद माधव भट्टाचार्य ने आदत के अनुसार उलझते वातावरण को सलझाने की दिशा में मोड़ना चाहा।

"जबकि मुझे भविष्य जानने की जिज्ञासा नहीं है।" अरविंद ने सहज ढंग से कहा।

"तो अवश्य आपकी जन्म कुण्डली में बृहस्पति उच्च का है।" मुकुंद माधव भट्टाचार्य ने कहा।

इस पर सब हंस पड़े।

"बेहतर हो, मुझे आपका शिष्यत्व स्वीकार कर लेना चाहिए।" अरविंद ने भी नीरस वातावरण को उबारने में हाथ बंटाना चाहा।

"उसकी चिंता आप मुझ पर छोड़िए, प्रोफेसर साहब, क्योंकि हवा, पानी और रोशनी को आज्ञा नहीं लेनी होती। यह पंडित भी उसका ही धर्मभाई है।" मुकुंद माधव भट्टाचार्य ने तुरुप का पत्ता डालते हुए कहा।

"नाश्ता भी शुरू कीजिए।" देव चक्रवर्ती ने सबका ध्यान नाश्ते की ओर मोड़ा। नाश्ता शुरू हुआ।

"क्यों मिस्टर देव, आप लोग शिलांग का कार्यक्रम कब तक बना रहे हैं?" गिरीश चंद्र बोस ने पूछा।

"हां, वह भी जल्दी बना लेंगे, परंतु...। कुछ सोचते हुए आगे कहा, "आपकी बच्ची तो यहीं, कलकत्ते में है ना।"

"शिलांग हमारा घर है। घर आएंगे तो सब इस खुशी में सम्मिलित हो जाएंगे। खासकर मृणालिनी की दादी। यह दादी की इच्छा भी है। वह ढंग से चल-फिर नहीं पाती।"

"हमें भी दादी का आशीर्वाद चाहिए, यह हमारी भी इच्छा है।" मिसेज देव चक्रवर्ती ने मिठाई की प्लेट सबकी ओर बढ़ाते हुए कहा।

"तो ठीक है, क्यों अरविंद?"

"हां...हां...ठीक है।"

"यदि संभव हो तो कुछ निश्चित कार्यक्रम बन जाए।" मुकुंद माधव भट्टाचार्य ने कहा।

"आप लोग क्या चाहते हैं?" अरविंद ने कहा।

"जैसा आप ठीक समझें।"

"अकेली मेरी समझ से काम नहीं चलेगा...सुविधा आपकी भी देखनी है। आप लोग बताएं कि कब आएं?...आने वाले तो हम गिनती के लोग हैं।... औपचारिकता के पक्ष में मैं नहीं हूं। जो है, जैसा है, सामने रहे और सहज रहे।"

"मि. अरविंद, हमें आपके ख्यालात पसंद हैं। आगामी रविवार..."

"ओ.के. हम पहुंच जाएंगे।" देव चक्रवर्ती ने अरविंद का इशारा पाकर कह दिया।

"यदि आप मृणालिनी को पहले देखना चाहें तो भी...।" गिरीशचंद्र बोस कह रहे थे, "वह मेरे पास रहती है, पढ़ती है। चौदह वर्ष की है। रंग गोरा है। कद..."

"नो...नो...मि. बोस। ये पत्ते वहीं खुलने दें।" अरविंद ने टोक दिया।

"तो आज्ञा दीजिए।" भूपालचंद्र बसु ने उठने का क्रम बनाते हुए कहा।

"जैसी आपकी आज्ञा।" देव चक्रवर्ती ने भी उनका साथ दिया।

वे लोग चले गए। सन्नाटे का तावीज छोड़ गए। अरविंद अंदर नहीं लौटे। बाहर आकर पगडंडी के मोड़ पर खड़े रह गए। उनकी दृष्टि एक जईफ इंसान पर जा ठहरी। वह ठेला ढकेल नहीं पा रहा था। जईफी कितना लाचार कर देती है। कौन जिम्मेदार है? किसको जिम्मेदार माने? भाग्य। नहीं, वह नहीं हो सकता। किसी अदृश्य शक्ति की चौखट बिना सोचे-समझे खड़े हो जाना न्याय नहीं है। फिर?...न्याय कहां है? कहां है? वह जईफी के अंधे रेगिस्तान की ओर बढ़ते चले गए। वह कब तक वहां खड़े रहते। आगे बढ़ गए। बढ़ते ही गए। शेक्सपियर सारणी को भी वह पार कर गए। असोचे यथार्थ को करवट बदलते देखते रहे। देखना आंखों की सीमा लांघ कर अनदेखी डगर के एहसास की ओर आहिस्ता-आहिस्ता बढ़ता चला गया।

वह लौटे। अपने जेहन में मिस पैगेट को साथ लेकर। वह अंग्रेज नवयुवती उन्हें अंग्रेजी पढ़ाया करती थी। एक दिन वह नवयुवती मां स्वर्णलता को समझा रही थी, "हम अपने देश लौटेगा।"

"क्यों, क्या घर की याद सताने लगी है?" स्वर्णलता पूछ रही थी।

"नहीं, स्वर्णलता जी, ऐसा कुछ नहीं है। घर में है भी कौन मात्र उसके अंधे भाई के।"

"फिर पैगेट, क्या बात है?"

"अफसोस की बात है।" मिस पैगेट कुछ गंभीर होकर कहने लगी, "जुल्म... क्रूरता...जाहिलपन...असभ्यता।"

पैगेट के चुप रह जाने पर स्वर्णलता ने पूछा, "कुछ समझे नहीं, मिस पैगेट।"

"तभी तो..." मिस पैगेट ने कहा।

"क्या तभी तो?"

"खूंख्वार नग्न इरादों की इस नुमाइश को देखा नहीं जाता, मैडम।"

"कुछ खुलकर बताएंगी, मिस पैगेट।"

"आप नहीं देख पा रही हैं क्या?"

"क्या मिस पैगेट?"

"आपके लोगों पर होते जुल्म।"

"मुझ पर!" आश्चर्य स्वर्णलता ने मिस पैगेट की ओर देखा।

"मेरा मतलब है हिंदुस्तानियों पर। हमारी जाति वाले कर रहे हैं। हमारी सरकार नाइंसाफी करने पर तुली है। मुझसे यह अन्याय, जुल्म और दिल दहलाने वाले पाशविक दृश्य नहीं देखे जाते। अपने आप से नफरत होती है। इंसान इंसान के प्रति जानवर से ज्यादा बदतर व्यवहार क्यों करे? खैर, यह मेरा जातीय मामला है। यह मेरी समूची मानसिकता को बेचैन करने के लिए काफी है...तो...आप जरा-सा भी अन्यथा न लीजिएगा, हम कल से नहीं आएगा। आज से ठीक पंचमं दिन हिंदुस्तान छोड़ देगा।" पैगेट ने अपने स्वभावानुसार धीरे-धीरे शांत स्वर में कहा।

"ओह, तो यह बात है। आपके मन में इतना दर्द, इतनी वेदना! हम किन शब्दों में आपको धन्यवाद दें!"

"नो...नो...मैडम...नो नीड फॉर थैंक्स। नो फॉरमैलटी। वी हैव टू बिलीव इन लिबर्टी, एक्वॉलटी एण्ड फ्रटर्नटी। हमें इनके साथ जीने की आदत-सी है। खैर, हमें खेद है कि हम कल से नहीं आएगा परंतु एक कीमती यादगार...यूअर सन...अरविंदो...आई केन नेवर फॉरगेट। सो लवली! सो शार्प मेमोरी। डिवेलप इनसाइड। वैल डिसप्लिन।...नो डॉउट ही इज अ नाइस चैप।..हिज बिहेवयर इन केरेक्टराइज्ड बाई इट्स इमेजरी एण्ड ह्यूमर।... करिश्मा (आकर्षक एवं मोहित व्यक्ति।) ...प्रेरणादायक।"

"आप इंग्लैंड जाकर शादी बनाएगा ना।"

"नो मैरिज।...सेलिबसी...अविवाहित रहने की दशा...सेलिबट...वो क्या बोलता है आप लोग...ब्रह्म...चर्य...हां, हां...ब्रह्मचर्य।"

"नन बनेगा।"

"नो-नो...नेवर।" कहकर पैगेट का भावुक चेहरा और गहरी नीली झील सी आंखें चमक उठीं। उसके आरक्त होंठ महक उठे।

"वेल मिस पैगेट। जरा ठहरो।..." कहकर स्वर्णलता अंदर चली गई। लौटी तब उसके साथ में एक पैकेट और एक लिफाफा था। उसके पीछे थोड़ी देर में नौकरानी एक थाली में रोली चावल और मिठाई लेकर आई। वह लौटने लगी तब स्वर्णलता ने कहा, "हम भी आपको विदाई देगा...हमारे अनुसार।" उसने बिंदी लगाई। चावल लगाए। उसके मुंह में बर्फी दी। हाथ में लिफाफा देकर कहा, "युअर पेमेंट।"

"माई सैलरी।"

स्वर्णलता ने आंख झपकाकर उसे शॉल उढ़ाया। एक पुस्तक दी। उसका नाम था....अ सांग फॉर यू।

"ओ...ये सब...।" पैगेट आल्हादित हो उठी। हर्ष विभोर। उसकी आंखों में आंसू उतर आए। उसने भर्राये गले से कहा, "हम से अरविंदो को नहीं बोला गया। आप उसे हमारा प्यार देना।"

"अरविंद, पीछे खड़े होकर बातें नहीं सुनते। चलो, अपने टीचर के पांव छुओ।...टीचर इज युअर गॉड, यह हमेशा याद रखना।"

अरविंद ने पैगेट के पांव छुए। पैगेट ने उसके सिर पर हाथ फेरा। आशीर्वाद दिया। पैगेट चली गई। अरविंद उसे याद करते हुए रूमाल से आंसू पोंछने लगे। एकबारगी रुक गए। पैगेट जाने कहां होगी। एक बार उसने अत्यंत भावुक होकर कहा था, "अरविंदो, याद रखना, एक दिन तुम बहुत बड़ा इंसान बनेगा। हमें याद करना तब।"

अरविंद का मन हुआ कि वह सामने होती तो उसके पांव छूता। पता नहीं, चरण स्पर्श से उसे क्या अनुभूति मिलती है। कितनी गहरी और अज्ञात अनुभूति। अननुज्ञात। तरंगों पर लहराते इंद्रधनुषों सी अनुभूति। प्रपात पर मुग्ध होते सुमनों की अनुभूति। सड़क के बीचोबीच खिल उठे सूरजमुखी के फूलों की ज्यादा चमकदार अनुभूति। वह अनुभूतियों की मकरंद महक से गदगद होकर चुपचाप चलते रहे लौटने की दिशा में।

41

प्रकृति अनावृत्त होकर किसी नवयुवती की मुस्कान बिखेर उठी थी। ऊंचे-ऊंचे देवदार, चीड़ आदि के वृक्ष नयन खोले अपलक देखे जा रहे थे किसी अज्ञात डगर की ओर। हवाएं निर्झर, पुष्पों और पल्लवों से खेल रही थीं। मृणालिनी सुधीरा के साथ अपने बगीचे में टहल रही थी। उसी समय निर्मला टैगोर आ गई, चहकती हुई इठलाती हुई। वह पूछने लगी, "शादी की बात उठने मात्र से मेरी रानी को वैराग्य ने घेर लिया क्या?" पास आकर बहुत धीरे से पूछा, "क्या जोगी की प्रतीक्षा में इतनी बेचैन घटाएं उतर आई कि अपनी रानी को चुन्नी के उतर कर गिर जाने का भी ध्यान नहीं रहा।"

मृणालिनी ने चौंक कर देखा। चुन्नी यथास्थान थी। निर्मला ने खिलखिलाते हुए कहा, "चलो, ईश्वर का लाख-लाख धन्यवाद, पगली आतुरता आवेश में

भी अपनी बुद्धि को ठिकाने पर साधे हुए है। बाई द वे कब आ रहे हैं?"

"कौन निर्मला?" सुधीरा ने भी माहौल को सहलाया।

"क्या वे हेलीकॉप्टर से सीधे यहीं उतरने वाले हैं।"

"यह तुझे किसने कहा, निर्मला।"

"कौन कहता, सुधीरा, सिवा मेरे मन के।"

"आजकल तेरी बोलती में अंगड़ाई ऐंठने लगी हैं, निर्मला।" सुधीरा ने मोर्चा संभाला।

"तू तनिक सपनों की रानी को तो बोलने दे। वह क्या कहती है? हर नए तोड़ की संभावना पर कुछ-न-कुछ दिल में होने लगता है। मैं यह अपनी बात कह रही हूं, सुधीरा। सच को छिपाने से धकधक ज्यादा तेज होने लगती है।" निर्मला टैगोर की आवाज अत्यधिक कोमल हो उठी।

"तुम लोग आपस में ही उलझते रहोगे या मेरी भी सुनोगे। कभी तो तुम्हें गंभीर हो जाना चाहिए। हालांकि मैं जिंदगी का क-ख-ग नहीं जानती तथापि जिंदगी के ऐसे मोड़ पर दस्तक देने जा रही हूं, जहां से जिंदगी एक नए सिरे से शुरू होती है।" इतना कहकर मृणालिनी ने जामुन के दरख्त पर बैठे नीलकंठ की ओर देखा। नीलकंठ एकदम शांत, गंभीर और लगभग योग मुद्रा में झुकी हुई टहनी पर बैठा हुआ था। "व्हाई नॉट, मीनुदी। वी हैव अ प्रैगमैटिक अप्रोच। (व्यावहारिक पहुंच, दृष्टि)... कहो, हमें क्या करना है।" निर्मला टैगोर ने कुछ नजदीक आकर, गंभीर मुद्रा बनाते हुए पूछा।

"लड़की होना क्या परिवार पर भार है?"

"मीनुदी, तुम सही दिशा में सोच रही हो। कोई इसे स्वीकार नहीं करेगा पर सच्चाई यही है।"

"मैं शादी नहीं करना चाहती। क्या शादी जिंदगी से अधिक महत्त्वपूर्ण है?" "नहीं, कदापि नहीं।" सुधीरा ने कहा और खिल आए मौसम पर एक नजर डाली।

"मैं किसी पर भार नहीं बनूंगी...पिताजी पर भी नहीं। अपनी आर्थिक जिम्मेदारी क्या हम नहीं उठा सकते? हम पर से घर वालों का इतनी जल्दी विश्वास क्यों उठने लगता है? वे घबराने क्यों लगते हैं? शादी नहीं होगी तो

कौन-सा पहाड़ टूट जाएगा। समझ में नहीं आ रहा कि मैं क्या करूं?" मृणालिनी के गुलाबी चेहरे पर परछाइयां उतर आई।

तूने मां से बात की है क्या?"

"मैंने बोस अंकल से कलकत्ता में ही कहा था। दरअसल मुझे पता ही तब चला जब पापा कलकत्ता आए। पापा के कलकत्ता से लौट जाने पर मैंने बोस अंकल से कहा, "अंकल, हम यहां पढ़ने आए थे।"

"बेशक, मीनुदी, यह सच है। परंतु एक दूसरा सच यह भी है कि यदि इस बीच कोई लड़का मिल जाए तो देर नहीं करनी चाहिए।"

"तुरंत विवाह कर देना चाहिए, यही ना।"

"आखिर लड़की को पराए घर तो जाना है।"

"क्या एक लड़की की इतनी छोटी-सी जिंदगी है?...उसके आगे वह परायी चौखट पर खड़ी रहे। क्या उसकी अपनी जिंदगी का कोई अर्थ नहीं है?...नहीं, अंकल, हमें लड़की के प्रति इतना क्रूर नहीं बनना चाहिए।"

"यह तुम क्या कह रही हो, बेटी?"

"मैं अभी विवाह नहीं करना चाहती। मैं पढ़ना चाहती हूं। मेरे में जिज्ञासाएं पंख खोलकर खुले आसमान की ओर देखने लगी हैं।"

"तो अभी कौन-सी बात पक्की हो गई। देखो, क्या होता है?"

"परंतु देखना-वेखना मुश्किल में भी डाल सकता है, अंकल।...सुना है, भाग्य चेता तो चट मंगनी पट विवाह...फिर क्या?"

"तुम इतनी चिंतित मत होओ, मीनुदी। हम लोग भी तो हैं।"

"फिर मैं और क्या कहती, अंकल से, निर्मला-सुधीरा। इसी समय चिड़ियां आपस में लड़ने-झगड़ने लगीं। वे सामने फैले पानी में खेलते-खेलते उलझ बैठीं।"

"अब तू बता, हम क्या करें, मीनुदी।" "तुम कुछ कर सकती हो क्या?" "बता तो?" निर्मला ने सोच की डगर पकड़ते हुए कहा।

"तुम सोचकर देखो। सुधीरा की तो शादी हो चुकी है। फिर भी, वह भी मदद कर सकती है।"

"कोई फायदा नहीं, मीनुदी। लड़कियां पराया धन ही हैं। पुरुष समाज में लड़की के प्रति सोच का एक ही बंधा-बंधाया तरीका है। तू तो चौदह वर्ष की तो है, मैं तो बारह वर्ष की भी नहीं हुई थी कि मुझे शादी के मंडप में ला बैठाया था। फटी-फटी आंखों से तमाशा देखती रही।...मां-बाप ने चैन की सांस ली। वे मानों गंगा नहाए। उनका सिर दर्द दूर हुआ।...यह सब एक सोची-समझी साजिश के तहत हो रहा था।...कच्ची बातें। लड़की होने का डर निरंतर सताता है। वह कहीं उलटी-सीधी राह नहीं पकड़ ले।

कहीं उसके साथ कुछ ऐसा वैसा न हो जाए कि मां-बाप की नाक कट जाए। सवाल अपनी नाक का जितना महत्त्वपूर्ण है, उतना शायद लड़की की भावनाओं का नहीं। यही जीवन का यथार्थ है, मीनुदी।" सुधीरा ने संक्षिप्त में जन्मपत्री पढ़कर सुना दी।

निर्मला टैगोर आश्चर्य से कभी सुधीरा को और कभी मृणालिनी की ओर देख रही थी। दरअसल उसने कभी इस विषय पर सोचा नहीं था। शादी की चर्चा उसके लिए भी घर में शुरू हो चुकी थी। वह अपेक्षाकृत पहले के अपने ही घर में कुछ-कुछ परायापन अनुभव कर उठी थी। उसे लगता था कि जहां उसने इतने वर्ष गुजारे, वह घर अब उसका नहीं रहेगा। पराया घर कैसा होगा? कौन लोग उससे जुड़ेंगे? उनकी क्या-क्या अपेक्षाएं होंगी? ऐसे कुछ प्रश्न यदाकदा उसे भयाशंका से भर जाते थे, क्योंकि समाचार पत्रों में कुछ ऐसी ही कहानियां आ जाती थीं, जो उसमें हर्ष-उन्माद की उमड़ती लहर को सोख लेती थी। वह कहने लगी, "हमारी जीवन डोर अंधे भाग्य के खूटे से बंधी हुई है, जिसे हम तोड़ताड़ कर भाग नहीं सकते।"

इतने में ही सुखदा मुखर्जी आ पहुंची और उन्हें देखते ही बोली, "आप लोगों के लिए सारे शहर को खंगाल डाला। अरे भाई, इधर-उधर जाना ही था तो कम-से-कम किसी को बताकर जाती। अब चलिए भी आप लोग मेरे साथ।"

"क्यों दस-पंद्रह मिनट में घर में क्या कोई तूफान आ गया?"

"आया नहीं, आने वाला है।"

"क्या मतलब?"

"वो एक घंटे पहले पहुंच रहे हैं।"

"तो पहुंचे, हमें क्या!"

"तुम दोनों को तो वास्तव में कुछ नहीं है परंतु मीनुदी को बहुत कुछ है।"

"जैसे।" निर्मला टैगोर ने पूछा। "तैयार होना।"

"वो, तो है।"

"उनके लिए जो यहां पहली दफे आ रहे हैं।"

"तो आने दो उन्हें भी!...वो कोई शहर कोतवाल हैं या वजीर नजीर।"

"बहस नहीं, आप लोग मेरे साथ चलें।"

"इनकार हो जाए तो?"

"आफत टूट पड़ेगी आप सब पर। मीनुदी के मामा-मामी आ पहुंचे हैं।"

"हैं...वे भी आ गए।"

"बुलाया होगा तभी तो आए हैं।"

"तब तो चलना होगा, भाई।"

"तू उनका नाम सुनते ही क्यों घबरा उठी, मीनुदी।"

"हमारी मामी हिटलर की परंपरा की हैं।"

"और मामू?"

"वे नेक और सज्जन।"

"यानी पत्नी भक्त।"

"निखट्टू हैं क्या वह?"

"खाली सरकारी नौकरी में हैं। आलीशान बंगला मिला हुआ है, परंतु अफसर हमारी मामी हैं।" मृणालिनी ने घबराते हुए कहा और चलने लगी।

"ठहरो, मीनुदी, नादिरशाही के सामने हम घुटने नहीं टेकेंगे।" निर्मला टैगोर ने जरा सख्त होते हुए कहा।

"लो मामी इधर ही आ रही हैं। मैं तो चली, अब तुम जानो और तुम्हारा काम।" सुखदा मुखर्जी फौरन वहां से रफू-चक्कर हो गई। उन्हें कोई नहीं रोक सका।

मामी की मर्दानी चाल ने वो कमाल कर दिखलाया कि सबकी सिट्टी-पिट्टी बंद। अब जो न हो वह थोड़ा। मामीजी के उधर पहुंचने से पहले वे तीनों पीछे के रास्ते से बाहर निकल जाना चाहती थी कि मामी ने आवाज लगा दी, "बेटी मीनुदी, उधर कहां जा रही हो, तुम्हारी मामी तो इधर खड़ी हैं, इधर आओ।" आज मामी के स्वर में नरमी थी, लहजा भी मुलायम था और अपनापन भी था। आश्चर्यजनक परिवर्तन! उनसे तो मां की भी सिट्टी-पिट्टी गुम हो जाती थी। मामी के पीछे चाची आ गई। चाची ऊंचे घर से आई थी। मितभाषी थी। नाज-नखरा कतई नहीं था। एकदम सहज और हंसमुख। फिर भी उनका रूआब था। हाथ की वे खुली थीं। देने में सबसे आगे। मामी यदि किन्हीं से दबती थी तो उनसे। हालांकि वह मामी से कुछ कहती नहीं थी।

यों आया संकट स्वयं टल गया। वे सब अपने आप से बतियाती घर में लौट आईं।

मां ने कहा, "मीनुदी को तैयार कौन कर रहा है?"

"मैं यों ही ठीक हूं, मां।" मृणालिनी ने साहस दिखलाया।

"ना बेटी, ना।...ये इतनी बहुएं मामी-चाची जो हैं, ये तुझे सजाए-संवारेंगी।"

"नहीं मां, नहीं। प्लीज।"

"सुनती है, धरा की मम्मी, चार दिन कलकत्ता पढ़ने क्या चली गई कि गज भर की जुबान निकालना भी शुरू कर दिया। चुपचाप, हमने जो कहा है, मान लेना मीनुदी।"

"मान लेगी...मान लेगी। यह आप हम पर छोड़ो।...हम सब संभाल लेंगे।" चाची ने सुरीली आवाज में कहा।

"मां गहने, कपड़े-लत्ते देकर बाहर वाले कमरे में चली गई। मामी ने दुलार दिखाया। कहा, "मीनुदी, इधर आ, अपनी चाची के पास बैठ।" एक तीर से दो निशाने।

अरविंद अपने मित्र के परिवार और देवघर के मामा-मामी के साथ शिलांग में आ पहुंचे। घर में उनके आने से हलचल सी मच गई। मृणालिनी अभी तक तैयार नहीं हुई थी। निर्मला टैगोर और सुधीरा उसे तैयार करने में जुट गईं।

गिरीशचंद्र बोस, मधुरकांत बैनर्जी, देवकांत बरुआ आदि भी आ पहुंचे थे। भूपालचंद्र बसु कृषि विभाग में एक उच्च अधिकारी थे अतः उनके कई सहायक भी वहां आ गए थे। मित्र भी। मित्रों के परिवार के अन्य सदस्य भी। निर्मला टैगोर के माता-पिता भी।

अरविंद घर की रौनक, सलीका, प्रतिष्ठा और भव्य शालीनता देखकर सोच रहा था कि यूं बसु परिवार में योरोपीय झलक कहीं नहीं है, जबकि मृणालिनी के पिता भी इंग्लैंड से डिग्री लेकर आए थे।

बीच-बीच में पाजेब की झनन-झुनन, चूड़ियों की खनक और सहज उल्लास मिश्रित चपल हास्य महक उठता था। मृणालिनी भरे-पूरे परिवार से है। संस्कारशील होना सुनिश्चित है उनके सामने "स्रोत यात्रा" लांजा देल वास्तो की फ्रेंच पुस्तक थी। वह पुस्तक यूरोप के ऐल्पस पॉडटेंस तथा रॉकी पर्वत श्रेणियों के सौंदर्य को निरावरण करती थी। वह लैंडस्केप की अन्यतम झलक अपने साथ लिए जा रही थी। फ्रेंच का यात्रा साहित्य इसलिए सर्वाधिक रसपूर्ण, कलाभिरुचियों का संगम और अन्यतम के माधुर्य उद्वेलन की अन्यतम अनुभूतियों से युक्त है कि उसमें यात्री के साथ प्रकृति का मनोरम अंतःचित्र सहयात्री की तरह चलता है। कहीं-कहीं प्राकृतिक

चित्र गहराई में डुबकर कविता की लय में महक उठते हैं और संगीत की आंतरिकता के अनुवाद से एकरस हो उठते हैं। ऐसा सब होता जाता है, परंतु पाठक तब तक अपनी बाहरी दुनिया से अनभिज्ञ रहता है। शिलांग का पर्वतीय संगम भी अपनी छवि, आस्थिक सौंदर्य और प्रचुर अंतर्दृष्टि की भव्य घाटियों से स्निग्ध, मर्मस्पर्शी और संवादोन्मुखी है। इस प्रकृति ने संभाला है मृणालिनी को, जहां रूप का सौष्ठव शिखर पर है और आंतरिक चेतना की गौरव सरिता हर क्षण अपनी दैवी उर्मियों को नव से नवल अंतः रूप देती जा रही है।

मानों किसी ने अरविंद को पुकारा और कहा, "इधर आओ, निःसर्ग अपना मौन वाद्यः के अंतर्पटों को अनावृत करने जा रही है। दर्शन का जन्म ऐसे आत्म मुग्ध क्षणों की देन है, जब व्यक्ति का अपना साक्षात्कार मुखर होने और रखने लगे।" हे चिर अंतर्चेतना के अनाम रूप सौंदर्य तुम कब से प्रतीक्षा में थे?"

ठहरो, संपूर्ण अंत बहिर सत्ता के आमुख, मुझे अपने अनंतः विस्तारों की पगडंडियों का अवलोकन करने दो।

"क्या हम यहां बैठ सकते हैं?" एक संगीतमय स्वर अन्तर्नाद सा मुखरित हुआ। मानों कोई कली सद्यः खिली हो, अन्तःकरण का असीम उन्माद व उल्लास लिए।

अरविंद के हाथ से पुस्तक छूट गई। वह कह उठी, "यह अच्छा शकुन है। झुककर किताब उठाते हुए निर्मला टैगोर ने कहा, "इस वक्त आप एक अलिखित और अप्रकाशित उस पुस्तक के निकट से गुजर रहे हैं, जो अपने में आत्म विस्मृत है।"

"जी।" सहज अरविंद के मुख से निकल गया। उसने अपने चारों ओर देखा, वहां न उनका दोस्त था और न उनके मामा जी। न बसु परिवार का कोई पुरुष सदस्य। वह कह रही थी, "मुझे यहां निर्मला टैगोर से पुकारते हैं और आपके दाईं और बाईं ओर बैठी सुधीरा तथा निरुपमा दत्त हैं। सामने सुखदा मुखर्जी, कनुप्रिया और दिव्या भारती हैं। चूंकि हमारे परिवार में फ्रेंच समझी, बोली जाती है इसलिए मेरा मन आपके पास की पुस्तक पर फिसल गया था और आपके हाथ से तत्काल पुस्तक छूट गई। निस्संदेह मैं सम्मोहन नहीं जानती। फिर भी, ...खैर मुझे यह बतलाकर अतिरिक्त प्रसन्नता हो रही है कि हम सब मृणालिनी के बचपन के साथी हैं। साथ पढ़े और यहीं बढ़े

हुए हैं।...क्यों बहन सरोजिनी जी क्या आप अपने बड़े भाई पर कुछ प्रकाश डालेंगी कि उन्हें जीवन की अपेक्षा पुस्तकें क्यों प्यारी हैं?"

सरोजिनी सकपका गई। उसने अपने को संभालते हुए, तनिक अल्पविराम के बाद कहा, "कुछ सफर बस का भी था इसलिए।"

"खुल खुल पड़ रहे सौंदर्य को अनदेखा कर दें।"

अनहीं, निर्मला जी, तब पुस्तक बंद थी जैसे अब है और तब सौंदर्य की चेतना का अंतर्मनन संकेत देकर आमंत्रित कर रहा था।" सरोजिनी ने एक बंगला कविता के याद रह गए चरण का सहारा लेते हुए कह डाला। अरविंद अपनी बहन के उत्तर से अंदर-ही-अंदर प्रसन्न हुआ।

"इसका अर्थ हुआ कि इस वक्त इस पुस्तक पर चर्चा नहीं चल सकती, जिसकी आशा से हम अंदर-ही-अंदर लड़खड़ा उठे थे। क्यों श्रीमान् अरविंद जी, क्या हमारा समर्थन करने का मन बना सकेंगे?" अभी तक वह पुस्तक निर्मला टैगोर के हाथ में थी। बीच-बीच में उसने बंगाली भाषा के साथ फ्रेंच शब्द डाल दिए थे, ताकि पकवान में ताजगी की सुगंध महकती रहे।

"अरविंद जी, आप इस पगली की बातों पर ध्यान मत दीजिए। हमें तो कलकत्ते से शिलांग यात्रा के बीच जन्मी कविता सुना दीजिए।" सुधीरा ने सहज भाव से कहा।

"तुमने ठीक फरमाइश की है, दादी।"

अरविंद की इतनी अच्छी बंगला नहीं थी, जितनी वे सब बोल रही थीं। मुहावरे और लोकोक्तियों का भी उसमें रस घोल रही थीं। कहीं-कहीं असमिया भाषा का भी पुट था। कुछ समय यों ही खिसक गया।

सुखदा मुखर्जी ने याद दिलाया, "हम लोगों को भी आप अपने कॉलेज की छात्राएं मान लीजिए, घोष साहब।"

अरविंद को कुछ तो कहना ही था। कहा, "सच यह है इस बीच मेरे मन में कोई कविता नहीं जन्म ले सकी। मैं तो कभी-कभी पहाड़ियों के बीच हरे-भरे मैदानों को देखता रह गया। मुझे लगा वे मैदान झूले हैं।"

इतना कह वह जैसे ही चुप हुए वैसे ही कनुप्रिया मित्रा ने कहा, "और हम झूल रहे हैं।"

"चल पगली, हम नहीं, वो झूल रही हैं, जिसकी चितमन की कल्पना ने कविता को जन्म लेने से रोके रखा।" निरुपमा दत्त ने बात को नया मोड़ दिया।

"सच यह है कि भैया की बंगला अभी कमजोर है।" सरोजिनी ने रास्ता निकाला।

"तब तो आपकी अपनी भाभी से खूब निभेगी, सरोजिनी जी।"

"आप लोग जोड़ी जमने देंगे तब ना, निरुपमा दत्त जी।"

"वो कैसे?"

"वो ऐसे कि पहले जी के बॉडी गार्ड को तो हटाइए।" सरोजिनी ने अकेले ही छोर को संभालते हुए कहा।

"आपने बहुत पते की बात कही है, सरोजिनी।" कनुप्रिया मित्रा ने कहा, "लीजिए परदेशी बाबू को हटा दिया, अब तो देश आजाद हो गया ना।... फिरंगी गया, सारा राजपाठ छोड़ गया।...है न।"

इस पर सबके होंठों पर मुस्कान फिसल गई। निरुपमा दत्त ने कहा, "आपने ठाकुर की कविता पढ़ी है क्या? कैसी लगी?"

"कुछ-कुछ उनकी कविता रहस्य को विस्तार देती है। ठीक से कुछ इस वक्त कहना उचित नहीं है।" अरविंद ने टांग पर से टांग हटाकर कहा।

चूंकि आपके पास व्यापक और गहन दृष्टि है, और आप स्वयं भी अच्छे कवि हैं इसलिए भी आपका कथन महत्त्व रखता है।" निर्मला टैगोर ने कहा।

"आपको कैसे मालूम है कि मैं अच्छा कवि हूं।" अरविंद ने धीरे-धीरे अपने कथन का बहने दिया।

"मैं जानती थी कि यह प्रश्न सामने आएगा।"

"फिर भी...।" सरोजिनी ने पूछा।

"वो यों अरविंद जी, रवींद्रनाथ टैगोर के पास मैं आती-जाती रहती हूं। पेंटिंग में मैंने कोर्स वहीं से किया है। वहीं मैंने पैलट (चित्रकार का रंग मिलाने वाला बोड) पर रंग फैलाकर उनमें से नए रंग को जन्म देने तक सोचा है और सोचा है कि बनने वाले रंग का नामकरण क्या हो?...ठाकुर दा की कई कविताओं पर पेंटिंग्स बनाई है।...एक रोज ठाकुर दा ने कहा, "ये कविताएं पढ़, निर्मला। हो सके तो कुछ बना।" इसके बाद निर्मला टैगोर यकायक चुप रह गई।

"फिर क्या किया आपने?" सरोजिनी ने पूछा।

"वही जो मुझे नहीं करना चाहिए था।"

"क्या नहीं करना चाहिए था?"

"तब काश, मुझे मालूम होता।"

"क्या मालूम होता?"

"तो मैं डरती नहीं।"

"किससे नहीं डरती, निर्मला?"

"तीन अक्षरों से...नहीं...नहीं...तीन शब्दों से।...यानी शुरू में भी जी, बाद में भी जी और मध्य में भी जा।"

"यानी, अपने जीजा जी से ना।" सुखदा मुखर्जी कह बैठती।

"होने वाले को जोड़ूं तो चलेगा।" कनुप्रिया मित्रा कहती होती।

इस बार हँसी पहले से तेज थी, पर खिलखिलाहट भरी और माथे की बिंदिया सी चमकती हुई और अलि अनुबंध कुन्तलों-सी लहराती हुई दूर तक फिसलती चली गई।

तभी मामी का पदार्पण हुआ। उनका स्वर अत्यंत आत्मीय तथा अकृत्रिम था। वह सिर पर पल्ला खींचकर बोली, "अरविंद बाबू को थोड़ा आराम करने दो। वे इतनी दूर से आए हैं।"

"क्या मामी वे इतनी दूर से आराम करने के लिए यहां आए हैं!" सुधीरा ने होंठों में हंसी छिपाकर सहजता से पूछा।

सरोजिनी ने उत्तर दिया, "हम लोग थके थकाए नहीं हैं, मामी जी। आप तो..."

"यह हुई न कोई मर्दानी बात! प्रायः हम लड़कियों को छुई-मुई समझा जाता है।" दिव्या भारती ने सोते से जागते हुए कहा।

यह क्यों भुला दिया जाता है चित्तौड़ की महारानी कर्णवती, झांसी की रानी लक्ष्मीबाई जैसी महिलाएं हमारा प्रतिनिधित्व करती आई हैं।" निर्मला टैगोर ने इतना कहकर पलटा मारा और कहा, "मामी जी की बात का इशारा समझो, मेरी नादान सहेलियों और उठो। क्यों मामी जी, हमारी...सारी, भलाई इसी में है न।"

अरविंद चुपचाप इस नाटक को देखता रहा। मन-ही-मन अनाविल मुस्कान का आनंद लेता रहा। उसे लगा कि सामाजिक रसात्मकता का सुरूर कितना निबंधन होता है! एक निश्छल अदाकारी की भाव-भंगिमा उसे भारतीय संस्कृति के स्वाभाविक मिजाज में हाल में खिले किसी गुलाबी उपवन सी लगी।

उन्मुक्त, निर्झर-सी झरती, छलकती, बहती, तटविहीन किसी नदी के उसके जन्म से पूर्व लिखे गए आमुख कथा-सी। भारतीय संस्कृति में सरसता

है, सहजता है, पारदर्शिता है और उदात्तता है।

लड़कियां एक-एक करके खिसकने लगीं। मामी ने सरोजिनी को भी इशारे से उठ जाने के लिए कहा। लिहाजा वह भी उठ गई।

अब वहां अरविंद अकेले रह गए थे। कुछ देर तक गुवाहाटी तक ट्रेन की यात्रा के बारे में सोचते रहे। फिर वहां से बस यात्रा के बारे में। कितने सुंदर नजारे! चीड़ के उपवन ही उपवन! आंखों में सौंदर्य उतर कर हृदय पर छाता चला गया।

"यहां मैं भी हूं।" एक संगीतमयी लहर इधर-से-उधर तक दौड़ गई। मृणालिनी के तन-मन के संवेग 'थ्रिल' से भर गए। अरविंद ने देखा- एक किशोरी होंठों पर मौन लिए तनिक गरदन झुकाए चुपचाप खड़ी थी।

"आप मृणालिनी?"

"जी।"

"मैं अरविंद।"

"आपका आग्रह था कि..."

"हां, मृणालिनी था, क्योंकि सारी जिम्मेदारी मुझ पर है।" अरविंद कनखियों से उस रूप के अनमोल सौंदर्य की तुलना शिलांग के अन्यतम नैसर्गिक सौंदर्य से करने की कोशिश कर रहा था।

भाव-विह्वल चेहरा, तीखे नाक-नक्श, पतले अरुणाधर, घुंघराले से कुंतल सावन के मेघ जैसे! रंग एकदम गुलाबी, आंखों में सरूर और सौम्यता। मृणालिनी को खड़ा देखकर कहा, "आप बैठ जाइए।"

"लीजिए, बैठ गए।" धम से मृणालिनी वहीं कुर्सी पर बैठ गई।

"आप क्या पढ़ती हैं?" "इंग्लिश, बंगला साहित्य और संगीत...।"

"संगीत में रुचि है।"

"लड़कियों का रुचि से क्या लेना-देना?" मृणालिनी ने मन को उलट डाला।

"आप ऐसा क्यों सोचती हैं, मृणालिनी।"

"नहीं...नहीं...हम कुछ नहीं सोचते। सोचने की लकीर, पंडित जी बता रहे थे, लड़कियों के हाथ में नहीं होती।"

"और तुमने पंडित जी का विश्वास कर लिया।"

"और क्या करते? लड़की जन्म ही विश्वास के लिए हुआ है।"

"लगता है तुम्हें पुरुष समाज से गहरी शिकायत है।"

"नहीं।" मृणालिनी ने जोर देकर कहा।

"क्यों?"

"क्योंकि शिकायत सुनने वाला अव्वल तो कोई है भी नहीं और हुआ भी तो वह कोई पुरुष ही होगा।"

"यानी आपको पुरुष पर भरोसा नहीं है न?"

"हम शायद अपनी बात ठीक से कह नहीं पाए।" मृणालिनी ने तनिक अपने होंठ दबाकर मन-ही-मन भी कुछ अनसुना-सा कहा।

"तो आप कहना क्या चाहती हैं?"

"हम...हम..."

"हां, आप, मृणालिनी...आप।"

"स्त्री-पुरुष का बराबरी का दर्जा बने।"

"वह कैसे बनेगा, क्या इस पर कुछ होम वर्क किया है?"

"नहीं...कभी नहीं। दरअसल स्त्री की सोच चारदीवारी से आगे नहीं बढ़ पाती...जिसमें मैं तो अभी सोच की क ख ग भी नहीं जानती।" मृणालिनी ने सहज ही अपने हृदय को उल्था कर डाला।

"अच्छा, यह बताओ कि तुम हमें कितने नंबर देना पसंद करोगी?"

"हम...और आपको नंबर...आप तो...आप तो...हम नहीं जानते।"

"आप क्या नहीं जानतीं?"

"यही तो हमें पता नहीं है।"

"तो पता करो, मृणालिनी। क्या बिना पते के पोस्टकार्ड किसी ठिकाने पर पहुंच सकता है?" अरविंद अंदर-ही-अंदर उसके भोलेपन, निश्छलता, सरलता और पारदर्शिता पर मुग्ध होते जा रहे थे। सोच रहे थे कि वह शादी के मायने नहीं समझती। फिर उससे शादी?...पर इतना भोलापन उन्हें कहां मिलेगा! गंगा सा पावन मन उन्हें कहां मिलेगा? वह सन्नाटे को रस स्निग्ध होता पा रहे थे। वह फिर पूछ बैठे, "सुना है, तुम बहुत अच्छा गाती हो?"

"हमने गाने बाने की कहीं ट्रेनिंग नहीं ली है। जो आता है, जैसा आता है, मन चाहता है तो हम गा उठते हैं। पता नहीं, वह अच्छा होता है या नहीं।"

"कोयल को किसने प्रशिक्षित किया है, क्या तुम जानती हो?"

"क्या पक्षियों को भी कोई प्रशिक्षित करता है?"

"तो तुम्हें भी कौन प्रशिक्षित करता है।"

"क्या हम आपको पक्षी नजर आते हैं?"

"क्या आपको अपने बाग में पक्षियों का संगीत आनंद नहीं देता?"

"देता है।"

"मुझे तुम्हारे संगीत ने मोह लिया है।"

"झूठ नहीं बोलते।"

"क्यों?" अरविंद तनिक रुककर पूछते, "हमने क्या झूठ बोला है?"

"हमने अभी गाया ही कहां है कि..."

"अभी तक आप क्या कर रही थीं?"

"क्या हम गा रहे थे?"

"और नहीं तो क्या? तुम्हारे कंठ से प्रोज पोइट्री बनाकर झर उठा है, मृणालिनी।"

"तो अब हम चलते हैं।"

"क्यों?"

"हमें चापलूसी पसंद नहीं है।"

"वो तो हमें भी नहीं है, मृणालिनी।"

"अच्छा, नमस्ते जी।...हमारे पास आप जैसा दिमाग नहीं है।"

"हृदय तो है ना, मृणालिनी।"

"मालूम नहीं।" कहकर मृणालिनी लौट पड़ी।

अरविंद सोच रहे थे कि भूपालचंद्र बसु ने कैसे कह दिया था, "चक्रवर्ती, आप तो जानते हैं कि अपने समाज में लड़के-लड़की की शादी से पूर्व बातचीत नहीं कर सकते।... मिस्टर, अरविंद का आग्रह है तो...खैर, यह भी हमें स्वीकार है।"

क्या कोई इस जीवन में इतना भावुक, निष्ठावान्, समर्पित, उदारमना, सहज, प्रगल्भ और प्यार से लबालब हो सकता है। अब धीरे-धीरे सब उस कमरे में आती गई जो दरअसल ड्राइंग रूम था। निर्मला टैगोर पूछ रही थी, "यहां आप कहां-कहां घूमना पसंद करेंगे?"

"आप बताएं कि हमें कहां-कहां घूमने जाना चाहिए?"

"क्यों मृणालिनी ने आपको नहीं बताया कि...?"

"नहीं।...कुछ नहीं बताया।"

"तो हम सुनाए देते हैं।" कहकर निर्मला टैगोर सुनाने लगी, "शिलांग कविवर रवींद्रनाथ ठाकुर भी आ चुके हैं। वे गुवाहाटी में वशिष्ट आश्रम में

रुककर यहां आते थे। झीलों और हरियाली से घिरे शिलांग उनके मन में गहरा बैठ गया था। वे वार्ड लेक में नौका विहार अवश्य करते थे। बॉटेनिकल गार्डन, एलिफेंट फॉल्स, बिशप फॉल्स, बीडन फाल्स आदि उनके प्रिय स्थान हैं। यहां ये इंग्लिश कॉटेजेज में भी रहते थे। यह स्थान बहुत खूबसूरत है। साक्षात् कविता। जरूर जाइए पर अकेले नहीं।"

निर्मला टैगोर शिलांग का वृतांत संगीतमय कर उठी थी। उसकी चंचल नयन बता रहे थे कि उनमें शिलांग का सौंदर्य उतर आया है, पिकच रेस्कली। (मनोरम) लोकेटेड! हाऊ स्वीट! हाऊ इमेजनरी! उसके होंठों पर थिरकन थी।

"चलिएगा, पास वाले डायनिंग रूम में। भोजन प्रतीक्षा कर रहा है।"

"चलिएगा।" कनुप्रिया मित्रा ने कहा, "और जानिएगा कि इनमें मृणालिनी की प्रिपरेशन किस-किस में है।"

भोजन हो गया। सब ड्राइंग रूम में आ बैठे थे। अन्तरंग संगीत का माहौल था। सबकी दृष्टि अरविंद के चेहरे पर टिकी हुई थी।

"तो..." गिरीशचंद्र बोस ने कहा।

"अब शेष मृणालिनी जी पर निर्भर है।" अरविंद ने निःसंकोच कहा।

"यानी..." इसके बाद गिरीशचंद्र बसु वहां से उठे और अंदर जाकर यह शुभ समाचार सबको सुना दिया। मृणालिनी का हृदय नव हिरनी सा कांप उठा। अब? वह हकबकी सी रह गई। मानों उसने कुछ नहीं सुना और जो सुना वह उसके लिए नहीं था।

खुशियों की बहार आ गई। उसकी सहेलियां चहक उठीं। क्या शालीन दूल्हा मिला है। रसगुल्ले बंटने लगे। उल्लूह ध्वनि (मुंह से ध्वनि निकालना) अनुगूंज उठी। तीन बार अनुगूंजी। सबने इसे शुभ माना। वह समय भी आया जब अरविंद अपने लोगों के साथ लौट रहे थे। गिरीशचंद्र बसु ने गुवाहाटी तक उन सबके लिए कार का प्रबंध कर दिया था। कार चलने को थी परंतु मृणालिनी कुर्सी पर से नहीं उठी। सरोजिनी, उसकी मामा-मामी, मिस्टर एवं मिसेज चक्रवर्ती मृणालिनी को आशीर्वाद देकर चले गए।

मिसेज बसु की आंखें छलछला आई थीं। सरोजिनी कह रही थी, "काश बड़े भैया और मंझले भैया भी होते तो...?" परंतु उन्हें फुरसत कहां?

"नहीं, सरो, ऐसा नहीं सोचते। बड़े भैया विनय कूच बिहार स्टेट में उच्च पद पर हैं। जिम्मेदारी का काम है उन पर। हां, मनमोहन चाहता तो पत्नी

सहित आ सकता था, लेकिन वह शुरू से खर्चीला है और आराम तलब भी, उससे आशा करना ठीक नहीं है...मुझे बारीन की चिंता है। हालांकि उसमें देशभक्ति का, जज्बा हिलोरें ले रहा है।...उस पगले को हम साथ ला सकते थे लेकिन उसका कोई ठौर ठिकाना नहीं। खैर जो हुआ, वह अच्छा हुआ।...क्यों, सरो, तू क्या सोचती है?"

"इसमें सोचना क्या, भैया। भाभी कुलीन घर की लाड़-प्यार से पली, भोली-भाली और सुंदरता की देवी है। उसका अति मधुर कंठ है और कुछ-कुछ रुतबे वाली भी लगती है।" सरोजिनी ने धीरे-धीरे कहना जारी रखा, "उसके पिता ऊँची पोस्ट पर हैं। ठाट-बाट से रहते हैं। उनका भी रुतबा है।"

"यह तो अच्छी बात है, सरो (सरोजिनी)। लड़की सबको प्यार की डोर में बांध लेगी। मनमोहन की पत्नी तो किसी को कुछ समझती ही नहीं है। इधर घर में आई, उधर उसने मनमोहन को सब तरफ से कुट्टी करवा दी। मृणालिनी उससे एकदम भिन्न है। हां, स्वाभिमानी है, दबकर नहीं रहेगी, लेकिन दबाएगी भी नहीं। उसके दिल में जो है, वह उसकी होंठों पर आ जाता है। तू तो उससे उसके कमरे में जाकर भी मिल आई है।"

"हां, सेजदा (मंझला) भैया, यह अपने कमरे में शृंगार करवा रही थी। उसके पास उसकी सहेलियां भी थीं। सुधीरा, निर्मला टैगोर और कनुप्रिया मित्रा थीं।"

"क्या बातचीत चल रही थी उनमें?" मिसेज चक्रवर्ती ने पूछा। सरोजिनी ने कुछ सोचकर सुनाना शुरू किया- हू-ब-हू उनकी नकल करते हुए।

"मुझे यह सब अच्छा नहीं लगता सुधीरा। हमारी नुमाइश क्यों? जैसे हैं, वैसे ही बने रहें। दुकान की तरह सजावट-शृंगार क्यों?"

"मीनुदी, यह रस्म है। सदियों से चली आ रही है। इसका विरोध कौन करे?"

"क्यों नहीं करे?"

"कोई नहीं करेगा, मीनुदी। बैठे ठाले तू अपने दिमाग को परेशान मत कर।...जरा ढीला छोड़, हां बस अब ठीक है।" सुधीरा उसके बालों में कंघी करती हुई कहती जा रही थी।

"मुझे अभी शादी नहीं करनी।"

"मीनुदी, अभी शादी बहुत दूर है। अभी तो पसंद तक की बात है।" सुखदा मुखर्जी प्रवेश के साथ छलांग लगाती बोली।

"फिर इतना पढ़ा-लिखा लड़का कहां मिलेगा? चाहता तो आई.सी.एस. होता। तेरे नसीब खुल जाएंगे, यदि तुझे उसने पसंद कर लिया।" निर्मला टैगोर ने पटरमाला मृणालिनी के गले में डालकर कहा, "ना...ना...यह नहीं चलेगी। अकेला हार क्या ठीक रहेगा।"

"वो क्या हार देखने आए हैं इतनी दूर से?"

"सॉरी, मृणालिनी, हम तो यह भूल ही गए कि अपनी रानी महारानी को देखने आए हैं।"

"बस बहुत हो गया, अब छोड़ो भी।"

"इतनी जल्दी क्या है, महारानी जी! अभी तो बिगड़ रही थी और अभी..."

"मन मन भाए और मूड हिलाए...वो बात है अपनी मृणालिनी की।"

"आप लोग इस बात को अन्यथा क्यों लेती हैं, सुधीरा जी। ये क्षण लड़की के जीवन में बार-बार नहीं आते। उसे भी रूठने का विशेषाधिकार है, क्यों मीनुदी?" सरोजिनी ने चटखारे के साथ कहा।

"हैं आप, यहां।"

"तो क्या हुआ! मैं क्या मीनुदी की सहेली नहीं हो सकती।"

"आप तो उनके साथ..."

"उनके साथ थी, अब आपके सबके साथ हूं। क्यों चलेगा यह गरममशाला।"

"हम तो आपस में मजाक कर रहे थे...क्या नाम बताया था आपने।"

"घर का या बाहर का।"

"दोनों का ही।"

"जैसे घर में मृणालिनी को मीनुदी कहते हैं, वैसे ही हमें यानी सरोजिनी को सरो कहकर बड़े प्यार से पुकारते हैं।"

"अब आप मीनुदी को पास करती हैं या..."

"हम तो सेजदा भैया की पसंद के पीछे हैं।"

"फिर जासूसी क्यों?"

"प्यार के लिए।"

"क्या मतलब?"

"आखिर मीनुदी हमारी प्यारी भाभी बनेंगी तो..."

"तो क्या?"

"सेजदा भैया के बाद तो घर में हम ही तो हैं?"

"तूने इतनी बातें कर डाली, सरोजिनी।"

"जान भी लिया कि गौरवर्णीय बाला का मन भी चांदनी है।"

अरविंद के जहन में मृणालिनी की स्वर लहरियां गूंज रही थीं। कितनी प्यारी और भोली आवाज। अरुण होंठों पर प्यार की अज्ञात सरगम। आंखें खुमारी का धोखा देने में तत्पर। कोई धुकधुकी नहीं। न भय-आशंका। जी में आया, वह कर डाला। उसके मतलब की चिंता नहीं।

"सरो, चुप भी कर।"

"क्यों, सेजदा भैया, अभी तो घर की चौखट पर पांव भी नहीं रखा है, अभी से उसकी तरफदारी।"

"सरो, अब सो जाएं।"

"घबरा कर नहीं।"

"सरो, तुझ पर लगता है, अपनी भाभी भैया का भूत अभी से सवार हो गया है...सफर लंबा है- "

"आते समय भी तो आए थे तब?" सरोजिनी ने मुस्कराते हुए कहा।

"चलो, सो ही जाएं।" देव चक्रवर्ती ने हस्तक्षेप किया।

सब अपनी-अपनी बर्थ पर जा सोये। अरविंद की आंखों में नींद नहीं थी। वह सोच रहा था कि मृणालिनी ठीक सोचती है कि अभी उसे और इंतजार करना चाहिए। आखिर उसकी अवस्था है ही क्या! मात्र चौदह वर्ष।

सुकुमार बालिका, शादी को क्या समझे! बिना परिपक्व हुए शादी का निर्णय ही क्या! उसकी अलौकिक रूप गरिमा, वासंती महक सी स्वर लहरियों का गुंजन, खिलने की संभावना लिए स्वप्नवत् जिज्ञासाओं का मुखर होना आदि क्या है! क्या वह नहीं चाहता था उसके अंतरमन की खनखनाहट-खिलखिलाहट और सरसराहट से आत्म साक्षात्कार करना।

"नहीं, वह यह अवसर नहीं जाने देगा। प्यार अंधा होता है। पर यहां प्यार कहां है? यहां तो प्यार का प्रस्ताव है। दोनों एक-दूसरे को कितना जानते हैं। दोनों के मन में एक-दूसरे के लिए ऐसा क्या है कि जिससे उन्हें इतना बड़ा निर्णय लेना पड़ा।"

"ठहरो, अरविंद, शादी अपनी जगह है, प्यार अपनी। शादी से पूर्व प्यार खुला आकाश है, इंद्रधनुषी संसार है शादी के बाद सिर्फ समझौता है- समझौते के लिए प्यार का भ्रम है। वह भ्रम दोनों तरफ पलता है। उससे शंकाओं का जन्म होता है- उकताहट आहट देने लगती है। पता नहीं, एकदम

क्या हो जाता है कि जितना जोर लगाओ उतनी मृगतृष्णाएं फैलती जाएं। भ्रम उपजते जाएं। जीवन का यह पक्ष प्रायः अनदेखा रह जाता है। फिर वह नौका तैरती नहीं, डूबना चाहने लगती है।"

मंजरी बिडवालकर किसी मैगजीन से 'पति-पत्नी और प्यार' के अंश पढ़कर सुना रही थी। बिना किसी अपेक्षा को उसने मैगजीन बंद करके एक ओर रख दी थी।

"अरविंद, मैडमवजेल (फ्रेंच शब्द कुमारी लड़की के पूर्व) जैली, कल पूछ रही थी कि कुमारी मेडॉना। (मरियम- ईसा की माता) के प्यार की निशानी ईसा था?" यानी मरियम...मेडॉना प्यार को नहीं संभाल पाई थी?

अरविंद चिंतित हो गए थे। जैली ने कहा, "मैकरानी (एक प्रकार की इटैलियन प्रीपरेशन जो मैदा और पानी से बनाई जाती है।) का आनंद लो। बड़ी मुश्किल से तैयार हुई है। प्रे का प्रस्ताव था कि समथिंग न्यू इन डिनर।" कुछ रुककर कहा, "ईसा प्यार का देवता था।"

कोई प्रश्नवाचक चिह्न नहीं। उसका दूसरा वाक्य था, "उसे घृणा ने मारा।

"नहीं।" स्पून रोककर अरविंद ने कहा, "घृणा प्यार को कभी नहीं मार सकती। घृणा मरती है तब प्यार अमर होता है।"

"यानी इन दोनों में से किसी एक को मरना पड़ता है। गोकि हिंसा वहां भी है।" "नहीं, वहां हिंसा नहीं है।"

"कैसे?" प्रे ने सवाल किया। विषय रोचक होने लगा था।

"घृणा हमारे भ्रम की खोज है।"

"गोकि वह नहीं है, यही ना।" जैली ने निचले होंठ पर ऊपर के होंठ का दबाव देकर उसे छोड़ दिया।

"हिंसा भी।"

"हां।"

"नहीं, मि. अरविंदो, हिंसा-अहिंसा, घृणा-प्यार...आदि एक होकर ही अपने संपूर्ण अस्तित्व को प्रमाणित करते हैं।" जैली का स्वर सहज उभरा।

"प्लीज, थोड़ी राहत। ध्यान रहे, हम लोग महंगे डिनर की सहभागिता निभा रहे हैं।...चलो, कोई और बात करें।"

"जानती हो जब श्रीमान् पाँच बरस के थे, घर से दूर, छह हजार फुट की ऊँचाई से अधिक ऊँचे पर्वतीय प्रदेश के बोर्डिंग स्कूल में पढ़ रहे थे- हिमालय की उन्नत शृंखलाओं से घिरे स्थान पर, जहां शृंखलाएं हिम ढकी थीं।...कंचनजंगा पीक वहीं है।"

"जहां की चाय मशहूर है।" प्रे के समर्थन में जैली ने अपना एक पंक्ति का वक्तव्य जारी कर दिया।

"हां, वही जगह! संसार का प्रसिद्ध पर्यटन स्थान कुदरत का करिश्मा!"

"गजब का ब्रेक मिला, अरविंदो।"

"वहां से सीधे यहां-इंग्लैंड में-और वह भी मैनचेस्टर और लंदन में।"

"तुमने किसी से प्यार किया है, अरविंदो।" जैली ने स्पून प्लेट के सहारे थमाकर पूछा।

"नहीं।"

"तो घृणा जरूर की होगी। वो किससे?" जैली ने काल्पनिक सुई से फांस को निकालने के लिए कुरेदते हुए कहा।

"मेरा कोई शत्रु नहीं है। फिर घृणा किससे करूंगा।"

"तो प्यार..."

"उसके लिए अवकाश कहां है, जैली।"

"क्या प्यार अवकाश के समय की देन है?"

"कैसे बताऊं? जब प्यार हुआ ही नहीं तब मेरा कुछ भी कहना क्या अर्थ रखता है।"

"याद रहे प्यार झूठ से शुरू होता है और सच के शिखर के आस-पास पहुंच कर परिणाम देता है।"

"क्या आप लेखिका हैं?"

"हूं तो?"

"आपको कहानी की खोज रहती है- हर क्षण, हर जगह। पर कुछ जगह ऐसी है, जहां कहानी नहीं होती, हलका सा सन्नाटा कहानी की गलतफहमी पैदा करता है।"

"पर यह वह जगह नहीं है, अरविंदो।"

"अपनी-अपनी दृष्टि है।"

"नहीं। अपनी नहीं, उनकी जो कविता के लिए दरवाजे पर प्रतीक्षारत हैं, जिसकी सुरमई बड़ी-बड़ी आंखों में हलकी सी अरुणाई तैर रही है। कोई उसे चाहकर भी नहीं भूल सकता।

हमारी आंतरिक चाह के ठीक पीछे मीठे पानी की निर्मल झील है, जिसमें कमल खिलते हैं। क्या इस सबसे इनकार होकर कोई सुरर्षि बन सकता है? जहां कवि है, कविता है, वहां झील है, झील होने की कल्पना है

यानी आवृत-अनावृत प्यार है।" जैली खखार कर बोली, "आओ, हम अटकें नहीं। अपने को छिपाये बिना जीने की कोशिश करते रहें। उठे।"

अब उसे सो जाना चाहिए कि तभी मृणालिनी पूछ बैठी, "यहां की भाषा समझ सकते हैं क्या?"

"नहीं।...बंगला मुझे कम आती है।"

मृणालिनी मुस्कान भर कह उठी, "बंगला यहां आती कितनों को है। यहां तो खासी गारो और अंग्रेजी भाषाएं हैं।...खासी यों कि यहां खासी पर्वत है और गोरो यों कि..."

"यहां, गारो पर्वत है। यानी यहां भाषा को नामकरण पर्वत के नाम से है।"

"यह कैसे जाना?"

"आपसे।"

"मझसे।...आप मजाक कर रहे हैं।"

"आपसे- कभी नहीं।"

"मुझसे कभी क्यों नहीं?"

"नहीं जानता।"

"यानी बिना जाने उत्तर देते हो।" मृणालिनी ने सहज ढंग से कह डाला।

"शिलांग तो पर्वत शिखर है।"

"हां, नोकोक भी।"...नोहसथिथियांग, उमियमखाह आदि प्रपात हैं। झीलें ...

"मितुंद, माफलंग, उमियम, मितांग...और...और...।" कहते-कहते वह रुक गया। मृणालिनी ने उंगलियों पर हिसाब लगाकर कहा, "पुपली।" "हां, पुपली भी।" "यह सब आप जानते हैं।...पहले यहां आप आ चुके हैं।... कब?"

"नदियां हैं...सिमसांग, उमगोटा, कालू, सोमेश्वरी, निताई आदि और भी हैं। लेकिन इसका अर्थ यह नहीं है कि मैं यहां कभी आया हूं।"

"तो फिर?"

"पूछा, पढ़ा और रास्ते में आते हुए लोगों से जाना। बीच में नदियां पड़ी, प्रपात पड़े और झीलें आई। फिर यहां का नक्शा देखा। उससे थोड़ा बहुत ज्ञान प्राप्त हुआ... और फिर आपसे भी जानकारी मिली।"

"जानकारी बढ़ाने से क्या लाभ?"

"क्यों, लाभ क्यों नहीं।"

"जानकारी उतनी, जितनी का प्रयोग संभव हो।"

"बहुत सुंदर।"

तभी ट्रेन ने झटके खाए। कुछ तेज आवाज हुई। अरविंद का सोचना थम गया। उसने टांग फैला ली। एक तरफ करवट मोड़ी और चादर ऊपर तक ओढ़ ली। अब ट्रेन सो रही थी। उसे लगा कि ट्राइपौड (तीन टांगों वाला स्टैंड जिस पर कैमरा, दूरबीन रखी जाती है) पर रखी दूरबीन से कुछ देखता हुआ घबरा गया।

अचानक अरविंद के सामने ट्रिलजी (तीन उपन्यास एक जिल्द में) धूम गए। उसके फ्लैप पर लिखा हुआ था- एक उपन्यास पढ़े, मन न रमे तो दूसरा पढ़ें। फिर भी मन नहीं जमे तो तीसरा उपन्यास पढ़ें। यदि तीनों में से कोई एक पढ़ गए तो हर सूरत उन दोनों उपन्यासों को अवश्य पढ़ेंगे। निस्संदेह फिर उनमें आपका मन रमेगा। सचमुच ऐसा ही हुआ। वह पाँच दिन में तीनों उपन्यास पढ़ गया। फिर वह बराबर उस तरह की और उपन्यास की खोज करने लगा। उसने उस पुस्तक को ध्यान से देखिएगा कहकर उसका ध्यान एक नई पुस्तक की ओर खींचने का प्रयास किया।

वह युवती लंदन की बेस्ट सेलर मानी जाती थी। वह पुनः इसी कारण उस दुकान पर गया था। वह कह रही थी, "पहले आप उपन्यासों की ट्रिलजी ले गए थे, श्रीमान्। मैं तभी समझ गई थी कि आप पढ़ाकू किस्म के इंसान हैं और आपको किताबों की दुनिया का खासा तजरबा है। वह एक नया प्रयोग था कि एक जिल्द में तीन उपन्यास और तीनों की मनोविज्ञान, ट्रीटमेंट और अप्रोच अलग-अलग। गोकि विभिन्नता में एकता- मन को बांधने और एकाग्र करने की। इस बार आप ये ट्रिलनि ले जाएं जिसमें आप पढ़ सकेंगे कविताएं, गीति नाट्य और ललित निबंध। यह एक ट्रिनटि है जिसमें फादर, सन और हॉली स्पिरिट का संगम मिलेगा।"

"हाली यानी कांटेदार चमकवाला एक छोटा सा वह पेड़ जिसे क्रिसमस पर सजाने के इस्तेमाल में लाया जाता है।"

"तो, श्रीमान् वह एच ओ डबल एल वाई है 'हॉली' और आई से एच ओ एल वाई होली...जस्ट लाइक से दि होली सिटी जेरुसलम।"

"हॉमनिम या होम फोन।"

इस बार वह युवती चक्कर खा गई, क्योंकि हॉमनिम में एक जैवी वर्तनी व उच्चारण वाले वे शब्द होते हैं परन्तु जिसके अर्थ भिन्न होते हैं

और होमफोन में एक उच्चारण वाले ये शब्द होते हैं जिनकी वर्तनी और अर्थ भिन्न होते हैं। यहां तो उच्चारण भी भिन्न है, वर्तनी भी भिन्न है और अर्थ भी। उसने सोचते हुए मुस्कराहट के साथ पूछा, "आप क्या एक भाषा वैज्ञानिक हैं, सर!...मेरे ख्याल से न हॉमनिम में ये शब्द आते हैं और न होमफोन में। फिर तो..."

"थैंक्स, मिस...व्हाट इज युअर गुड नेम?"

"स्पा।"

"एस पी अ, ना।"

"हां।"

"झरना...प्रपात!"

"पर स्वास्थ्यवर्धक तत्त्वों वाला।" तभी एक छोटी सी चिड़िया उसके सिर पर से गुजर गई। वह पूछ बैठा, "व्हाट इज दिस?"

"स्पैरो श्रीमान् पालतू चिड़िया।" "पालतू ...अर्थात् शोषण।"

"नो शोषण। नो पिंजरा। पूर्ण आजादी। जाए, जहां वह जाना चाहती है। कोई रुकावट नहीं।"

"फिर भी..."

"हां फिर भी, पिंजरा नहीं, जबकि हम लोग पिंजरे के आदी हैं और फिर भी, अपनी आजादी के लिए निरंतर सावचेत रहते हैं- लिव एण्ड लेट लिव के नारे लगाते हैं। अपने अतीत से पिण्ड छुड़ाना चाहते हैं। फिर भी, साबिक (प्राचीन) दस्तूर से मुक्ति नहीं मिल पाती। यह तो सच है कि घरौंदे हमारे बनाए हुए हैं। तब जीवों को घर में पाकर जीव प्रेमी संरक्षण की दुहाई देने वाले क्यों उत्तेजित होने लगते हैं?"

अरविंद उसकी मधुर तथा स्पष्ट ध्वनि का कायल होता जा रहा था। वह पूछ रही थी, "जानते हो क्यों?"

"क्यों?" वह चाहकर भी उत्तर नहीं दे सका। स्पा बोली, "प्यार सर, प्यार। प्यार मुक्त करने के लिए बांधता है। वह बंधन नहीं, निर्बंधन है। स्वेच्छा से स्वीकार प्यार का अनमोल तोहफा है। उसे हमेशा संभाल कर रखिए।"

"तौक ...गुलामी नहीं।"

"सॉरी सर, उधर ग्राहक आ पहुंचा है।" यह कहकर स्पा चली गई।

वास्तव में आज उस दुकान पर भयंकर ठंड के कारण बहुत कम ग्राहक थे। अचानक ग्राहकों की मानों टीम आ गई। अब वहां के सब सेलर गतिशील

हो गए। स्पैरो फिर उसे उड़ती हुई नजर आई प्रसन्नता से भरकर। क्या ग्राहकों के आने से उसमें प्रसन्नता चहक उठी? वास्तव में वह भी उनके परिवार की एक ईमानदार सदस्य है।

ईमानदार होना जिंदगी जीने की पहली और अनिवार्य शर्त है। स्पा कैसी सरलता से प्यार के एहसास का अंत:पेश करा गई। प्यार ही तो उसके हृदय का वह सॉनेट है, जिसे वह कई बार बिना ड्रम तथा अन्य वाद्यों के सुनता रहता है। उसी ने तो आज मृणालिनी के सामने इतना सहज, इतना मुखर और इतना चुलबुला बना दिया कि वह थोड़ी देर के लिए यह भूल बैठा था कि वह एक संजीदा किस्म का इंसान है, जिसके जीवन में सहज भावुकता का प्रवेश प्राय: वर्जित रहा है। हालांकि वह इस प्रकार से अपना मूल्यांकन नहीं कर पाता है।

तूफान आते हैं, वह तटस्थ बना रहकर, उनके गुजर जाने तक इत्मीनान से इंतजार कर पाता है। उसे उसमें कोई असुविधा नहीं होती। आज पर कुछ और ही हो रहा है, जिसको वह कोई नाम नहीं दे पा रहा है और जिसने उसे सोने नहीं दिया है। अब वह सो जाएगा, यह सोच कर उसने चद्दर अपने ऊपर तान ली।

42

मौसम में दिन प्रति दिन सुधार हो रहा था। वर्षा लगभग कूच कर चुकी थी। आसमान साफ रहने लगा था। हवा पहले से हलकी हो चली थी। हुगली का तट था। दक्षिणेश्वर था- परमहंस का पावन स्थान। गंगा बह रही थी या हुगली। लबालब थी। कुछ नौकाएं आ-जा रही थीं। संध्या उतरने लगी थी। उन्हें बताया था कि बारीन मंदिर के पास मिलेगा। छीड़ हो चली थी। आरती का समय हो रहा था।

अरविंद का झुकाव आरती की ओर भी था और बारीन की ओर भी। बारीन उनका सबसे छोटा भाई। बड़ौदा भी आया था फटे हाल। पूछा था, "यह क्या सूरत बना डाली है, बारीन!"

"मैं इसी में सुखी हूं, सेजदा (तीसरे नंबर का भाई)।"

"आगे क्या सोचा है?"

"मारा-मारा घूमना। भारत के चप्पे-चप्पे में अग्नि की लपटें फैलाना। यह जीवन मां को निछावर कर दिया है।" बारीन बोलता रहा और जल्दी-जल्दी खाना खाता रहा।

"बहुत भूखे हो, बारू?"

"हां, सेजदा।"

"कितने दिन से?"

"तीन दिन और तीन रात पहले चबैना चबाये थे दो मुट्ठी और जी भर पानी पिया था।"

"दाढ़ी नहीं बनाते।"

"चलता है। बना लूंगा तो क्या होगा? यों भी दो चार पैसा फोकट में बच जाए तो क्या बुरा है?"

"साधु बन जा।"

"मुझे रोटी की चिंता नहीं है, सेजदा। रोटी मिले या न मिले पर आजादी मिलनी जरूरी है...आप भी मानते हो ना।"

"मैं कुछ मानता-बानता नहीं हूं, बारू।" अरविंद ने बहुत धीमे स्वर में कहा। "जाओ, वहां सो जाओ।"

"नींद कहां है?"

"ना हो तो भी, ये सेजदा का आदेश है।" अरविंद ने तनिक बिगड़ते हुए कहा। वह जानता था कि बारीन पर कौन सा स्वर काम करता है।

हैं! आरती शुरू हो गई। अब? वह इतस्तत: देखने लगा। उसकी आंखें चमकीं। वह बारीन ही था। उनके साथ एक कोई और सज्जन थे। उनके भी बढ़ी हुई दाढ़ी थी। वे इधर ही आ रहे थे। हवा उल्लास से भर उठी। अरविंद ने जान-बूझकर अपना मुंह गंगा की ओर घुमा लिया था। गंगा में लहरें उठ रही थीं।

"सेजदा, आप! यहां!" पांवों की ओर झुककर बारीन ने प्रणाम किया।

"कोई अता-पता नहीं।"

"कैसे हो? मारा मारी, खींचातानी और लुकाछिपी से फुर्सत मिले तब ना।"

अरविंद कुछ देर चुप बने रहे।

"दादा, वह कृष्णा कुमार मित्र की पुत्री है ना...।"

"वासंती।"

"हां। वह आजकल पत्रकारिता में सिर खपाने लगी है।"

"अच्छी बात है।"

"कब आए?"

"माह हो चला है। सुतानटि इलाका घूम आया। गुप्तिपाडा गया। वराहनगर भी हो आया। तुझे कहां नहीं ढूंढा। पर तू तो हवा की तरह घूमता रहता है। पता चलता, इधर आया था पर...। परंतु पर आकर गाड़ी रुक जाती और संभावना क्षीण हो जाती।" अरविंद कहते गए।

अब वे गंगा तट पर पड़े पत्थरों पर बैठे हुए थे। बारीन कहने लगा, "मैं नहीं जानता, सेजदा, बैठे ठाले आप मुसीबत में आ जाएं। समय बहुत खराब चल रहा है। सरकार जरूरत से ज्यादा चौकन्नी हो चुकी है।" इतना कहकर बारीन ने देखा कि अरविंद मोटी धोती-कुरते में है और कुरते के ऊपर जाकेट है, जिसका ऊपर का एक बटन खुला हुआ है और पैर में चप्पल हैं बाल कुछ-कुछ बिखरे हुए हैं। कभी-कभी वह भी नहा कर बालों में तेल नहीं डालता था। कहता था, "चिपचिपाहट के साथ तेल तीखी मार करने लगता है।"

"तुम जतीन बैनर्जी से मिले थे क्या?"

"बड़ी मुश्किल से साथ आया। आपने उसे पक्का क्रांतिकारी बना कर भेजा है।"

पुरुलिया ब्राह्मण बना कर उसकी एन्ट्री बड़ौदा इन्फेन्ट्री में करवा दी थी। वहां से ट्रेनिंग लेकर वह बंगाल लौट गया।

"आपने उसे एक योजना बनाकर भी दी थी ना, सेजदा।"

"हां, दी थी।"

"बैरिस्टर पी. मित्रा उसकी बड़ी सहायता कर रहे हैं।"

"और आप?" अरविंद ने बारीन के साथी की ओर संकेत करते हुए पूछा।

"हेमचंद्र दास, सेजदा। मैं मदिनापुर में आपके पास ही था। वहीं था जतीन बैनर्जी।" "मि. दास, क्या सोचते हो?"

"एक बार आप हमारे साथ उन छह केंद्रों पर चल कर देखिए। सुझाव दीजिए। दिशा निर्देश कीजिए। महाराष्ट्र से तिलक का संदेश मिल चुका है कि गतिविधियां अंडर ग्राउंड चलाएं। जगह-जगह सरकारी तंत्र अंकुश कसे हुए हैं। अपने आदमी तैयार करें, ताकि सूचना मिलती रहे।"

"ठीक है, मैं तुम लोगों के साथ चलने के लिए तैयार हूं।"

"आप नहीं, सेजदा।"

"क्यों नहीं, बीरू?...मैं मध्य भारत और महाराष्ट्र भी जा चुका हूं।

महाराष्ट्र की क्रांतिकारी संस्थाओं से जुड़ा हूं। उदयपुर के ठाकुर रामसिंह द्वारा संचालित संस्था में भी गया हूं। मैं उनकी बंबई स्थित शाखा में गया था, जहां शपथ-ग्रहण कार्यक्रम चल रहा था, वहां मैंने भी शपथ ले ली। उन्होंने मेरे एक हाथ में गीता और दूसरे हाथ में तलवार देकर शपथ दिलवाई थी।"

"हम भी यहां ऐसा ही कर रहे हैं।" हेमचंद्र दास ने कहा। "तब मैं अवश्य चलूंगा।"

"ठीक है, चलिएगा। बारीन आपसे मिलकर कार्यक्रम तय कर लेगा।.. ..मुझे आज्ञा दीजिए। आरती समाप्त को हुए कि पाँच-सात मिनट हो चुके हैं। मेरी मां चिंतित होंगी।" हेमचंद्र दास नमस्ते कर चला गया। सन्नाटा फिर घिरा। आसमान में तारे नजर आने लगे। बग्घियों का आना-जाना कम हो गया। धूल भी कम उड़ रही थी। गंगा में दीपदान चल रहा था। लहरों पर थिरकते दीये प्रकाश के सूत्र बने हुए थे।

"तुम कहां रुकोगे, बीरू?"

"यहीं, सेजदा।"

"कहां! यहीं कहां?"

"वहां, मंदिर के पास के बरामदे में।" बारीन ने कुछ रुककर कहा, "आठ नौ बजे तक वहां काफी साधु संन्यासी आ चुकेंगे।"

"घर..."

"पुलिस को सूचना होने पर कभी-कभी अपने साथियों के यहां भी रुक जाता हूं। यह पोशाक यहां बड़े काम की है!"

"कैसे?"

"प्लेनचेट और टेबिल टाइपिंग का कार्यक्रम यहां भी चलता है- मृत लोगों की आत्माओं को यहां बुलाया जाता है। खासी भीड़ हो जाती है। आज रामकृष्ण परमहंस की आत्मा को बुलाऊंगा।"

"तो मैं भी यहीं रुक जाता हूं।"

"खुले में।"

"हां खुले में, बीरु।"

"रुक सकोगे क्या?"

"क्यों? संदेह क्यों है?"

"कष्टप्रद अभ्यास है।...पटिया पर पड़े रहने का। बोरियों या टाट का बिस्तर। ओढ़ने का पता नहीं, मिलेगा या...। खैर मैं आपके लिए महाराज जी से कहूंगा।"

"कोई जरूरत नहीं, बीरू। इंग्लैंड के अनुभव कम कंटकपूर्ण नहीं थे। मुझे कोई असुविधा नहीं होगी।" अरविंद ने इतना कहकर इधर-उधर देखा।

"क्या है, सेजदा?"

"तुम्हें भूख लगी है क्या?"

"जोरों से...अभी चलें।"

"चलते हैं। समय का तो कोई व्यवधान नहीं है न।"

"मैं ऐसे संशय को ही मिटा डालता हूं। आप यहीं बैठें, मैं अभी आता हूं।"

बारीन चला गया। अरविंद गंगा की अंधेरे में बिखरती सिमटती लहरों को सुनते रहे। सोचते रहे कि मनुष्य के सिर पर दूसरों को गुलाम बनाने का फितूर क्यों कर चढ़ा? यह कैसा पागलपन भरा जुनून है कि पीढ़ियों की पीढ़ियां दम लगाकर बिखर जाती हैं। उनका एक ही ध्येय होता है और वह होता है कि गुलामी के जुए से मुक्ति पाना। पहले वह मौत के साये से पीछा छुड़ाती हैं। उसने उसका मार्ग अवरुद्ध कर रखा है। वह पहले इस अकर्मण्यता, निष्क्रियता, निश्चलता और स्वार्थांधता के दबाव से मुक्त होना चाहता है, जिसे वह एक लंबे समय से अभिशाप की तरह भोग रहा है। उसे अपने अंदर से एक आवाज उठती हुई सुनाई पड़ रही है, "मृत को त्यागो, जीवन को अपनाओ।"

पर कौन सुनता है। क्या उनको यह वाक्य सुनाई पड़ता है, जिन्होंने उन्हें गुलाम बनाया है? क्यों हम मानवता को कुचल कर स्वयं मौत का कुआं खोद लेते हैं और दूसरे को अपने विरुद्ध सिर उठाने के लिए मजबूर करते हैं? यह बेबुनियाद मारा-मारी क्यों?

तभी गोलियों की आवाज सुनाई पड़ी। कोई गंगा में कूद गया। पुलिस चारों ओर आ खड़ी हुई। तेज आहटें गंगा पर पड़ने लगीं। गंगा शांत बह रही थी। अचानक पानी पर खून तैरने लगा। एक हिंदुस्तानी पुलिस अफसर ने अंग्रेज अफसर से कहा, "चलें, काम हो गया।"

"अभी नहीं, मिस्टर रे।"

"क्यों, सर?"

"यह आत्मा वाला देश है। यहां आत्मा नहीं मरती। अमर रहती है।"

"परंतु वो तैरता ब्लड, सर?"

"हमें कुछ इंतजार करना चाहिए। ये क्रांतिकारी बड़े पक्के और खतरनाक हैं। आज कल ये चालाक भी बहुत हो गए हैं। चकमा भी खूब दे जाते हैं. ..शायद कुछ और सामने आए।"

रे शांत रह गया। कुछ देर बाद फिर भगदड़ मची। कोई भाग रहा था। पुलिस उसका पीछा कर रही थी। गोलियों की भयानक आवाज गूंज उठी थी। सर्च लाइट चारों ओर दूर-दूर तक फेंकी जा रही थी। सन्नाटा खतरनाक नजर आने लगा।

पेंडले आया। वह कहने लगा, "सर, वह शायद भागने में कामयाब हो गया।"

"इतने आदमियों से वह बच निकला था तो वही था।"

"हां सर, वही बारीन घोष।"

"इसका मतलब यह हुआ कि मुखबिर ने ठीक सूचना दिया था।...वह हाथ आना ही चाहिए वरना एस.पी. क्राउन अपनी परेड करवा देगा। मिदनापुर से जतीन बैनर्जी नहीं आया था।"

"पीछा करो।"

"वह तो कर ही रहे हैं, सर।"

"जाओ, आगे, जाओ। जिंदा या मुर्दा बारीन के बच्चे को लेकर आओ।"

"वह चला गया।"

अरविंद चुपचाप बैठा रहा। उसने योगाभ्यास करने का नाटक शुरू किया, ताकि उसे परेशान न किया जाए। कुछ देर बाद अरविंद ने सुना कि उसी पटिया पर डंडे बरसाता हुआ वह पूछ रहा था, "तुम कौन हो?" अरविंद ने ध्यान नहीं छोड़ा।

रे कह रहा था, "सर, यह योगी है। यहां डंडे बरसाने से कोई लाभ नहीं है।"

"क्यों मिस्टर रे?"

"क्योंकि वह कहीं और ध्यान में जा खोया है।"

उसने और डंडे फटकारे परंतु कोई असर नहीं हुआ। वह यथावत् बना रहा। तभी आवाज गरजी, "योगी आंखें खोलो वरना ये डंडा अच्छे-अच्छे की आंखें खुलवा चुका है।"

"सर, हमें अपना समय यहां नष्ट नहीं करना चाहिए। हमारा लक्ष्य बारीन है। उसका साथी गंगा में कूद गया। उसे गोली लगी, वह मर गया है।"

"वह यहां महाराज जी के पास आता जाता है।"

"महाराज जी बीतरागी हैं। उनके पास तो न जाने कौन-कौन आता है।" रे ने कहा।

"आपका मतलब है, महाराज जी इन पचड़ों में नहीं है।" वह कुछ सोचते हुए आगे पूछने लगा, "ऑर यू श्योर, रे?"

"एकदम श्योर, सर।"

"ये योगी ढोंगी हुआ तो।" कहकर उसने तीन चार डंडे उसकी पीठ पर जड़ दिए, परंतु अरविंद टस-से-मस नहीं हुआ। न उसकी चेतना टूटी। न उसका शरीर कंपित हुआ।

"मि. रे, आप ठीक कहता है। जहां ऐसे जाहिल इंसान होंगे, वहां अंधेरा उनको बराबर डसता रहेगा।...योगा...साधना। बकवास।...टाइम बर्बाद।" इतना कहकर वह आगे बढ़ा। तुरंत पलटा और उसने एक-एक कर दो डंडे अरविंद के कंधों पर जड़ दिए। परंतु उसका कोई असर नहीं हुआ। वह फिर कहने लगा, "रे, अब वाकई हमें चलना चाहिए।"

वह चल पड़ा। उसके पीछे-पीछे अन्य अधिकारी भी चल पड़े। काफी देर तक अरविंद यथावत् बैठा रहा योग मुद्रा में। इससे पहले उसने कभी योग नहीं किया था और अब भी वह योग नहीं कर रहा था। पता नहीं कैसे उसका ध्यान कहीं गहरे में उतर गया था। इतने गहरे में कि उस पर डंडे बरसते रहे परंतु उसे कुछ ज्ञात नहीं हुआ। जब वह चेत में आया तब उसका शरीर दर्द कर रहा था। पीठ में उसे गहरी पीड़ा अनुभव हो रही थी। अरविंद वहां से उठा। उसने गंगा में पांव हाथ धोये। फिर मुंह पर भी छपके मारे। वह अंदर-ही-अंदर यह सोचता हुआ तड़प उठा कि बारीन कहां होगा? कैसा होगा? कहीं वह फिर पुलिस की चपेट में न आ जाए। उसके पास एक देशी पिस्तौल थी। वह अकेली उसकी क्या रक्षा कर सकती थी?

तभी उसके सामने एक व्यक्ति आया। उसने कहा, "कृपया आप उस पाटी पर बैठ जाएं।"

"क्यों भला?"

"आप अरविंद ही हैं न।"

"हां हूं।"

"बारीन आपका ही छोटा भाई है।"

"हां है।"

"यह खाना उसी ने भिजवाया है।"

"वह है कहां?"

"जहां है, वह वहां सुरक्षित है।"

"मैं उससे मिलना चाहता हूं।"

"फिलहाल नहीं।"

"जरूरी है।"

"उसके प्राणों पर आ बनी है और आप उस पर तरह-तरह के सवाल उछाल रहे हैं।"

"मात्र जानकारी।"

"पहले वह बचकर बंगाल से बाहर चला जाए। इस समय क्रांतिकारियों पर घनघोर संकट है...आप ही अरविंद हैं न- बारीन के बड़े भाई।"

"हां, मैं अरविंद हूं।"

"जतीन बैनर्जी के गुरु और क्रांतिकारी संगठन के मार्गदर्शक!...मेरा प्रणाम स्वीकारें हरिपद दासगुप्ता।"

अरविंद ने उस घने अंधेरे में चारों ओर देखा। परछाई बने खड़े थे पेड़ और गंगा की धारा शांत हो चली थी। अमावस्या की रात थी। आकाश में तारे थे। घने तारे थे। पर तब भी वे प्रकाश नहीं कर पा रहे थे। अंधेरा उन्हें मुंह चिढ़ा रहा था।

"आपके यहां सोने का प्रबंध कर दिया है।" हरिपद दासगुप्ता ने कहा।

"मैं लौट जाऊंगा।"

"इतनी रात को। कुत्तों को इस वक्त सूंघने की बुरी आदत पड़ गई है। छापे दर छापे। हर तरफ एक साथ छापे। जबसे इंग्लैंड से डी. जॉन ने खुफिया विभाग की कमान संभाली है, तब से पहाड़ टूट पड़ा है क्रांतिकारियों के मंसूबों पर।"

अरविंद ने खाना खा लिया। यानी वह खाना खाने के पौने एक घंटे बाद सोता था।

"यह जिम्मेदारी मुझे सौंपी है कि मैं आपको ठिकाने तक पहुंचा आऊं।"

"चाहे तुम पुलिस के हाथ लग जाओ। परसों ही तो स्टेटमैन में तुम्हारा फोटो छपा है और सरकार ने तुम पर ईनाम भी रखा है। नहीं, दासगुप्ता, मैं इतना कमजोर भी नहीं हूं कि अपनी रक्षा नहीं कर सकूँ।"

"वह तो अभी देख लिया है। क्या तड़ातड़ डंडे पड़ते रहे परंतु पहाड़ तनिक हिला-डुला नहीं।"

"तुम कहां थे, दासगुप्ता।"

"पास में- उस पेड़ के नीचे कोढ़ी बनकर गठरीनुमा बैठा था। बारीन ने आपकी जिम्मेदारी मुझे सौंपी थी।"

"गंगा में कौन कूदा था?"

"वह भी क्रांतिकारी था। सरकार की नाक में नकेल डाले है।"

"वह खून।"

"हां, खून था, पर उसका नहीं।"

"तो फिर किसका?"

"उसके साथ खून की बोतल थी। उसे उसने बखूबी बहा दिया।"

"परंतु पुलिस वहां बराबर बनी रही। सूर्य लाइट फेंकती रही। उसने लाइटशिप (दीप स्तम्भ का कार्य काने वाली नौका) भी पानी में उतारी। चारों ओर प्रकाश ही प्रकाश हो गया था।"

"वह योगी है। पानी के अंदर भी रह सकता है और पानी के अंदर-ही-अंदर वह पानी के बहाव के साथ बह भी सकता है। वह तो पानी के बहाव की दिशा में बहकर कहीं-का-कहीं जा पहुंचा होगा।" हरिपद दास गुप्ता ने लालटेन की रोशनी को और मद्धिम कर दिया।

"क्या योग से इतना संभव है कि..."

"क्यों नहीं, अरविंद बाबू, अवश्य! यह कमाल हमने अपनी आंखों से देखा है। आजकल वह इसका प्रशिक्षण भी देना शुरू कर चुका है। अपने डॉ. आशुतोष मुखर्जी हैं न..."

जो मित्तर सारणी की बाजू में अपना दवाखाना चलाते हैं-सस्ता और उम्दा। "हां-हां वही डॉक्टर दा। एक बार वह यह कहकर उनके दवाखाने में लेट गया-घड़ी देखी शाम के 5:10 हुए हैं। ठीक 6:10 पर हम उठ खड़ा होगा, डॉक्टर दा। और 5:10 से 6:10 के बीच में हमारी सांस बंद रहेगी-एकदम हम मृत हो जाएगा। है एलोपैथिक के पास ऐसा कोई कमाल।"

"फिर क्या हुआ?"

"क्या होता। वह एक घंटे तक मृत पड़ा रहा। डॉक्टर दा ने मुआयना कर लिया और बताया कि उनके परीक्षण से तो वह व्यक्ति मर चुका है।" हरिपद दास गुप्ता ने इतना कहकर चारों ओर देखा और कहा और घंटे भर बाद हंसता हुआ वह उठ खड़ा हुआ।

अब वे एक कोठरी में प्रवेश कर चुके थे, जहां जमीन पर बिछौना किया हुआ था और एक तरफ लोटे में पानी रखा हुआ था। वह कह रहा था, "आप यहां सो जाइएगा। मैं बाहर सो रहा हूं।"

इसी के साथ वह बाहर चला गया। अरविंद सोचते रह गए कि योग में

इतनी शक्ति है। कमाल है। लंदन में भी एक बार प्रो. प्रे ने उसे जी. डॉगमा से मिलवाया था जो फ्रांस के एक गांव का रहने वाला था। पहले वह अपने उपन्यासों के लिए प्रसिद्ध था। प्रे ने उससे मिलने पर उसे बताया था कि आजकल वह योग की क्लासेज ले रहा है। योग वह इंडिया से सीखकर आया है। जब अरविंद उससे मिल रहा था और योग की गुण चर्चा सुन रहा था तब वह सोच रहा था कि वह भी योग का प्रशिक्षण लेगा। प्रे ने उससे मिलाते हुए कहा था, "ही वन लॉरल्स फॉर हर फस्ट नॉवल- 'दि ग्रोथ'।"

"आपको 'दि ग्रोथ' पर विशिष्ट सम्मान मिला, यह जानकार मुझे बहुत प्रसन्नता हुई। बधाई। बहुत-बहुत बधाई। मैं अवश्य पढ़ूंगा।"

"प्रो. प्रे से लेकर पढ़ लेना।" जी. डॉगमा ने कहा।

"नो मि, डॉगमा, मैं खरीदकर पढ़ूंगा। काश, इस वक्त वह मेरे हाथ में होता तो मैं उस पर आपसे कुछ लिखकर हस्ताक्षर करने का आग्रह करता। मैंने आपका 'दि गवर्नस' पढ़ा है। आपने लिखा है कि नामों को छोड़कर इसमें शेष सब सच है।"

"नो मि. अरविंद, मैंने यह सब नहीं लिखा है। यह पब्लिशर का सेल स्टंट है।"

"तो क्या यह गलत है।"

"नहीं। प्रे जानती है कि इट इज ए टू स्टोरी।...सब सच है।"

"नाम भी।"

"लगभग नाम भी। सोचा कि इस बार कोई जोड़-तोड़ नहीं। जो घट रहा है, जिसे मैं जान पा रहा हूं और जिसका मैं भी एक जरूरी हिस्सा हूं, उसे इसी तरह जाने दूं। देखू वह क्या बनता है? वह गवर्नस मेरी लवर थी।"

"अब नहीं है।"

"हां, अब नहीं है। उसे मार डाला गया। उसे बेरहमी से मारा और उसकी लाश को एक दूरस्थ पहाड़ी पर विरूप कर डाल दिया था। यह भी इत्तफाक ही था कि मैं लॅवनडर के लिए प्रसिद्ध उस छटा पर जहां मैं फिदा था, वहीं मैं उसके फूलों की तेज सुगंध का कायल था- आशिक था। प्राय: मैं उसके फलों को सूखाकर अपनी किताब में रखता था। उसके सूखे फूल उस पुस्तक में अपनी खुश्बू का जादू बिखेर देते थे। इस अर्थ में भी आपको प्रे से लेकर 'दि ग्रोथ' पढ़नी होगी क्योंकि उसमें उन पुष्पों की महक बनी हुई है। क्यों मिस प्रे, आई एम करेक्ट?"

"हां, डॅगमा, आपका कथन सत्य से ज्यादा सच है।"

"वो कैसे?"

"सच्चाई से बहुत आगे है उस सूखे फूलों की मादक गंध। ऐब्सलूटली ...आई हैव

टू से दैट यू ऑर एब्सलूटली राइट।...क्यों डॉ. रामा, उसी के लिए तुमने कहा था, "ब्यूटी हरसेल्फ इज ऐबस्टैक्ट।"

"फिर उसका क्या हुआ?"

"किसका?" जी. डॉगमा ने पूछा।

जी. डॉगमा कुछ देर तक चुप रहा। फिर बोला, 'दि ग्रोथ' को पढ़कर तुम जान लेना कि उसका क्या हुआ? मैं बता दूंगा तो हो सकता है कि क्यूअरिऑसटि...कुतूहल कम हो जाए।

"आखिरी प्रश्न?"

"पूछो।"

"दि गवर्नस" का फ्यूचर क्या बना?

"वह सबसे कम बिकी।"

"ऐसा क्यों?"

"मैं ठीक से कुछ नहीं कह सकता शायद नेकिड टूथ लोग पचा नहीं सके। शायद उनकी ऐसी आदत नहीं है। बावजूद इसके कि प्रकाशक ने उसमें सच्चाई को रेखांकित इसलिए किया था कि वह नॉवल हाथों हाथ बिक जाएगा। सत्यता मूल्य नहीं मांगती, न कोई अपेक्षा रखती और न कोई प्रतिक्रिया जाहिर करती है। नाउ वी हैव टू गो।"

जी. डॉगमा चला गया। प्रे भी उसके साथ चली गई। अरविंद गुमसुम सा रह गया। योग...सत्यता...सुंदरता...उसके जेहन में चक्कर लगाते रहे।

"लो, महाराज ने दूध भिजवाया है।" हरिपद दास गुप्ता ने सहज होकर कहा। अरविंद उठ बैठा। कुल्हड़ में दूध था। मलाई भी खूब नजर आ रही थी।

"महाराज की गाय का है।" ताजा निकाला हुआ।

"क्या उनकी गाय ने इस वक्त दूध दिया है।"

"हां, इस वक्त दूध दिया है। वह जब चाहे तब उससे दूध दोह सकते हैं।"

"क्या!"

"चौंकिए नहीं, अरविंद दा। यह उनकी गाय की सेवा-सुश्रूषा का प्रताप है। वह उसे अपने से ज्यादा प्यार करते हैं। उसके बछड़े को खूब दूध पीने देते हैं। वह दूध बछड़े का ही है। मां उसे अपने बछड़े के लिए ही तैयार करती है। उसके हिस्से का दूध लेना पाप है। दूध दोहने वालों से वे कहते हैं कि वे अपना धर्म निभाना नहीं भूलें, गाय तो सदा से अपने धर्म पर डटी हुई है। क्यों न रहे वह तो श्रीकृष्ण की सबसे प्यारी सखी है।...अच्छा, अब दूध गटागट पी लीजिए।"

"ठीक है, दासगुप्ता, आप जाएं। मैं दूध भी पी लूंगा और कुल्हड़ को भी यथास्थान रख दूंगा।"

हरिपद दासगुप्ता चला गया। अरविंद ने दूध पिया। दूध मलाईदार और बहुत स्वादिष्ट था। दूध पीकर उसका मन शांत हो गया। वह बिछौने पर आ लेटा। लेटते ही उसे नींद आ गई।

❐❐❐

हिंदी की 11 कालजयी कहानियाँ
हिन्दी की 21 सर्वश्रेष्ठ कहानियाँ
हिन्दी की 31 अनुपम कहानियाँ
अमीर बनो
पैसा कमाने के आसान तरीके
भारत-चीन
विश्वमोहन
अनुश्री
कविताएँ
प्रेम दीवानी
सत्तांतरण
डॉ. सतीश चतुर्वेदी
अज्ञातवास के हमसफर
जीतिए
आप जीत सकते हैं
Love You
जिंदगी
सफलता की ऊँची छलांग
21 श्रेष्ठ बालमन की कहानियाँ ऑस्ट्रेलिया
शक्तिस्वरूपा
भारत के 75 विस्मृत वीर
निडर प्रशासन

CPSIA information can be obtained
at www.ICGtesting.com
Printed in the USA
LVHW041934220323
742311LV00004B/89

9 789356 845930